JN417575

통감절요 3

通鑑節要

김정화 역주

충북대학교 출판부

통감절요 3

목 차

통감절요 28권

진기(晉紀) 강황제(康皇帝)

재위 2년, 수(壽) 22

계묘(癸卯) 건원(建元) 원년(서기 343년)

유익(庾翼)이 환온(桓溫)을 성제(成帝)에게 천거하며 "환온은 영웅의 재능이 있으니, 원컨대 폐하께서는 그를 보통 사람으로 대우하거나, 보통의 사위로 키우지 마십시오. 마땅히 여러 방면의 임무를 맡긴다면, 반드시 크게 간난을 구제하는 공훈이 있을 것입니다"라고 말했다.

이때 두예(杜乂)와 은호(殷浩)의 재능과 명성이 세상에서 으뜸이었는데, 유익만은 홀로 이들을 중시하지 않았다. 유익은 "이 사람들은 높은 누각에 묶어 두었다가 천하가 태평해지기를 기다린 연후에 천천히 그 소임을 평가해야 할 뿐이다"라고 했다.

은호는 여러 번의 부름을 사양하고 묘소(墓所)에 은거한 지 거의 10년이었다. 당시 사람들이 그를 관중과 제갈량에 비교했다[擬]. 강하 상(江河 相) 사상(謝尙)과 장산 영(長山 令) 왕몽(王濛)은 항상 그가 다니는 곳과 있는 곳을 살피고, 그것으로 강동의 흥망을 점쳤다.

항상 서로 같이 그를 살폈는데, 은호에게 확고한 뜻이 있음을 알았다. 돌아와서 서로 "심원(深源=은호)이 나서지 않으면, 백성들을 어떻게 해야 하지?"라고 말했다.

유익이 은호를 사마로 삼을 것을 청하자, 은호가 응하지 않았다. 유익이 은호에게 편지를 보내 "왕이보(王夷甫=왕연 王衍)가 명성을 이룬 것은 진실이 아닙니다. 비록 도(道)를 말했다고 하나, 실제는 화려하고 높은 명성[1]을 길러낸 것입니다. 밝은 덕의 군자가 관직에 나갈 시기[2]를 만났다면, 어찌 그럴 수 있겠습니까?"라고 했다. 은호는 여전히 나오지 않았다.

갑진(甲辰) 2년(344년)

9월에 황제가 죽고 태자가 즉위했다. 이때 나이 2세였다. 태후 저씨(褚氏)가 수렴청정을 하고, 하충(何充)에게 시중 녹상서사(侍中 錄尙書事)를 맡겼다.

---

1) 華競 화경 : 화(華) 화려함, 꽃, 빛. 경(競) 다툴, 굳셀, 쫓을, 나아갈, 높을, 나란히 할, 갑작스러운, 왕성함

2) 處際 처제 : 처(處) 곳, 머물러 삶, 그 경우에 있음, 관직에 있음, 벼슬하지 않고 야(野)에 있음, 둘, 정할

효종 목황제(孝宗 穆皇帝) 재위 17년, 수(壽) 19

을사(乙巳) 영화(營和) 원년(345년)

회계왕(會稽王) 사마욱(司馬昱)을 무군대장군 녹상서사(撫軍大將軍 錄尙書事)로 삼고, 서주자사(徐周刺史) 환온(桓溫)을 안서장군 형주자사(安西將軍 荊州刺史)로 삼았다.

병오(丙午) 2년(346년)

은호(殷浩)를 양주자사(揚州刺史)로 삼았다. 은호가 간곡히 사양하자, 회계왕 사마욱이 은호에게 편지를 보내 "족하(足下)의 거취에 바로 이 시기의 흥망[廢興]이 달려 있습니다. 만약 겸양해 물러나는 마음[3]을 깊이 보전하고, 단지[苟] 본래 품은 생각만을 따르려고[遂] 한다면, 나는 천하의 일이 끝나버릴까 두렵습니다"라고 말했다. 은호가 그래서 관직에 나갔다.

○ 5월에 서평공(西平公) 장준(張駿)이 죽었다. 세자 중화(重華)가 양주목(涼州牧) 서평공(西平公) 가양왕(假涼王)을 자칭했다.[4]

○ 안서장군(安西將軍) 환온이 표문을 올리고, 한(漢)[5]을

---

3) 挹退 읍퇴 : 사양하고 물러나다

4) 주(註) 16국 중 전량(前涼)이다.

5) 주(註) 촉에 있는 성한(成漢)을 말한다.

정벌하기 위해 즉시 출발했다.

정미(丁未) 3년(347년)

2월에 환온이 직접 보병을 거느리고 곧바로 성도로 향했다. 한(漢)의 군주 이세(李勢)가 군대를 총동원해 출전했다. 환온이 승승장구했다. 성도에 이르러 그 성문을 불태우니, 한(漢)나라 사람들이 다급하고[惶] 두려워[懼], 더 이상 싸울 뜻이 없었다.

이세가 환온에게 항복문서를 보냈다. 곧[尋] 관을 수레에 싣고, 두 손을 등 뒤로 묶고, 군문으로 나갔다. 환온이 포박을 풀어 주고 관을 불태웠다. 이세 및 종실 10여 명을 건강으로 호송하고, 현명한 자를 천거하고 선한 자를 표창하니, 촉(蜀) 지역 사람들이 기뻐했다.

무신(戊申) 4년(348년)

4월에 조정에서 촉(蜀)을 평정한 공을 헤아려서[論], 환온에게 정서대장군(征西大將軍) 임하군공(臨賀郡公)에 임명했다. 환온이 촉(蜀)지방을 멸망시켜 위세와 명성을 크게 떨치자, 조정이 그를 꺼려했다. 회계왕 사마욱은 양주자사 은호가 높은 명성이 있고, 조정 안팎에서 추앙하고 복종한다[6]고 하니, 곧 데려다가 곁에서 보좌[7]하게 하고, 조정의 일에 함께 참여하게 해서[8] 환온을 견제하려고 했다. 이 때

6) 推服 추복 : 추앙해 복종함

7) 心膂 심려 : 가슴과 등뼈, 곁에서 보필하는 가장 중요한 신하

문에 환온과 점점 서로 의심해 갈라졌다[貳].

○ 11월에 연(燕)왕 모용황(慕容皝)이 죽고, 세자 모용준(慕容儁)이 즉위했다.

기유(己酉) 5년(349년)

정월에 조(趙)왕 석호(石虎)가 황제에 즉위했는데, 얼마 후 병으로 죽고, 태자 석세(石世)가 즉위했다. 팽성왕(彭城王) 석준(石遵)이 석세를 폐위시키고, 초(醮)왕으로 했다가 얼마 뒤에 죽였다. 석준이 즉위했다. 무흥공(武興公) 석민(石閔)을 도독중외제군사(都督中外諸軍事)로 삼았다.

석민이 석준에게 "포홍(蒲洪)은 인걸입니다. 지금 포홍에게 관중을 다스리게 한다면, 신은 (옛) 진(秦)의 옹주지역이 다시는 우리나라의 것이 아니게 될까 두렵습니다"라고 말했다. 석준이 그의 말을 따라 포홍을 도독직에서 파면했다. 포홍이 노해 방두(枋頭)로 돌아가서 사자를 보내 진(晉)에 항복했다.

○ 6월에 환온이 조(趙)나라의 반란 소식을 듣고, 나가서 안륙(安陸)에 주둔하고, 여러 장수를 보내 북방을 경영했다. 이때 조(趙)의 양주자사(揚州刺史) 왕협(王浹)이 수춘(壽春)을 들어 항복했다.

정북대장군(征北大將軍) 저부(褚裒)가 표문을 올려 조(趙)

---

8) 參綜 참종 : 참여해 통치함. 주(註) 참(參)은 착(錯)이고, 종(綜)은 핵(核, 물건의 중심이 되는 알갱이)이다

나라 정벌을 요청하고, 그날로 삼엄하게 경계하면서 곧바로 사구(泗口)로 향했다. 지름길로 팽성(彭城)으로 달려가니, 북방의 백성 중에 항복하고 귀의하는 자가 하루에 1천명으로 헤아려졌다. 조야에서는 모두 그 때문에 중원을 회복할 수 있을 것이라고 믿게 되었다.[9]

오직 채모(蔡謨)만이 친한 사람에게 "오랑캐가 멸망하는 것은 진실로 크게 경하할 일이나, 또다시 조정에 근심이 있을까봐 두렵다"고 말했다. 그 사람이 "무슨 말인가?" 하고 물으니, 채모가 대답했다.

"무릇 하늘에 순응하고, 때를 만나서[乘] 백성을 간난에서 구제할 수 있는 것은 최고의 성인과 영웅이 아니면 할 수 없다. 나머지는 덕과 역량을 헤아리는 것이 가장 낫다. 지금의 일을 보건대, 시대의 현자들이 할 수 있는 일이 아니다. 반드시 분수에 넘치는 일[10]을 경영해서 백성들을 피곤하게 할 것이다.

세력이 왕성해질 것이지만 조금 있다가는 재주와 지략이 부족하고 짧아 (일이) 마음에 부응할 수 없을 것이다. 재물이 다하고 힘이 고갈되고, 지혜와 용맹이 모두 곤궁해진다면, 어찌 우환이 조정에 미치지 않겠는가?"

노군(魯郡)의 백성 5백여 가(家)가 함께 기병해 진(晉)에 귀의하고, 저부에게 도움을 구했다. 저부가 부장 왕감(王龕)과 이매(李邁)를 보내 정예병 3천 명을 거느리고 가서 그들

9) 指期可日 지기가일 : 다른 날 성공할 것을 믿음

10) 分表 분표 : 분수의 밖. 주(註) 분(分)은 제(劑, 조절). 표(表)는 외(外)

을 맞이하게 했다. 조(趙) 이농(李農)이 기병 2만명을 거느리고 왕감(王龕) 등과 대피(代陂)에서 싸웠는데, 왕감 등이 대패해 모두 조(趙)나라에서 몰살당했다.

8월에 저부가 후퇴해 광릉(廣陵)에 주둔했다. 저부에게 조서로 명령해 돌아와 경구(京口)를 다스리게 했다. 이때 하북지방이 크게 혼란해져 유민 20여만 명이 황하를 건너와 귀의했다. 마침 저부가 돌아갔기 때문에 위엄 있는 세력[11]이 이어지지 못했다. 유민들은 스스로 벗어나지 못하고[12] 대부분 다 죽었다.

○ 11월에 조(趙)나라 무흥공(武興公) 석민(石閔)이 조나라 군주 석준을 잡아 죽였다.

○ 진(秦)지역 옹주의 유민들이 서로를 이끌고 서쪽으로 돌아가는데, 방두(枋頭)를 경유했다. 함께 포홍(蒲洪)을 추대해 군주로 삼았다. 군사가 10여만 명이었다. 포홍의 아들 포건(蒲健)이 업(鄴)에 있다 관문을 지키는 병사를 베고 나와 방두(枋頭)로 달아났다.

경술(庚戌) 6년(350년)

정월에 조(趙)의 대장군 석민이 황제에 즉위했다. 국호를 위(魏)로 고치고 염씨(冉氏) 성(姓)을 회복했다.[13]

---

11) 威勢 위세 : 위엄 있는 기세

12) 拔 발 : 뺄, 옮겨가다

13) 주(註) 위(魏) 혹은 염위(冉魏)라고 하는데, 16국 안에는 안들어간다.

○ 요익중(姚弋仲)과 포홍(蒲洪)은 각각 관우(關右)지방을 점령할 뜻이 있었다. 요익중이 그의 아들 요양(姚襄)에게 5만명의 병력을 거느리고 가서 포홍을 공격하게 했다. 포홍이 맞아서 그를 격파했다. 포홍이 대도독 삼진왕(三秦王)[14]을 자칭하고, 성을 부씨(苻氏)로 고쳤다.

○ 3월에 포홍이 죽었다. 세자 포건(蒲健)이 계승해 그 군대를 거느렸다.

○ 11월에 포건이 장안으로 들어갔는데, 민심이 진(晉)을 그리워한다고 여겼다. 마침내 사자를 보내 건강에 가서 전리품을 바치고[15], 아울러 환온과 강화를 맺었다. 이리하여 진(秦)지역 옹주의 오랑캐와 한(漢)족이 모두 그에게 귀의했다.

신해(辛亥) 7년(351년)

정월에 부건(苻健)이 천왕(天王)에 즉위하고, 국호를 대진(大秦)이라 했다. 조(趙)의 가혹한 정사로, 백성들에게 불편을 끼쳤던 것들을 모두 제거했다.

○ 처음에 환온이 석씨의 난을 듣고, 상소해 출병해서 중원을 경략하겠다고 청했으나, (조정에서) 그 사안에 대해

---

14) 주(註) 三秦 삼진 : 항우가 진(秦)나라의 항복한 장수인 동예 사마흔 등에게 다스리게 한 관중(關中)지역

15) 獻捷 헌첩 : 승전해 포로를 바침

오래도록 대답하지 않았다. 환온은 조정이 은호에 의지해 자신을 저지한다[抗]는 것을 알고 매우 분해했다. 그러나 평소 은호의 사람됨을 알았으므로, 그것을 가지고 성내지[憚]는 않았다.

나라에 다른 불화가 없으므로, 오랜 기간[16] 서로 유지할 수 있었고, 비록 군신관계의 자취[跡]는 있었으나, 매어있기[17]만 할 뿐이었다. 환온이 다스리던 8주의 군대와 백성, 재물과 부세[調][18]를 국가가 거의 쓰지 못했다.

환온이 여러번 북벌을 청했으나 조서로 따르지 않았다.

12월에 환온이 표문을 올리고 갑자기[輒] (자신의 군영을) 떠나 병력 4, 5만 명을 거느리고 강을 따라 내려가 무창에 주둔했다. 조정이 크게 두려워했다. 사마 고숭(高崧)이 회계왕 사마욱에게 "왕께서 환온에게 글을 보내 재앙과 복록(禍福)으로 타이르신다면, 당연히 스스로 깃발을 돌릴 것입니다. 만약 그가 그렇게 하지 않으면[19] 곧 황제의 군대가 어가를 정돈해 달려갈 것이니, 거역하는가[逆], 순종하는가[順]를 여기에서 판단할 수 있을 것입니다"라고 말했다.

그 자리에서 사마욱에게 편지의 초[20]를 잡아주었다. 환온이 즉시 상소해 황공해 하며 사죄했다. 회군해 자신의 군영

---

16) 彌年 미년 : 오랜 기간

17) 羈縻 기미 : 맴, 매어 있다. 전(轉)하여 외국의 내속(內屬)

18) 資調 자조 : 자(資)는 재물이고, 조(調)는 부세(賦稅)이다

19) 不爾 불이 : =불연(不然). 그렇지 않으면

20) 草書 초서 : 초를 잡음, 간략한 자획의 서체

[鎭]으로 돌아갔다.

임자(壬子) 8년(352년)

정월에 진(秦)왕 부건(符健)이 황제에 즉위했다.[21)]

○ 은호가 상소해 허창과 낙양으로 출병할 것을 청하자, 황제가 조서를 내려 허락했다. 은호가 북벌할 때 왕희지(王羲之)가 편지를 보내 만류했으나 따르지 않았다. 얼마 있다가 공이 없으니, 다시 재차 거병할 것을 도모했다. 왕희지가 다시 은호에게 편지를 보내 "지금 작은 강동[江左] 때문에 천하가 두려워한 지[寒心]가 참으로 오래 되었다. 힘들여서 무공을 다투는 것은 마땅히 해야 할 바가 아니다"라고 말했으나 따르지 않았다.

○ 4월에 연(燕)이 위(魏)를 멸망시켰다.

○ 11월에 연(燕)왕 모용준(慕容儁)이 황제에 즉위하고, 도읍을 업(鄴)으로 옮겼다.[22)]

○ 요익중이 죽으니 아들 요양(姚襄)이 군대를 거느리고 와서 귀의했다. 요양은 박학하고 토론[談論]을 잘해 강동의 인사들이 모두 그를 중하게 여겼다.

---

21) 주(註) 16국 중 전진(前秦)

22) 주(註) 16국 중 전연(前燕)

계축(癸丑) 9년(353년)

요양이 역양(歷陽)에 주둔하자, 은호가 그의 강성함을 미워해 여러번 자객을 보내 찌르게 했다. 10월에 은호가 북벌할 때 요양을 선봉으로 삼았는데, 요양이 산상(山桑)에서 도리어 은호를 공격했다. 은호가 대패했다.

갑인(甲寅) 10년(354년)

정월에 장조(張祚)가 양(涼)왕을 자칭했다.23)

양주자사 은호가 해를 거듭해 북벌했다. 군사들이 여러번 패배했고, 군량과 병기가 모두 다했다. 조야에서 은호를 원망하는 소리가 있자, 환온은 그 기회를 틈타 은호의 죄를 하나하나 열거하고, 폐출시킬 것을 청하는 상소를 올렸다. 조정이 부득이하게 은호를 면직해 서인으로 살게 했다. 이로부터 내외의 대권이 오로지 환온에게 돌아갔다.

○ 환온이 보병과 기병 4만 명을 통솔해 진(秦)나라를 정벌했다. 진격해 패상에 이르니, 삼포(三浦)의 군현이 모두 와서 항복했다. 환온은 거주하던 백성들을 위무하고, 백성들에게 사는 곳을 편안히 여기고 생업으로 복귀하라고 효유했다.

백성들이 다투어 쇠고기와 술을 가지고 와서 노고한 자들을 맞이했다. 백성들이 길의 양옆에서 그것을 구경하고, 60, 70세의 노인들[耆老]이 눈물을 흘리며 "이제 와서 다시

---

23) 주(註) 16국 중 전량(前涼)

관군을 보게 될 줄은 생각지도 못했다"라고 말했다.

○ 북해의 왕맹(王猛)은 젊어서부터 학문을 좋아하고, 남에게 속박당하지 않았다.[24] 큰 뜻이 있어 자잘한 일을 달갑게 여기지[屑] 않았다. 사람들이 모두 그를 가볍게 여겼으나, 왕맹은 침착하게[25] 스스로 만족했고[26], 화음(華陰)에 은거했다.

환온이 관중에 들어왔다는 말을 듣자, 갈옷[27]을 풀어제치고 그에게 갔다. 이[蝨]를 잡으며 당세의 일을 담론하는데, 옆에 사람이 없는 것 같았다. 환온이 그를 특이하게 여기고 "내가 천자의 명을 받들어 정예병 10만 명을 거느리고 백성들을 위해 나쁜 도적을 제거했는데, 3진(三秦)의 호걸 중에 오는 자가 없으니, 어째서인가?"라고 물었다.

왕맹은 "공께서 수천리를 멀다 하지 않고 적의 경내에 깊이 들어왔습니다만, 지금 장안이 지척에 있는 데도 패수를 건너지 않으시니, 백성들이 공의 마음을 알지 못하고 있습니다. (그것이) 오지 않는 까닭입니다"라고 대답했다. 환온이 묵묵히 대답이 없다가 천천히 "강동에는 경을 비견할 만 한 자가 없을 것이다"라고 말했다. 마침내 왕맹을 군모제주(軍謀祭酒)로 임명했다.

---

24) 倜儻 척당 : 척당(倜儻, 불기不羈). 속박 당하지 않고 독립되어있는 모양
25) 悠然 유연 : 한가하게, 침착하게 서둘지 않음
26) 自得 자득 : 스스로 깨달음, 만족함, 불평을 품지 않음
27) 褐 갈 : 천한, 사람이 입는 옷

○ 처음에 환온은 진(秦)의 보리를 가리키며 군량으로 삼을 수 있다고 했다. 얼마 있다가 진(秦) 사람들이 보리를 모두 베어버렸다. 환온의 군대에 식량이 부족하게 되었다. 6월에 관중의 3천여 가호를 옮기고 돌아가는데, 진(秦) 군대가 그를 추격했다. 환온의 군대가 여러번 패배했다.

을묘(乙卯) 11년(355년)

6월에 진(秦)의 군주 부건이 죽고, 태자 부생(苻生)이 즉위했다.

병진(丙辰) 12년(356년)

환온이 강릉에서부터 북벌할 때 관원들과 함께 (큰 배) 평승호[28]의 망루[樓]에 올라 멀리 중원을 바라보면서 "끝내 중원을 침몰시켜 백년을 폐허[29]가 되게 한 것은, 왕이보 등 여러 사람이 그 책임을 지지 않을 수 없다"라고 한탄했다.

○ 8월에 환온이 이수(伊水)에 이르니, 요양이 포위를 풀고 와서 그를 막았다. 환온이 진을 치고 직접 갑옷을 입고 앞으로 나서 싸움을 독려했다. 요양의 무리가 크게 패배해 죽은 자가 수천명이었다. 요양이 휘하의 기병 수천명을 거느리고 낙양의 북산으로 달아났다. 주성(周成)이 부하들을 거느리고 나와서 항복했다.

---

28) 平乘 평승 : 큰 배의 이름

29) 丘墟 구허 : 큰 언덕, 성터, 공터, 빈터

환온이 옛 태극전 앞에 주둔했다가, 얼마 후에 금용성(金墉城)으로 옮겨 주둔했다. 여러 능묘를 알현하고, 훼손되고 무너진 것이 있으면 그것을 수리해 복구했다. 2천명으로 낙양을 지키게 하고, 산릉(山陵)을 호위하게 하고는 주성을 사로잡아서 돌아왔다. 요양은 평양으로 달아났다.

○ 10월에 연(燕)의 대사마(大司馬) 모용각(慕容恪)이 단감(段龕)을 광고(廣固)에서 포위했다. 11월에 단감이 두 손을 등 뒤로 묶고, 나와서 항복했다. 모용각이 새로운 백성들을 위무하고 안심시키고, 제(齊)지방을 다 평정했다.

정사(丁巳) 승평(升平) 원년(357년)

진(秦)의 군주 부생이 밤낮없이 술을 마시고, 술기운으로 살육을 많이 했다. 군신들은 하루를 보전하는 일을 십년을 지내는 것처럼 여겼다. 동해왕(東海王) 부견(符堅)은 본래 그 시대에 칭송을 받는 사람이었다. 설찬(薛讚) 권익(權翼)과 친했다.

설찬과 권익이 은밀히 부견에게 "주상은 시기심이 있고, 포학무도해 안팎으로 민심이 떠났습니다. 지금 진(秦)나라의 제사를 주관해야 할 자는 전하가 아니고 누구이겠습니까? 원컨대 일찍 계책을 세워 다른 성씨(他姓)에게 나라를 빼앗기지 마십시오"라고 설득했다.

부견이 상서(尙書) 여파루(呂婆樓)에게 (의견을) 묻자, 여파루는 "저희 마을 집에 왕맹(王猛)이라는 자가 있습니다. 그 사람의 계략은 세상에 나오기 어려울 만큼 뛰어납니다.

전하께서 마땅히 그를 초청해 자문하십시요"라고 대답했다.

부견이 여파루를 통해 왕맹을 초청했다. 한번 만나고는 오랜 친구처럼 되었다. 당세의 일을 언급하자, 부견이 크게 기뻐하며 스스로 유현덕이 제갈공명을 만난 것같다고 말했다.

양평로(梁平老) 등이 부견에게 "주상이 덕을 잃자, 높은 사람 낮은 사람이 모여 걱정하고[30], 사람들은 딴 마음을 품고 있습니다. 연(燕)과 진(秦) 두 방면에서 틈을 엿보고 움직이는데, 난리가 일어나는 날이면, 집안과 나라가 함께 망할까 두렵습니다. 이는 전하의 일이니 빨리 도모하셔야 합니다"라고 건의했다. 부견이 이 말을 옳게 여겼다.

부견은 여파루와 함께 휘하 3백 명을 거느리고 북을 치고 함성을 지르며 진격했다. 궁궐을 숙위하던 장병들은 모두 병장기를 버리고 부견 편이 되었다. 부생은 여전히 취해 자고 있었다. 부견의 군사들이 부생을 끌어다가 별실에 유폐하고 월왕(越王)으로 했다가 곧 죽였다. 부견이 마침내 황제의 칭호를 없애고, 대진천왕(大秦天王)이라 했다.

○ 11월에 진(秦)왕 부견이 상서(尙書)에 행차했다. 문서가 정돈되지 않았다고 해 좌승상 정탁(程卓)을 관직에서 파면시키고, 왕맹으로 그를 대신하게 했다.

부견이 특별한 재능이 있는 자를 발탁하고 피폐해진 업무를 고치고[修], 농업과 양잠에 세금을 부과하고[31], 곤궁한

---

30) 嗷嗷 오오 : 여럿이 모여서 걱정할, 새소리, 슬픔에 젖은 뭇사람의 소리

자들을 구휼했다. 여러 신들에게 제사를 올리고, 학교를 세웠다. 절의가 있는 자를 표창하고, 현자의 자손을 찾아 끊어진 제사를 이어주니[32], 진(秦) 백성들이 크게 기뻐했다.

무오(戊午) 2년(358년)

9월에 진(秦)에 크게 가뭄이 들자, 부견은 음식의 가짓수를 줄이고 음악을 철폐했다. 왕후[后妃] 이하에게 명령해 모두 비단옷[33]을 치우게 했다. 산과 연못을 개발해[開] 생겨난 이익을 공사(公私)가 공유하고, 전쟁을 중지해 백성들을 부양하니, 가뭄이 들었으나 재앙이 되지는 않았다. 왕맹을 날로 가까이 하고 총애를 하니, (그는) 요직에 있으면서 권력을 좌지우지했다.[34]

경신(庚申) 4년(360년)

정월에 연(燕) 군주 모용준(慕容儁)의 병이 심해지자, 대사마(大司馬) 태원왕(太原王) 모용각(慕容恪)을 불러 유조를

---

31) 課 과 : 해내다, 과단성 있다, 매기다, 세금을 부과하다, 세금

32) 絶世 절세 : 세상에 견줄만한 것이 없는, 자손이 끊어질, 세상을 버림. 『논어論語』「요왈堯曰」에 "멸망한 나라를 일으키고, 끊어진 세대를 이어주고, 백성을 편안하게 하면, 천하의 백성은 마음으로 귀의할 것이다"(興滅國, 繼絶世, 擧逸民, 天下之民歸心焉)라고 했는데, 계절세(繼絶世)에 대해 형병(邢昺)은 소(疏)를 써서 "현자는 마땅히 대대로 제사를 받들어야 하는데, 남에게 부당하게 끊어진 경우, 그 자손을 구해 다시 잇게 하는 것이다(賢者當世祀, 爲人非理絶之者, 則求其子孫, 使復繼之)"라고 말했다.

33) 羅紈 나환: 나(羅) 새그물, 환(紈) 흰 비단

34) 用事 용사 : 요직에 있으면서 권력을 좌지우지함

받고 정사를 보필하라고 하고 죽었다. 태자 모용위(慕容暐)가 즉위했다.

○ 조정에서 처음에 연(燕)의 군주 모용준이 죽었다는 말을 듣고, 모두 중원을 도모할 수 있다고 여겼으나, 환온은 "모용각이 아직 살아 있으니 우환이 지금부터 커질 뿐이다"라고 말했다.

○ 사안(謝安)은 젊어서부터 큰 명성이 있어 계속해서[前後] 불렀지만, 부름에 모두 나아가지 않았다. 회계에서 남의 집에 붙어살면서[寓居][35] 산수(山水)와 문적(文籍)을 자신의 낙[自娛]으로 하며 살았다. 비록 평민[布衣]의 신분이었으나 세상 사람들이 모두 재상[36]이 될 것으로 기대했다. 사대부들은 서로 "안석(安石=사안)이 세상에 나오지 않는데, 일을 만나면[當] 창생은 어떻게 되는 걸까?"라고 말하기까지에 이르렀다. 나이 40여 세에 환온이 사마(司馬)가 될 것을 청하자, 사안이 곧 부름에 달려갔다. 환온이 크게 기뻐하며, 깊이 그를 예우하고 소중히 여겼다.

신유(辛酉) 5년(361년)

5월에 황제가 죽었는데, 후사가 없었다. 낭야왕 사마비(司馬丕)가 황제에 즉위했다.

35) 寓居 우거 : 남의 집에 붙어살음, 타향에 살음

36) 公輔 공보 : 공경, 재보(宰輔)는 재상

○ 범녕(范甯)은 유학(儒學)을 좋아하며 성질이 곧았다. 항상 왕필(王弼)과 하안(何晏)의 죄가 걸 주(桀 紂)[37]보다 심하다고 말했다. 혹자가 너무 지나치게 그들을 폄하한다고 하자, 범녕이 말했다.

"왕필과 하안은 유교경전을 멸시하고, 인의(仁義)를 아득히 깊은 곳에 떨어뜨렸다[幽沈]. 일하지 않고 놀면서[游], 뜬구름 같은 말을 해[38] 후학[後生]들을 평온치 않고 소란하게 했다.[39] (이로 인해) 높은 벼슬아치들[搢紳][40]이 갑자기 마음을 돌이켜 자기의 길을 바꾸게[41] 했다. (그 결과) 예악이 무너지고 중원이 전복됨에 이르렀으며, 남은 풍속은 지금까지도 우환이 되고 있다.

걸 주(桀 紂)가 마음대로 포학을 부린 것은 한 때여서, 자기 자신은 죽고, 나라는 전복되었다. 마침 후세에 경계함이 될 만했다. 어찌 백성들이 보고 들은 것을 돌릴 수 있게 할 수 있었겠는가?[42] 그러므로 나는 한 세대의 화는 가볍

---

37) 桀 紂 걸 주 : 걸(桀) 하(夏)나라의 폭군. 주(紂) 은(殷)나라의 폭군

38) 遊辭浮說 유사부설 : 놀면서(다니면서) 허황되고 뜬 구름 같은 말을 하다

39) 波蕩 파탕 : 물결처럼 소란하고 평온치 아니함

40) 搢紳 진신 : 홀(笏)을 조복의 대대(大帶)에 꽂음. 곧 의관(衣冠) 속대(束帶)를 함. 전(轉)하여 높은 벼슬아치, 귀현(貴顯)한 사람

41) 翻然改轍 번연개철 : 번연(翻然) 마음을 갑자기 돌이키는 모양, 펄럭이는 모양. 번(翻) 뒤집음. 개철(改轍) 수레 등의 가는 길을 바꾸는 것. 현대 중국어에서는 자동차의 노선을 변경할 때, 직업을 바꾸었을 때, 혹은 곡조나 운을 바꾸었을 때 비유해서 쓴다.

42) 豈~哉 기~재 : 기(豈) 어찌, 왜, 설마 등을 나타내는 반어, 바라건데, 원함, 원컨대

고, 대를 잇는 폐해는 크고, 자신이 죽게 되는 해악은 적은 것이고, 사람들을 현혹시키는 죄는 크다고 여긴다”

○ 12월에 진(秦)왕 부견이 목 백 수 재(牧 伯 守 宰)의 지방 관리들에게 명령해 각각 효도와 공손 청렴 정직 문학 정치를 잘하는 인재를 천거하게 했다. 그 천거된 자를 살펴 적임자일 경우 천거한 사람에게 상을 내리고, 적임자가 아닐 경우 천거한 사람에게 죄로 다스렸다.

이 때문에 사람들이 감히 망령되이[妄] 천거하지 못하고, 청탁이 행해지지 않았다. 이때에 안과 밖의 관직이 거의 모두 적임자를 얻었다. 밭이 개간되어 잘 정비되었고[修], 창고가 충실해지니 도적들이 없어졌다.

애황제(哀皇帝)는 재위 4년, 수(壽) 25세

임술(壬戌) 융화(融和) 원년(362년)

정월에 환온이 낙양으로 천도할 것과 영가(永嘉)의 난리 이후 강동[43]으로 도망쳐온 자들을 모두 북쪽으로 옮겨 황하 남쪽을 충실히 할 것을 청하는 상소를 올렸다. 조정에서는 환온을 두려워해 감히 다른 의견을 내지 못했다.

그러나 북쪽 땅이 스산하고[44], 사람들의 마음이 (이주를) 주저하고 두려워할 것이기 때문에 모두 안될 것이라는 걸

---

43) 江表 강표 : =강동(江東) =강남(江南) =강외(江外) =강좌(江左)

44) 蕭條 소조 : 스산한 모습

알았으나, 감히 먼저 간언하지 못했다. 산기상시(散騎常侍) 손작(孫綽)이 상소했다.

"옛날 중종께서 즉위하신 것은, 참으로 하늘의 뜻과 민심을 따르고 화합한 때문만은 아니었습니다. 실제로는 만리의 장강으로 나누어진[劃] 덕택에 그것을 지킨 것이었을 뿐입니다.

지금 동란이 있은 지 60여 년이 지났습니다. 황하와 낙양은 언덕[丘墟]이 되었고, 함곡관과 중원지역은 스산합니다. 백성들이 강동으로 옮겨온 지 이미 몇 대가 지났습니다. 살아있는 자는 늙었고, 아들이 손자를 기르며, 죽은 자의 무덤이 줄지어 있습니다.

비록 고향에 대한 그리움으로[45] 그들의 마음을 움직일 수 있겠지만, 현실적으로는 눈앞의 우환이 간절하게 교차할 것[46]입니다. 강동에 뿌리를 내린 지가 수십 년인데, 하루아침에 갑자기 그들을 옮겨 텅 비고 황량한 땅으로 내몰고자[47] 하는 것입니다.

만리를 손잡고 이끌어[48] 험한 산을 넘고 깊은 강을 건너고, 분묘를 떠나고, 생업을 버리라고 하는 것입니다. 밭과 집은 다시 살 수 없고, 배와 수레는 가서 얻을 수 없습니다. 편안한 땅을 버리고, 전쟁이 빈번한 고향으로 가게 하

---

45) 北風之心 북풍지심 : 고향생각

46) 交切 교절 : 섞여서 간절하다

47) 驅蹙 구축(척) : 구(驅) 쫓을. 축(蹴) 몰, 달릴, 핍박할

48) 提挈 제설 : 끌고 가다, 이끌다, 손잡다

는 것은, 국가가 깊이 염려해야 할 일입니다"

왕술(王術)은 "환온이 헛소리를 해 조정을 위협하고자 한 것일 뿐이지, 실제로 하겠다는 일이 아닐 것입니다. 다만 그대로 따르면 스스로 도달할 곳이 없게 됩니다"라고 말했다. 일이 과연 실행되지 않았다.

환온이 또 낙양의 종과 종틀[虡]을 옮기자는 의견을 냈다. 왕술이 "영가(永嘉) 연간에 나라가 강성하지[競] 못해[49] 잠시 강동을 도읍으로 하고 있습니다만, 지금은[方] 중원[50]을 평정하고 옛 수도로 수레[軫]를 돌려야 할 시기입니다. 만약 그렇게 하지 못한다면[51], 마땅히 선제의 능묘[원릉(園陵)]를 다시[改] 옮겨야 할 것입니다. 먼저 종과 종틀을 옮겨서는 안 됩니다"라고 말했다. 이에 환온이 그쳤다.

5월에 환온에게 시중 대사마 도독중외제군 녹상서사를 내렸다. 환온이 왕탄지(王坦之)를 장사(長史)로 삼았다. 왕탄지는 왕술의 아들이다. 또 치초(郗超)를 참군(參軍)으로 삼고, 왕순(王珣)을 주부(主簿)로 삼아 매사를 반드시 두 사람과 함께 의논했다. 관부의 사람들이 그것을 말하기를 "수염이 긴 참군과 키가 작은 주부가 영공(令公)을 기쁘게 할 수도 있고, 영공을 노여워하게 할 수도 있다"고 했다.

---

49) 주(註) 경(競)은 강함[彊]이다. 회제가 영가 5년에 유총에게 사로잡혔기 때문에 영가불경(永嘉不競)이라고 말한 것이다.

50) 區宇 구우 : 중원, 구역, 경계

51) 不爾 불이 : =불연(不然)

왕순과 사현(謝玄)은 모두 환온의 하급 관리[掾]였는데, 환온은 그들 모두를 소중히 여겼다. "사현은 나이 40에 반드시 천자의 명령을 받는 장수가 갖는 깃발을 손에 잡거나, 임금의 신표[52]를 잡을 것이고, 왕순은 젊은 재상[53]이 될 것이다. 쉽게 얻을 수 있는 인재들이 아니다"라고 했다. 사현은 사혁(謝奕)의 아들이다.

갑자(甲子) 2년(364년)

정월에 양주자사(揚州刺史) 왕술(王述)을 상서령(尙書令)으로 삼았다. 왕술이 매번 벼슬에 제수될 때마다 헛되게 사양하지 않았다. 반드시 받지 않을 경우에만 사양했다.

상서령이 되자, 아들 왕탄지가 "옛날처럼 마땅히 사양해야 합니다"라고 말했다. 왕술은 "너는 내가 감당하지 못할 것이라고 생각하느냐?"고 물었다. 왕탄지는 "아닙니다. 단지 자신을 누르고 겸양한다는 것[克讓][54]은 스스로에게 아름다운 일입니다"라고 대답했다.

왕술은 "이미 그것을 감당할 수 있는데, 어찌 더 사양하겠느냐. 사람들은 네가 나보다 낫다고 말하나, 바로 잡자! 너는 나에게 미치지 못하구나!"라고 말했다.

---

52) 擁旄杖節 옹모장절 : 모(旄, 천자의 명령을 받은 장수가 갖는 기)를 손에 잡고, 절(節, 부신符信, 병부兵符, 사신 또는 대장이 가지는 신표)을 잡음. 전(轉)하여 지방장관

53) 黑頭公 흑두공 : 젊은 정승, 3공(三公)의 지위

54) 克讓 극양 : 자신을 누르고 사양하는 것

3년에 황제가 죽자, 낭야왕 사마혁(司馬奕)이 황제에 즉위했다.

○ 3월에 연(燕)나라 태재(太宰) 모용각(慕容恪)과 오(吳)왕 용수[慕容垂]가 함께 낙양을 공격해 함락시켰다. 군대를 이끌고 황하 남쪽의 여러 성을 공격해 모두 항복시켰다.

황제 혁(奕) 재위 6년, 수(壽) 45세

정묘(丁卯) 태화(太和) 2년(367년)

연(燕) 태원왕(太原王) 모용각의 병이 심해지자, 모용위(慕容暐)가 친히 가서 보고 뒷일을 물었다. 모용각이 "오(吳)왕에게는 문무를 겸비한 자질이 있어 관중과 소하에 버금갑니다. 폐하께서 만약 그에게 큰 정사를 맡기신다면 국가가 평안하겠지만, 그렇지 않으신다면 진(秦)과 진(晉)은 반드시 틈을 엿볼 계획55)이 있을 것입니다"라고 말했다.

모용각이 말을 마치고 죽었다. 진(秦)왕 부견(符堅)은 모용각이 죽었다는 소문을 듣고 은밀히 연(燕)을 도모할 계획을 세웠다.

기사(己巳) 4년(369년)

4월에 대사마 환온이 보병과 기병 5만 명을 거느리고 연

55) 窺窬之計 규유지계 : 살피다가 노리고 도모하는 계획. 규(窺) 살필. 유(窬) 문 옆의 작은 구멍

(燕)을 정벌했다. 이때 모용각이 이미 죽어서 여러 장수들이 대항할 수가 없었다. 연(燕)왕 모용위(慕容暐)가 마침내 진(秦)에 구원을 요청했다.

왕맹이 은밀하게 부견에게 건의했다.

"연(燕)이 비록 강대하나, 모용평(慕容評)을 평가하면 환온의 적수가 아닙니다. 만약 환온이 산동(山東)을 공격하고, 진군해 낙읍(洛邑)에 주둔하고, 유주(幽州)와 기주(冀州)의 군사를 거두고, 병주(幷州)와 예주(豫州)에서 곡식을 끌어 모으고, 효산(崤山)과 면지(澠池)에서 전쟁을 관망한다면, 폐하의 대사는 끝날 것입니다. 지금 연(燕)나라와 합병해 환온을 물리치는 것이 낫습니다.

환온이 후퇴하면, 연(燕) 역시 피폐할 것입니다. 그런 뒤에 우리가 그 피폐해진 틈을 타서 그들을 공격한다면 또한 좋지 않겠습니까?"

부견이 그의 말에 따랐다. 낙주자사(洛州刺史) 등강(鄧羌)을 보내 보병과 기병 2만 명을 거느리고 연(燕)을 구원하게 했다.

환온이 여러 번 싸웠으나 불리했고, 비축한 식량까지 고갈되었다. 또 진(秦)나라 군대가 곧 올 것이라는 소식을 듣고는, 마침내 배를 불태우고 군대의 짐[輜重], 갑옷[鎧], 병기[仗]를 버리고, 육로를 따라 도망쳐[犇] 돌아왔다.

연(燕)의 오(吳)왕 모용수(慕容垂)가 스스로 8천 명의 기병을 거느리고 그들을 추격해 양읍(襄邑)에서 환온을 따라잡았다. 크게 격파하고, 3만 명의 수급을 베었다. 진(秦)의 장수 구지(苟池)는 초(譙)에서 환온을 맞아 싸워 또 격파했다. 죽은 자가 다시 만으로 헤아려졌다.

환온은 흩어진 병사들을 거두어 산양(山陽)에 주둔했다. 환온은 전쟁의 패배를 깊이 마음 아파했다. 그래서 원진(袁眞)에게 죄를 돌리고, 원진을 면직시켜 서인으로 할 것을 주청했다.

○ 연(燕)의 오(吳)왕 모용수(慕容垂)가 업(鄴)으로 돌아왔다. 위세와 명성이 더욱 떨쳐지니, 태부(太傅) 모용평이 그를 시기했다. 모용수가 아들, 동생, 조카와 함께 진(秦)나라로 달아났다. 처음에 진(秦)왕 부견은 태재 모용각이 죽었다는 말을 듣고 은밀히 연(燕)나라를 도모할 뜻이 있었으나, 모용수의 위세와 명성에 떨어서[憚] 감히 도발하지 못했다.

모용수가 왔다는 말을 듣자, 크게 기뻐하며 교외로 나가 맞이했다. 손을 잡고 "하늘이 현명한 자와 준걸을 낼 때는 반드시 서로 함께 큰 공을 이루라는 것입니다. 이는 자연의 이치[數]입니다. 바라는[要] 것은 경과 함께 천하를 평정한 연후에 경을 본래의 고향으로 돌아가게 하고, 대대로 유주(幽州)에 분봉해준다면 또한 아름답지 않겠습니까?"라고 말했다.

왕맹이 부견에게 "모용수 부자(父子)는 비유하면 용과 범 같아서 길들일[馴] 수 있는 인물이 아닙니다. 만약 풍운을 빌려 준다면 장차 더이상 제재할 수 없을 것입니다. 일찍 제거하는 것이 낫습니다"라고 말했다. 부견은 "내가 지금[方] 영웅들을 거둬들여 천하를 깨끗이 하려고 하는데, 어찌 그들을 죽이겠는가?” 하고는 마침내 모용수를 관군장군(冠軍將軍)으로 삼았다.

○ 진(秦)왕 부견이 왕맹 양성(梁成) 등강을 보내 보병과 기병 3만명을 거느리고 연(燕)을 정벌하게 했다. 12월에 진격해 낙양을 공격했다.

○ 대사마 환온이 서주(徐州)와 연주의 백성들을 징발해 광릉성을 쌓고, 군대를 옮겨 그 곳에 주둔했다. 이때 전쟁이 빈번했고, 역병[56]까지 겹쳐 죽은 자가 10의 4, 5였다. 백성들이 크게 탄식하고 원망했다.[57]

비서감(秘書監) 손성(孫盛)이 『진나라 춘추(晉春秋)』를 지어 현재의 일을 사실대로 썼다. 대사마 환온이 그것을 보고 화를 내며, 그의 아들에게 “방두에서의 일은 참으로 불리해서 돌아왔지만[58], 어찌하여 그대의 부친[59]이 말한 것같은 지경에까지 되었겠는가? 만약 이 역사가 끝내 행해진다면 이로부터 그대 가문의 일로 연계될 것이다”[60]라고 말했다.

그의 아들이 급히 절하며 사죄했다. (돌아와서) 그것을 고칠 것을 요청했다. 손성은 연로해 집에 있었는데, 성품이

---

56) 疫癘 역려 : 돌림병, 염병

57) 嗟怨 차원 : 탄식하고 원망함

58) 주(註) 영화(永和) 5년 환언과 연(燕)의 군대가 방두(枋頭)에서 싸웠고, 불리해지자 돌아왔다

59) 尊君 존군 : 그대의 부친

60) 주(註) 그 가문을 멸문시킬 것이라는 말이다. 『자치통감』

방정하고 엄격하고 규범이 있었다. 자손들이 비록 반백(班白)[61]이었으나 손성은 그들을 대할 때 더욱 준엄했다.

이에 이르러 여러 아들들이 함께 울부짖으며 이마를 조아리고 온 집안을 위한 계책을 요청했으나, 손성은 크게 노하고 허락하지 않았다. 여러 아들들이 몰래 그것을 고쳤다.

경오(庚午) 5년(370년)

정월에 연(燕)나라 형주자사(荊州刺史) 무위왕(武威王) 모용축(慕容筑)이 낙양을 들어 진(秦)에 항복했다. 6월에 진(秦)왕 부견이 다시 왕맹을 보내 진남장군(鎭南將軍) 양안(楊安) 등을 독려하고, 보병과 기병 6만 명을 거느리고 연(燕)을 정벌하게 했다.

8월에 연(燕)의 군주 모용위가 태부 상용왕(上庸王) 모용평에게 안과 밖의 정예병 30만 명을 거느리고 진(秦)을 막으라고 명령했다. 왕맹이 호관을 함락시키자, 지나는 군현들이 모두 기세만 보고도 항복해 한편이 되었다. 연나라 사람들이 크게 떨었다.

황문시랑(黃門侍郎) 봉부(封孚)가 사도장사(司徒長史) 신윤(申胤)에게 "일이 장차 어떻게 되겠는가?"라고 물었다. 신윤이 탄식하며 "업(鄴)은 반드시 망할 것이고, 우리들은 지금 여기에서 진(秦)의 포로가 될 것입니다. 그러나 월(越)나라가 세성(歲星)을 얻었는데, 오(吳)가 월(越)을 정벌해

61) 班白 반백 : 흰머리가 섞여 있음, 중후한 연배

끝내 그 화를 받았습니다.[62] 지금 복덕성(福德星)[63]이 연(燕)에 있으니, 진(秦)이 비록 뜻을 얻더라도 연(燕)이 다시 재건되는 시간은 12년[一紀][64]에 불과할 뿐입니다"라고 점쳤다.

9월에 진(秦)나라 왕맹이 노천(潞川)으로 진군하자, 태부 모용평은 왕맹이 적진에 깊이 들어온 본대와 멀리 떨어진 군대[65]라 생각하고, 지구전으로 제재하려고 했다. 왕맹이 위원(渭源)에 진을 치고 (결전을) 맹세하자, 군사들이 모두 기세 좋게 나가서[66] 가마솥을 부수고 양식을 버리고 크게 고함치며 다투어 진격해 연(燕)의 군대를 크게 이겼다. 5만 여명을 사로잡아 목 베었으며, 승세를 타고 추격했다. 죽은 자와 항복한 자가 또 10만여 명이었다. 모용평이 한필의 말[單騎]을 타고 달아나 업으로 돌아왔다. 진(秦)의 군대가 승승장구해 동쪽으로 갔다. 정묘(丁卯)에 업(鄴)을 포위했다.

11월에 진(秦)왕 부견이 직접 정예병 10만 명을 거느리고

---

62) 주(註) (『좌전(左傳)』) 소(昭) 32년(年) 오(吳)가 월(越)을 정벌함. 역사의 기록[史墨]은 40년 안되어 월이 오를 뺏을 것이다(중복 생략)...세성(歲星)이 소재한 나라는 복이 있는데, 그 해 월이 세성을 얻었다. 그런데 오가 그 곳을 정벌했고, 오가 먼저 전쟁을 시작했기 때문에 오히려 그 재앙을 받는다. 색은(索隱)왈, 천관점(天官占)에 '세성(歲星)은 응성(應星), 경성(經星), 기성(紀星)이라고 하며, 동방목(東方木)의 정(精)이고, 창제(蒼帝)의 상(象)이다. 소재한 나라는 정벌할 수 없고, 사람을 처벌할 수는 있다'고 한다.

63) 福德星 복덕성 : =세성(歲星), 별이름

64) 一紀 일기 : 12년

65) 縣軍 현군 : 본진과 멀리 떨어져 적진에 깊이 들어간 군대

66) 踊躍 용약 : 펄쩍 뛰어 기세 좋게 나아감, 뜀, 좋아서 날뛰어 기뻐함

업(鄴)으로 달려갔다. 무인(戊寅)에 연(燕)의 산기시랑(散騎侍郎) 여위(餘蔚)가 밤에 업(鄴)의 북문을 열고 진(秦)의 군대를 받아들였다. 연(燕)의 군주 모용위와 상용왕 모용평 등이 함께 용성(龍城)으로 달아났다.

진(秦)왕 부견이 유격장군 곽경(郭慶)을 시켜 추격하게 했다. 곽경이 고양(高陽)에서 그들을 잡아 부견에게 데려갔다. 부견이 가엾게 여겨 그들을 풀어주고 궁으로 돌아가게 하니, 그들이 문무관을 거느리고 나와서 항복했다. 여러 주의 지방관(목牧 수守)과 여섯 오랑캐(六夷)의 우두머리들[67]이 모두 진(秦)에 항복했다.

○ 12월에 진(秦)왕 부견이 모용위와 연(燕)의 왕공 백관과 선비족 4만여 가구를 장안으로 옮겼다. 연(燕)의 옛 태사(太史) 황홍(黃泓)이 탄식하며 "연(燕)은 반드시 중흥할 것이다. 그것은 오왕 때가 아니겠는가?[68] 내가 늙어서 미처 보지 못하는 것이 한스러울 뿐이다"라고 말했다.

급군(汲郡)사람 조추(趙秋)도 "천도(天道)가 연(燕)에 있는데, 진(秦)이 멸망시켰으니, 진(秦)은 15년이 못되어 반드시 다시 연(燕)의 것이 될 것이다"

태종간문황제(太宗簡文皇帝) 재위 2년, 수(壽) 53

---

67) 渠帥 거수 : 악당의 두목, 우두머리, 괴수(魁首)

68) 豈~乎? 기~호 : ~이다(강조), 또는 어찌 ~이 아니겠는가?(의문 반어)

신미(辛未) 함안(咸安) 원년(371년)

정월에 진(秦)왕 부견이 관동의 호걸 및 여러 오랑캐 15만 가구를 관중으로 옮기고, 오환(烏桓)을 풍익(馮翊)과 북지(北地)로, 정령(丁零)과 적빈(翟斌)을 신안(新安)과 면지에 살게 했다.

○ 10월에 대사마 환온이 그의 재목과 경륜[材略], 지위와 명망을 믿고서 은밀히 불충의 뜻을 키우고 있었다. 일찍이 베개를 어루만지며 탄식하기를 "남자가 좋은 명성[芳]을 백세에 남길 수 없으면, 역시 나쁜 냄새라도 만년에 남겨야 한다"고 말했다. 환온은 먼저 황하의 북쪽지방에서 공을 세워 당대에 명망을 거두고, 돌아와 구석(九錫)[69]을 받고자 했는데, 방두의 패배로 위세와 명성이 꺾였다. 수춘을 점령하고 나서 참군 치초에게 이르기를 "방두의 치욕을 씻을 수 있겠는가?" 하니, 치초가 "씻을 수 없습니다"라고 대답했다.

오래 있다가 치초가 환온에게 가서 잠을 잤는데, 한밤중에 환온에게 "명공은 천하의 중임을 맡으셨는데, 60의 나이로 크게 군대를 들어 출정했다가 실패했습니다. 좀처럼 세상에 나올 수 없는 큰 공적을 세우지 않는다면, 백성들의 기대에 충분히 부응할 수가 없습니다"[70]라고 말했다.

---

69) 九錫 구석 : 천자가 특히 공로가 있다고 인정되는 사람에게 주는 9가지 물건, 거마(車馬) 의복(衣服) 악칙(樂則) 납폐(納幣) 호분(虎賁) 주호(朱戶) 궁시(弓矢) 부월(斧鉞) 거창(秬鬯)

환온이 "그렇다면 어찌해야 하는가?"라고 물었다. 치초는 "명공께서 이윤(伊尹)이나 곽광(霍光)이 했던 거사를 실행하지 않는다면, 큰 위세와 권력을 세워 천하를 진압할 수 없습니다"라고 말했다. 환온이 본래 이런 마음이 있었기 때문에 깊이 옳다고 여겼다. 드디어 치초와 함께 논의하고 결정했다.

○ 11월에 환온이 광릉에서 건강(建康)에 왔다. 나가서 태후의 명령을 선포해 황제를 폐위시켜 동해왕으로 삼았다. 회계왕 사마욱(司馬昱)에게 황위를 잇게 해 황제에 즉위하게 했다.

환온의 위세가 높고 성대했다.[71] 시중(侍中) 사안(謝安)이 환온을 멀리서 바라보고[遙拜][72]절을 했다. 환온이 놀라며 "안석! 경이 무슨 일로 이러한가[爾=然]?" 하니, 사안은 "군주는 앞에서 절합니다. 신하가 뒤에서 읍하는 경우는 없습니다"라고 말했다.

이리하여 조서를 내려 환온을 승상 대사마로 승진시키고, 경사에 머물면서 정사를 보필하게 했다. 환온이 간곡히 사양하고 연거푸[73] 고숙(姑孰)으로 돌아가서 주둔하겠다고 청했다.

○ 12월에 대사마 환온이 동해왕(東海王)은 마땅히 창읍

---

70) 鎭愜 진협 : 진(鎭) 다스릴. 협(愜) 부응할, 쾌할, 뜻에 맞음

71) 翕赫 흡혁 : 높고 성대하다

72) 遙拜 요배 : 멀리서 바라보고 절함. 망배(望拜)

73) 仍 잉 : 연거푸 인할, 기댈, 오히려, 이에

(昌邑)의 고사(故事)[74]를 따라야 한다고 아뢰었다. 그래서 동해왕을 해서현공(海西縣公)으로 강등했다. 환온의 위엄이 안팎에 떨쳐지니, 황제가 비록 지존의 지위에 있었으나, 팔짱을 끼고 침묵만 할 뿐이었다.

임신(壬申) 2년(372년)
7월에 황제가 죽고, 태자가 황제에 즉위했다.

○ 8월에 진(秦)이 왕맹을 승상으로 삼았다. 왕맹이 승상이 되자, 부견은 위에서 팔짱만 끼고 있고, 백관들은 아래에서 하나가 되어 일을 했다.[75] 군대일, 나라의 행정, 안팎의 일들이 모두 왕맹을 통하지[由] 않는 것이 없었다.

왕맹은 강인하고 명석하며, 깨끗하고 정중[肅]했다. 선악을 확실하게 밝혀 자리를 차지하고 녹만 받는 자[76]들을 내쫓거나 강등시켰고[放黜], 벼슬 길이 막혀 세상에 나오지 않는 자들을 드러내서 발탁했다. 농업과 양잠을 권장해 세금을 부과하고, 군대를 훈련시켰다.

관직은 반드시 재능에 맞게 하고, 형벌은 반드시 죄에 마땅하게 했다. 이로 말미암아 부국강병이 되어, 싸우면 이기지 못하는 일이 없었다. 진(秦)나라가 크게 잘 다스려졌다.

---

74) 주(註) 한 소제(漢 昭帝)가 죽자, 창읍왕(昌邑王)을 맞아 즉위시켰는데, 죄로 폐위시키고 창읍으로 돌려보냈다

75) 總己 총기 : 총(總) 거느릴, 묶을, 잡아맬, 모일, 하나가 됨. 기(己) 자기, 다스리다

76) 尸位素餐 시위소찬 : 일하지 않고 자리만 차지하고 녹만 먹는 사람

원 문

卷之二十八

晉紀

康皇帝 在位二年，壽二十一

癸卯 建元元年

庾翼薦桓温於成帝曰:「桓温有英雄之才， 願陛下勿以常人遇之，常壻畜之。宜委以方面之任，必有弘濟艱難之勳。時。杜乂 殷浩才名冠世。 翼獨弗之重也曰: 此輩宜束之高閣，俟天下太平然後，徐議其任耳。」浩累辭徵辟，屏居墓所，幾將十年。時人擬之管葛。江夏相謝尚 長山令王濛 常伺其出處，以卜江左興亡，常相與省之，知浩有確然之志。既返相謂曰: 「深源不起，當如蒼生何?」，翼請浩為司馬，浩不應。翼遺浩書曰:「王夷甫立名非真。 雖云談道，實長華競。 明德君子遇會處際，寧可然乎! 浩猶不起。

甲辰二年

九月，帝崩。太子卽位時方二歲。太后褚氏臨朝稱制。何充加侍中錄尚書事。

孝宗穆皇帝 在位十七年，壽十九

乙巳 永和元年
以會稽王昱為撫軍大將軍 錄尚書事， 以徐州刺史桓溫為安西將軍 荊州刺史。

丙午二年
以殷浩為揚州刺史。 浩固辭，會稽王昱遺浩書曰：「足下去就卽時之廢興，若深存挹退，苟遂本懷，吾恐天下之事去矣。」浩乃就職。

◯五月， 西平公張駿薨。 世子重華自稱涼州牧西平公 假(涼)王。

◯安西將軍桓溫伐漢，拜表 卽行。

丁未三年
二月，溫自將步卒，直指成都。(漢)王勢悉衆出戰。溫乘勝長驅，至成都，縱火燒其城門， 漢人惶懼無復鬪志。勢送降文於溫，尋輿櫬面縛，詣軍門。溫解縛焚櫬，送勢及宗室十餘人於建康。舉賢旌善，蜀人悅之。

戊申四年
四月， 朝廷論平蜀之功， 乃加溫征西大將軍 封臨賀郡公。溫旣滅蜀，威名大振， 朝廷憚之。會稽王昱以揚州刺史，殷浩有盛名，朝野推服，乃引為心膂，與参綜朝權 欲以抗溫。

由是 與温 浸相疑貳。

◯十一月，(燕)王皝卒。世子儁卽位。

己酉五年

正月，(趙)王虎卽皇帝位。既而病卒。太子世卽位。彭城王遵廢世為譙王，尋殺之。遵卽位，以武興公閔為都督中外諸軍事。閔言於遵曰:「蒲洪人傑也。今以洪鎮關中，臣恐秦雍之地 非復國家之有。遵從之。罷洪都督，洪怒歸枋頭，遣使来降。

◯六月，桓温聞趙亂，出屯安陸。遣諸將 經營北方，(趙)揚州刺史王浹舉壽春降。征北大將軍褚裒上表 請伐趙，卽曰:「戒嚴 直指泗口，徑赴彭城，北方士民降附者 日以千計」朝野皆以為中原指期可復。蔡謨獨謂所親曰:「胡滅誠為大慶，然 恐更貽朝廷之憂。」其人曰:「何謂也?」謨曰:「夫能順天乘時，濟羣生於艱難者，非上聖與英雄 不能為也。自餘 則莫若度德量力。觀今日之事，殆 非時賢所及。必經營分表，疲民以逞，既而 材略踈短，不能副心，財殫力竭，智勇俱困。安得不憂及朝廷乎?」魯郡民五百餘家 相與起兵附晋，求援於褚裒。裒遣步將 王龕 李邁 將銳卒三千，迎之。(趙)李農帥騎二萬 與龕等 戰於代陂。龕等大敗，皆沒於趙。八月裒退屯廣陵。詔命裒 還鎮京口。時河北大亂，遺民三十餘萬口渡河来歸。會裒已還，威埶不接，不能自拔，死亡略盡。

○十一月，(趙)武興公閔 執趙主遵 殺之。

○秦雍流民相率西歸路， 由枋頭共推蒲洪為主。 衆十餘萬。洪子健在鄴，斬關，出奔枋頭。

庚戌六年
正月，(趙)大將軍閔 卽皇帝位 改國號(魏)復姓冉氏。

○姚弋仲 蒲洪 各有據關右之志，弋仲遣帥其子襄，帥衆五萬，擊洪。洪迎擊破之。洪自稱大都督三秦王，改姓苻氏。。。

○三月，洪卒。世子健代領其衆。。

○十一月，苻健入長安。以民心思晋，乃遣使詣建康，獻捷，並修好於桓温。於是 秦雍夷夏 皆附之。

辛亥七年
正月，苻健卽天王位 國號大(秦)。 凡趙之苛政，不便於民者，皆除之。

○初 桓温聞石氏亂，上疏 請出師經略中原。事久不報，温知朝廷仗殷浩 以抗己。甚 忿之，然素知浩之為人，亦不之憚也。以國無他釁，遂得相持彌年。雖有君臣之跡，羈縻而已。 八州士衆資調，殆不為國家用。 屢求北伐，詔書不聽。十二月 温拜表 輒行，帥衆四五萬，順流而下，軍于武昌。朝廷大懼。司馬高崧言於會稽王昱曰：王宜致書，諭以禍福，自當返旆，如其不爾，便六軍整駕，逆順於兹 判矣。 乃於坐，為昱草書。溫卽上疏，惶恐謝罪，回軍還鎮。。

壬子八年

正月，(秦) 王健卽皇帝位。 般浩上疏，請出師許洛。 詔許之。 浩之北伐也，王義之以書止之 不聽。 旣而無功，復謀再擧，義之遺浩書 曰：今以區區江左，天下寒心 固已久矣。力爭武功 非所當作。不聽。。。

○四月，(燕) 滅 (魏)

○十一月，(燕) 王儁卽皇帝位。徙都鄴。

○姚弋仲卒。 子襄帥衆，来歸。 襄博學善談論，江東人士皆重之。

癸丑九年

姚襄屯歷陽。 般浩惡其強盛，屢遣刺客刺之。 十月 浩北伐以襄為前驅。襄反攻浩於山桑，浩大敗。

甲寅十年

正月，張祚自稱 (凉) 王。 揚州刺史般浩連年北伐，帥徒屢敗， 糧械都盡。 桓溫因朝野之怨，上疏數浩之罪，請廢之。朝廷不得已免浩為庶人。自此 內外大權一歸於溫矣。

○桓溫統步騎四萬伐(秦)， 進至霸上， 三輔郡縣皆来降。溫撫諭居民，使安堵復業。 民爭持牛酒迎勞， 男女夾路觀之，耆老有垂泣者曰：「不圖今日復覩官軍。」

◯北海王猛少好學，倜儻有大志，不屑細務。人皆輕之，猛悠然自得，隱居華陰。聞桓温入關，披褐詣之，捫蝨而談當世之務，旁若無人。温異之問曰:「吾奉天子之命，將銳兵十萬，為百姓 除殘賊，而三秦豪傑 未有至者，何也?」猛曰:「公不遠數千里，深入敵境，今長安咫尺，而不度覇水，百姓未知公心，所以不至。」温嘿然 無以應。徐曰:「江東無卿比也!」乃署猛軍謀祭酒。

◯初 温指秦麥以為糧。既而秦人悉芟麥， 温軍乏食。六月徙關中三千餘户而歸，秦兵追擊之，温軍屢敗。

乙卯十一年
六月，(秦) 主健卒。太子生卽位。

丙辰十二年
桓温自江陵北伐。 與寮屬登平乘樓，望中原歎曰:「遂使神州陸沈百年 丘墟，王夷甫諸人不得不任其責!」

◯八月，温至伊水。姚襄撤圍拒之。温結陳而前，親被甲督戰。襄衆大敗，死者數千人。襄帥麾下數千騎，奔于洛陽北山。 周成帥衆出降。 温屯故太極殿前，既而 徙屯金墉城。謁諸陵，有毁壞者，修復之。以二千人戍洛陽衛山陵，執周成以歸。姚襄奔平陽。

◯十月，(燕) 大司馬恪圍段龕於廣固。 十一月龕面縛出降。恪撫安新民，悉定齊地。

丁巳升平元年

(秦) 主生飮酒, 無晝夜。 乘醉多所殺戮, 群臣得保一日 如度十年。東海王堅素有時譽。與薛讚 權翼善。讚 翼密說堅曰:「主上猜忌暴虐 中外離心。 方今宜主秦祀者, 非殿下而誰! 願早為計, 勿使它姓 得之。 堅以問尙書呂婆樓。 婆樓曰:「僕里舍有王猛者, 其人謀略不世出。 殿下宜請而咨之。」堅因婆樓 以招猛。 一見如舊友, 語及時事, 堅大悅。 自謂 如劉玄德之 遇諸葛孔明也。梁平老等謂堅 曰:「主上失德, 上下嗷嗷。人懷異志, 燕晉二方 伺隙而動, 恐禍發之日家國俱亡, 此殿下之事也。 宜早圖之!」 堅然之。堅與呂婆樓帥麾下三百人, 鼓譟而進。 宿衛將士皆舍仗歸堅。 生猶醉寐。 堅兵引生置別室, 廢為越王 尋殺之。 堅乃去皇帝, 號稱大秦天王

○十一月, 秦王堅行至尙書。以文案不治, 免左丞相程卓官, 以王猛代之。堅擧異才, 脩廢職, 課農桑, 恤困窮, 禮百神, 立學校, 旌節義, 繼絶世。秦民大悅。

戊午二年

九月, (秦) 大旱 堅減膳 徹樂, 命後妃以下 悉去羅紈, 開山澤之利 公私共之, 息兵養民, 旱不為灾, 王猛日親幸 用事。

庚申四年

正月, (燕) 主儁疾篤。 召大司馬太原王恪, 授遺詔 輔正而

卒。太子暐卽位。

◯朝廷初聞燕主儁卒，皆以為中原可圖。 桓温曰:「慕容恪尚在 憂方大耳。」

◯謝安少有重名，前後徵辟。皆不就，寓居會稽。以山水文籍自娛。 雖為布衣，時人皆以公輔期之。 士大夫至相謂曰:「安石不出， 當如蒼生何?」年四十餘桓温請為司馬， 安乃赴召。温大喜，深禮重之。

辛酉五年

五月，帝崩。無嗣。琅邪王丕卽皇帝位。

◯范寧好儒學，性質直。常謂王弼 何晏之罪 深於桀紂。或以為之太過，寧曰：王 何蔑棄典文，幽沈仁義，游辭浮說，波蕩後生，使縉紳之徒 翻然改轍，以至禮壞樂崩，中原傾覆，遺風餘俗 至今為患。桀紂縱暴一時，適足以喪身覆國 為後世戒。豈能廻百姓之視聽哉！故吾以為一世之禍輕，歷代之患重。自喪之惡小，迷衆之罪大也!」

◯十二月，（秦）王堅命牧伯守宰，各擧孝悌廉直 文學政事，察其所擧得人者 賞之，非其人者 罪之。由是 人莫敢妄擧，而請託不行。當是之時 內外之官 率皆稱職。田疇修闢，倉庫充實，盜賊屏息。

哀皇帝 在位四年，壽二十五

壬戌隆和元年

正月，桓温上疏 請:「遷都洛陽。 自永嘉之亂 播流江表者 請一切北徙，以實河南。」朝廷畏温不敢為異，而北土蕭條，人情疑懼，雖並知不可，莫敢先諫。 散騎常侍孫綽上疏曰:「昔中宗龍飛，非惟信順協於天人。實賴萬里長江畫，而守之耳。 今自喪亂已来 六十餘年，河洛丘墟，函夏蕭條。 士民播流江表 已經數世。 存者老，子長孫，亡者丘隴成行。雖北風之思 感其素心，目前之憂 實為交切。 植根江外 數十年矣。 一朝 頓欲拔之，驅跋於空荒之地。 提挈萬里，踰險浮深，離墳墓，棄生業。 田宅不可復售，舟車無從而得。捨安樂之國， 適習亂之鄉， 國家之所宜深慮也。」王術曰:「温欲以虛聲 威朝廷耳。非事實也。但從之，自無所至。」事果不行。 温又議移洛陽鍾虡。 述曰:「永嘉不競，暫都江左，方當蕩平區宇，旋軫舊京。 若其不爾，宜改遷園陵，不應先事鍾虡。」温乃止。

癸亥興寧元年

五月，加桓温 侍中大司馬 都督中外諸軍 錄尚書事。 温以王坦之為長史，坦之述之子也。又以郗超為參軍，王珣為主簿。每事必與二人謀之，府中為之語曰:「髯參軍 短主簿，能令公喜，能令公怒。」超與謝玄皆為温掾。 温俱重之曰:「謝掾年四十 必擁旄杖節，王掾當作黑頭公。 皆未易才也。 」玄奕之子也。

甲子二年

五月, 以揚州刺史王述為尚書令。 王述每授職, 不為虛讓。其所辭必於所不受。 及為尚書令, 子坦之白述:「故事當讓!」述曰:「汝謂我不堪邪?」坦之曰:「非也, 但克讓自美事耳。」述曰:「既謂堪之, 何為復讓, 人言汝勝我, 定, 不及也。」三年帝崩。琅邪王奕卽皇帝位。

○三月, 燕大宰恪 吳王垂共攻洛陽 克之。引兵略河南, 諸城盡下之。

帝奕 在位六年, 壽四十五

丁卯太和二年

(燕)太原王恪 疾病。暐親視之 問以後事。 恪曰:「吳王文武兼資, 管蕭之亞。 陛下若任以大政, 國家可安。 不然 秦晉必有窺窬之計。」言終而卒。秦王堅聞恪卒, 陰有圖燕之計。

己巳四年

四月, 大司馬桓溫帥步騎五萬 伐燕。 時恪已死, 諸將不能抗。 燕王暐乃求救於秦。王猛密言於堅曰:「燕雖彊大, 慕容評非溫敵也。 若溫舉山東, 進屯洛邑, 收幽冀之兵, 引并豫之粟, 觀兵崤澠, 則陛下大事去矣。 今不如與燕合兵以退溫。溫退, 燕亦病矣。 然後 我承其弊而取之, 不亦善乎!」堅從之。遣洛州刺史鄧羌 帥步騎二萬 以救燕。溫數戰不利, 糧儲復竭。又聞秦兵將至，乃焚舟，棄輜重鎧仗，自陸道犇還。吳王垂自帥八千騎，追之及溫於襄邑，大破之。斬首三萬級。秦將苟池邀擊溫於譙，又破之，死者復以萬計。溫收散卒屯于山陽。溫深恥喪敗，乃歸罪於袁真，奏免真為庶人。

◯(燕) 吳王垂還鄴。威名益振。太傅評忌之。垂與子弟姪俱犇秦。初 堅聞大宰恪卒，陰有圖燕之志，憚垂威名，不敢發。及聞垂至大喜，郊迎 執手曰:「天生賢傑，必相與共成大功。 此自然之數也。要當與卿共定天下，然後還卿本鄉，世封幽州，不亦美乎!」王猛言於堅曰:「慕容垂父子辟如龍虎，非可馴之物。 若借以風雲，將不可復制。 不如早除之!」 堅曰: 「吾方收攬英雄，以清四海。奈何殺之!」乃以垂為冠軍將军。

◯(秦) 堅遣王猛 梁成鄧羌帥步騎三萬伐 (燕) 。十二月進攻洛陽。

◯大司馬溫發徐 兗州民 築廣陵城 徙鎮之。時 征役既頻，加之疫癘，死者什四五，百姓嗟怨。 秘書監孫盛作晉春秋，直書時事。大司馬溫見之 怒，謂盛子曰:「枋頭誠為失利 何至乃如尊君所言? 若此史遂行，自是關君門戶事。其子遽拜謝 請改之。時盛年老 家居。性方嚴，有軌度子孫。雖斑白待之，愈峻。至是諸子乃共號泣稽顙，請為百口計。盛大怒不許。諸子遂私改之。

庚午五年

正月,(燕)荊州刺史武威王筑 以洛陽 降秦。六月(秦)王堅復遣王猛,督鎮南將軍楊安等,將步騎六萬 以伐燕。八月(燕)王暐命太傅上庸王評 將中外精兵三十萬 以拒秦。猛克壺關,所過郡縣 皆望風降附。燕人大震。黃門侍郎封孚問司徒長史申胤曰:「事將何如?」胤歎曰:「鄴必亡矣。吾屬今茲 將爲秦虜。然 越得歲,而吳伐之,卒受其禍。今福德在燕。 秦雖得志,而燕之復建 不過一紀耳。」九月,(秦)王猛進兵潞州。太傅評以猛 懸軍深入,欲以持久制之。猛陳於渭源,而誓之衆,皆踴躍,破釜 棄糧,大呼競進。(燕)兵大敗。俘斬五萬餘人,乘勝追擊,所殺及降者 又十萬餘人。評單騎走還鄴。秦兵長驅而東,丁卯圍鄴。十一月,秦王堅自帥精銳十萬赴鄴。戊寅 燕散騎侍郎餘蔚 夜開鄴北門納秦兵。燕主暐與上庸王評等犇龍城。秦王堅使遊擊將軍郭慶追及於高陽,執以詣秦王堅。堅哀而釋之,令還宮,帥文武出降。諸州牧守及六夷渠帥 盡降於秦。

○十二月,(秦)王堅遷慕容暐及王公百官并鮮卑四萬餘戶於長安。(燕)故大史黃泓 歎曰:「燕必中興,其在吳王乎! 恨吾老不及見耳。」 汲郡趙秋曰:「天道在燕 而秦滅之。不及十五年,必復為燕有。」

太宗簡文皇帝 在位二年 壽五十三

辛未咸安元年

正月,(秦)王堅徙關東豪傑及雜夷十五萬戶於關中, 處烏桓於馮翊，北地丁零翟斌於新安澠池。

◯十月，大司馬温恃其材略位望，陰蓄不臣之志。嘗撫枕歎曰：「男子不能流芳百世，亦當遺臭萬年。」温欲先立功河朔，以收時望，還受九錫。及枋頭之敗，威名頓挫。既克壽春，謂參軍郄超曰：「足以雪枋頭之恥乎?」超曰：「未也。」久之超就温宿，中夜謂温曰：「明公當天下重任，今以六十之年，敗於大擧，不建不世之勳，不足以鎭愜民望。」温曰：「然則柰何?」超曰：「明公不為伊霍之擧，無以立大威權鎭壓四海。」温素有志，深以為然，遂與之定議。

◯十一月，温自廣陵詣建康。宣太后令 廢帝，為東海王。以會稽王昱 統承皇極，卽皇帝位。温威埶翕赫。侍中謝安見温遙拜，温驚曰：「安石卿何事乃爾!」安曰：「未有君拜於前 臣揖於後」於是 詔進温丞相大司馬 留京師 輔政。温固辭，仍請還鎭姑孰。

◯十二月，大司馬温奏東海王宜依昌邑王故事，乃封海西縣公。温威振內外。帝雖處尊位，拱默而已。

壬申 二年
七月，帝崩。太子卽皇帝位。

◯八月，秦以王猛為丞相。猛為相，堅端拱於上，百官總以於下，軍國內外之事 無不由之。猛剛明淸肅，善惡著白，放黜尸素，顯拔幽滯，勸課農桑，練習軍旅，官必當才，刑必當罪。由是國富兵強，戰無不克，秦國大治矣。

통감절요 29권

진기(晉紀) 열종 효무황제(烈宗 孝武皇帝)

재위 24년, 수(壽) 35

계유(癸酉) 영강(寧康) 원년(서기 373년)

2월에 대사마(大司馬) 환온(桓溫)이 조회에 온다고 했다. 황제가 이부상서(吏部尙書) 사안(謝安)과 시중(侍中) 왕탄지(王坦之)에게 명령을 내려 신정(新亭)에서 맞이하라고 했다. 이때 도성의 민심이 흉흉했다.[1] 혹자는 "환온이 왕탄지와 사안을 죽이고 진(晉) 황실을 바꾸고자 한다"고 했다. 왕탄지는 매우 두려워했으나, 사안은 안색도 바뀌지 않고 말했다. "진(晉)나라 존망(存亡)의 운명이 이번 행차에 달려 있

---

1) 恟恟 흉흉 : 두려워하다

다"고 했다.

환온이 도착하자, 백관들이 길 옆에서 절을 했다. 환온이 병사와 호위병들을 크게 늘어놓고 조정의 관리들을 맞이해 만났다. 지위와 명망 있는 자들이 모두 두려워 떨며 사색[失色]이 되었다. 왕탄지는 땀이 흘러 옷이 젖었으며, 수판(手板)[2]을 거꾸로 쥐고 있었다. 사안은 조용히 자리로 가서 환온과 해가 저물[移日] 때까지 웃으며 말했다.

치초(郗超)는 항상 환온의 책사[謀主]였다. 사안이 왕탄지와 함께 환온과 회견할 때, 환온은 치초에게 장막 안에 누워서 그의 말을 듣도록 했다. 바람이 불어 장막이 걷히자, 사안은 "치생이야말로 '장막지빈(帳幕之賓)'이라고 할 만하다"고 웃으며 말했다. 이때 천자는 유약하고 밖에는 강한 신하가 있었지만, 사안과 왕탄지가 함께 충성을 다해 보필하고 호위해 마침내 진(晉) 황실을 안정시켜 주었다.

○ 3월에 환온이 병이 나서 고숙(姑孰)으로 돌아갔다. 환온은 세자 환희(桓熙)가 재능은 있지만 유약하기 때문에, 자신의 아우인 환충(桓沖)에게 그 군대를 거느리게 했다. 얼마 후에 환온이 죽었다. 환충이 환온의 유명(遺命)이라 말하고, 환온의 작은 아들 환현(桓玄)을 후계자로 삼았다. 이때 5세였는데, 남군공(南郡公)의 작위를 세습했다.

---

2) 手版 수판 :=홀(笏). 천자 이하 공경 사대부가 조복을 입었을 때 띠에 끼고 다니는 것. 군명을 받았을 때는 여기에 기록해둠. 옥, 상아, 대나무로 만들었다

환충이 환온을 대신해 임무를 맡자, 왕실에 충성을 다했다. 혹자가 환충에게 당시의 명망 있는 자들을 제거하고, 이 시대의 권력을 오로지 잡을 것을 권했으나 환충이 따르지 않았다.

○ 진(秦)의 군대가 양주(梁州)와 익주(益州)에서 노략질하고, 마침내 성도(成都)를 빼앗았다.

갑술(甲戌) 2년(374년)

2월에 사안에게 중서성을 총괄하도록 명령했다. 사안은 소리와 풍류[3]를 좋아해 만 1년이 주기(周期)인 대공(大功), 소공(小功)의 상복 입는 날[4]에도 거문고[絲] 피리[笛]를 철폐하지 않았다. 사대부들이 그것을 본받아 마침내 풍속을 이루었다. 왕탄지가 자주 글로 간절하게 간언했다. "천하의 보물은 마땅히 천하를 위해 아껴야 한다"고 했으나 사안이 따를 수 없었다.

을해(乙亥) 3년(375년)

6월에 진(秦)의 청하무후(淸河武侯) 왕맹(王猛)은 병에 심해지자, 상소했다.

"엎드려 생각하건대, 폐하께서는 위엄과 공적이 먼 오랑

---

3) 聲律 성률 : 소리와 풍류

4) 朞功之慘 기공지참 : 기공(朞功) 상복의 이름. 기(朞, 期)는 만 1년에 돌아옴. 대공(大功) 굵은 베로 상복을 지어 9달 입는다. 소공(小功)은 5달. 참(慘) 아픔, 몹시 슬픔

캐[5]에까지 떨치고, 임금의 교화는 천지 사방[6]에 빛나고 있습니다. 중국 1백 개의 군(郡) 중 10의 7을 차지하셨고, 티끌을 줍듯이 연(燕)과 촉(蜀)을 평정하셨습니다.

무릇 일을 잘하는 자가 반드시 성공하는 것이 아니고, 시작을 잘한 자가 반드시 끝까지 잘하는 것은 아닙니다. 이 때문에 옛 선대의 명철한 왕들은 공덕을 세우는 것이 쉽지 않다는 것을 아시고, 깊은 골짜기를 가는 것처럼 전전긍긍[7] 했습니다. 엎드려 생각하건대, 폐하께서 전대의 성인의 행적을 쫓아 따르신다면 천하가 매우 행복할 것입니다"

부견(符堅)이 글을 보고 비통해했다.

○ 7월에 부견이 친히 왕맹의 사저에 가서 병세를 살펴보고, 뒷일을 물었다. 왕맹은 "진(晉)이 비록 강남의 후미진 곳[僻處]에 있으나, 정삭[正朔][8]을 계속 계승하고 상하가 안정되고 화합합니다. 신이 죽은 뒤에 원컨대 진(晉)을 도모하지 마십시오. 선비족과 서쪽 강족(羌族)은 우리의 원수이고 적입니다. 끝까지 사람들의 우환이 될 것입니다. 차츰 그들을 제거해야 합니다"라고 말했다. 말을 마치고 죽었다. 부견이 태자 부굉(苻宏)에게 "하늘은 내가 천지 사방을 하나로 평정하는 것을 원치 않는 것인가? 어찌 우리 경략(景

---

5) 八荒 팔황 : 팔방(八方)의 끝, 먼 곳

6) 六合 육합 : 천지사방, 세계, 천하, 우주

7) 戰戰兢兢 전전긍긍 : 매우 두려워해 조심하는 모양

8) 正朔 정삭 : 역법으로 1월 1일. 정(正)은 해의 수(首), 삭(朔)은 월(月)의 1일, 정통이 대를 이음

略=왕맹)을 빨리 빼앗아 가는가?"라고 말했다.

병자(丙子) 태원(太元) 원년(376년)

5월에 양공(凉公) 장천석(張天錫)이 주색에 빠져[荒] 여러 업무를 친히 돌보지 않았다. 사람들이 마음으로 분해하고 원망했다. 진왕(秦王) 부견이 구장(苟萇)과 요장(姚萇)을 보내 군대를 거느리고 가서 멸망시키도록 했다. 양주(凉州) 군현이 모두 항복했다.

○ 10월에 진왕 부견이 당공(唐公) 부락(苻洛)에게 10만 군대를 거느리고 대(代)를 공격하게 했다. 대(代)왕 십익건(什翼犍)이 음산(陰山) 북쪽으로 달아났다. 부족의 백성들이 무너져 도망치고, 나라 안이 크게 혼란스러웠다.

그의 손자 탁발규(拓拔珪)가 아직 어려 탁발규의 어머니 하씨(賀氏)가 탁발규를 데리고 달아나 하눌(賀訥)에 의지했다. 부견이 대(代)의 백성을 나누어 두 부락을 만들고, 유고인(劉庫仁)과 유위진(劉衛辰)에게 그들을 통솔하게 했다.

정축(丁丑) 2년((377년)

이때에 조정이 바야흐로 진(秦)의 침략을 근심했다. 조서를 내려 북방을 다스리고 방어할 수 있는 문무를 겸비한 훌륭한 장수를 찾으라고 했다. 사안이 조서에 따라 형의 아들 사현(謝玄)을 천거했다. 치초가 이 말을 듣고 감탄했다. "사안이 현명해서 많은 사람들을 어기고, 친척을 천거할 수 있었다. 사현의 재능[才]이면, 충분히 천거한 사람을 저버리지 않을 것이다".

기묘(己卯) 태원(太元) 4년(379년)

사안이 재상이 되었는데, 진(秦)나라 사람들이 자주 쳐들어왔다. 변방의 싸움이 불리하자, 많은 사람들은 마음으로 위태롭게 느끼고, 두려워했다. 사안은 매번 조용하고 온화함[9]으로 그들을 진정시켰다. 그가 정무를 보면서 큰 법칙을 시행하는 데에 힘쓰고, 작은 일은 살피지 않았다. 당시 사람들이 사안을 왕도(王導)에게 견주되, 그 문장의 아름다움[10]은 그보다 낫다고 했다.

임오(壬午) 7년(382년)

진왕 부견이 여러 신하들을 태극전에 모이게 해서 논의했다. "내가 왕업을 잇고부터 거의 30년 만에 사방이 대략 평정되었으나, 오직 동남쪽 한 귀퉁이가 아직 왕의 덕택[11]을 입지 못했다. 지금 우리 병사들을 대략 계산해 보면 97만 명을 얻을 수 있다. 내가 직접 거느리고 가서 공격하고자 하는데, 어떠한가?"고 말했다.

권익(權翼)이 "진(晉)은 비록 미약하나 큰 죄악이 있지 않고, 사안과 환충은 모두 강남의 위인이고, 군주와 신하가 화목하니 도모할 수 없을 것입니다" 라고 말했다. 석월(石

---

9) 和靜 화정 : =정화(靜和). 마음이 조용하고 온화함

10) 文雅 문아 : 풍치가 있고 우아함, 문장과 풍아, 아담(雅澹)함

11) 王化 왕화 : 제왕(帝王)의 덕화(德化)

越)도 "지금 복덕성(福德星)이 오(吳)나라에 있으니, 그 곳을 정벌하면 반드시 하늘의 재앙이 있을 것입니다. 또 저들은 장강의 험고한 지형을 차지하고, 백성들은 그 일에 쓰여지고 있습니다. 거의 정벌할 수 없습니다" 라고 말했다.

부견은 "지금 우리 군대는 채찍을 강에 던지는 것으로도 충분히 그 흐름을 끊을 수 있거늘, 또 어찌 험고한 지형만 믿을 만한 것인가? 또 길가에 집을 지으면 완공 될 때가 없을 것이다.[12] 내가 당면해 마음속으로 결단하겠다"고 말했다.

양평공(陽平公) 부융(苻融)이 말했다.

"지금 진(晉)나라를 정벌하는 데에는 세 가지 어려움이 있습니다. 천도(天道)가 따라주지 않는다는 것이 첫번째요, 진(晉)에 틈이 없다는 것이 두번째요, 우리가 자주 싸워 군대는 피로하고 백성들은 적을 두려워하는 마음이 있다는 것이 세번째입니다. 대단히 확실한 것은 진나라를 멸망시킬 수가 없다는 점입니다. 지금 군대를 수고롭게 해서 크게 거병한다고 해도 만전의 공로를 이루지 못할까 두렵습니다.

또 신이 우려하는 것은 여기에 그치지 않습니다. 폐하께서 선비(鮮卑) 강(羌) 갈(葛)의 족속들을 총애하고 키우셔서[育], 경기 지방 5백 리[13]에 가득 포진해 살게 하셨습니다.

---

12) 축실도모(築室道謀)를 말하는 것이다. 『시경(詩經)』「소아(小雅)」'소민(小旻)'의 구절이다. "다만 가까운 말은 듣고, 가까운 말로써 다툰다. 집을 지음에 행인들과 상의한다면, 이 때문에 완성할 수 없을 것이다(維邇言是聽, 維邇言是爭. 如彼築室于道謀, 是用不潰于成)"

13) 畿甸 기전 : 상고시대 천자가 다스리는 왕도 주위의 5백리

이 족속들은 모두 우리의 깊은 원수입니다. (황제가 출정하면) 태자 혼자서 약한 병사 수만 명을 데리고 남아서 경사를 지키게 되는데, 예상치 못한 변고[14]가 심복[15]이나 가까운 곳[16]에서 일어난다면, 후회해도 소용없을 것입니다.

왕경략[王猛]은 한 시대의 영웅호걸이었습니다. 폐하께서는 항상 그를 제갈량에 견주셨는데, 어찌 그가 임종 때 했던 말을 기억하지 못하십니까?"

부견이 듣지 않았다.

부융이 또 간언하기를 "우리나라는 본래 오랑캐의 나라이고, 정통성[正朔]과 조회(朝會)[17]를 돌려받지 못했습니다. 강동은 비록 미약하지만, 중화의 정통을 가지고 있으니[存然], 하늘의 뜻은 반드시 그것을 끊어버리지 않을 것입니다"고 했다. 부견은 "제왕의 운명[18]에 어찌 불변의 도리가 있겠는가. 네가 임기응변으로 일을 처리하는 것[變通][19]에 통달하지 못했을 뿐이다"고 말했다.

계미(癸未) 8년(383년)

7월에 진왕 부견이 명령을 내려 크게 군대를 일으켜서

---

14) 不虞之變 불우지변 : 헤아리지 못한 변고
15) 腹心 복심 : 심복
16) 肘腋 주액 : 팔꿈치와 겨드랑이, 가까운 것을 말함
17) 朝會 조회 : 백관이 조견(朝見: 조회에서 알현함)을 위해 조정에 모임
18) 曆數 역수 : 운명, 운수, 책력
19) 變通 변통 : 임기응변으로 일을 처리함

쳐들어왔다.

◯ 8월에 부견이 양평공(陽平公) 부융(苻融)을 보내 후장군(後將軍) 장자(張蚝)와 관군장군(冠軍將軍) 모용수(慕容垂) 등을 감독하게 하고, 보병 및 기병 25만 명의 선봉에 서게 했다. 연주자사(兗州刺史) 요장(姚萇)을 용양장군(龍驤將軍)으로 삼았다.

모용해(慕容楷)와 모용소(慕容紹)가 모용수에게 "주상이 너무 지나치게 교만하고 자만[矜]합니다. 숙부께서 중흥의 업적을 세우는 것이 이번 행군에 달려 있습니다"고 말했다. 모용수가 "그렇다. 너희들이 아니면 내 누구와 함께 일을 성공시키겠는가"라고 대답했다.

갑자(甲子)에 부견이 장안의 병졸 60여만 명과 기병 27만 명을 출동시켰다. 깃발과 북소리가 서로 이어져 전후로 1천 리까지 뻗쳤다.

황제가 사석(謝石)과 사현(謝玄)에게 명령해 8만 명의 군대를 거느리고 가서 그들을 막게 했다.

진(秦)의 군대가 영구(潁口)에 이르렀다. 군대의 기세가 강성해 도성 이하가 떨고 두려워했다. 사현이 들어가 사안에게 계책을 묻자, 사안이 평온하게[20] "이미 별도로 임금의 지시[旨]가 있을 것이다" 하고는 조금 있다가 잠잠[21]했다. 사현이 감히 다시 말하지 못하고, 장현(張玄)을 시켜 거듭

---

20) 夷然 이연 : 흔들리지 않는 평온한 모양

21) 寂然 적연 : 고요한 모양, 평온한 모양

묻게 했다.

사안이 수레를 준비하도록 명령하고는 산으로 가서 농막22)에서 놀았다. 친구들이 모두 모였다. 사안이 장현과 농막에서 바둑을 두면서23) 도박을 했다. 사안의 바둑 실력이 항상 장현보다 열세였는데, 이날은 장현이 두려워해 곧 상대가 되었고, 또 이기지 못했다. 사안이 산에 올라갔다가 밤이 되어서야 돌아왔다.

○ 환충(桓冲)이 깊이 근본을 근심했다. 정예병 3천명을 보내 경사를 원조하게 했다. 사안이 한결같이[固] 물리치면서[却] 말하기를 "조정의 처분이 이미 결정되었고, 군대가 부족하지 않으니 마땅히 서쪽 변경에 남아 방비해야 한다"고 했다.

환충이 보좌하는 관리들에게 탄식하면서 "사안과 사석(謝石)은 재상의 기량은 있으나24), 장수의 지략에는 익숙하지[閑] 못하다. 지금 큰 적이 거의[垂] 이르렀는데, 지금[方] 놀고 대담하기에 겨를이 없으며, 여러 전쟁을 겪어보지 못한 자25)와 소년을 보내 그들을 막게 하는구나. 병력(衆)이 또 적고 약하므로 천하의 일을 이미 알 만하다. 나는 오랑캐26)가 될 것이다"라고 말했다.

---

22) 山墅 산서 : 산에 있는 농막
23) 圍碁(棋) 위기 : 바둑을 두다, 장기를 두다.
24) 廟堂之量 묘당지량 : 조정에서 국정에 참여할 국량, 재상감. 묘당(廟堂)=조정
25) 經事 경사 : 일을 겪다, 전쟁을 경험하다
26) 左衽 좌임 : 주(註) 이적(夷狄)의 풍속은 왼쪽에 옷섶이 있다

○ 10월에 진(秦)의 양평공(陽平公) 부융(苻融) 등이 수양(壽陽)을 공격해 계유(癸酉)를 함락시켰다. 장군 양성(梁成) 등이 5만 명의 병력을 거느리고 낙간(洛澗)에 주둔하고, 회수에 나무 울타리[柵]를 치고, 동쪽 군대를 막았다.

사석과 사현 등이 낙간에서 25리 떨어진 곳에 군대를 주둔했으나, 양성을 두려워해 감히 진격하지 못했다. 부융이 수양에 있으면서 상서(尙書)인 주서(朱序)를 보내 항복하도록 사석 등을 설득하게 했다.

주서가 비밀리에 사석 등에게 "만약 진(秦)의 백만 대군이 모두 도착하면 더불어 대적하기가 참으로 어려울 겁니다. 여러 군대가 아직 모이지 않았을 때를 틈타 빨리 공격해야 합니다. 만약 그들의 선봉부대를 패퇴시킨다면, 저들은 기운을 잃게 되니, 격파할 수 있을 것입니다"라고 말했다. 사석이 주서의 말을 따랐다.

○ 11월에 사현이 유뢰지(劉牢之)를 보내 정예병 5천 명을 거느리고 낙간으로 향했다. 낙간에서 10리 못미친 곳에 양성이 간수(澗水)를 막고, 진을 치고 대기하고 있었다. 유뢰지가 곧장 전진해 간수를 건너 양성을 공격해 크게 격파했다. 양성을 목 베고, 군대를 나누어 돌아가는 나루를 차단했다.

진(秦)의 보병과 기병이 궤멸되었다. 다투어 회수에 뛰어들어 죽은 병사가 1만5천 명이나 되었다. 진(秦) 양주자사(揚州刺史) 왕현(王顯) 등을 사로잡고 그 병기와 군수물자를 모두 거두었다. 이에 사석 등의 여러 군대가 수륙으로 계속해 진격했다.

진왕 부견이 양평공 부융과 수양성에 올랐다. 진(晉)의 군대를 멀리서 바라보니 부대가 진치고 늘어서 있는 것이 엄정했다. 또 멀리서 팔공산(八公山)의 초목을 바라보고는 모두 진(晉)의 병사라 여겼다. 부융을 돌아보며 "이 또한 강적[勍=强敵]이구나! 어찌 약하다고 생각했던가?"라고 말했다. 실의해[27] 비로소 두려워하는 기색이 있었다.

진(秦)의 군대가 비수(淝水) 바짝 가까이에 진을 치니[28], 진(晉)의 군대가 건너갈 수가 없었다. 사현이 사자를 보내 양평공 부융에게 "그대는 본대와 멀리 떨어진 군대[29]를 이끌고 깊이 들어와 비수에 바짝 대고 진을 쳤다. 이는 곧 지구전을 하려는 계획이지, 속전하려는 것이 아니다. 만약 진영을 조금만 뒤로 옮겨서 진(晉)의 군대가 물을 건널 수 있게 해주고, 그래서 승부를 결판 짓는다면 또한 좋지 않겠는가"라고 말했다.

진(秦)나라 장수들이 모두 "우리 군대는 수가 많고 저들은 적으니, 그들을 막는 것이 낫습니다. 그들이 올라올 수 없게 해서 만전을 기해야 합니다"라고 건의했다. 부견은 "다만 군대를 이끌고 조금 뒤로 물러나서 그들이 반쯤 건너왔을 때, 우리가 철기(鐵騎)로 들이닥쳐서[30] 그들을 죽인

27) 憮然 무연 : 실의한 모양

28) 비수(淝水)전투이다.

29) 懸軍 현군 : 본대와 멀리 떨어져 적진 깊숙이 들어간 군대

30) 蹙 축 : 대지르다, 가까이서 대들다, 쫓다

다면 승리하지 못할 리가 없다[蔑]"고 말했다. 부융 또한 그렇다고 여겼다. 드디어 군대를 지휘해 퇴각하게 했다.

진(秦)나라 군대가 마침내 후퇴했는데, 다시 후퇴를 멈출 수 없었다. 사현 사염(謝琰) 환이(桓伊) 등이 군대를 이끌고 물을 건너서 공격했다. 부융이 말을 타고 달리면서 진을 순행하며[略], 퇴각하는 군사들을 통솔하려고 하다가 말이 쓰러져 진(晉)의 군사에게 살해당했다. 진(秦) 군사가 마침내 무너졌다.

사현 등이 승세를 타고 추격해 청강(靑岡)에 도착했다. 진(秦)의 군대가 크게 패배했다. 스스로 서로 밟고 깔려서[31] 죽은 자가 들을 뒤덮고, 냇물을 메웠다. 달아나던 자들은 바람 소리와 학 울음소리를 듣고도 모두 진(晉)나라 군대가 온 것으로 여겨, 밤낮으로 감히 쉬지 못했다. 풀숲길로 행군하며, 집 밖에서 잠을 잤다. 거기다가 기근과 동상 때문에 죽은 자가 열에 일곱, 여덟이나 되었다.

처음에 진(秦) 군대가 조금 퇴각했을 때, 주서(朱序)는 군진영 후미에 있다가 "진(秦) 군대가 패했다"고 고함쳤다. 군사들이 마침내 크게 달아났다. 주서가 그 틈을 타 장천석과 함께 모두 도망쳐서 왔다. 부견은 날아다니는 화살을 맞고 혼자서 말을 타고 달아났다.

○ 이때 여러 군대가 모두 궤멸되었으나 오직 모용수(慕容垂)가 거느린 3만 명만은 유일하게 온전했다. 부견이 1천

31) 蹈藉 도자 : 도(蹈) 밟을. 자(藉) 깔릴

여 기를 데리고 그에게 왔다. 세자 모용보가 모용수에게 "진왕 부견이 전투에서 패배해 우리에게 몸을 맡겼으니, 이는 하늘이 그것을 빌려주어 연(燕)의 국운을 회복하게 하려는 것입니다. 이때를 잃어서는 안 됩니다"라고 말했다.

모용수는 "네 말이 옳으나 저 사람이 진심[32]으로 운명을 우리에게 던졌는데, 네가 어찌 그를 해친단 말인가? 만약 저(氐)족의 운명이 다 끝났다면, 나는 마땅히 관동지역을 회유하고, 병사를 모아서 선조의 기업을 회복할 뿐이다"라고 말했다. 많은 친척과 무리들이 모용수에게 부견을 죽일 것을 권했으나, 모용수가 이를 따르지 않고, 병력을 다 부견에게 주었다.

○ 사안은 파발로 보내온 글[33]을 받고 진(秦)나라 군대가 이미 패배한 것을 알았다. 이때 손님과 바둑을 두고 있었는데, 문서를 거두어[攝] 책상 위에 놓아둔 채 끝내[了] 기뻐하는 기색 없이 전과 같이 바둑을 두었다. 손님이 묻자, 천천히 대답하기를 "아이들이 마침내 적을 격파했다고 합니다"고 했다. 바둑이 끝나고 내실로 돌아가면서, 문지방[戶限]을 넘어갈 때, 나막신의 굽[34]이 부러진 것을 깨닫지 못했다.[35]

---

32) 赤心 적심 : 진심, 성심, 충성심
33) 驛書 역서 : 파발로 보내온 글
34) 屐齒 극치 : 나막신의 굽
35) 주(註) 나막신의 굽이 부러진 것을 깨닫지 못했다는 건 기쁨이 매우 컸다는 의미이다(『자치통감』)

○ 진왕 부견이 흩어진 병력을 거두어 모아 낙양에 도착했다. 군대가 10여만 명이었다. 백관 의례 문물36), 그리고 군대의 꼴37)이 겨우[粗] 갖추어졌다.

○ 모용수가 부견에게 말하기를 "북쪽 변방의 백성들이 왕의 군대가 승리하지 못했다는 말을 듣고, 가볍게 여기고 서로 선동(煽動)38)한다고 합니다. 신이 청컨대 조서를 받들고 먼저 가서, 그들을 다스리고 위무해 편안히 모여서 살도록 하겠습니다. 그 기회에 지나면서 능묘를 배알할까 합니다"라고 했다. 부견이 그것을 허락했다.

권익(權翼)이 간언했다.

"나라의 군대가 새로 격파되어 사방이 모두 조정에 배반하려는 마음이 있습니다. 마땅히 명장들을 불러모아 그들을 경사에 두고, 근본을 견고하게 해야 합니다.

모용수는 용맹과 지략이 보통 사람보다 뛰어나고, 대대로 동하(東夏)에서 호걸이라고 일컬어졌습니다. 돌아보건대 화를 피하기 위해 왔을지언정, 그의 마음이 어찌 관군장군이 되고자 하는 데에 그칠 뿐이겠습니까?

비유하면 매를 기르는 것과 같습니다. 굶주릴 때에는 사람을 따르나, 매번 회오리바람39)이 일어나는 소리를 들을

36) 百官儀物 백관의물 : 백관들이 의례에 쓰는 기물
37) 軍容 군용 : 군대의 외용
38) 煽動 선동 : 남을 부추겨 일을 일으킴
39) 風飆 풍표 : 회오리바람, 폭풍

때마다 항상 하늘보다 더 높이 오르려는 뜻[40]이 있습니다. 바로 마땅히 끈과 새장으로 조심히 다루어야 하는데, 어찌 풀어놓아 그가 하고자 하는 대로 내버려 둔단 말입니까?"

부견은 "경의 말이 옳으나 짐이 이미 허락했다. 필부도 오히려 식언[食言]하지 않는데, 하물며 천자[萬乘]에 있어서랴. 흥하고 폐함[廢興]은 천명에 달려 있다. 참으로 지력(智力)으로 옮길 수 있는 것이 아니다"라고 말했다.

권익이 다시 "폐하께서는 작은 신의를 중히 여기고, 사직을 가벼이 여기십니다. 신이 보기에 그는 가면 돌아오지 않을 것입니다. 관동의 난은 이로부터 시작될 것입니다"라고 했으나 부견이 듣지 않았다.

○ 진(秦)의 걸복국인(乞伏國仁)이 농서(隴西)에서 반란을 일으켰다. 군대가 10여만 명에 이르렀다.

○ 모용수가 안양(安陽)에 도달했다. 장락공(長樂公) 부비(苻丕)가 모용수를 업의 서쪽에 거처하게 하니, 모용수가 몰래 연(燕)의 옛 신하들과 함께 모의해 연(燕)나라 천자의 자리[祚]를 회복하려 했다. 마침 정령(丁零)의 적빈(翟斌)이 군대를 일으켜 반란을 일으키자, 진왕 부견이 모용수에게 파발로 글을 보내[驛書] 군대를 거느리고 가서 그를 토벌하라고 했다.

---

40) 淩霄志 능소지 : 웅비하려는 뜻, 높은 뜻

갑신(甲申) 9년(384년)

정월에 모용수가 스스로 연(燕)왕이라 칭하고, 전산(田山)을 업(鄴)으로 보내 모용농(慕容農) 등에게 알리고, 기병해 서로 호응하게 했다. 아우 모용덕(慕容德)을 거기대장군(車騎大將軍)으로 삼고 범양왕(范陽王)에 임명해, 20여만 명의 군대를 거느리고 멀리 업으로 달려가라고 했다. 모용농이 열인(列人)에서 기병하니, 병사가 수만 명에 이르렀다.

장락공 부비가 석월(石越)을 시켜 군대를 거느리고 가서 모용농을 토벌하라고 했다. 모용농이 진(秦)의 군대를 크게 패배시키고, 석월을 참수했다. 이리하여 민심이 소란해지고 도적들이 떼를 지어 일어났다. 모용수가 업에 이르자, 모용농이 군대를 이끌고 와서 그와 회동했다. 진군해 업을 공격하니 부비가 후퇴해 중성(中城)을 지켰다.

○ 진(秦) 북지장사(北地長史) 모용홍(慕容泓)은 연왕 모용수가 업을 공격했다는 말을 듣고 관동으로 도망쳐 선비족을 거두어 모아, 군대가 수천 명에 이르렀다. 돌아와서 화음(華陰)에 주둔했다.

○ 평양태수(平陽太守) 모용충(慕容沖) 또한 평양에서 기병했다. 병사가 2만 명이었다.

○ 진(秦)의 장수 요장(姚萇)이 북지(北地)에서 기병하고, 자칭 후진(後秦)왕이라고 했다.[41]

---

41) 주(註) 16국 중 후진(後秦)이다.

○ 진(秦)의 두충(竇衝)이 하동에서 모용충을 공격해 크게 격파했다. 모용충이 모용홍에게 달아났다. 모용홍의 군대가 10여만 명에 이르렀다. 진격해 장안으로 향했다. 6월에 모용홍의 책사인 고개(高蓋)가 모용홍을 죽이고, 모용충을 세워 황태제(皇太弟)로 삼았다. 제도를 계승해 정사를 수행하고, 백관을 두었다.

○ 8월에 연(燕)나라 군대가 업에서 진(秦)의 장락공 부비를 포위했다. 업(鄴)안의 꼴[芻]과 식량이 모두 떨어져서 소나무를 깎아 말을 먹였다. 연왕 모용수가 여러 장수들에게 "부비는 곤궁한 적이지만, 반드시 항복할 리가 없으니, 물러나서 신성(新城)에 주둔하고, 부비가 서쪽으로 돌아갈 길을 열어 주어, 진(秦)왕에게 전날의[42] 은혜를 갚는 것이 낫겠다"라고 말했다. 마침내 포위를 풀고 신성으로 향했다.

○ 태보(太保) 사안이 주청하기를 "부씨(符氏)가 기울어지고 패배한 것을 틈타 중원을 개척해야 한다"고 했다. 사현과 사환(謝桓), 석건(石虔) 등에게 진(秦)을 공격하라고 했다. 황하 남쪽의 크고 작은 성[43]들이 모두 귀의했다. 사현이 진릉태수(晉陵太守) 슬염지(膝恬之)를 보내 황하를 건너 여양을 점거하라고 했다.

○ 연왕 모용수가 다시 군대를 이끌고 업을 포위하니, 부

---

42) 疇昔 주석 : 접때, 옛, 옛날

43) 城堡 성보 : 성과 작은 성

비가 진퇴양난에 빠졌다. 마침 사현이 유뢰지 등을 보내 고오(碻磝)와 활대(滑臺)를 점거했다. 부비가 사현에게 구원을 요청하자, 사현이 유뢰지에게 2만 명의 병력을 거느리고 가서 업을 구원하게 했다. 부비가 식량이 없다고 알리자, 사현이 수륙으로 쌀 2천 곡을 운반해서 그들을 먹였다.

기유(己酉) 10년(385년)

정월에 모용충이 아방(阿房)에서 황제에 즉위했다.[44]

○ 4월에 유뢰지가 업에 이르자, 연왕 모용수가 기다렸다가[邀] 공격해 크게 격파했다. 유뢰지가 패전한 죄로 부름을 받고 돌아갔다.

○ 5월에 서연(西燕)의 군주 모용충이 장안을 공격했다. 진왕 부견이 몸소 스스로 전투를 독려했다. 이때 날아온 화살이 온몸에 가득 꽂혀 피가 줄줄 흘렀다.[45] 모용충이 병사를 풀어 포악하게 노략질했다. 관중의 백성들이 이리저리 흩어져 도로가 끊기고, 천리를 가도 연기가 없었다.

부견이 크게 두려워했다. 미래를 예견하는 글[讖書]에 "황제가 오장(五將)으로 나가면 오래도록 긴 덕[長得] 누릴 수 있다"고 하므로, 곧 태자 부굉(苻宏)을 남겨 두어 장안을 지키게 했다. 마침내 나가서 오장산(五將山)으로 달아났다.

---

44) 주(註) 16국 중 서연(西燕)

45) 淋漓 임리 : 피 또는 땀 같은 것이 줄줄 흐르는 모양

후진(後秦)왕 요장(姚萇)이 효기장군(驍騎將軍) 오충(吳忠)을 보내 기병을 거느리고 가서 그를 포위하게 했다. 진(秦)의 군대가 모두 흩어져 달아났다. 부견은 정신과 낯색이 태연자약 했고, 앉아서 그를 기다렸다. 얼마 후 오충이 와서 부견을 사로잡아 신평(新平)으로 송환해 별실에 유폐시켰다. 요장이 사람을 보내 신평의 절에서 부견을 목 졸라 죽였다.

온공(溫公)이 말했다.

"논자들은 모두 진왕 부견이 망한 까닭은 모용수와 요장을 죽이지 않았기 때문이라고 말하지만, 나는 혼자 그렇지 않다고 여긴다. 허소(許劭)는 '위(魏) 무제(武帝=조조)는 치세의 유능한 신하이고, 난세의 간웅'이라고 했다. 가령 부견이 나라를 다스면서 그 도리를 잃지 않았다면, 모용수와 요장은 모두 진(秦)의 유능한 신하였을 것이니, 어찌 난을 일으킬 수 있었겠는가? 부견이 망한 까닭은 자주[驟] 승리해 교만해졌기 때문이다.

위(魏) 문후(文侯)가 이극(李克)에게 오(吳)가 망한 까닭을 묻자[46], '자주 싸워서 자주 승리했기 때문입니다'라고 대답했다. 문후가 '자주 싸워서 자주 승리한다는 것은 국가의 복인데, 무슨 까닭으로 망하는가?'라고 묻자, '자주 싸우면 백성들이 피폐해지고, 자주 승리하면 군주가 교만해집니다.

---

46) 주(註) 사마온공(司馬溫公)이 언급하는 위 문후(魏 文侯)와 이극(李克)은 전국시대의 인물. 오(吳)는 춘추시대의 오나라

교만한 군주가 피폐한 백성을 부리므로 망하지 않을 자가 없습니다'라고 대답했다. 진왕 부견이 이와 같다"

태보 사안이 죽었다. 낭야왕 사마도자(司馬道子)에게 상서(尙書)의 일을 맡겼다.

○ 장락공(長樂公) 부비(符丕)가 업(鄴)에 있다가 서쪽으로 가서 장안으로 달려가려 했는데, 진양(晉陽)에 들어가서야 비로소 장안을 지켜내지 못했고, 부견이 이미 죽었다는 것을 알았다. 마침내 발상하고 황제에 즉위했다.

○ 12월에 연(燕)왕 모용수가 비로소 중산(中山)에 도읍을 정하고, 황제에 즉위했다.[47]

○ 여광(呂光)이 양주자사(凉州刺史)를 자칭했다.

○ 걸복국인(乞伏國仁)이 자칭해 진주(秦州)와 하주(河州) 두 주(州)의 목(牧)이라 했다.

병술(丙戌) 11년[48](386년)

정월에 탁발규가 우천(牛川)에서 크게 사람을 모아 대왕

47) 주(註) 16국 중 후연(後燕)

48) 주(註) 진왕(秦王) 부등(符登) 태초(太初) 원년(元年)이고, 연(燕) 건흔(建興) 원년, 후진(後秦) 건초(建初) 원년, 서연군주(西燕君主) 모용영(慕容永)의 중흥(中興) 원년. 위 태조 도무제(魏 太祖 道武帝) 탁발규(托跋珪) 등국(登國) 원년, 양왕(凉王) 여광(呂光) 태안(太安) 원년이다. 구대국(舊大國) 4, 소국(小國) 1, 신대국(新大國) 1, 소국(小國) 1로서, 7개의 참국(僭國)이 있었다

에 즉위했다.

○ 서연(西燕)의 좌장군 한연(韓延)이 연(燕)의 군주 모용충을 죽이고, 모용충의 장수 단수(段隨)를 연(燕)의 군주로 삼았다. 모용영(慕容永)이 단수를 습격해 격파하고, 선비족의 백성들을 거느리고 장안을 떠나 동쪽으로 갔다. 사람들이 모용영을 추대해 하동군주(河東君主)로 삼았다. 이리하여 장안이 텅 비었다.

○ 4월에 후진왕(後秦王) 요장(姚萇)이 안정에서 장안으로 들어가 황제에 즉위하고, 국호를 대진(大秦)이라고 했다. 아들 요흥(姚興)을 황태자로 했다.[49]

○ 9월에 서연(西燕)의 모용영이 업(鄴)에 있는 진(秦)의 군주 부비를 공격해 죽였다. 모용영이 진격해 장자(長子)를 차지하고, 황제에 즉위했다.

○ 11월에 진(秦)의 남안왕(南安王) 부등(苻登)이 발상하고 상복을 입고, 곧 농동(隴東)에 단을 만들고, 황제에 즉위했다.

정해(丁亥) 12년(387년)
탁발규가 위(魏)왕이라고 개칭했다.

---

49) 주(註) 16국 중에 후진(後秦)

무자(戊子) 13년(388년)

여광이 삼하왕(三河王)에 즉위했다.

기축(己丑) 14년(389년)

처음에는 황제가 정사를 친히 살폈다. 스스로 위엄과 권력을 가졌고, 임금의 도량이 있었다. 얼마 지나자 주색에 빠져 정사를 낭야왕 사마도자(司馬道子)에게 맡겼다. 도자(道子) 또한 술을 즐겨 밤낮으로 황제와 술과 노래를 일삼았다. 또 불교를 숭상하고, 사치를 다하며, 귀중한 것[貴]을 다 구했다.

좌우의 가까운 신하들이 다투어 권력을 농간하고, 왕래하며 청탁했다. 뇌물이 공공연히 행해지고, 관작과 상이 남발되고 섞였다. 형벌과 옥사가 그릇되어 혼란해졌다.

임진(壬辰) 17년(392년)

남군공(南郡公) 환현(桓玄)이 자신의 재주와 지위 문벌에 대한 자부심으로 영웅호걸을 자처하자, 조정에서 주저하며 쓰지 않았다. 나이 23세에 처음 태자세마(太子洗馬)에 제수되고, 후에 나가서 의흥태수(義興太守)에 임명되었다. 뜻을 얻지 못하자, 언짢아하며[50] "아버지는 9주의 방백이었는데, 자식은 오호(五胡)의 장(長)이란 말인가"라며 탄식했다. 마침내 관직을 버리고 돌아갔다.

50) 鬱鬱 울울 : 기분이 언짢음

계사(癸巳) 18년(393년)

12월에 후주(後秦)의 군주 요장(姚萇)이 죽고, 태자 요흥(姚興)이 즉위했다.

갑오(甲午) 19년(394년)

진(秦)의 군주 부등(符登)은 후진(後秦)의 군주 요장이 죽었다는 소식을 듣고 전군(全軍)을 데리고 동쪽으로 갔다. 후진의 군주 요흥이 안정(安定)으로부터 경양(涇陽)으로 가서 산남에서 부등과 싸웠다. 부등을 사로잡아 죽였다. 진(秦) 태자 부숭(苻崇)이 황중(湟中)으로 달아나서 황제에 즉위했다.

○ 10월에 부숭(苻崇)이 양(梁)왕 걸복건귀(乞伏乾歸)에게 살해당했다. 이리하여 걸복건귀가 농서(隴西)의 땅을 다 차지하고, 자칭 서진(西秦)왕이라고 했다.51)

○ 연(燕)의 군주 모용수가 서연(西燕)을 공격해 서연의 군주 모용영을 잡아 그를 참수했다.

을미(乙未) 20년(385년)

위(魏)왕 탁발규가 연(燕)을 배반하고 변방에 붙어 있는 여러 부족을 침략하고 위협했다. 5월에 연(燕)의 군주 모용수가 태자 모용보와 요서(遼西)왕 모용농(慕容農), 조(趙)왕

51) 주(註) 16국 중 서진(西秦)

모용린(慕容麟)을 보내 군대 8만 명을 거느리고 가서 위(魏)를 공격하게 했다. 탁발규가 군대를 풀어 그들을 공격하니, 연(燕)의 병사 중 죽은 자가 만으로 헤아려졌다. 태자 모용보 등은 모두 혼자서 말을 타고 도망가서 겨우 죽음을 면했다.

병신(丙申) 21년(386년)

4월에 연(燕)의 군주 모용수가 죽고, 태자 모용보가 즉위했다.

○ 6월에 삼하(三河)왕 여광이 천왕(天王)에 즉위하고, 국호를 대량(大凉)이라 하고, 세자 여소(呂紹)를 태자로 삼았다.[52]

○ 위(魏)의 여러 신하들이 위 왕 탁발규에게 존호를 칭하도록 권하자, 탁발규가 처음으로 천자의 깃발을 세우고, 나갈 때 경계하고, 들어올 때 길을 치웠다.[53] 연호를 황시(皇始)로 고쳤다.[54]

○ 9월에 황제가 죽었다.

○ 위(魏)왕 탁발규가 몰래 진양(晉陽)으로부터 한신(韓

---

52) 주(註) 16국 중 후량(後凉)

53) 出警入蹕 출경입필 : (군주가) 나갈 때 경계하고, 들어올 때 길을 치웠다

54) 주(註) 북위(北魏)이다. 북위는 북조의 정통에 해당하기 때문에 16개의 참국에는 포함되지 않고, 다만 탁발규의 전 세대인 대(代)국을 16국에 넣는다

信)의 옛길을 열고, 정형(井陘)에서부터 중산(中山)으로 달려갔다. 상산(常山) 동쪽지역의 지방 관리[55]들이 혹자는 달아나고 혹자는 항복했다. 여러 군현들이 모두 위(魏)에 붙었다. 오직 중산(中山)과 업(鄴), 신도(信都) 세 성만이 연(燕)을 지켰다.

55) 守宰 수재 : 수(守) 태수, 군수. 재(宰) 재상, 우두머리, 현읍의 장관

원 문

卷之二十九

晉紀

烈宗孝武皇帝 在位二十四年, 壽三十五

癸酉寧康元年

二月, 大司馬溫來朝。詔 吏部尚書謝安 侍中王坦之迎于新亭。是時 都下人情恟恟, 或云欲誅王 謝, 因移晉室。坦之甚懼, 安神色不變 曰:「晉祚存亡決於此行。」溫旣至, 百官拜於道側。 溫大陳兵衛, 延見朝士, 有位望者 皆戰慴失色。坦之汗沾衣, 倒執手版。 安從容就席, 笑語移日。郗超常為溫謀主, 安與坦之見溫, 溫使超臥帳中, 聽其言。風動帳開, 安笑曰:「郗生可謂入幕之賓矣!」時 天子幼弱, 外有彊臣, 安與坦之 盡忠輔衛, 卒安晉室。

○三月, 溫有疾 還姑孰。 溫以世子熙才弱, 使弟沖領其衆。俄頃薨。 沖稱溫遺命, 以少子玄為嗣。 時 方五歲, 襲封南郡公。 沖卽代溫, 居任盡忠王室。 或勸沖誅除時望, 專執時權。沖不從。

○(秦) 兵入寇梁益，遂取成都。

甲戌二年

二月，詔 謝安總中書。安好聲律，朞功之慘，不廢絲竹。士大夫效之，遂以成俗。王坦之屢以書苦諫之 曰:「天下之寶 當為天下惜之。」安不能從。

乙亥三年

六月，(秦) 清河武侯王猛寢疾。 上疏曰:「伏惟 陛下威烈震乎八荒，聲教光乎六合。九州百郡 十居其七。平燕 定蜀 有如拾芥。夫善作者 不必善成，善始者 不必善終。是以，古先哲王 知功業之不易，戰戰兢兢 如臨深淵。伏惟 陛下追蹤前聖，天下幸甚。堅覽之，悲慟。

○七月，堅親至猛第，視疾，訪以後事，猛曰:「晉雖僻處江南，然正朔相承，上下安和。臣沒之後，願勿以晉為圖。鮮卑 西羌 我之仇敵，終為人患。宜漸除之。」言終而卒。堅謂太子宏曰:「天不欲使吾平一六合邪! 何奪吾景略之速也!」

丙子太元元年

五月，(涼) 公張天錫荒於酒色， 不親庶務。 人情憤怨。(秦) 王堅遣苟萇 姚萇 將兵滅之。涼州郡縣悉降。

○十月，(秦) 王堅遣唐公洛 將兵士萬 擊代。代王 什翼犍奔陰山之北。部衆逃潰，國中大亂。其孫珪尚幼，珪母賀氏以珪走依賀訥。堅分代民為二部，使劉庫仁 劉衛辰 統之。

丁丑二年

是時 朝廷方以秦寇為憂。 詔 求文武良將 可以鎮禦北方者。謝安以兄子玄 應詔。 郄超聞之，歎曰：「安之明 乃能違衆舉親，玄之才 足以不負所舉。

己卯太元四年

謝安為宰相。 秦人屢入寇，邊兵失利，衆心危懼。 安每鎮之以和靜。 其為政，務舉大綱，不為小察。 時人 比安於王導，而謂其文雅 過之。

壬午七年

(秦)王堅會羣臣于太極殿 議曰：「自吾承業 垂三十載。 四方略定，唯東南一隅 未沾王化。 今略計吾士卒 可得九十七萬。 吾欲自將以討之，何如?」權翼曰：「晉雖微弱，未有大惡，謝安桓冲 皆江表偉人，君臣輯睦 未可圖也。」石越曰：「今福德在吳，伐之必有天殃。 且 彼據長江之險，民為之用，殆未可伐也。」堅曰：「今以吾之衆，投鞭於江 足斷其流。 又何險之足恃乎! 且築室道旁 無時可成。 吾當內斷於心爾。」陽平公融曰：「今伐晉 有三難。天道不順 一也，晉國無釁 二也，我數戰，兵疲 民有畏敵之心 三也。 晉未可滅昭然甚明。 今勞師大舉，恐無萬全之功。 且臣之所憂 不止於此。 陛下寵育鮮卑 羌 羯 布滿畿甸。 此屬 皆我之深仇，太子獨與弱卒數萬，留守京師。臣懼 有不虞之變 生於腹心肘腋，不可悔也。 王景略一時英傑，陛下常比之諸葛 武侯。獨不記其臨沒之言乎?」 堅不聽。 融又諫曰:「國家本戎狄也。 正朔朝會不歸。 江東雖微弱，僅存然中華正統，天意必不絕之。」堅曰:「帝王曆數 豈有常邪? 汝不達變通爾!」

癸未八年
七月，(秦) 王堅下詔 大擧入寇。

◯八月， 堅遣陽平公融 督後將軍張蚝 冠軍將軍慕容垂等步騎二十五萬 為前鋒，以兗州刺史姚萇 為龍驤將軍，慕容楷 慕容紹 言於慕容垂 曰:「主上驕矜已甚。叔父建中興之業 在此行也。」垂曰: 然，非汝 誰與成!」甲子，堅發長安戎卒六十餘萬，騎二十七萬，旗鼓相望，前後千里。詔 以謝石 謝玄 帥衆八萬 拒之。秦兵到潁口。兵既盛。都下震恐，玄入問計於謝安。 安夷然答曰: 「已別有旨。」既而寂然。玄不敢復言。乃令張玄重請，安遂命駕，出遊山墅。親朋畢集，與玄圍碁賭墅。 安碁常劣於玄。 是日玄懼，便為敵手，而又不勝。安遂遊陟，至夜乃還。

◯桓冲深以根本為憂，遣精銳三千入 援京師。 謝安固却之曰: 「朝廷處分已定，兵甲無闕，西藩宜留以為防。」冲對佐吏歎曰:「謝安石有廟堂之量，不閑將略。今大敵垂至，方遊談不暇，遣諸不經事少年 拒之，衆又寡弱， 天下事已可知。吾其左衽矣。」

◯十月，(秦) 陽平公融等攻壽陽， 癸酉克之。 將軍梁成等帥衆五萬，屯於洛澗，柵淮以遏東兵。謝石 謝玄等 去洛澗二十五里而軍。憚成不敢進。融於壽陽 遣尚書朱序 來說謝石等 使降。序私謂石等曰:「若秦百萬之衆盡至，誠難與為敵。今諸軍未集，宜速擊之，若敗其前鋒，則彼已奪氣，可遂破也。石從序言。

○十一月，謝玄遣劉牢之，帥精兵五千趣洛澗。未至十里，梁成阻澗為陳 以待之。牢之直前，渡水擊成，大破之 斬成，又分兵斷其歸津。秦步騎崩潰，争赴淮水，士卒死者萬五千人。執秦揚州刺史王顯等，盡收其器械 軍資。於是 謝石等諸軍水陸繼進。(秦)王堅與陽平公融登壽陽城，望之見晉兵，部陳嚴整，又望見八公山，草木皆以為晉兵。顧謂融曰:「此亦勍敵，何謂弱也! 憮然 始有懼色。秦兵逼淝水而陳，晉兵不得渡。謝玄遣使謂陽平公融曰:「君懸軍深入，而置陳逼水，此乃持久之計，非欲速戰者也。若移陳小却，使晉兵得渡，以決勝負，不亦善乎!」秦諸將皆曰:「我衆彼寡. 不如遏之，使不得上 可以萬全。」堅曰:「但 引兵少却，使之半渡，我以鐵騎，蹙而殺之，蔑不勝矣!」融亦以為然。遂麾兵使却，秦兵遂退，不可復止。謝玄 謝琰 桓伊等引兵，渡水 擊之。融馳騎 略陳，欲以帥退者，馬倒為晉兵所殺。秦兵遂潰。玄等乘勝，追擊至于青岡。秦兵大敗，自相蹈藉而死者，蔽野塞川。其走者 聞風聲鶴唳，皆以為晉兵且至，晝夜不敢息，草行露宿，重以飢凍，死者什七八。初秦兵小却，朱序在陳後，呼曰:「秦兵敗矣!」衆遂大奔。序因與張天錫，皆來奔。堅中流矢，單騎走。是時 諸軍皆潰。惟慕容垂所將三萬人獨全。 堅以千餘騎赴之。 世子寶言於垂曰:「秦主兵敗委身於我。是天借之以復燕祚。此時不可失也。」垂曰: 汝言是也。 然彼以赤心, 投命於我, 若之何害之? 若氐運必窮, 吾當懷集關東, 以復先業耳。垂親黨多 勸垂 殺堅, 垂皆不從, 悉以兵授堅。

◯謝安得驛書, 知秦兵已敗。 時 方與客圍碁, 攝書置牀上, 了無喜色, 圍碁如故。 客問之, 徐荅曰:「小兒輩 遂已破賊!」既罷, 還內 過戶限, 不覺屐齒之折。

◯(秦)主堅收集離散, 比至洛陽。 衆十餘萬。 百官 儀物 軍容粗備。

◯慕容垂言於堅曰:「北鄙之民聞王師不利, 輕相扇動。 臣請奉詔書, 以鎭慰安集之, 因過謁陵廟。」堅許之。 權翼諫曰:「國兵新破, 四方皆有離心。宜徵集名將, 置之京師, 以固根本。垂勇略過人, 世豪東夏, 顧以避禍而來。其心豈止欲作冠軍而已哉! 譬如養鷹, 飢則附人, 每聞風飈之起, 常有凌霄之志。正宜謹其絛籠。豈可解縱, 任其所欲哉!」 堅曰:「卿言是也。 然朕已許之。匹夫猶不食言, 况萬乘乎! 天命有廢興, 固非智力所能移也。」翼曰:「陛下重小信, 而輕社稷。臣見其往而不返! 關東之亂自此始矣!」堅不聽。

◯(秦)乞伏國仁反於隴西, 衆至十餘萬。

◯慕容垂至安陽, 長樂公丕館垂於鄴西。 垂潛與燕之故臣謀復燕祚。 會 丁零翟斌起兵 叛, 秦王堅驛書, 使垂將兵討之。

甲申九年

正月，慕容垂自稱(燕)王。遣田山 如鄴 告慕容農等，使起兵相應。以弟德為車騎大將軍 封范陽王， 帥衆二十餘萬，長驅向鄴。 慕容農起兵於列人，衆至數萬。 長樂公丕使石越，將兵討之。農大敗秦兵，斬越。於是人情騷動，盜賊羣起。垂至鄴，農引兵會之。進攻鄴。晉退守中城。

○(秦)北地長史慕容泓聞燕王垂攻鄴，亡奔關東，收集鮮卑，衆至數千，還屯華陰。

○平陽太守慕容冲 亦起兵於平陽。有衆二萬。

○(秦)將姚萇起兵於北地。自稱(後秦) 王。

○(秦)竇衝擊慕容冲于河東，大破之。冲奔慕容泓。泓衆至十餘萬，進向長安。 六月 泓謀臣高盖殺泓，立冲為皇太弟，承制 行事，置百官。

○八月，(燕) 兵圍 (秦) 。長樂公丕於鄴， 鄴中芻糧俱盡。削松木以飼馬。燕王垂謂諸將曰:「苻丕窮寇，必無降理，不如退屯新城 開丕西歸之路，以謝秦王疇昔之恩。 乃解圍趍新城。

○太保安奏請，乘苻氏傾敗，開拓中原。 以謝玄 桓石虔等伐秦。河南城堡皆來歸附。 謝玄遣晉陵太守滕恬之，渡河據黎陽。

◯(燕) 王垂復引兵, 圍鄴。 丕進退路窮。 會 謝玄遣劉牢之等, 據碻磝 滑臺。 丕請救於玄, 玄乃遣劉牢之, 率衆二萬, 救鄴。 丕告飢, 玄水陸運米二千斛, 以饋之。

乙酉十年
正月, 慕容冲卽帝位於阿房。

◯四月, 劉牢之至鄴。 (燕) 王垂邀擊大破之。 坐軍敗, 徵還。

◯五月, 西 (燕) 王冲, 攻長安。 秦王堅身自督戰, 飛矢滿體, 流血淋漓。 冲縱兵暴掠關中, 士民流散, 道路斷絕, 千里無烟。 堅大懼, 以讖書云: 「帝出五將得久長。」 乃留太子宏, 守長安, 遂出奔五將山。 (後秦) 王萇遣驍騎將軍吳忠帥騎圍之, 秦兵皆散走, 堅神色自若, 坐而待之。 俄而忠至, 執之 送詣新平, 幽於別室, 萇遣人, 縊堅於新平佛寺。

溫公曰: 「論者皆以為秦王堅之亡, 由不殺慕容垂 姚萇故也。 臣獨以為不然。許劭謂魏武帝, 治世之能臣, 亂世之姦雄。 使堅治國無失其道, 則垂 萇皆秦之能臣也。 烏能為亂哉! 堅之所以亡, 由驟勝而驕故也。 魏文侯問李克吳之所以亡, 對曰: 『數戰數勝』 文侯曰: 『數戰數勝國之福也 何故亡?』 對曰: 『數戰則民疲, 數勝則主驕, 以驕主御疲民, 未有不亡者也。』 秦王堅似之矣。」

太保安薨。 以琅邪王道子 錄尚書事。

○長樂公丕在鄴，將西赴長安，入至晉陽，始知長安不守。堅已死，乃發喪，卽皇帝位。

○十二月，(燕) 王垂，始定都中山，卽皇帝位。

○呂光自稱凉州刺史。

○乞伏國仁自稱秦河二州牧

丙戌十一年
正月，拓跋珪大會於牛川，卽(代)王位。

○(西燕)左將軍韓延殺燕主冲，立冲將段隨為燕主。慕容永襲段隨破之，帥鮮卑男女，去長安而東。衆推永為河東主。於是長安空虛。

○四月，後秦王萇自安定入長安，卽皇帝位，國號大秦，立子興為皇太子。

○九月，(西燕) 慕容永擊秦主丕於鄴，殺之。永遂進據長安，卽皇帝位

○十一月，秦南安王登 發喪 行服，乃為壇於隴東，卽皇帝位。

丁亥十二年
拓跋珪改稱魏王。

戊子十三年
呂光卽三河王位。

己丑十四年
十一月，初帝既親政事，威權已出，有人主之量。既而溺于酒色，委事於琅邪王道子，道子亦嗜酒，日夕與帝酣歌為事。又崇尚浮屠，窮奢極費，左右近習争弄權柄，交通請託，賄賂公行，官賞濫雜，刑獄謬亂。

壬辰十七年
南郡公桓玄負其才地，以雄豪自處。朝廷疑而不用。年二十三 始拜太子洗馬，後出 補義興太守。鬱鬱不得志。歎曰:「父為九州伯，兒為五湖長」遂棄官 歸。

癸巳十八年
十二月，(後秦) 主萇卒。太子興卽位。

甲午十九年
四月，(秦) 主登聞後秦主萇卒，盡衆而東。 七月 (後秦) 主興自安定如涇陽，與登戰於山南。執登，殺之。秦太子崇奔湟中，卽皇帝位。

◯十月，崇為梁王乾歸所殺。乾歸於是盡有隴西之地。自稱西秦王。

◯(燕) 主垂攻西燕，執 (西燕) 主永，斬之。

乙未二十年

(魏)王珪叛燕，侵逼附塞諸部。 五月燕主垂遣太子寶 遼西王農 趙王麟 帥衆八萬，伐魏，珪縱兵擊之，燕兵死者以萬數。太子寶等 皆單騎僅免。

丙申二十一年

四月，(燕) 主垂卒。太子寶卽位。

○六月，三河王呂光卽天王位，國號 (大凉) 。 以世子紹為太子。

○(魏) 群臣勸魏王珪，稱尊號。 珪始建天子旌旗，出警入蹕，改元皇始。

○九月，帝崩。

○ (魏) 王珪潛自晉陽開韓信故道，自井陘趨中山。 自常山以東守宰或走或降。 諸郡縣皆附於魏。惟 中山 鄴 信都 三城為燕守。

통감절요 30권

진기(晉紀) 안황제(安皇帝)

재위 22년, 수(壽) 37

정유(丁酉) 융안(隆安) 원년(서기 397년)

위(魏)왕 탁발규(拓拔珪)가 직접 군대를 거느리고 중산(中山)을 포위하니, 중산에서는 기근이 심해졌다. 모용린(慕容麟)이 2만여 명을 거느리고 나와 신시(新市)를 점거했다. 갑자(甲子) 그믐에 위(魏)왕 탁발규가 진군해 공격했다.

태사령 조숭(鼂崇)이 "불길합니다. 옛날에 주(紂)왕이 갑자(甲子)에 망해 그것을 불길하고 꺼리는 날[1]이라고 합니다. 병가(兵家)에서는 이날을 꺼립니다"라고 진언했다. 탁발

---

1) 疾日 질일 : 불길해 꺼리는 날. 보통 은(殷)의 주(紂)왕은 갑자일(甲子日), 하(夏)의 걸(桀)왕은 을묘일(乙卯日)에 죽었다고 해 양일(兩日)을 가리킴

규가 "주(紂)왕은 갑자일에 망했지만, 무(武)왕은 갑자일에 흥하지 않았는가?" 하니, 조숭이 대답하지 못했다.

10월 갑술일(甲戌日)에 탁발규가 모용린과 의대(義臺)에서 싸워 크게 격파했다. 모용린이 마침내 업(鄴)으로 도망쳤다. 갑신일(甲申日)에 위(魏)가 중산을 점령했다. 모용린이 업에 와서 다시 조(趙)왕이라 칭했다.

무술(戊戌) 2년(398년)

정월에 모용린이 범양왕(范陽王) 모용덕(慕容德)을 설득해 도읍을 남쪽의 활대(滑臺)로 옮겼다. 위(魏)가 마침내 업을 차지했다. 모용린이 모용덕에게 존호를 올렸다. 모용덕이 형 모용수의 고사를 시행해 연(燕)[2]왕이라 칭했다.

○ 연(燕)왕 모용보가 죽고, 장락왕 모용성(慕容盛)이 황제에 즉위했다.

○ 11월에 위(魏)왕 탁발규가 황제에 즉위해 연호를 천흥(天興)으로 고치고, 조야(朝野)에 명령해 모두 상투를 틀고 관모를 쓰게 했다.[3]

---

2) 주(註) 남연(南燕)이다. 자(字)는 원명(元明), 모용황(慕容皝)의 작은 아들. 모용보(慕容寶)가 패주하자, 모용덕(慕容德)이 연(燕)왕을 자칭하고 광고(廣固)를 점거하고 있었다

3) 束髮加帽 속발가모 : 상투를 틀고 관모를 쓰다

기해(己亥) 3년(399년)

위왕 탁발규가 오경박사(五經博士)를 두고, 국자학과 태학의 생원을 늘리니, 도합 3천 명이 되었다.

○ 남연왕 모용덕(慕容德)이 군대를 끌고 남쪽으로 가니, 북쪽 변방의 여러 군이 모두 그에게 항복했다. 마침내 광고(廣固)에 도읍을 정했다.

○ 회계(會稽)왕의 세자 사마원현(司馬元顯)은 성품이 가혹하고 각박해 사람을 마음대로 살리고 죽였다. 손은(孫恩)이 민심이 소요함을 틈타 해도(海島)로부터 그 패거리들을 거느리고 나와 상우령(上虞令)을 죽이고, 마침내 회계를 공격했다. 이리하여 회계 및 동양(東陽) 신안(新安) 등 모두 8개군의 사람들이 일시에 기병해 수령을 죽이고 손은에게 호응했다. 열흘 만에 군대가 수십만 명에 이르렀다.

이때 삼오[4]지방은 오랫동안 평화로운 날이 지속되어 백성들이 전투를 익히지 않았기 때문에, 군현의 병력은 모두 소문만 듣고도 달아나고 무너졌다. 손은이 회계를 점거해 스스로 정동장군이라 칭하고, 표문을 올려 회계왕 사마도자(司馬道子)와 세자 사마원현의 죄를 아뢰고, 그들을 죽일 것을 청했다.

○ 황제가 즉위한 이래 조정과 지방[內外]이 이반해서[5]

---

4) 三吳 삼오 : 오군(吳君) 오흥(吳興) 단양(丹陽)

5) 乖異 괴이 : 어그러지고 이반하다

석두성 남쪽 지역은 모두 형주와 강주에 점거 당했고, 석두성 서쪽지역은 모두 예주의 독차지가 되었다. 경구와 강북은 모두 유뢰지(劉牢之)와 광릉상 고아지(高雅之)에게 제어되었다. 조정이 관리하는 곳은 오직 삼오지방 뿐이었다. 손은이 난리를 일으키자, 8개 군(郡)은 모두 손은의 것이 되었다.

수도 근교의 여러 현에서 도적들이 곳곳에서 봉기하고, 손은의 패거리 중에서도 건강(建康)에 잠복해 있는 자가 있었으므로, 민심이 위태로워하고, 항상 도둑들이 일어날 것을 두려워했다.

이리하여 조정과 지방의 경계를 엄하게 하고, 사마도자에게 황금 도끼[6]를 내리고, 사마원현에게 중군장군을 맡겼다. 서주자사(徐州刺史) 사염(謝琰)에게 명령해 오흥(吳興)과 의흥(義興)의 군대를 함께 다스려[督] 손은을 토벌하게 했다. 유뢰지 또한 군대를 일으켜 손은을 토벌하러 나섰는데, 표문을 올리고 즉시 떠났다. 12월에 사염과 유뢰지가 여기저기서 싸우면서 전진했는데, 향하는 곳마다 번번이 이겼다.

○ 처음에 팽성(彭城)의 유유(劉裕)는 용맹하고 굳세며 큰 뜻이 있었다. 겨우 문자를 알았는데, 생업으로 짚신을 팔았고, 도박[7]을 좋아해서 고향 사람들에게 천대를 받았다.

유뢰지가 손은을 공격할 때 유유를 데려다 참군사로 삼

---

6) 黃鉞 황월 : 황금으로 장식한 도끼, 천자가 정벌할 때 씀

7) 樗蒲 저포 : 놀이, 도박의 일종,

고, 수십명을 거느리고 적을 살펴보게[覘] 했다. 유유가 수천 명의 적을 만나자, 그들을 맞아 싸웠다. 따르는 자들은 모두 죽고, 유유는 언덕 아래로 떨어졌다. 적이 언덕에 와서 내려오려고 하자, 유유가 긴 칼을 손에 들고 휘둘러서[奮] 올려다보면서 몇 사람을 쳐서 죽였다. 곧 언덕에 올라서서 크게 고함치면서 그들을 쫓아가니 적이 달아났다. 유유에게 살상 당한 자가 매우 많았다.

유경선(劉敬宣)은 유유가 오랫동안 돌아오지 않는 것을 괴이하게[怪] 여겨, 군대를 데리고 그를 찾다가 유유가 혼자서 수천 명을 쫓고 있는 것을 보고 모두 함께 감탄했다. 그 틈을 타서 진군해 적을 크게 격파했다. 참수하거나 사로잡은 자가 천여 명이었다.

○ 처음에 손은은 8개의 군이 호응했다는 말을 듣고, 그의 부하들에게 “천하에 다시는 일[事]이 없을 것이다. 마땅히 제군들과 함께 관리의 복장을 하고 건강에 갈 것”이라고 말했다. 조금 있다가 유뢰지가 군대를 이끌고 강을 건너왔다는 말을 듣고, 손은은 남녀 20여만 명을 몰고 다시 해도로 도망쳐 들어갔다.

○ 이때 형주자사(荊州刺史) 은중감(殷仲堪)은 환현(桓玄)이 제멋대로 날뛰는 것8)을 두려워해 양전기(楊佺期)와 혼인관계를 맺어 도움을 받았다[援]. 환현이 군대를 이끌고

---

8) 跋扈 발호 : 제멋대로 날뜀, 사나워서 손을 댈 수 없음

가서 그들을 공격해 죽였다. 환현이 형주와 옹주를 점령한 뒤, 표문을 올려 형주 강주의 두 주(州)를 맡겠다고 요구하니, 조정이 반대할 수 없었다.

○ 양왕(凉王) 여광(呂光)이 죽고, 태자 여소(呂紹)가 즉위했다. 태원공(太原公) 여찬(呂纂)이 여소를 죽이고, 천왕(天王)에 즉위했다.

경자庚子 4년(400년)

남연(南燕)왕 모용덕(慕容德)이 광고(廣固)에서 황제에 즉위하고, 모용비덕(慕容備德)으로 이름을 고쳤다.

신축(辛丑) 5년(401년)

정월에 무위왕(武威王) 독발이록고(禿髮利鹿孤)가 하서(河西)왕을 칭하고, 북량(北凉)의 저거몽손(沮渠蒙遜)이 양왕(凉王) 업(業)을 죽이고, 양주목이라고 자칭했다.

○ 연(燕)의 군주 모용성(慕容盛)이 죽고, 모용희(慕容熙)가 즉위했다.

임인(壬寅) 원흥(元興) 원년(402년)

상서령 사마원현을 표기대장군으로 삼아 환현을 토벌하려고 했다. 유뢰지가 선봉이 되고, 초왕 사마상지(司馬尙之)를 후부대[後部]로 삼았다. 환현이 크게 놀라 성곽의 헌 데를 고치고 백성을 모아[9] 강릉(江陵)을 보전하려 했다.

장사(長史) 변범지(卞範之)가 "명공의 영명하심과 위엄은 원근에 떨쳐 있습니다. 사마원현은 입에서 아직 젖내가 나고, 유뢰지는 민심을 크게 잃었습니다.[10] 만일 우리 군대가 도성 가까이에 가서 재앙과 복록[禍福]을 내보인다면, 흙이 무너지는 형세를 뒤꿈치를 들고[11] 기다릴 수 있을 것입니다. 어찌 적을 우리 경계 내로 맞아들여 스스로 몰리고 위축되는[12] 일을 한단 말입니까?"라고 말했다. 환현이 그의 말을 따랐다.

환현이 신정에 이르자, 사마원현이 군대를 이끌고 궁으로 돌아가려고 했다. 환현이 사람을 보내 칼을 뽑아 들고 뒤를 따라가게 했다. "무기를 버리라"고 크게 고함치니, 군사들이 모두 무너졌다.

환현이 도성으로 들어가 백관[百揆]을 총괄하고, 사마원현과 동해왕 사마언장(司馬彦璋), 초왕 사마상지 등을 건강의 장터에서 참수했다. 유뢰지는 북쪽으로 달아나 신주(新州)에 가서 목매서[縊] 죽었다. 사마도자 등도 모두 죽었다.

융안(隆安) 연간 이래로 중국이나 변방이나 사람들은 전쟁을 싫어했다. 환현이 처음에 와서 간신과 부정한 자들을 물리치고 준걸과 현자들을 발탁하니, 도성 안이 기뻐하고, 조금이나마 편안해지기를 기대했다.

---

9) 完聚 완취 : 성곽의 헌 데를 고치고 백성을 모음

10) 物情 물정 : 세인의 심정, 사물의 본질, 사물의 상태, 세상형편, 세상 정세

11) 翹足 교족 : 발꿈치를 들다

12) 窮蹙 궁축 : 궁(窮) 궁할, 처리할 도리가 없음. 축(蹙) 줄어들, 닥칠, 고생할, 오무릴

얼마 있다가 환현이 사치하고 방종하고, 정령에 정당함[常]이 없었다. 붕당이 서로 일어나 조정을 능멸하고 업신여겼으며, 황제의 수레나 바치는 물품들을 줄이니[裁損], 황제가 거의 배고픔과 추위를 면하지 못했다. 이 때문에 백성들이 실망했다.

○ 손은이 바다에 뛰어들어 죽었다. 백성들이 손은의 매부 노순(盧循)을 추대해 군주로 삼았다.

계묘(癸卯) 2년(403년)

9월에 칙서로 환현을 책봉해[13] 상국으로 삼아 백관을 총괄하게 했다. 10개의 군(郡)을 주고 초(楚)왕으로 삼고, 구석(九錫)[14]을 내렸다.

○ 12월에 환현이 황제에 즉위했다. 환현이 건강궁에 들어가 어좌에 오를 때 용상이 갑자기 꺼졌다[陷]. 여러 신하들이 놀라서 얼굴빛이 달라졌는데, 은중문(殷仲文)이 "이것은[將] 큰 덕[盛德]이 깊고 두터워 땅이 실어줄 수 없기 때문입니다"라고 말했다. 환현이 크게 기뻐했다. 신해일(辛亥日)에 환현이 황제를 심양으로 옮겼다.

13) 冊命 책명 : 칙서로 명령을 내림

14) 九錫 구석 : 공신에게 내리는 아홉 가지 물품(車馬 衣服 樂則 朱戶 納陛 虎賁 弓矢 斧鉞 秬鬯)

갑진(甲辰) 3년(404년)

유유(劉裕)가 환수(桓修)를 따라 입조하자, 환현이 왕밀(王謐)에게 "유유는 풍채와 골격이 범상치 않다. 인걸이로다!"라고 말했다. 환현의 아내 유(劉)씨는 지모와 식견이 있었다. 환현에게 "유유는 걸음이 용이나 범과 같고, 눈초리가 범상치 않습니다. 끝내 남의 아래에 있지 않을까 두렵습니다. 일찍 제거하는 것이 낫겠습니다"라고 했다. 환현은 "내가 지금[方] 중원을 평정하려 하는데, 유유가 아니면 쓸 수 있는 자가 없다. 관중과 황하 지방이 평정되기를 기다린 연후에 별도로 의논하겠다" 고 말했다.

○ 유유가 하무기(何無忌)와 함께 같이 배를 타고 경구로 돌아오면서 비밀리에 진(晉) 황실의 부흥을 모의했다. 유의(劉毅)는 경구에 살았는데, 역시 하무기와 함께 환현을 토벌려고 모의했다. 하무기가 "천하의 초야에 영웅이 없지는 않을 것"이라고 말하자, 유의가 "내가 본 바로는 오직 유하비(劉下邳=유유)가 있습니다"라고 했다. 하무기는 웃기만 하고 대답하지 않았다. 돌아가서 유유에게 알렸다. 마침내 유의와 함께 계책을 정했다.

○ 2월 을묘일(乙卯日)에 유유가 사냥을 나간다고 핑계대고, 하무기와 함께 사람들을 거두고 모아 1백여 명을 얻었다. 다음 날 새벽[詰旦]에 경구의 성문이 열리자, 하무기가 전령의 옷을 입고 칙사라고 칭하며 앞에 섰다. 사람들이 그를 따라 들어가 곧바로 환수(桓脩)를 목 베고 백성들에게 두루 알렸다.

사람들이 유유를 추대해 맹주로 삼으니, 환현이 특히 심하게 근심하고 두려워했다. 혹자가 "유유 등은 오합지졸이고 미약해, 형세가 반드시 성공하지 못할 것입니다. 폐하께서는 어찌 염려를 그리 깊이 하십니까?"라고 물었다.

환현은 "유유는 한 시대의 영웅이 될 만하고, 유의의 집안에는 조그만 단지의 한 말 한 섬의 비축[15]도 없었으나 도박할 때는 한 번에 1백만 전을 걸었다. 하무기는 그의 외삼촌과 꼭 같다[酷似]. 이들이 함께 대사를 일으켰는데, 어찌 성공하지 못한다고 말하는가?"라고 했다.

○ 3월에 유유가 유의 등과 군대를 몇 개의 부대로 나누고, 함께 진군했다. 유유가 몸소 앞장섰다. 장수와 병사들이 모두 죽을 각오로 싸워 한 사람이 1백 명을 당해내지 못한 자가 없었다[一當百]. 고함소리가 천지를 움직였다. 이때 동북풍이 세차게 불자, 이것을 이용해 불을 질렀다. 연기와 불길이 하늘로 솟구치고[16], 북소리와 고함소리가 경읍(京邑)을 진동시켰다. 여러 군대가 크게 무너졌다.

환현이 가까이 신임하는 자 수천 명을 거느리고 석두성으로 달아났다. 유유가 건강에 들어가 백관을 거느리고, 황제를 받들어 맞으려고 하면서, 건강에 있던 환현의 종족들을 죽였다.

---

15) 檐石之儲 담석지저 : 주(註) 제인(齊人)은 작은 단지를 담(檐)이라 함. 두석(斗石, 말과 섬)

16) 熛 표 : 불꽃 튀길, 성낼, 붉은. 주(註) 화비야(火飛也)

○ 유유가 비로소 건강에 이르러 여러가지 큰 일을 모두 유목지(劉穆之)에게 위임해 처리하게 했다. 창졸간에 세우고 결정했지만, 성실하고 뜻에 맞게 했다.[17] 유유가 마침내 그를 심복으로 삼아 맡기고[託], 행동거지를 자문했다. 유목지 또한 절의와 성의를 다했고, 빠뜨리거나[遺] 숨기는 바가 없었다.

이 때 진(晉)의 정치는 관대하고 해이해져서 기강이 서지 않았고, 호족들은 능멸하고 방자했으며, 백성들은 곤궁하고 움츠러들어 있었다.[18] 게다가 사마원현의 정령이 잘못되고 어그러져 있었다.[19] 환현이 비록 정리하고자 했으나, 과목과 조목[20]이 번거롭고 세밀해, 사람들이 그것을 따르지 못했다. 유목지가 당시의 사정에 적절한지[21]를 참작하고, 방향[方]에 따라 바로잡고, 유유가 몸소 모범[範物]이 되어 먼저 위세로 금지시켰다. 내외의 백관들이 모두 숙연히 직책을 받들었다. 열흘이 채 못되어 풍속이 정돈되고 고쳐졌다.

○ 4월에 유의와 하무기 등이 심양성을 습격해 격파했다. 환현이 황제를 끼고 한 척의 배를 타고 서쪽으로 도망쳐 강릉으로 들어갔다. 마침내 환현을 목 베었다. 황제가 강릉에서 복위했다.[22]

---

17) 允愜 윤협 : 윤(允) 미쁠, 성실하고 신의 있음. 협(愜) 쾌할, 뜻에 맞음
18) 窮蹙 궁축 : 곤궁해 움추러들다
19) 違舛 위천 : 어기다, 어그러지다. 주(註) 어지럽고 그릇되다[錯謬]
20) 科條 과조 : 과목, 조목
21) 時宜 시의 : 당시의 사정, 당시의 적절함

○ 위(魏) 군주 탁발규(拓拔珪)가 여섯 명의 알관(謁官)을 두었는데, 옛날의 육경(六卿)을 기준으로 한 것이다. 또 관직명에 한(漢)과 위(魏)의 옛 명칭을 많이 사용하지 않고, 상고(上古)시대의 용관(龍官)과 조관(鳥官)을 모방했다.

여러 중앙관직의 사자를 일러 오리(鳧鴨)라 했는데, 오리는 그들이 나는 것처럼[之] 신속하고 빠르다는 뜻을 취한 것이다. 후관(候官)으로 사찰(伺察)하는 자를 일러 백로(白鷺)라 했는데, 백로는 목을 늘여서 멀리 바라본다는 뜻을 취한 것이다. 나머지도 모두 이와 같았다.

을사(乙巳) 의희(義熙) 원년(405년)

3월에 황제가 건강에 왔다. 유유를 도독중외제군사(都督中外諸軍事)로 삼았다. 4월에 유유가 돌아와서 경구에 주둔했다.

8월에 남연(南燕)왕 모용비덕(慕容備德)이 죽고, 형의 아들 모용초(慕容超)가 왕위를 계승했다.

정미(丁未) 3년(407년)

처음에 위(魏) 군주 탁발규가 유위진(劉衛辰)을 멸망시키자, 그의 아들 유발발(劉勃勃)이 진(秦)으로 도망쳤다. 진(秦)의 군주 요흥(姚興)이 그를 보고 특별하게 여겨 북방[朔方]을 다스리게 했다. 오랜 뒤에 다시 진(晉)을 배반하

---

22) 反正 반정 : 복위하다

고, 스스로 대하천왕(大夏天王)이라 자칭했다.[23)]

무신(戊申) 4년(408년)

독발욕단(禿髮傉檀)이 양(凉)왕을 칭했다.[24)]

기유(己酉) 5년(409년)

유유가 표문을 올리고[抗表], 남연(南燕)을 정벌하러 나섰다. 수군을 거느리고 회수로부터 사수에 들어갔는데, 혹자가 유유에게 "만약 연(燕)나라 사람들이 대현산(大峴山)의 험함을 요새로 하고, 성벽을 굳게 지키고, 들의 곡식을 깨끗이 거두어버린다면[25)], 대군이 깊이 들어가서 공이 없을 뿐만 아니라 스스로 돌아올 수가 없을 것입니다. 어찌 하시렵니까?"라고 말했다.

유유는 "내가 그것을 깊이 생각했는데, 선비족은 탐욕스러워서 장구한 계책을 알지 못한다. 전진해 노획하는 것을 이롭게 여기고, 후퇴하면서는 벼이삭까지도 아까워한다. 그들은 우리가 (본진에서 멀리 떨어진) 고립된 군대로, 깊숙이 들어와 지구전을 할 수 없을 것이라 여길 것이다. 저들이 전진하면 임구(臨朐)를 점거하고, 후퇴하면 광고(廣固)를 지키는 것에 불과할 것이다. 반드시 험한 곳을 지키고, 들의 곡식을 깨끗이 거두지 못할 것이다. 감히 제군들에게 그

---

23) 16국 중 하(夏)

24) 16국 중 남량(南涼)

25) 堅壁淸野 견벽청야 : 성을 굳건히 지키고 들의 곡식을 깨끗이 거두어들임

것을 보장하겠다"라고 대답했다.

유유가 대현산을 지났는데도 연(燕)의 군대가 나오지 않자, 유유가 손을 들어 하늘을 가리키며 얼굴에 기뻐하는 기색을 드러냈다. 좌우에서 "공께서는 적을 보기도 전에 먼저 기뻐하시니, 왜 그렇습니까?"라고 물었다.

유유는 "군대가 이미 험한 곳을 빠져나왔고, 군사들은 필사의 각오가 있으며, 그들이 남겨 놓은 양식이 들에 있으니[棲], 사람들이 궁핍할[26] 우려가 없다. 적은 이미 내 손바닥 안에 들어왔다"고 대답했다.

진격해 연(燕)나라 군대와 임구(臨朐)에서 싸웠는데, 연(燕) 군대가 크게 패배했다. 단휘(段暉) 등 대장 십여명을 목 베었다. 모용초가 도망해 광고(廣固)로 돌아가니, 유유가 승세를 타고 패배한 자들을 추격해 광고에 와서 큰 성을 함락시켰다.

모용초가 군사들을 거두어 작은 성으로 들어가서 지켰다. 유유가 긴 포위망을 구축하고 지켰다. 북방의 백성들 중 병기를 잡고 양식을 짊어지고 유유에게 귀의하는 자가 하루에 천 명으로 헤아려졌다.

○ 위(魏) 청하왕(淸河王) 탁발소(拓跋紹)가 위(魏)의 군주 탁발규(拓跋珪)를 시해했다. 제(齊)왕 탁발사(拓跋嗣)가 변고를 듣고 출동했다. 대신들이 한마음이 되어 받들어 맞이했다. 탁발사가 탁발소를 죽이고, 황제에 즉위했다.

---

26) 匱乏 궤핍 : 부족함, 양식이 모자람

경술(庚戌) 6년(410년)

남연(南燕)의 상서(尙書) 열수(悅壽)가 성문을 열어 진(晉)나라 군대를 받아들였다. 모용초가 좌우의 기병 수십명과 함께 성을 넘어 포위를 뚫고 나가 도망쳤는데, 유유가 추격해 사로잡았다. 유유는 광고가 오랫동안 항복하지 않은 것을 분하게 여겨, 성 안의 병사들을 묻어 죽이고, 그들의 아내와 딸을 진(晉)나라 장수와 병사들에게 상으로 주려고 했다. 한범(韓範)이 간언했다.

"진(晉)나라 황실이 남쪽으로 천도하자, 중원이 물 끓듯[27] 소란해졌습니다. 백성들은 의지할 데가 없었고, 강대한 자에게 귀의한 것입니다. 군신관계를 맺고나면 반드시 그들을 위해 힘을 다해야 합니다.

그들은 모두 벼슬아치[28]였고, 과거(舊) 우리 종족이었고, 선제(先帝)의 유민들입니다. 지금 왕의 군대가 전쟁을 위로해야 하는데, 모두 그들을 묻어 죽인다면, 그(백성)들은 어디로 귀의하라는 것입니까? 생각건대 서북 사람들이 다시는 왕의 군대가 와서 소생시켜줄 것이라는 희망을 갖지 않을까 두렵습니다"

유유가 낯빛을 고치고 사죄했다. 그렇지만 왕공 이하 3천명을 목 베고, 그들의 가족 1만여 명의 재산을 몰수하고, 노비로 삼았다.[29] 광고(廣固)의 성과 해자[30]를 평지로 만들

---

27) 鼎沸 정비 : 솥의 물이 끓듯이 의론이 들끓음, 천하가 어지러움

28) 衣冠 의관 : 옷과 갓, 예모, 의관을 차린 벼슬아치

29) 沒入 몰입 : 재산을 몰수하고 가족을 관의 노비로 삼음

었고, 모용초를 건강으로 압송해 목 베었다.

온공(溫公)이 말했다.

"진(晉)이 남쪽으로 양자강을 건너온 이래 위세를 펴지 못했고, 오랑캐들이 횡행해 범처럼 중원을 삼켰다. 유유가 처음으로 왕의 군대로 동하(東夏)를 평정했다. 이 때 현명한 자와 준걸들을 표창하고 예우하며, 지친 백성들을 위무해 화애로운[31]기풍을 베풀고, 잔학하고 더러운 정치를 씻어서 여러 선비들에게는 좋은 풍속을 앙모하게 하고[32] 남은 백성들[遺黎]에게는 발돋움하고 기다리게 하지[33] 않았다.

도리어 살육을 자행해 분한 마음을 풀었다[快]. 그의 행적을 살펴보면 일찍이 부씨와 요씨보다 심했다. 마땅히 그는 천하를 통일해 막대한 업적을 이룰 수 없었다. 비록 지모와 용맹은 있었으나 인의(仁義)가 없었던 것이 아니겠는가?"

처음에 서도복(徐道覆)이 유유가 북쪽을 정벌한다는 말을 듣고, 노순(盧循)에게 권해 빈 틈을 타서 건강을 습격하라고 했다. 노순(盧循)이 그 말을 따랐다. 조정에서 급히 유유

---

30) 夷其城隍 이기성황 : 주(註) 이(夷) 평지(平地)를 만들다. 성황(城隍) 성 밖에 있는 구덩이(塹), 물이 있으면 지(池), 물이 없으면 황(隍)이라 한다

31) 愷悌 개제 : 얼굴과 기상이 화락함

32) 嚮風 향풍 : 귀의(歸依), 앙모(仰慕)

33) 企踵 기종 : 발 돋음하고 (기다리다)

를 불렀다. 유유는 당시 하비에 머물러 주둔하면서, 사주(司州)와 옹주(雍州)를 경영할 것을 의논하고 있었다.

마침 조서를 받게 되자, 군대를 인솔해 돌아올 때, 배에 군대의 짐[輜重]을 실어 보내고, 자신은 정예병을 거느리고 도보로 돌아왔다. 산양(山陽)에 이르러 하무기가 패전해 죽었다는 말을 들었다. 경사(京邑)가 제대로 지켜지지 못할까 염려해 갑옷을 벗어말고[34][卷甲] 행군 속도를 배가했다.

○ 5월에 유의(劉毅)가 노순(盧循)과 상락주(桑落州)에서 싸웠는데, 유의의 군대가 크게 패배했다. 을축(乙丑)에 노순이 회수(淮水) 입구에 이르니 중외(中外)가 삼엄하게 경계했다. 유유가 장수와 보좌관들에게 “적이 만약 신정에서 곧바로 진격한다면 그들의 예봉을 당해낼 수 없으니, 잠시[且] 회피해야 한다. 만약 돌아가서 서쪽 언덕에 정박한다면 우리에게 사로잡히게 될 뿐이다”라고 말했다.

12월에 유유가 많은 군대를 거느리고 힘을 다해 서[齊] 노순을 공격했다. 노순의 군대가 크게 패배했다. 노순이 도망해 예장(豫章)으로 달아났다가 흩어진 군대를 거두어, 곧바로 파우(番禺)로 돌아갔다.

신해(辛亥) 7년(411년)

4월에 노순이 교주(交州)로 도망하자, 교주자사(交州刺史) 두혜도(杜慧度)가 그를 목 베어 수급(首級)[35]을 건강으로

---

34) 卷甲 권갑 : 갑옷을 말아둠, 무장을 풀고 전쟁을 그만둠

보냈다.

계축(癸丑) 9년(413년)

하(夏)왕 발발(勃勃)이 질우아리(叱于阿利)에게 장작대장(將作大匠) 직을 맡겨 영북(嶺北)의 오랑캐와 한인(漢人) 10만 명을 징발해 삭방수(朔方水) 북쪽과 흑수(黑水) 남쪽에 도성을 쌓게 했다.

질우아리는 성품이 교활하고 잔인했다. 진흙을 쪄서 성을 쌓을 때, 송곳이 한 치만 들어가면 즉시 그 담장을 쌓은 자를 죽여서 그 시체를 함께 쌓았다. 유발발이 그것을 충성이라 여기고 그 일을 위임했다. 병기를 만들 때 완성되어 그것을 바치면 장인 중에 반드시 죽는 자가 있었다.

갑옷에 활을 쏘아 화살이 들어가지 않으면 활을 만든 사람을 목 베고, 화살이 들어가면 갑옷을 만든 장인을 목 베었다. 이 때문에 기물이 모두 정교하고 예리했다. 유발발이 옛 사람의 성씨에는 불변의 예[常]가 없다고 여기고, 성을 혁련씨(赫連氏)로 고쳤다.

을묘(乙卯) 11년(415년)

정월에 진(秦)왕 요흥(姚興)이 죽고, 태자 요홍(姚泓)이 황제에 즉위했다.

○ 3월에 태위(太尉) 유유가 삼엄하게 경계하고, 진(秦)을

---

35) 首級 수급 : 싸움터에서 벤 적군의 목

정벌하려고 했다. 유목지(劉穆之)를 좌복야(左僕射)로 삼아 동부(東府)[36]에 들어가 있으면서, 내외를 총괄해 다스리게 했다. 유목지가 안으로는 조정의 정사를 총괄하고, 밖으로는 군대에 군수품을 공급하는데, 물이 흐르는 것같이 결단했다.

빈객들이 바퀴살이 가운데 바퀴통에 모이는 것처럼 몰려들어[37] 요구하고 하소연하는 일이 백가지[百端]였다. 내외의 자문하고[諮] 아뢰는[稟] 자들이 집안에 가득 차고, 계단[堦]에도 가득 찼다. 유목지는 눈으로 글과 송사를 보고, 손으로 문서에 답을 하며, 귀로 남의 말을 들어 받아들이고, 입으로 함께 응수를 하면서도, 서로 뒤섞이지 않고[38], 모두 여유 있게 해냈다.

○ 8월 정사(丁巳)에 유유가 건강을 출발할 때 왕진악(王鎭惡) 단도제(檀道濟) 침전자(沈田子) 등과 함께 여러 길로 진군했다.

○ 9월 왕진악과 단도제가 진(秦) 경내로 들어가 가는 곳마다 모두 승리했다. 전진해 낙양에 바짝 가까이 갔다가 점령했다.

---

36) 東府 동부 : 옛날에 주인은 동(東), 객(客)은 서(西)에 자리 잡았다. 주(主)가 되는 관부

37) 輻湊 폭주 : 바퀴살이 가운데 바퀴통에 몰려들 듯이 몰려들다

38) 參涉 참섭 : 뒤섞이다, 남의 일에 간섭하다

정사(丁巳) 13년(417년)

5월에 위(魏) 군주 탁발사(拓拔嗣)가 최호(崔浩)에게 "유유(劉裕)가 요홍(姚泓)을 정벌하는데, 과연 이길 수 있겠는가?"라고 물으니, "이길 수 있습니다"라고 대답했다. 탁발사가 "유유의 능력은 모용수와 비교해 어떠한가?" 하니, 최호가 대답했다.

"유유가 모용수보다 낫습니다. 모용수는 부형(父兄)의 기반[資]을 빌려서 옛 업적을 회복한 것입니다. 백성들이 밤벌레들이 불에 달려드는 것처럼 붙어서, 조금 더 의지하고 기댈 것[倚仗]이 보태졌고[39], 쉽게 공을 세웠습니다.

그러나 유유는 가난하고 미천한 신분에서 떨치고 일어나, 한 자의 땅도 비빌 곳[階]이 없었습니다만, 환현을 토벌해 진(晉) 황실을 부흥시켰습니다. 북쪽에서는 모용초를 사로잡고, 남쪽으로는 노순을 효수했고, 가는 곳마다 앞을 막을 자가 없었습니다. 그의 능력이 보통 사람보다 뛰어나지 않다면 어찌 이와 같을 수 있겠습니까.

유유가 진(秦)을 이기고 돌아가면, 반드시 그 군주를 찬탈할 것입니다. 관중은 한인(漢人)과 오랑캐가 뒤섞여 살아서 풍속이 거칠고 사납습니다[勁悍]. 유유가 형주(荊州)와 양주(揚州)에서 베풀었던 정치를 함곡관이 있는 진(秦) 땅[40]에서 시행한다면 이는 옷을 벗어서 불을 싸고, 새그물

---

39) 少加倚仗 소가의장 : 의지하고 기댈 것이 조금 더 많아졌다

40) 函秦 함진 : 註 진(秦) 땅에 함곡관(函谷關)이 있다. 진(秦)나라 사람들은 그 곳을 험고한 지세라고 생각하고 믿는다

을 펼쳐서 범을 잡으려는 것과 다름이 없습니다.

비록 병력을 남겨두어 그곳을 지키게 하더라도, 민심이 다스려지지 않고, 요구하고 향하는 것[趣向]이 같지 않아, 다만 도둑과 적에게만 도움이 될 것입니다.

원컨대 전쟁을 그만두고[按] 백성들을 쉬게 하고, 그 변고를 관찰하십시오! 진(秦) 땅은 결국은 우리의 차지가 될 것이고, (우리는) 가만히 앉아서도 지킬 수 있을 것입니다"

탁발사가 웃으며 "경이 깊이 헤아렸구나!"라고 말했다. 최호는 "신이 일찍이 사적으로 근세의 장수와 재상 등의 신하를 논평한 적이 있습니다. 왕맹이 나라를 다스린 것은 부견이 관중을 얻은 것과 같았고, 모용각이 어린 군주를 보필한 것은 모용위에게는 곽광을 얻은 것과 같았으며, 유유가 화란을 평정한 것은 사마덕종에게는 조조를 얻은 것과 같습니다"라고 했다.

○ 7월 신축(辛丑)에 유유가 동관(潼關)에 이르렀다. 진(秦) 군주 요홍(姚泓)이 요비(姚丕)를 시켜 위교(渭橋)를 지키게 했다. 왕진악이 위교에서 요비를 크게 격파하자, 요홍의 군대는 싸우지도 않고 무너졌다. 요홍이 홀로 말을 타고 궁으로 돌아왔다.

계해(癸亥)일에 요홍이 처자와 군신들을 거느리고 왕진악의 군영 문에 가서 항복했다. 왕진악이 엄숙히 호령하고, 백성들을 위무하니, 백성들이 안도했다.

○ 9월에 처음 태위 유유가 장안에 머물면서 서북 지역을 경략하려고 했는데, 여러 장수와 장병들이 모두 오랜 전

쟁으로 고향을 그리워했다[思歸]. 마침 유목지가 죽자, 유유는 근본을 맡길 자가 없다고 여기고, 마침내 동쪽으로 돌아가기로 마음을 정했다. 그래서 둘째 아들 계양공(桂陽公) 유의진(劉義眞)을 도독옹양진삼주제군사(都督雍梁秦三州諸軍事)로 삼았다. 이때 나이가 12세였다. 왕진악을 사마(司馬)로 삼았다.

왕진악은 공이 많으니, 이 때문에 남쪽 사람들이 모두 그를 시기했다. 침전자가 스스로 요류(嶢柳)의 승리를 가지고 왕진악과 공을 다투고 불평했다. 유유가 돌아가려 할 때 침전자와 부홍지(傅弘之)가 여러번 유유에게 "왕진악은 집이 관중에 있으니, 보장해 믿을 수 없습니다"라고 말했다. 유유는 "지금 경과 문무관리, 장수와 군사 정예병 1만여 명을 남겨두었다. 그가 만약 나쁜 짓을 하고자 한다면, 바로 자멸로 갈[足]뿐일 것이다. 다시 말을 많이 하지 말라"고 했다.

유유가 은밀히 침전자에게 "종회가 끝내 그 난을 성공시킬 수 없었던 것은, 위관(衛瓘)이 있었기 때문이었다. 세상에서 이르기를 '맹수라도 여러 여우만 못하다'고 했다. 경들 10여 명은 어찌 왕진악을 두려워하는가?"라고 말했다.

온공(溫公)이 말했다.

"옛 사람의 말에 '의심이 들면 맡기지 말고, 맡겼으면 의심하지 말라'고 했다. 유유가 왕진악에게 관중을 맡기고는 다시 침전자와 뒷말을 했으니, 이것이 그들을 싸우게 해서 난을 일으키게 한 것이다. 애석하다. 백년의 적에게서 천리의 땅을 어렵게 얻고는 잠깐 사이에[41] 잃게 되고, 풍(豐)과 호(鄗)의 도읍을 다시 적의 손에 바치게 되었도다! 순자가 말하기를 '겸병은 쉽게 할 수 있으나, 굳건히 지키는 것이 어렵다'고 했는데, 그 말이 분명하도다[信]!"

삼진(三秦)의 어르신들이 유유가 돌아갈 것이라는 말을 들었다. 유유의 집 앞에 와서 눈물을 흘리며 하소연했다.

"남겨진 백성들이 왕이 은덕을 베푸는 정치를 받지 못한 지가 지금에 와서 백 년인데, 비로소 높은 관리를 보고 사람들마다 서로 경하했습니다. 장안의 10개 능묘는 공의 가문의 분묘이고, 함양의 궁전은 공의 가문의 주택입니다. 이곳을 버리고 어디로 가고자 하십니까?"

유유가 그들을 불쌍히 여겨 위로하고 타일렀다. "조정에서 명령을 받았으니, 마음대로 머물 수가 없다. 제군들이 근본을 그리워하는 뜻이 참으로 크다고 여겨서, 이제 둘째 자식과 문무의 현명하고 재주 있는 자에게 이 지역을 다스리도록 했다. 그들과 함께 지내도록 힘써라"고 말했다. 12월에 유유가 장안을 출발해 낙수로부터 황하로 들어올 때, 변(汴)의 수로(渠)를 열고서 돌아왔다.

○ 윤월(閏月)에 하(夏)왕 혁련발발(赫連勃勃)은 태위 유유가 동쪽으로 돌아갔다는 말을 들었다. 크게 기뻐하며 왕매덕(王買德)에게 "짐이 관중지방을 빼앗고자 한다. 경이

---

41) 造次 조차 : 잠깐 사이

시험 삼아 그 방략을 말해 보라"고 물었다.

왕매덕은 "관중지방은 형세를 잡을 수 있는 곳[42]입니다. 유유가 어린 아들에게 그 곳을 지키게 하고, 허겁지겁[43] 돌아갔으니, 바로 찬탈할 일을 급히 끝내려고 하는 것입니다. 다시는 중원에 뜻을 둘 겨를이 없을 것입니다. 이는 하늘이 관중을 우리에게 주는 것입니다. 이 기회를 놓쳐서는 안 됩니다"라고 대답했다.

발발이 아들 괴[赫連璝]를 시켜 기병 2만 명을 거느리고 장안으로 향하게 하고, 자신은 직접 대군을 거느리고 후발대가 되었다.

무오(戊午) 14년(418년)

정월에 하(夏)나라 혁련괴(赫連璝)가 위수에 이르렀다. 관중의 백성들 중 항복하는 자가 길에 이어졌다. 침전자가 군대를 거느리고 그들을 막았다. 침전자는 왕진악과 평소 서로를 도모하려는 뜻이 있었다. 함께 북쪽지방에 나가 하(夏)의 군대를 막게 되자, 침전자가 왕진악에게 부홍지의 진영에 가서 계획을 세우자고 청했다.

침전자가 사람을 물리치고 조용히 말하자고 요구하고는 그의 종족 심경인(沈敬仁)을 시켜 왕진악을 목 베게 했다. 부홍지가 도망쳐 유의진(劉義眞)에게 알렸다. 유의진이 왕수(王脩)와 함께 갑옷을 입고 횡문(横門)에 올라가서 그 변

---

42) 形勢 형세 : 지세가 뛰어남, 또 그런 곳, 요해처

43) 狼狽 낭패 : 허겁지겁해 어찌할 줄을 모름, 넘어짐, 거꾸러짐, 실패함

화를 살폈다. 왕수가 침전자를 잡아 마음대로 죽인 죄를 꾸짖으며 목 베었다. 부홍지가 혁련괴를 크게 격파했다. 하(夏)의 군대가 마침내 후퇴했다.

○ 6월에 송공(宋公) 유유(劉裕)가 비로소 상국(相國)과 구석(九錫)의 명을 받았다.

○ 10월에 하(夏)왕 혁련발발이 전진해 함양을 점거하니, 장안의 나무 채취 길이 끊어졌다. 유유가 그 소식을 듣고 유의진을 불러 동쪽으로 돌아오게 하고, 주령석(朱齡石)을 대신 장안에 진주하게 했다. 혁련괴가 군대 3만 명을 거느리고 유의진을 추격해 연일 힘껏 싸우니, 진(晉) 군대가 크게 패배했다. 유의진은 겨우 죽음을 면하고 돌아올 수 있었다.

○ 11월에 주령석이 동관으로 달아났다가 어떤 사람에게 사로잡혀 장안으로 보내졌다. 혁련발발이 그를 죽였다. 혁련발발이 패상에서 황제에 즉위하고, 통만(統萬)을 도읍으로 했다.

○ 송공(宋公) 유유(劉裕)가 미래를 예언하는 글[讖書]에서 "창명(昌明)[44]의 뒤에 아직 두 황제가 있다"고 하므로, 마침내 중서시랑 왕소지(王韶之)를 시켜 황제의 좌우 사람들과 비밀리에 모의해, 황제를 시해하고 낭야왕 사마덕문

---

44) 주(註) 열종 효무황제

(司馬德文)을 세우게 했다. 무인(戊寅)일에 사마덕문이 황제에 즉위했다.

공(恭)황제 재위가 2년이고, 수(壽) 37

송(宋)에 전위했다.

기미(己未) 원희(元熙) 원년(419년)

7월에 송공(宋公) 유유(劉裕)의 작위를 높여 왕이 되었다.

원 문

卷之三十

晉紀
安皇帝 在位二十二年, 壽三十七

丁酉隆安元年
(魏)王珪自將圍中山, 中山飢甚。慕容麟帥二萬餘人, 出據新市。甲子 晦 魏王珪進軍攻之。太史令鼂崇曰:「不吉。昔紂以甲子亡。 謂之疾日, 兵家忌之。珪曰:「紂以甲子亡, 武王不以甲子興乎?」崇無以對。 十月甲戌 珪與麟戰於義臺, 大破之。 麟遂奔鄴。甲申 魏克中山。麟至鄴, 復稱趙王。

戊戌二年
正月, 慕容麟說范陽王德, 南徙滑臺。 魏遂取鄴, 麟上尊號於德。德用兄垂故事 稱 (燕) 王。

○(燕) 主寶卒。長樂王盛卽皇帝位。

○十一月, (魏) 王珪卽皇帝位, 改元天興。 命朝野皆束髮加帽。

己亥三年

(魏) 主珪置五經博士，增國子太學生負，合三千人。

◯ (南燕) 王德引師而南，北鄙諸郡 皆降之。遂定都廣固。

◯會稽世子元顯性苛刻，生殺任意。孫恩因民心騷動，自海島帥其黨，殺上虞令，遂攻會稽。於是會稽及東陽 新安凡八郡人一時起兵，殺長吏，以應恩。 旬日之中 衆數十萬。時 三吳承平日久，民不習戰，故 郡縣兵皆望風奔潰。 恩據會稽，自稱征東將軍。表會稽王道子及世子元顯之罪，請誅之。

◯自帝卽位以來，內外乖異。石頭以南 皆為荊江所據，以西皆豫州所專。京口及江北皆劉牢之 及廣陵相高雅之所制。朝政所行惟三吳而已。及孫恩作亂，八郡皆為恩有。畿內諸縣盜賊處處鋒起，恩黨亦有潛伏在建康者，人情危懼，常懼竊發。於是 內外戒嚴，加道子黄鉞，元顯領中軍將軍，命徐州刺史謝琰兼督吳興 義興軍事，以討恩。劉牢之亦發兵討恩，拜表輒行。十二月謝琰與牢之轉鬪，而前所向輒克。

◯初 彭城劉裕勇健 有大志。僅識文字，以賣履為業。好樗蒲，為鄉閭所賤。劉牢之擊孫恩，引裕参軍事，使將數十人覘賊。遇賊數千人， 卽迎擊之。從者皆死， 裕墜岸下， 賊臨岸欲下，裕奮長刀 仰斫殺數人，乃得登岸，仍大呼逐之，賊皆走。裕所殺傷甚衆。 劉敬宣怪裕久不返，引兵尋之，見裕獨驅數千人。咸共歎息，因進擊賊，大破之，斬獲千餘人。

◯初 恩聞八郡響應，謂其屬曰：天下無復事矣。當與諸君 朝服至建康。既而 聞牢之引兵濟江，恩驅男女二十餘萬口，復逃入海島。

◯殷仲堪恐桓玄跋扈。乃與楊佺期　結婚為援，　玄引兵擊殺之。玄既克荊 雍，表求領荊 江二州，朝廷不能違。

◯(涼) 王光卒。太子紹卽位，太原公纂殺之，而卽天王位。

庚子四年
（南燕）王德卽皇帝位于廣固。更名備德。

辛丑五年
正月， 武威王利鹿孤　稱（河西）王。（北涼）沮渠蒙遜殺涼王業，自稱涼州牧。

◯(燕) 主盛卒，熙卽位。

壬寅元興元年
以尚書令元顯 為驃騎大將軍，討桓玄。以劉牢之為前鋒，譙王尚之為後部。玄大驚，欲完聚，保江陵。長史卞範之曰:「明公英威　振於遠近， 元顯口尚乳臭，劉牢之大失物情。若兵臨近畿，示以禍福，土崩之勢，可翹足而待。何有延敵入境，自取窮蹙者乎?」玄從之。玄至新亭，元顯引兵 欲還宮，玄遣人拔刀隨後，大呼曰:「放仗!」軍人皆崩潰。玄入京 總百揆 斬元顯　及東海王彥璋　譙王尚之等於建康市。劉牢之北走至新州，縊而死。道子等皆死。自隆安以來　中外之人厭於禍亂， 及玄初至，黜姦佞 擢儁賢，京師欣然，冀得少安。 既而玄奢豪縱逸，政令無常，朋黨互起，陵侮朝廷，裁損乘與供奉之具，帝畿不免飢寒。由是衆心失望。

○孫恩赴海死。 衆推恩妹夫盧循為主

癸卯二年

九月，冊命玄為相國。總百揆封十郡 為（楚）王 加九錫。

○十二月，玄卽皇帝位。玄入建康宮 登御座，而床忽陷。羣臣失色。殷仲文曰:「將由聖德深厚，地不能載!」玄大悅。 辛亥玄遷帝於尋陽。

甲辰三年

劉裕從桓脩入朝。玄謂王謐曰:「裕風骨不常，盖人傑也。」玄後劉氏有智鑑。謂玄曰:「劉裕龍行虎步，視瞻不凡。恐終不為人下，不如早除之。玄曰:「我方平蕩中原，非裕莫可用者。俟關河平定，然後別議之爾。

○裕與 何無忌同舟還京口，密謀復興晉室。劉毅家於京口，亦與無忌謀討玄。無忌曰:「天下草澤之中， 非無英雄也。」毅曰:「 所見唯有劉下邳。」無忌笑而不荅。還以告裕遂，與毅定謀。

○二月， 乙卯 裕託以遊獵與無忌， 收合徒衆得百餘人。詰旦京口城開，無忌著傳詔服，稱敕，居前，徒衆隨之。齊入卽斬桓脩以徇衆。推裕為盟主。玄憂懼特甚。或曰:「劉裕等烏合微弱，勢必無成。陛下何慮之深?」 玄曰:「劉裕足為一世之雄，劉毅家無儋石之儲，樗蒲一擲百萬。 何無忌酷似其舅，共舉大事。何謂無成?」

◯三月，裕與劉毅等分為數隊 並進。裕以身先之，將士皆殊死戰，無不一當百。 呼聲動天地。時東北風急，因縱火焚之，煙火熛天。皷譟之音震動，京邑諸軍大潰。玄帥親信數千人，走趨石頭。裕入建康，帥百官奉迎乘輿，誅玄宗族在建康者。

◯裕始至建康， 諸大處分皆委於劉穆之。倉猝立定， 無不允愜。裕遂託以心腹，動止諮焉。穆之亦竭節盡誠，無所遺隱。時晉政寬弛，綱紀不立，豪族陵縱，小民窮蹙，重以司馬元顯政令違舛。桓玄雖欲釐整，而科條繁密，衆莫之從。穆之斟酌時宜，隨方矯正，裕以身範物，先以威禁，內外百官皆肅然，奉職不盈旬日，風俗頓改。

◯四月，劉毅 何無忌等襲破尋陽城。桓玄挾帝，單舸西走入江陵遂斬之。乘輿反正於江陵。

◯(魏) 主珪置六謁官。準古六卿，又官名多不用漢魏之舊，倣上古龍官 鳥官。謂諸曹之使 為鳧鴨，取其飛之迅疾也。謂侯官伺察者 為白鷺，取其延頸遠望也。餘皆類此。

乙巳義熙元年

三月，帝至建康，以劉裕都督中外諸軍事。四月裕旋鎮京口。

八月，(南燕) 主備德卒。兄子超襲位。

丁未三年

初 魏主珪滅劉衛辰。其子勃勃奔秦。秦王興見而奇之, 使鎮朔方, 久之復叛秦。自稱大(夏)天王。

戊申四年

禿髮傉檀 稱(涼)王。

己酉五年

劉裕抗表伐(南燕), 帥舟師, 自淮入泗, 或謂裕曰:「燕人若塞大峴之險, 或堅壁 清野, 大軍深入, 不惟無功 將不能自歸, 柰何?」裕曰:「吾慮之熟矣。鮮卑貪婪, 不知遠計。進利虜獲, 退惜禾苗。謂我孤軍遠入, 不能持久, 不過進據臨朐, 退守廣固。必不能守險 清野, 敢為諸君保之。」裕過大峴, 燕兵不出。裕舉手指天, 喜形于色, 左右曰:「公未見敵而先喜, 何也?」裕曰:「兵已過險, 士有必死之志, 餘糧棲畝, 人無匱乏之憂。虜已入吾掌中矣。」進與燕兵戰于臨朐。燕衆大敗, 斬段暉等大將十餘人, 超遁還廣固。裕乘勝逐北, 至廣固, 克其大城, 超收衆入保小城。裕築長圍守之。北方之民 執兵負糧, 歸裕者 日以千數。

◯(魏) 清河王紹弒魏主珪。齊王嗣聞變而出, 大臣翕然奉迎嗣, 殺紹, 卽皇帝位

庚戌六年

(南燕) 尚書悅壽開門, 納晉師。 超與左右數十騎, 踰城突圍

出走, 追獲之, 裕忿廣固久不下, 欲阬之, 以妻女賞將士。 韓範諫曰:「晉室南遷, 中原鼎沸, 士民無援。彊則附之, 旣為君臣, 必須為之盡力。彼皆衣冠舊族, 先帝遺民。今王師弔伐, 而盡阬之, 使安所歸乎? 竊恐西北之人無復來蘇之望矣。」裕改容謝之。然猶斬王公以下三千人, 沒入家口萬餘, 夷其城隍, 送超詣建康 斬之。

温公曰:「晉自濟江以來, 威靈不競, 戎狄橫騖, 虎噬中原。劉裕始以王師 翦平東夏, 不於此際 旌禮賢俊 慰撫疲民 宣愷悌之風 滌殘穢之政 使群士嚮風 遺黎企踵, 而更恣行屠戮, 以快忿心。迹其施設, 曾苻姚之不如。宜其不能蕩壹四海 成莫大之業。豈非雖有智勇 而無仁義 使之然哉!」初徐道覆聞劉裕北伐, 勸盧循乘虛 襲建康。循從之。朝廷急徵劉裕, 裕方議留鎮下邳, 經營司雍。 會得詔書, 引兵還。以船載輜重, 自帥精銳 步歸。至山陽, 聞何無忌敗死。 慮京邑失守, 卷甲兼行。

◯五月, 劉毅與循戰于桑落州。毅兵大敗。乙丑盧循至淮口, 中外戒嚴。裕謂將佐曰:「賊若於新亭直進, 其鋒不可當。宜且廻避。若回泊西岸, 此成擒爾!」十二月, 裕帥衆軍, 齊力擊循, 循兵大敗走趣豫章。取散卒 徑還番禺。

辛亥七年

四月, 盧循奔交州, 刺史杜慧度斬之, 送首建康。

癸丑九年

(夏) 王勃勃以叱于阿利 領將作大匠。發嶺北夷夏十萬人，築都城於朔方水北 黑水之南。 阿利性巧而殘忍。蒸土築城，錐入一寸，卽殺作者，而并築之。 勃勃以為忠，委任之。凡造兵器，成呈之，工人必有死者。 射甲不入，則斬弓人，入則斬甲匠。 由是器物皆精利。 勃勃謂古人氏族無常，改姓赫連氏。

乙卯十一年

正月，(秦) 王興卒。太子泓卽帝位。

○三月， 太尉裕戒嚴， 將伐 (秦) 。裕以劉穆之為左僕射， 入居東府，總攝內外。 穆之內總朝政，外供軍旅。決斷如流，賓客輻輳,求訴百端， 內外諮稟， 盈堦滿室。 目覽辭訟， 手答牋書，耳行聽受，口並酬應，不相參涉，悉皆贍舉。

○八月， 丁巳 裕發建康遣王鎮惡 檀道濟 沈田子等 數道並進。

○九月，王鎮惡 檀道濟入秦境。所向皆捷，進逼洛陽 克之。

丁巳十三年

五月， (魏) 主嗣問於崔浩曰:「劉裕伐姚泓， 果能克乎?」對曰:「克之。」嗣曰:「裕才何如?」慕容垂對曰:「勝之。垂藉父兄之資，脩復舊業，國人歸之，若夜蟲之就火，少加倚仗，易以立功。劉裕奮起， 寒微不階尺土， 討滅桓玄， 興復晉室， 北禽慕容超， 南梟盧循， 所向無前， 非其才之過人， 安能如是乎?

裕克秦而歸，必篡其主。關中華戎雜錯，風俗勁悍，裕欲以荊揚之化，施之函秦，此無異解衣包火 張羅捕虎。雖留兵守之，人情未治 趨向不同，適足為寇敵之資爾。願按兵息民，以觀其變。秦地終為國家之有可坐而守也。」嗣笑曰：「卿料之審矣!」浩曰：「臣嘗私論近世將相之臣，若王猛之治國 苻堅之管仲也，慕容恪之輔幼主，慕容暐之霍光也。 劉裕之平禍亂 司馬德宗之曹操也。」

○七月，辛丑 裕至潼關。（秦）主泓使姚丕守渭橋，王鎮惡大破丕於渭橋。泓兵不戰而潰，單馬還宮。 癸亥 將妻子羣臣 詣王鎮惡壘門降。鎮惡撫慰，號令嚴肅，百姓安堵。

○九月，始 太尉裕欲留長安，經略西北，而諸將士皆久役思歸。會劉穆之卒。裕以根本無託，遂決意東還，乃以次子桂陽公義真 為都督雍梁秦三州諸軍事。義真時年十二，以王鎮惡為司馬。鎮惡功多， 由是南人皆忌之。沈田子自以嶢柳之捷，與鎮惡爭功不平。裕將還，田子及傅弘之 屢言於裕曰：「鎮惡家在關中，不可保信。」裕曰：「今留卿文武將士精兵萬人，彼若欲為不善，正足自滅爾。勿復多言！裕私謂田子曰：「鍾會不得遂其亂者，以有衛瓘故也！ 語曰：『猛獸不如羣狐!』卿等十餘人何懼王鎮惡!」

温公曰：「古人有言：『疑則勿任， 任則勿疑。』裕既委鎮惡以關中，而復與田子有後言。是鬪之，使為亂也。惜乎！百年之寇 千里之土 得之艱難，失之造次。使豐鄗之都 復輸寇手。荀子曰：『兼并易能也，堅凝之難。』 信哉!」

三秦父老聞裕將還，詣門 流涕訴曰：殘民不霑王化，於今百年。始覩衣冠，人人相賀。長安十陵是公家墳墓，咸陽宮殿是公家室宅。捨此，欲何之乎？裕為之愍然，慰諭之曰：「受命朝廷，不得擅留。誠多諸君懷本之志，今以次息與文武賢才 共鎮此境，勉與之居。」 十一月裕發長安。自洛入河，開汴以歸。

○閏月，夏王勃勃聞太尉裕東還。大喜，問王買德曰：「朕欲取關中，卿試言其方略!」買德曰：「關中形勢之地，而裕以幼子守之， 狼狽而歸。正欲急成簒事爾。不暇復以中原為意。此天以關中賜我，不可失也。」勃勃乃使其子璝 帥騎二萬 向長安。勃勃自將大軍 為後繼。

戊午十四年

正月，夏赫連璝至渭，關中民降之者屬路。沈田子將兵拒之。田子與王鎮惡素有相圖之志，俱出北地以拒夏兵，田子請鎮惡至傅弘之營計事，田子求屏人語，使其宗人沈敬仁 斬之。弘之奔告劉義真， 義真與王脩被甲， 登横門以察其變。脩執田子，數以專戮斬之。弘之大破赫連璝，夏兵乃退。

○六月，宋公裕始受相國 九錫之命。

○十月，(夏) 王勃勃進據咸陽 長安，樵采路絶。裕聞之，召義真東歸，以朱齡石代鎮長安。赫連璝帥衆三萬，追義真，力戰連日，晉兵大敗。義真僅得免歸。

○十一月，齡石奔潼關。為人執送長安，勃勃殺之。勃勃卽皇帝位于灞上。都統萬。

◯宋公裕以讖 云:「昌明之後尚有二帝」乃使中書侍郎王韶之, 與帝左右密謀, 弑帝, 而立琅邪王德文。戊寅 德文卽皇帝位。

恭皇帝 在位二年, 壽三十七

己未元熙元年

七月, 宋公裕進爵為王。

통감절요 31권

송기(宋紀)[1]-북조(北朝) 위(魏)를 부기

고조(高祖) 무제(武帝)

재위 3년, 수(壽) 67

경신(庚申) 2년(서기 420년)

송(宋)왕이 선양 받고자 했으나, 말을 꺼내기 어려웠다. 6월에 송왕이 건강(建康)에 이르자, 부량(傅亮)이 조서의 초안을 갖추어 황제에게 그것을 쓰게 했다. 황제가 흔쾌히 붓을 잡고 좌우 신하에게 "환현(桓玄) 때 진(晉)나라는 이미 천하를 잃었는데, 유공(劉公) 때문에 20년을 더 연장 받은 것이다.[2] 오늘의 일은 기쁜 마음으로 하는 것이다"라고 말

1) 시대개관 : 남조(南朝)의 송(宋). 서진(西晉) 멸망 후, 진(晉)은 건강(建康)으로 도읍을 옮겼는데, 이때부터 동진(東晉)이라 한다. 동진을 멸망시킨 자는 장군 유유(劉裕)이며, 남조(南朝)의 송(宋)을 건국했다

했다. 붉은 종이에 조서를 써서 손위[3]하고, 낭야(琅邪)의 사저로 갔다.

왕이 남쪽 교외에 단(壇)을 만들어 즉위하고, 왕태자 의부(義符)를 황태자로 삼았다.

임신(壬戌) (422년)

5월에 고조의 병이 심해졌다. 사공 서선지(徐羨之), 중서령 부량(傅亮), 영군장군 사회(謝晦), 진북장군 단도제(檀道濟)가 후사를 부탁하는 왕의 유언[4]을 함께 받았다. 고조가 서전(西殿)에서 붕어하고, 태자가 즉위했다.

영양왕(營陽王) 재위 1년 수(壽) 19

계해(癸亥) (423년)

위(魏)의 군주가 낙양(洛陽)을 빼앗았다.

○ 5월에 위(魏)의 군주가 평성(平城)으로 돌아갔다.

○ 위(魏)나라 태종이 죽고 세조가 즉위했다.

---

2) 주(註) 안제(安帝)가 403년에 환현에게 제위를 양위했던 것을 그 이듬 해에 유유가 되찾아 주었기 때문에 이렇게 말한 것이다. 유유에게 손위하는 시점이 420년이니, 약 17년간 동진 왕조가 연장된 셈이다

3) 遜位 손위 : 임금의 자리를 사양하고 비우는 것

4) 顧命 고명 : 임금이 죽을 때 후사를 부탁하는 유언

태조(太祖) 문제(文帝)[5] 재위 30년, 수(壽) 47

갑자(甲子) (424년)

송(宋) 황제 의부는 상(喪)중인데도 무례했다. 좌우 측근들과 친근해 허물없이[6] 지내기를 좋아하고, 노는 일에 한도가 없었다. 서선지와 단도제 등이 군주 의부를 폐위해 영양왕(營陽王)으로 하고, 의도왕(宜都王) 의융(義隆)에게 대통을 잇게 했다. 8월에 의도왕이 건강(建康)에 왔다. 백관이 옥새와 끈을 바쳤다. 즉위하자 사회(謝晦)를 형주자사로 삼았다.

을축(乙丑) (425년)

정월에 송(宋)의 서선지, 부량이 정권을 돌려드리겠다는 표문[7]을 올렸다. 표문을 3번 올리니, 송 황제가 비로소 모든 중요한 일[8]을 친히 다스렸다.

병인(丙寅) (426년)

송(宋)에서 조서를 내려 서선지, 부량, 사회가 영양왕, 여릉왕을 죽인 죄를 폭로하고 그들을 죽였다.

---

5) 太祖 文帝 태조 문제 : 이름은 의륭(義隆), 고조(高祖)의 셋째 아들
6) 狎暱 압닐 : 친근해 허물없이 가까이 하는 것, 즉 예의가 없는 것
7) 表文 표문 : 임금 또는 정부에 올리는 글
8) 萬機 만기 : 정치상의 온갖 중요한 기틀, 천하의 큰 정사

정묘(丁卯) (427년)

위(魏)의 해근(奚斤)이 하(夏)의 평원공(平原君) 정(定)과 장안(長安)에서 서로 대치했다. 위(魏) 군주는 그 빈틈을 이용해 통만(統萬)[9]을 정벌하기 위해 날랜 기병 3만을 이끌고 속도를 배가해 앞서 갔다. 하(夏)의 군주가 보병과 기병 3만을 이끌고 성을 나가니, 위(魏) 군주가 기병을 좌우대로 나누어 그들을 협공하게[10] 했다. 하(夏)의 군대가 크게 무너졌다. 하(夏) 군주가 미처 성에 들어가지 못하고 결국 상규(上邽)로 달아났다.

위(魏)의 군주는 인물됨이 씩씩하고 강건하고 사납고 용맹스러웠다. 성에서 적과 맞서 진을 치면, 화살과 돌이 날아오는 것을 무릅쓰고 친히 나섰다. 좌우에서 사상자들이 계속 나와도 정신과 안색이 태연자약했다. 이 때문에 장군과 군사들이 경외하고 탄복했으며, 모두가 사력을 다했다.

인재를 잘 알아봐서 어떤 때는 병사 중에서 장수를 발탁했다. 그 사람의 재능만을 생각했다. 잘하는 것을 쓰고, 근본[11]은 따지지 않았다. 듣고 살피는 것이 자세하고 빈틈이 없었고, 아랫사람에게 속이는 일[12]이 없었다.

상을 내림에 귀천을 따지지 않았고, 벌을 줌에 귀한 자를

9) 統萬 통만 : 5호 16국 중 하(夏)나라의 도성. 현재 섬서성 정변현(陝西誠 靖邊縣)

10) 掎角 기각 : 사슴을 잡을 때 뒤에서 다리를 잡고 앞에서 뿔을 잡는다, 협공한다는 뜻

11) 本末 본말 : 일의 처음과 나중. 본은 근본, 고향, 바탕

12) 遁 둔 : 달아날, 숨을, 피할, 책임을 회피할, 속일

피하지 않았다. 비록 매우 아끼는 사람이라도 끝내 관대하게 용서함이 없었다. 항상 "법이라는 것은 짐과 천하가 함께 하는 것이다. 어찌 감히 가벼이 하겠는가?"라고 말했다. 그러나 성품이 잔인해 과감하게 살육을 했다. 자주 죽이고 나서 또 그것을 후회했다.

경오(庚午) (430년)

송(宋) 황제에게 하남(河南)을 회복하려는 뜻이 있었다. 3월에 조서를 내려 병사 5만 명을 선발해 우(右)장군 도언지(到彦之)에게 주고, 사신을 보내 위(魏) 군주에게 알렸다.

"하남(河南)은 옛날 송(宋)나라 영토였는데, 중간에 너희들에게 침략을 당했다. 지금 마땅히 옛 국경을 수복해야겠다. 하북(河北)으로는 들어가지 않겠다"[13]고 했다.

위(魏)의 군주가 크게 화를 내며 "내가 태어나서 머리털이 마르기도 전에 이미 하남이 우리 땅이라는 얘기를 들었는데, 이를 어찌 가질 수 있겠는가? 꼭 만약 쳐들어온다면 지금은 임시방편[14]으로 수비병을 거두고 살피면서[相] 피해야 하지만, 겨울에 추워져 땅이 얼고 황하의 얼음이 단단하게 합쳐질 때를 기다려 내가 직접 그것을 다시 빼앗겠다"라고 말했다.

도언지가 회수(淮水)로부터 사수(泗水)로 들어가 수창(須昌)에 이르렀다. 그리고 황하를 거슬러[泝] 서쪽으로 올라

---

13) 關 관 : 관여할, 들어갈

14) 權 권 : 저울추, 꾀, 권세, 권도, 임시응변의 방도

갔다. 위(魏)군주는 하남 4진(鎭)의 병사로는 부족하다고 여겼기 때문에, 이들 군대에 명령을 내려 군사를 거두어 북으로 건너가게 했다.

확오(碻磝) 할대(滑臺) 낙양(洛陽) 호뢰(虎牢)의 수비병들이 모두 성을 버리고 떠났다. 그리하여 사주(司州) 연주(兗州)가 평정되니, 여러 군대가 모두 기뻐했다. 왕중덕(王仲德)이 홀로 근심하는 기색을 하고 말했다.

"현명하신 여러분들은 북토(北土)의 깊은 사정[15]을 익히 잘 알지 못하시니, 반드시 그들의 계책에 떨어질 것입니다. 오랑캐는 비록 인의(仁義)는 부족하지만, 흉악하고 교활함은 남음이 있습니다. 지금은 수비병을 거두어 북쪽으로 돌아갔지만, 반드시 힘을 합쳐 성곽의 헌데를 고치고 백성을 모을 것이고[16], 만약 황하의 얼음이 합해지고나면 다시 남쪽으로 올 것입니다. 어찌 근심이 되지 않을 수 있겠습니까?"

○ 10월에 송(宋)나라 도언지 등이 황하 물길을 따라 내려가면서 병사들을 배치했다. 위(魏)나라 하북의 여러 군대가 칠녀진(七女津)에 모였다가, 진격해서 호뢰를 공격해 빼앗았다. 윤충(尹冲)과 형양태수 최모(崔模)가 위(魏)에 항복했다.

---

15) 情僞 정위 : 진실과 허위, 참과 거짓, 깊은 사정
16) 完聚 완취 : 성곽의 헌 데를 고치고 백성을 모음

○ 11월에 송(宋)이 단도제(檀道濟)를 도독정토제군사(都督征討諸軍事)로 임명하고, 군대를 이끌고 위(魏)를 정벌하게 했다. 위(魏)의 장손도생(長孫道生) 등이 병사를 이끌고 남으로 갔다. 도언지는 낙양과 호뢰에서 (적을) 막지 못했다는 소식을 듣고, 병사를 이끌고 돌아왔다. 청주(靑州)와 연주(兗州)가 크게 소란해졌고, 도언지가 죄로 면직되었다.

신미(辛未) (431년)

2월에 송(宋) 단도제 등이 진격해 제수(濟水) 가에 이르렀다. 20여일 동안 위(魏)와 전후(前後) 30여 차례를 싸웠는데, 단도제가 많이 이겼다. 군대가 역성(歷城)에 이르자, 위(魏)의 숙손건(叔孫建) 등이 날쌘 기병으로 그 앞 뒤에서 기다렸다가 공격하고, 곡식과 마초를 불질렀다. 단도제 등은 식량이 다 떨어지자, 역성에서 병사를 이끌고 돌아왔다.

군사 중에 도망쳐 위(魏)에 항복한 자가 있었는데, 식량이 떨어진 사실을 알렸다. 위(魏) 군대가 그들을 추격하니, 군사들이 두려워하고 무너지려고 했다. 밤이 되자 단도제는 큰 소리로 세는 소리를 외쳤다. 모래를 되로 되면서[17], 조금 남은 쌀을 그 위에 덮었다.

새벽이 되자, 위(魏)나라 군대가 그것을 보고 단도제의 군대에 비용과 양식이 남아 있는데, 항복한 자가 거짓말을 했다며 그들을 목 베었다. 단도제의 전군(全軍)이 돌아왔다.

---

17) 唱籌量 창주량 : 창(唱) 소리치다, 큰소리로 외치다. 주(籌) 헤아리다, 세다. 량(量) 헤아리다, 되로 되다

계유(癸酉) (433년)

양왕(凉王) 몽손(蒙孫)이 죽었다. 목건(牧犍)이 즉위했다.

병자(丙子) (436년)

송(宋) 단도제가 전(前) 조정에 공을 세워 위세와 명성이 매우 높았다. 조정이 그를 의심하고 두려워했다. 3월에 조서를 내려 그를 죽였다. 단도제가 잡혔을 때, 분노한 그의 눈빛이 횃불 같았다. 두건을 벗어 땅에 던지며 "너희가 곧 너의 만리장성을 무너뜨리는구나!"라고 말했다. 위(魏) 사람들이 그 소식을 듣고 "단도제가 죽었으니 오(吳) 땅(이 시기의 송宋)의 무리들은 더 꺼릴 것이 없다"고 말하며 기뻐했다.

○ 위(魏)가 연(燕)을 공격해 멸망시켰다. 연(燕)왕 홍(弘)이 고구려[高麗]로 달아났다.[18]

무인(戊寅) (438년)

송(宋) 황제의 성품은 인자하고 후덕하며 공손 검소했다. 부지런히 정치했다. 법을 지켰지만 엄준하지 않았고, 만물을 포용했지만 해이하지 않았다. 백관이 모두 그 직책에 오래 있었고, 군국과 읍현의 수령은 만 6년을 임기로 잘랐다

---

18) 주(註) 고려(高麗)는 고구려를 말함. 이때의 연(燕)은 북연(北燕). 345년 모용황이 처음 연(燕)나라를 세웠는데, 이것이 전연(前燕). 그 후 모용위 때 전진의 부견에게 멸망했다. 그 숙부 모용수가 다시 나라를 세우니 그것이 후연(後燕)이다

[斷]. 관리들이 구차하게 면직되지 않으니, 백성에게 이어지는[係] 바가 있었다.

30년 동안 사방 국경 안이 평안하고 일이 없으니, 호구가 증가했다. 조세를 내고 요역을 하는 것이 1년에 한 번으로 그쳤다.[19] 새벽에 나가서 저녁에 돌아오는 자기 일을 할 뿐이었다. 여염집에서 글 읽고 시 외는 소리가 서로 들렸다. 선비들은 절조와 고상함을 돈독히 여겼고, 마을에서는 경박함을 부끄럽게 여겼다. 강동[江左]의 풍속이 이때 아름다워졌으니, 후에 정치를 말하는 자들은 모두 원가(元嘉) 연간을 칭송했다.

기묘(己卯) (439년)

3월에 위(魏)가 양(凉)을 정벌해 멸망시켰다. 목건이 항복했다. 양주(凉州)는 장씨(張氏) 이래로 선비가 많다고 말해졌는데, 저거목건(沮渠牧犍)은 특히 문학을 좋아해 색창(索敞)과 음흥(陰興)을 국사(國師)로 삼아 교화를 돕게 했다. 위(魏) 군주는 양주를 정벌한 뒤 그들을 모두 예우해서 썼다. 이 때문에 위(魏)에서 유풍(儒風)이 진작되기 시작했다.

병술(丙戌) (446년)

위(魏) 최호(崔浩)가 군주에게 천하의 중[沙門]들을 다 죽이고, 여러 불경과 불상들을 헐어버리라고 권했다. 그것을

---

19) 歲賦 세부 : 일 년에 한번 내는 세금

따르니, 위(魏)나라 경내에 있는 탑과 사찰 중에 더 이상 남은 것이 없었다.[20]

기축(己丑) (449년)

송(宋)의 군주가 중원을 경략하고자 했다. 군신들이 다투어 계책을 바치고 영합해 총애를 얻었다. 팽성(彭城)태수 왕현모(王玄謨)가 특히 진언하기를 좋아했다. 송(宋)의 군주가 신하에게 "현모가 진언하는 것을 보면 사람으로 하여금 낭거서[21]에서 봉선하려는 뜻을 갖게 한다"고 말했다.

어사중승(御史中丞) 원숙(袁淑)이 상(上)에게 "폐하께서 지금 조(趙)와 위(魏) 땅을 석권[22]하시고, 태산[岱宗][23]에서 제문(祭文)을 넣은 궤를 봉인[24]하는 행사를 하신다면, 신은 천년만의 기회를 만난 것이니, 원컨대 제사[封禪][25]의 제문을 올리겠습니다"라고 말했다. 황제가 기뻐했다.

○ 송(宋) 군주가 위(魏)를 정벌하고자 하자, 서잠지(徐湛

---

20) 孑遺 혈유 : 나머지, 잔여. 혈(孑) 외로울, 남을, 남길. 유(遺) 남을, 남길

21) 狼居胥 낭거서 : 흉노 지역에 있는 산 이름

22) 席卷 석권 : 자리를 마는 것처럼 힘들지 않고 모조리 빼앗음

23) 岱宗 대종 : 태산(泰山)

24) 檢玉 검옥 : 옥첩서를 봉한 궤. 옥첩서는 봉선할 때 쓰는 제문(祭文)

25) 封禪 봉선 : 주(註) 봉(封)은 태산 위에 흙으로 단을 만들어 제사지내는 것으로, 하늘의 공덕에 보답하고, 선(禪)은 이 태산 아래 작은 산에서 땅을 깎아서 제사지내는 것으로, 땅의 공덕에 보답하는 제사이다. 선(禪)이란 빈다는 말인데, 백호통(白虎通)에서는 '어떤 사람은 봉(封)한다는 것을 금은 줄로 묶는다고 했고, 어떤 사람은 돌과 흙으로 된 상자를 금줄로 봉(封)하고 옥새를 찍는다고 했다'고 한다

之) 강잠(江湛) 왕현모(王玄謨) 등이 모두 그 일을 권했다. 심경지(沈慶之)는 "우리는 보병이고 저들은 기병이니, 병세에서 상대가 되지 않습니다. 단도제가 두 번 가서도 공이 없었고, 도언지도 얻은 것 없이 돌아왔습니다. 지금 왕현모 등을 헤아려 보신다면 두 장군만 못하고, 육군(六軍)[26]의 강성함도 왕년만 못합니다. 황제의 군대가 다시 욕을 당할까 두렵습니다"고 간언했다.

송(宋) 군주가 말했다.

"왕의 군대가 두 번 꺾인 것은 다른 이유가 있다. 단도제는 적들에게 스스로 힘을 갖추도록 키워주었고[27], 도언지는 도중에 병이 났기 때문이다. 오랑캐들이 믿는 것은 오직 말(馬)인데, 지금은 여름이어서 물이 크게 불어나 황하의 길이 흐르고 통한다. 배를 타고 북으로 내려가면 확오(碻磝)의 (군사는) 반드시 달아날 것이고, 활대(滑臺)는 지키는 병사가 적어 쉽게 빼앗을 수 있을 것이다.

이 두 성을 점령해 그 군의 관사에서 거주하고, 그 군대의 식량을 먹으며, 백성을 위무한다면[28], 호뢰(虎牢)와 낙양(洛陽)은 자연히 견고하지 못할 것이다. 초겨울이 될 때까지[29] 성의 수비를 서로 연결해 오랑캐의 말이 황하를 건너

26) 六軍 육군 : 천자의 군대

27) 養 양 : 기르다, 성장시키다, 사육하다

28) 館穀 관곡: 주(註) 관(館)은 사(舍). 곡(穀) 식(食)이다. 그 군의 관사에서 머물고, 그 군의 곡식을 먹는다.

29) 比 비 : 급(及)과 같은 의미

면 곧 사로잡을 것이다"

심경지가 또 간곡하게 불가하다고 진언했지만, 송(宋) 군주는 서잠지와 강잠을 시켜 그를 힐난했다. 심경지가 "나라를 다스리는 것은 집안을 다스리는 것과 같습니다. 농사는 당연히 남자 노비에게 물어보고, 베 짜는 것은 당연히 여자 노비에게 물어봐야 합니다. 폐하께서 지금 나라를 정벌하려 하시는데, 백면서생[30]들과 그것을 모의하시니 일이 어떻게 성공하겠습니까?"라고 말했지만, 송(宋) 군주가 따르지 않았다.

가을 7월 경오(庚午)일에 대대적으로 군대를 일으키니 왕(王) 공(公) 왕비 공주 및 조정의 사대부와 지방관, 아래로는 부유한 백성에 이르기까지 각각 금과 비단, 여러 물건을 바쳐 나라의 쓰임을 도왔다. 또 병사가 부족했기 때문에 청주 기주 서주 예주 및 두 연주(남 북 연주) 등 6개 주에서 모두 징발했다. 3명에 한명, 혹은 5명에 2명꼴로 장정을 징발했다.[31] 용병[32]도 삯을 주고 임시[暫]고용해서 가게 했다.

양자강 가에 있는 5개 군(郡)은 광릉(廣陵)에 모이게 하고, 회수(淮水) 가에 있는 3개 군(郡)은 우이(盱眙)에 모이게 해서 왕현모에게 진격해 활대를 포위하게 했다.

---

30) 白面書生 백면서생 : 연소하여 낯빛이 흰 얼굴, 경험이 적고 젊은 서생, 풋내기

31) 三五民丁 삼오민정 : 세 명에 1명, 혹은 5명에 2명꼴로 민정(民丁)을 징발하는 것

32) 倩 청 : 고용할, 삯을 주고 남을 부림

9월 신묘(辛卯)일에 위(魏) 군주가 병사를 이끌고 남쪽으로 와서 구원했다. 왕현모의 병사들은 매우 강성하고 무기도 면밀하게 잘 갖추고 있었다. 이때 황하와 낙수의 백성들 중 곡식을 내고 무기를 잡고 오는 자가 날마다 1천 명 정도 됐다. 왕현모가 그들을 원래의 장수에게 맡기지 않고 개인적으로 가까운 사람에게 배분했다. 이 때문에 사람들이 실망했고, 성을 공격했지만, 수개월이 되어도 항복시키지 못했다.

겨울 10월 을축(乙丑)일에 위(魏) 군주가 황하를 건넜다. (그는 자신의) 군을 1백만이라 호언했다. 말 위에서 치는 북소리[33]가 천지를 진동하니, 왕현모는 두려워 후퇴하더니 도망갔다. 위(魏)나라 사람들이 그를 추격하니 죽은 자가 1만여 명이었다.

11월 신묘(辛卯)일에 홍농태수(弘農太守) 유원경(劉元景)이 설안도(薛安都) 등을 시켜 섬성(陝城)을 공격하게 했다. 위(魏)의 장시연제(張是連提)가 군대 2만을 이끌고 효산을 넘어와 섬성(陝城)을 구원하려 했다. 설안도 등과 성 남쪽에서 싸웠는데 위군(魏軍)이 크게 무너졌다. 장시연제를 목 베었다.

갑오(甲午)일에 섬성(陝城)을 점령했다. 나아가 동관(潼關)을 공격해 그곳을 차지했다. 관중의 호걸 중에 자신들이 거주하는 곳에서 봉기를 일으킨 자들이 정성을 보내왔다.[34]

---

33) 鞞鼓 비고 : 말위에서 치는 북소리

34) 送款 송관 : 송(送) 보낼. 관(款) 장수를 위로하는 물건

황제는 왕현모가 패해서 후퇴했고, 위군(魏軍)은 깊이 들어왔으므로, 유원경 등이 홀로 진격해서는 안된다며 모두를 불러들였다.

위(魏)의 군주가 팽성(彭城)에 이르러 병사를 이끌고 남하했는데, 지나가는 곳마다 잔인하게 해치고 없애지 않은 것이 없었다. 성읍이 모두 그 소문만 듣고도 도망가고 무너졌다. 기미(己未)일에 위(魏)의 군대가 회수(淮水) 가에 이르렀다.

위(魏)나라 사람들은 남쪽을 침범하면서 양식과 쓸 것을 가져오지 않고 오직 노략질로 조달했다. 회수(淮水)를 건너자 백성들이 많이 숨겨서 노략질을 해도 얻는 것이 없자, 사람과 말이 식량 결핍으로 굶주렸다. 과보(瓜步)에 이르자 백성들의 집을 부수었다. 그리고 갈대를 베어 뗏목을 만들어서 강을 건너려고 한다고 떠들어 대니, 건강(建康) 사람들이 무서워 떨고 백성들은 행장을 지고 서 있었다.

송(宋) 군주가 석두성에 올라 근심하는 얼굴을 하며 강잠에게 "북벌의 계책에 동의한 자가 적었는데, 오늘 사대부와 백성들이 괴로워하며 원망하니 나의 잘못이다"고 말했다. 또 "단도제가 살아있었으면 어찌 오랑캐의 말(馬)이 여기에 이르게 했겠는가?"라고 한탄했다.

신묘(辛卯) (451년)

위(魏)나라 사람들이 남연주, 서주, 예주, 청주, 기주 등 6주를 파괴했다. 죽이고 노략질한 것이 너무 많아 헤아릴 수 없었다. 장정(丁壯)들은 즉시 참수하거나 허리를 자르고, 간난 아이들은 창끝에 꿰서 돌리면서 그것을 가지고 춤추고 놀았다.

지나간 군현마다 땅을 피로 붉게 물들였고 남는 것이 없었다. 봄에 제비가 돌아왔는데, (둥지 틀 곳이 없어) 숲에 가서 나무에다 집을 지었다. 위(魏)나라의 병사와 말들도 죽거나 다친 숫자가 절반이 넘었다. 나라 사람들이 모두 원망했다.

○ 상(上)은 출정하려는 장수들에게 매번 명령을 내려 항상 정해진 법칙을 내려주었다. 교전하는 날자와 시간도 궁중의 조서를 기다려 맞춰야 했기 때문에 장수들이 머뭇거리고[35] 감히 스스로 결정하지 못했다. 또 강남의 훈련받지 못한 장정들[36]은 가볍게 진격하고 쉽게 퇴각했다. 이것이 패한 까닭이다. 이때부터 성읍과 마을이 스산해지고 원가(元嘉) 연간의 정치가 쇠퇴했다.

임진(壬辰) (452년)

위(魏)의 중상시(中常侍) 종애(宗愛)가 그의 군주 도(燾)를 시해했다. 상서(尙書) 원하(源賀)와 육려(陸麗)가 병사를 이끌고 가서 종애를 죽였다. 황손 준(濬)을 받들어 즉위시키고, 연호를 흥안(興安)으로 고쳤다.

---

35) 趑趄 자저 : 자(趑) 머뭇거릴. 저(趄) 망설일, 주저할

36) 白丁 백정 : 무위무관의 평민. 백민(白民) 훈련받지 아니한 군사. 백도(白徒) 소 돼지 잡는 사람

○ 송(宋) 군주는 위(魏) 세조(世祖)가 죽었다는 소식을 듣고 다시 북벌을 계획했다. 소사화(蕭思話)를 보내 장영(張永) 등을 독려해 확오(碻磝)로 향하게 했다. 노상(魯爽)이 형주(荊州)의 병졸 4만을 이끌고 허(許)와 낙(洛)으로 나갔다. 옹주자사 장질(臧質)은 휘하의 병사들을 이끌고 동관(潼關)으로 향했다.

여러 군대가 확오(碻磝)를 공격했는데, 몇십일이 되어도 빼앗지 못했다. 장영(張永)이 밤에 포위를 풀고 후퇴하니, 병사들이 놀라서 소란해졌다. 위(魏) 군대가 그것을 틈타 공격하니, 죽거나 다친 자들의 피가 땅을 덮었다.[37] 드디어 군대를 이끌고 돌아왔다.

계사(癸巳) (453년)

2월에 송(宋) 태자 소(劭)가 군주 의륭(義隆)을 시해했다. 여름 4월에 무릉왕 준(駿)이 거병해 소를 죽였다. 무릉왕 준이 즉위했다.

세조(世祖) 효무제(孝武帝) 재위 11년, 수(壽) 35

계묘(癸卯) (454년)[38]

---

37) 塗地 도지 : 도(塗) 진흙, 흙을 바를. 도지(塗地) 피 같은 것을 땅에 발라 더럽힘

38) 『통감절요』에는 계묘(癸卯)라고 나와 있으나 순서상으로 갑오(甲午)년이 맞다. 주(註)에 "송(宋) 세조(世祖) 효건 원년(孝建 元年), 위(魏) 홍광 원년

송(宋) 군주는 사람이 기민하고 용감하고 단호했는데, 학문도 두루 섭렵했다. 문장은 화려하고 막힘이 없었다. 글과 상주문을 속독했는데[39], 일곱 줄을 한 번에 읽어 내려갈 수 있었다. 또 말 타기와 활쏘기를 잘했다. 그러나 사치와 욕심이 끝이 없었다.

진(晉)나라가 강을 건너온 이래 초창기[40]라서 송(宋)이 발흥했어도 증축하거나 개수한 것이 없었는데, 이때에 처음으로 크게 궁실을 개수했다. 흙과 나무가 수놓은 비단으로 덮여지니, 시중 원의(袁顗)가 이 때문에 고조(高祖)의 검소한 덕을 크게 칭찬했다. 송(宋) 군주는 "시골 노인이 이것을 얻은 것으로도 이미 과분한 것이었다"라고 했다.

갑진(甲辰) (464년)

송(宋)군주 준(駿)이 죽었다. 태자 자업(子業)이 즉위했다.

태종(太宗) 명제(明帝) 재위 7년, 수(壽) 34

을사(乙巳) (465년)

5월에 위(魏) 군주가 죽었다. 예전 위(魏) 세조가 사방을 경영할 때 나라가 자못 피폐했고, 거듭된 내부의 어려움으

(興光 元年) 이라고 되어 있는데, 효건 원년과 흥광 원년은 454년으로 갑오년이며, 『자치통감』에도 갑오년으로 기재 되어 있다

39) 省讀 생독 : 생략해 읽다, 즉 속독을 하다

40) 草創 초창 : 일의 시작, 사업의 시작

로 조야(朝野)가 고초를 겪고 불안해41)했다.

고종(高宗)이 뒤를 잇자, 시대와 더불어 변화됐다.42) 조용하게 다스리고 내외의 민심을 품고 모으니 민심이 다시 안정됐다. (그 다음) 현조(顯祖) 홍(弘)이 즉위하니43) 이때 나이가 12세였다, 풍태후(馮太后)가 섭정 했다.

○ 송(宋) 심경지가 다시 아뢰어44) 성들이 사사롭게 돈을 만들 수 있도록 허용했다. 이 때문에 화폐가 엉망이 되었다. 1천 전의 길이가 세 치를 넘지 않았고, 크기도 길이와 상응했다.45) 그것을 아안전(鵝眼錢)46)이라고 했다. 이것보다 열악한 것을 연환전(綖環錢)47)이라고 했다. 그것을 실로 꿰어 물에 넣어도 가라앉지 않았고, 손이 가는대로48) 부서져서 시장에서 더 셀 수가 없었다. 1십만 전이 손 한 움큼이 되지 않았고, 쌀 한말이 1만 전이었다. 상거래에 통용되지 않았다.

○ 송(宋) 황제 자업의 난폭함이 날로 심해졌다. 종실과

---

41) 楚楚 초초 : 고초, 불안한 모습

42) 消息 소식 : 없어짐과 생김, 줄어듦과 불음, 변화

43) 현조(顯祖) 홍(弘)은 고조(高祖)의 장자(長子)로, 현조 헌문황제(顯祖 獻文皇帝)이다

44) 啓 계 : 열, 여쭐, 사뢸

45) 稱 칭 : 상당함, 일치함

46) 鵝眼錢 아안전 : 오리 눈알만큼 작다는 뜻

47) 綖環錢 연환전 : 실선만큼 가늘다는 뜻

48) 隨手 수수 : 닥치는 대로, 손이 가는대로, 즉시, 뒤이어

백관이 함부로 죽임을 당했다. 수숙지(壽寂之)가 그를 시해하고, 상동왕 욱(彧)을 맞이해 즉위시켰다. 이수전(二銖錢)을 폐지하고 아안전과 연환전을 금지하고, 나머지는 모두 통용시켰다.[49]

병오(丙午) (466년)

송(宋)의 서주자사 설안도(薛安都), 여남태수 상진기(常珍奇)가 함께 사자를 보내 항복을 구했다. 송(宋) 군주가 남방은 이미 평정되었으므로 회북(淮北) 지방에서 위세를 부리고 싶었다. 그래서 장영(張永)과 심유지(沈攸之)에게 명해 병사 5만을 이끌고 설안도를 맞이하게 했다.

설안도가 대군이 북상한다는 보고를 듣고 두려워서 사자를 보내 위(魏)에 항복했다. 상진기 역시 현호현(懸瓠縣)을 가지고 위(魏)에 항복했다. 모두 구원병을 청해 구원받고자 하니, 위(魏)에서는 위원(尉元) 등이 이끄는 구원병을 팽성

49) 송(宋)나라에서는 몇 종의 동전을 주조했다. 가장 이른 것이 문제 원가 7년(元嘉, 430)의 사수전(四銖錢)이다. 실제 중량은 보통 3그램 이내였다. 효무제 효건 원년(孝建, 454년)에 효건사수전을 주조했는데, 처음에는 중량이 2그램 이상이었다가 후에는 중량이 1그램 정도였다. 민간에서 주조할 수 있었다. 그리고 465년에 이수전(二銖錢)을 주조했는데, 중량은 1.2그램이었고 영광(永光) 연호가 쓰인 것과 경화(景和) 연호가 쓰인 것이 있다. 다만 이 영광 이수전은 1개월 밖에 주조를 못했고 경화 연호도 3개월 밖에 사용하지 못했기 때문에 유통량은 많지 않았다(彭信威, 『中國貨幣史』, 上海人民出版社, 1988, 217~218쪽). 465년은 영광(永光), 경화(景和), 태시(泰始) 원년 등 3개의 연호가 연속으로 사용된 해인데, 본문의 이수전 폐지령은 태시 원년의 것이다. 그러므로 여기서 말한 이수전은 영광 이수전과 경화 이수전을 말하는 것이다

(彭城)으로 보냈다.

정미(丁未) (467년)

송(宋)의 장영(張永) 등이 성을 버리고 밤에 도망쳤다. 위원이 그 앞에서 기다렸다가 공격하고, 설안도는 그 뒤를 틈타서 장영 등을 여량(呂梁)의 동쪽에서 크게 이겼다. 죽은 자가 1만여 명이었고, 시체와 시체가 겹쳐진 것이 60여 리에 다다랐다. 장영과 심유지는 겨우 몸만 빠져 나왔다. 이 때문에 회북 4주와 예주, 회서의 땅을 잃었다.

○ 송(宋) 군주가 소도성(蕭道成)에게 1천 명을 거느리고 가서 회음(淮陰)을 다스리게 했다. 소도성이 호걸을 거두어 기르니, 빈객이 성황을 이루었다.

신해(辛亥) (471년)

송(宋)이 회음(淮陰)을 북연주로 개편했다. 조정에서 소도성에게 입조하라고 명령했다. 소도성(蕭道成)과 친한 사람들이 조정이 지금 대신들을 죽이고 있으므로 부름에 따르지 말라고 권했다. 소도성이 "주상께서 태자가 어리고 약하므로 스스로 여러 동생들을 제거하는 것이다. 어찌 타인과 관계[50]가 있겠는가? 지금 빨리 출발해야 한다. 오래 머뭇거리고[51] 관망한다면, 반드시 의심을 당할 것이다. 또 골육상

---

50) 預 예 : 미리, 참여, 관계 할

51) 淹留 엄류 : 오래 머무를

잔은 그 자체로 좋거나 오래갈[52] 조짐이 못된다. 난리가 일어날 것이다. 지금은 경들과 죽을 힘을 다할 뿐이다"라고 말했다.

○ 위(魏) 현조(顯祖)는 총명하고 슬기롭고 위엄 있고[53] 강인하며 결단력이 있었다. 그러나 노장과 불교[54]의 학문을 좋아해 매번 조정의 선비와 스님들을 모셔다 함께 오묘한 도리를 담론했다. 평소에 부귀를 가벼이 여기고[55] 항상 세상을 버리려는 마음이 있었다. 그래서 황제의 옥새와 끈을 받들어 태자 굉(宏)에게 전위했다. 나이가 5살이었다.

고조(高祖)가 즉위해 연흥(延興)으로 개원했다. 고조는 어렸지만 지극한 성품이 있었다. 현조가 등창(瘡)을 앓자 고조가 친히 빨았다. 선양을 받자, 스스로 슬픔을 이기지 못하고 울었다. 현조가 그 이유를 묻자, "아버지를 대신하는 감격이 마음에 절실합니다"고 대답했다.

여러 신하들이 "지금 황제께서 어리시니[56], 국가의 여러 중요한 일과 큰 정사는 마땅히 폐하께서 총괄하셔야 할 것 같습니다. 삼가 존호를 태상황제라고 올리겠습니다"라고 진언하니, 현조가 그것을 따랐다. 상황(上皇)이 숭광궁(崇光

---

52) 靈長 영장 : 영묘하고 오래감, 영묘한 힘을 가진 것 중에서 첫째가는 것

53) 風成 풍성 : 풍광(風光), 위광(威光), 위엄.

54) 黃老浮屠之學 황로부도지학 : 주(註) 황로(黃老)는 황제(黃帝)와 노자(老子)이고, 부도(浮屠)는 석가모니이다. 부도(浮圖), 불타(佛陀)로 통칭(通稱)

55) 薄 박 : 박하게 대하다. 즉 가벼이 여기다

56) 幼沖 유충 : 어릴

宮)에 옮겨 살면서 나라의 큰 일은 다 보고 받았다.

임자(壬子) (472년)

4월 송(宋) 군주 욱(彧)이 죽고, 태자가 즉위했다. 이 때 나이 10세였다.

창오왕(蒼梧王, 욱昱) 재위 5년, 수(壽) 15

갑인(甲寅) (474년)

위(魏)의 현조가 정치에 힘쓰며 상벌을 엄하고 분명하게 하고, 지방관을 신중하게 선택해 청렴한 자를 등용하고 탐욕스런 자를 물러나게 했다. 형벌은 더욱 신중하게 해, 사형의 경우 재심리[57] 하게 되는 경우가 많게 되었다. 죄수가 몇 년을 갇혀 있는 경우가 생기니, 군신들이 그 폐해를 말했다.

황제는 "옥에 오래 두는 것은 정말로 잘 다스리는 것이 아니지만, 그래도 급하게 하거나 함부로 하는 것보다 낫지 않겠는가?[58] 사람이란 근심스럽고 고통스러우면 선(善)을 생각한다. 그러므로 지혜로운 자는 감옥을 복을 받는 집으로 여긴다. 짐은 단지 그들에게 고통을 주어 고치고 후회하

57) 覆菊 복국 : 복(覆) 자주, 심의. 국(菊) 국문하다, 문초하다, 조사하다

58) 不猶愈於倉猝而濫乎? 불유유어창수이남호? : 급하게 해서 함부로 남용하는 것보다 낫지 않겠는가? 어(於) 비교급조사로 쓰임(보다의 뜻). 창졸(倉猝) 급함, 허둥지둥함. 남(濫) 넘칠, 함부로, 마구

도록 해서 긍휼[59]과 용서를 베풀고자 할 뿐이다"라고 말했다.

순제(順帝)는 재위 3년, 수(壽) 12

정사(丁巳) (477년)

송(宋) 군주 욱(昱)이 소도성(蕭道成)의 위엄과 명성을 시기해 그를 죽이고자 했다. 소도성은 이를 근심하고 두려워했다. 그는 양옥부(楊玉夫)를 시켜 욱(昱)을 시해하게 하고, 안성왕(安成王)을 세웠다. 태후의 명령으로 욱을 창오왕(蒼梧王)으로 추존해 작위를 내리고[追封][60], 안성왕 준(準)을 즉위시키니 이때 나이가 11세였다. 소도성을 사공(司空)으로 임명, 상서(尙書)의 일을 맡게 했다.

○ 병주자사 심유지는 소도성이 조정의 권력을 오로지한다는 이유로 군대를 거느리고[61] 격문을 원근에 보냈다. 소도성이 그를 공격해 목 베었다.

무오(戊午) (478년)

조서를 내려 소도성에게 황제의 권한을 임시로 위임해주고[62], 대도독중외제군사(大都督中外諸軍事) 태부(太傅)로 삼

---

59) 矜 긍 : 불쌍히 여길, 긍휼할

60) 追封 추봉 : 기왕의 일로 거슬러 올라가서 작위를 내림

61) 勒兵 늑병 : 군대를 통어함, 군대를 훈련시킴

고, 양주(楊州)를 다스리게 했다.

위의 송(宋)은 여덟 황제, 도합 60년이다.

제기(齊紀) - 北朝(북조)의 위(魏)를 덧붙임(附記)

태조 고제(太祖 高帝) 재위 4년 수(壽) 54

기미(己未) (479년)

3월에 송(宋)나라는 소도성에게 10개 군을 주고, 제(齊)왕으로 삼았다. 4월에 왕이 황제를 칭하고 즉위했다.

임술(壬戌) (482년)

제(齊) 황제가 죽고, 태자가 즉위했다. 고제(高帝)는 침착하고 깊고 큰 도량이 있었다. 박학하고 문장에 능했고, 성품이 청렴하며 검소했다. 매번 말하기를 "내가 천하를 10년간 통치한다면, 그때 황금을 흙과 같은 가치로 만들겠다"고 했다.

세조 무제(世祖 武帝) 재위 11년, 수(壽) 54

62) 假黃鉞 가황월 : 가(假) 빌, 잠시, 거짓. 황월(黃鉞)은 금으로 장식한 도끼로 천자가 정벌할 때 씀, 천자의 모든 권력을 행할 수 있음

계해(癸亥) (483년)

제(齊)에서는 송(宋) 말기 백성을 다스리는 관리의 임기 6년이 너무 길다고 여겼다. 그래서 3년을 임기로 하고, 그것을 소만(小滿)이라 했다. 그러나 옮겨가고 바뀌고 가고 오는데, 역시 3년제를 따를 수가 없었는데, 3월에 조서를 내려 지금부터 모두[63] 소만을 기한으로 하겠다고 했다.

갑자(甲子) (484년)

제(齊) 소연(蕭衍)은 책략을 좋아하고, 문무에 재능이 있었다. 왕검(王儉)이 그의 기량을 매우 특별하게 여기며 "소랑(蕭郎)은 30세가 넘으면 말도 못하게 귀해질 것이다"고 말했다.

계유(癸酉) (493년)

위(魏) 군주는 평성(平城) 땅이 춥고, 6월에도 비와 눈이 내리고, 모래바람이 항상 일어나므로 낙양으로 천도하려고 했으나, 신하들이 따르지 않을 것을 걱정했다. 그래서 크게 군대를 일으켜 제(齊)나라 정벌을 의논했다. 가을 7월에 위(魏)의 군주가 평성에서 보병, 기병 30만을 징발했다.

○ 7월에 제(齊)의 황제가 몸이 아파 조정의 일을 서창후(西昌侯) 소란(蕭鸞)에게 맡겼다. 제(齊) 황제가 죽었다. 소란이 태손 울림왕(鬱林王)을 받들어 즉위시켰다. 세조는 정

---

63) 一 일 : 하나로 할, 오로지, 모두, 다, 빠짐없이

사에 마음을 썼고, 대체를 총괄하는데 힘썼으며, 엄하고 결단력이 있었다. 군현의 수령이 그 직에 오래 있었고, 장리(長吏)가 법을 범하면 봉인한 칼을 보내 죽게 했다.

그러므로 영명(永明)의 치세에 백성들은 풍요롭고 즐거웠으며 도적들은 두려워서 조심했다.[64] 그러나 노는 것과 연회, 사치스러운 일을 좋아했다. 항상 그것이 걱정이라고 말했으나 갑자기[頓] 그만 두지는[65] 못했다.

○ 위(魏)의 황제가 평성(平城)을 출발해 낙양(洛陽)에 이르렀는데, 장마[66]가 그치지 않았다. 그리함에도 여러 군대에 조서를 내려 앞으로 전진하라고 명령하고, 황제가 군복을 입고 채찍을 잡고 말을 타고 나갔다. 상서(尙書) 이충(李沖) 등이 "지금의 거병은 천하가 원하지 않는 바인데, 오직 폐하께서만 그것을 원하십니다. 폐하께서 혼자서 결국 어디로 가시려는 것인지를 신들은 모르겠습니다"고 했다.

황제는 그제서야 군신들에게 "짐은 대대로 북쪽 땅[67]에 살았는데, 남쪽 중토(中土)로 천도하고 싶어 하는 것이지, 정말로 남벌하려는 것은 아니다. 이곳으로 천도하는 것이 마땅하다"고 했다. 이때 옛 신하들은 내지로 옮기는 것을 원치 않았지만, 남벌을 꺼려서 감히 말하는 자가 없었다.

---

64) 屛息 병식 : 겁이 나서 숨을 죽임, 두려워서 조심함

65) 遣 견 : =거(祛). 제거하다

66) 霖雨 임우 : 장마 비

67) 幽朔 유삭 : 북쪽 오랑캐의 땅

드디어 천도의 계획을 정했다.

고종 명제(高宗 明帝) 재위 5년, 수(壽) 40

갑술(甲戌) (494년)

7월에 제(齊)의 서창후 소란이 병사를 이끌고 운룡문(雲龍門)으로 들어와 그의 임금 소업(昭業)을 시해하고, 태후의 명령으로 폐위시켜 울림왕(鬱林王)으로 했다. 신안왕(新安王) 소문(昭文)을 황제로 즉위시켰다. 소란을 표기대장군으로 삼았다.

○ 9월에 위(魏) 군주가 육예(陸叡)에게 말했다.

"북쪽 사람들은 말할 때마다 '북쪽 풍속은 거칠고 미련하니, 어떻게 글을 알겠는가?' 라고 한다. 짐이 그것을 듣고 깊이 낙담68)했다. 지금 글을 아는 자가 매우 많지만, 어찌 모두 성인이겠는가? 다만 배우고 못배웠을 뿐이다. 짐이 백관을 정비하고 예악을 일으키려는데, 그 뜻은 진실로 풍속을 바꾸고 싶은 것이다.

짐이 천자인데, 반드시 중원에 살 필요가 뭐 있겠는가? 바로 경들의 자손들이 아름다운 풍속에 젖어들고, 견문을 다양하게 넓히게 하려는 것이다. 만약 오랫동안 항산의 북쪽에 살고, 문(文)을 좋아하지 않는 임금을 다시 만난다면

---

68) 憮然 무연 : 멍한 모양, 실의한 모양, 낙담하다

무지함[69]을 면치 못할 것이다"

○ 10월에 제(齊) 소란이 황태후의 명령을 빌어 "계승한 황제가 어려서 짊어진 짐을 이겨내지 못한다. 태부 선성왕(宣城王)이 들어와 마땅히 천명[70]을 계승하고, 황제는 낮춰서 해릉왕(海陵王)으로 봉한다"고 했다. 고종(高宗)이 즉위했다.

○ 위(魏) 군주가 옛 풍속을 바꾸고자 했다. 조서를 내려 선비와 백성들이 호복 입는 것을 금했다. 나라 사람들 중 기뻐하지 않는 자가 많았다.

을해(乙亥) (495년)

6월에 위(魏) 군주가 조서를 내려 북쪽 풍속인 언어를 조정에서 쓰지 못하게 했다. 위반하는 자는 면직 시켰다.

○ 위(魏)는 조서를 내려 없어진 책[71]들을 구하게 했다. 비각(秘閣)[72]에 없거나 당시에 유익하고 쓸만한 것은 상을 내려 우대했다.

○ 8월 위(魏)에서 국자(國子) 태학(太學) 4문(四門) 소학

---

69) 面墻 면장 : 담벼락만 쳐다보다, 무식하다는 의미

70) 寶命 보명 : 천명, 하늘의 명령, 상제의 명령

71) 遺書 유서 : 산일(散泆)된 책

72) 秘閣 비각 : 비서(秘書)를 보관하는 곳

(小學)을 낙양에 세웠다.

○ 위(魏) 고조는 독서를 좋아해 손에서 책을 놓지 않았다. 수레를 타거나 말안장에 앉아서도 도(道)를 강론하는 것을 잊지 않았다. 글짓기[73]를 잘했다. 말 위에서 입으로 읊조려[74] 만든 것도 많았는데, 완성되고 나면 한 자도 고칠 것이 없었다. 태화(太和) 11년(487) 이후 조서 문서[75]를 모두 직접 썼다.

마음에서 굶주리고 목마른 것과 같이 현자를 좋아하고 선을 즐겼다. 함께 놀고 만나는 자들에게는 항상 귀천을 떠나서 심중에서 우러나오는 뜻을 보냈다.[76] 이충(李冲) 이표(李彪) 고려(高閭) 왕숙(王肅) 곽조(郭祚) 송변(宋弁) 유방(劉芳) 최광(崔光) 형만(邢巒)같은 사람들은 모두 문장이 우아[77]해서 친하게 대우받았다. 귀인이 되고 벼슬이 높아지고, 요직에서 권력을 좌지우지했다.[78] 예악을 만드니 성대함[79]이 볼만했다. 태평의 분위기가 있었다.

---

73) 屬文 속문 : 글짓기

74) 口占 구점 : 입으로 읊조림

75) 策 책 : 대쪽 문서, 사령서

76) 布素 포소 : 포(布) 귀천을 떠난 사귐. 소(素) 심중에서 우러나오는 정성, 성의

77) 文雅 문아 : 풍치가 있고 우아함

78) 用事 용사 : 해야 할 일, 필요한 사항, 용건, 요로에 있어 정권을 좌지우지함, 권세를 부림

79) 鬱然 울연 : 사물이 성대한 모양, 초목이 무성한 모양

병자(丙子) (496년)

위(魏) 군주가 조서를 내려 성을 원씨(元氏)로 고쳤다.

무인(戊寅) (498년)

7월 제(齊) 황제가 정복전(正福殿)에서 죽었다. 태자 보권(寶卷)이 즉위했다.

동혼후(東昏侯) 재위 2년, 수(壽) 19

기묘(己卯) (499년)

위(魏) 고조가 죽었다. 태자 각(恪)이 즉위했다.

제(齊) 황제가 동궁에 있을 때 학문을 좋아하지 않고, 오직 끝없이 놀고 즐겼다. 즉위하자 조정의 선비들과는 만나지 않고, 오로지 가까운 환관 및 근신들만 가까이 하고 믿었다.

이때 시안왕(始安王) 요광(遙光) 등이 번갈아 내성(內省)에서 당직[80]을 섰는데, 날짜를 나누어 칙서의 고칠 곳에 종이를 잘라 붙이는 일[81]을 했다. 옹주자사(雍州刺史) 소연(蕭衍)이 그 소식을 듣고 장홍책(張弘策)에게 "한 나라에 3명의 재상이 있어도 감당하기 어려운데, 6명의 귀인이 한 조정에서 함께 일하다니! 형세를 보면 반드시 서로를 도모

---

80) 直 직 : 당직

81) 帖勅 첩칙 : 첩(帖) 찌, 부전(附箋), 고칠 칙서에 종이를 잘라 붙임. 칙서(勅書) 천자의 명령을 기록한 문서

해 장차 난이 일어날 것이다. 화를 피하고 복을 도모하는 데는 이곳보다 좋은 곳이 없다"고 말했다. 몰래 장홍책과 군비를 정비하고, 날랜 용사 1만여 명을 모았다.

경진(庚辰) (500년)

정월에 제(齊) 예주자사(豫州刺史) 배숙업(裵叔業)이 제(齊)의 황제가 대신들을 자주 죽인다는 소식을 듣고 마음속으로 불안해했다. 양양에 이르러 사람을 보내 소연에게 자신의 안전에 대한 계책을 묻게 했다. "천하의 대세를 알만합니다. 더는 살 수 있는 도리가 없을까 두렵습니다. 얼굴을 돌려 북으로 향해 하남공의 작위를 잃지 않는 것이 낫겠습니다"라고 했다.

소연은 "여러 소인들이 권력을 좌지우지하는 것이니 어찌 먼 안목을 가졌겠습니까? 만약 뜻하지 않게 계속 핍박한다면, 그때 기병 보병 2만을 거느리고 곧장 횡강(橫江)으로 나가 그 뒤를 끊는다면, 천하의 일은 한번 거병으로 정해질 것입니다. 그대가 북으로 가려 한다면 저들은 반드시 대신할 사람을 선택해 보낼 것이고, 하북(河北) 한 주(州)에 서로 있게 될 것이니, 하남공의 작위를 어찌 다시 얻을 수 있겠습니까?"라는 답장을 보냈다.

○ 10월에 제(齊) 소연이 관료와 보좌관을 모아놓고 "어리석은 황제의 포학함과 악행이 주왕(紂王)보다 더 하다. 마땅히 경들과 함께 그를 제거하겠다"고 말했다. 이때 남강왕(南康王) 보융(寶融)은 형주자사(荊州刺史)였다. 그리하여

보융의 교령(敎令)으로 소연을 사지절도독전봉제군사(使持節都督前鋒諸軍事)로 삼고, 격문을 건강으로 보내 보권(寶卷)의 죄악을 하나하나 지적해서 세었다. 선덕황태후(宣德皇太后)의 교령(敎令)이라 칭하고, 남강왕(南康王) 선(宣)을 받들어 황위를 잇게 하고, 보권을 폐위해 부릉왕(涪陵王)으로 삼았다.

화황제(和皇帝)[82] 재위 1년, 수(壽) 16

신사(辛巳) (501년)

정월에 제(齊)나라 소연(蕭衍)이 양양을 출발했다.

○ 위(魏) 군주는 이때 나이가 16세였는데, 친히 여러 가지 일을 볼 수 없어 좌우 신하에게 맡겼다. 그리하여 총애받는 신하 조옹(趙邕)과 외척 고조(高肇) 등이 요직에 있으면서 권력을 좌지우지하기 시작했다. 위(魏)의 정치가 점점 쇠퇴해졌다.

○ 3월에 제(齊)의 남강왕 보융이 강릉에서 황제에 즉위했다. 소연을 정동대장군(征東大將軍) 도독정토제군사(都督征討諸軍事)로 삼고, 임시 황제의 전권[假黃鉞]을 주었다.[83] 기사(己巳)일에 소연이 선덕태후의 명령으로 폐위시킨 부릉

---

82) 和皇帝 화황제 : 주(註) 이름은 보융(寶融), 명제(明帝)의 8자(子)이다

83) 假黃鉞 가황월 : 가(假) 임시, 잠정, 거짓, 잠시. 황월(黃鉞) 금도끼, 천자가 정벌할 때 씀

왕(涪陵王)을 소급해 강등해서 동혼후(東昏侯)라 고쳤다.

위의 제(齊)는 일곱 황제로 도합 24년이다.

원 문

卷之三十一

宋紀 附北朝(魏)

高祖武帝 在位三年，壽六十七

庚申二年

宋王欲受禪，而難於發言。六月，宋王至建康，傅亮具詔草，使帝書之，帝欣然操筆，謂左右曰：「桓玄之時，晉氏已無天下。重為劉公所延，將二十載。今日之事，本所甘心。」遂書赤紙為詔　遜，于琅邪第。王為壇於南郊卽位，立王太子義符為皇太子。

壬戌

五月　(宋)高祖疾甚。司空徐羨之中書令傅亮領軍將軍謝晦鎮北將軍檀道濟同被顧命。高祖殂於西殿，太子卽位。

營陽王 在位一年，壽十九

癸亥
(魏)主拔洛陽。

○五月 (魏)主還平城。

○(魏)太祖殂，世祖卽位。

太祖文皇帝 在位二十年，壽四十七

甲子
(宋)主義符居喪，無禮好與左右狎暱，遊戲無度。徐羨之檀道濟等廢其主義符為營陽王，以宜都王義隆纂承大統。

○八月 宜都王至建康，百官奉璽綬 卽位。以謝晦為荊州刺史。

乙丑
正月 徐羨之 ，傅亮上表歸政，表三上，(宋)主始親萬機。

丙寅
(宋)下詔，暴徐羨之 傅亮 謝晦，殺營陽 廬陵王之罪，誅之。

丁卯
(魏)奚斤與(夏)平原公定相持於長安。魏主欲乘虛伐統萬，以輕騎三萬倍道先行。(夏)主將步騎三萬出城，(魏)主乃分騎為左右隊，以掎之，夏衆大潰。夏主不及入城，遂奔上邽。魏主為人健鷙勇，臨城對陳，親犯矢石，左右死傷相繼，神色自若。由是將士畏服，咸盡死力。明於知人，或拔士於卒伍之中，惟其材，用所長，不論本末，聽察精微，下無遁情，賞不遺賤，罰不避貴，雖所甚愛之，終無寬假。常曰：「法者，朕與天下共之，何敢輕也。」然性殘忍，果於殺戮，往往已殺，而復悔之。

庚午
(宋)主有恢復河南之志。三月　詔簡甲卒五萬，給右將軍到彦之，遣使告魏主曰：「河南舊是宋土，中為彼所侵。今當修復舊境，不關河北。魏主大怒曰：「我生髮未燥，已聞河南是我地，此豈可得。必若進軍，今當權斂戍相避，須冬寒地凍河氷堅合，自更取之。」到彦之自淮入泗，至須昌。乃泝河西上，魏主以河南四鎮兵少，命諸軍收衆北渡。碻磝滑臺 洛陽 虎牢戍兵皆棄城去。於是司兖既平，諸軍皆喜。王仲德獨有憂色曰：「諸賢不諳北土情偽，必墮其計。虜雖仁義不足，而凶狡有餘。今斂戍北歸，必並力完聚。若河氷既合，將復南来，豈可不以為憂乎!」

○十月，(宋)到彦之等，沿河置守，(魏)河北諸軍會於七女津，進攻虎牢拔之，尹冲及滎陽太守崔模降魏。

○十一月，(宋)加檀道濟都督征討諸軍事，帥衆伐魏。(魏)長孫道生等，引兵而南。到彦之聞洛陽虎牢不守，引兵還。青 兖大擾，彦之坐 免官。

辛未

二月，宋檀道濟等　進至濟上。二十餘日間，前後與魏三十餘戰，道濟多捷。軍至歷城，(魏)叔孫建等縱輕騎，邀其前後，焚燒穀草。道濟等食盡，自歷城引還。軍士有亡降魏者。具告之，魏人追之。衆恟懼將潰。道濟夜唱籌量沙，以所餘少米覆其上。及旦，魏軍見之，謂道濟資糧有餘，以降者為妄而斬之。道濟全軍而反。

癸酉

涼王蒙遜卒，牧犍卽位。

丙子

宋檀道濟立功前朝，威名甚重，朝廷疑畏之。三月　下詔誅之，道濟見收，憤怒目光如炬。脫幘投地曰：「乃壞汝萬里長城!」魏人聞之喜曰：「道濟死，吳子輩不足復憚。」

◯(魏)攻燕滅之，燕王弘　奔高麗。

戊寅

宋主性仁厚恭儉，勤於為政，守法而不峻，容物而不馳。百官皆久於其職，守宰以六朞為斷，吏不苟免。民有所係三十年間，四境之內，晏安無事　户口蕃息。出租供徭　止於歲賦。晨出暮歸　自事而已。閭閻之內　講誦相聞，士敦操尚鄉恥輕薄，江左風俗　於斯為美。後之言政治者，皆稱元嘉焉。

己卯
三月，　魏伐涼　滅之。牧犍降。涼州自張氏以来，號為多士。沮渠 牧犍尤喜文學，以索敞 陰興為國師助教。魏主克涼州，皆禮而用之。由是 魏之儒風始振。

癸未
魏崔浩勸魏主，盡誅天下沙門，毀諸經像，從之。塔廟在魏境者，無復孑遺。

己丑
宋主欲經略中原。羣臣爭獻策，以迎合取寵。彭城太守王玄謨尤好進言，宋主謂侍臣曰：「觀玄謨所陳，令人有封狼居胥意。」御史中丞袁淑言於宋主曰：「陛下今當席卷趙魏，檢王岱宗，臣逢千載之會，願上封禪書。」上悅。

◯宋主欲伐魏。徐湛之　江湛　王玄謨等並勸之。沈慶之諫曰：「我步彼騎，其勢不敵。檀道濟再行無功，到彥之失利而反。今料王玄謨等 未踰兩將，六軍之盛 不過徃時，恐重辱王師。」宋主曰：「王師再屈，別自有由。道濟養寇自資，彥之中塗疾動。虜所恃者　惟馬，今夏水浩汗，河道流通。汎舟北下，碻磝必走，　滑臺小戍，易可覆拔。克此二城，館穀，弔民。虎牢 洛陽 自然不固。比及冬初，城守相接，虜馬過河，即成擒矣。」慶之又固陳不可，宋主使徐湛之　江湛難之。慶之曰：「治國如治家。耕當問奴，織當問婢，陛下今欲伐國，而與白面書生輩謀之，事何由濟?」宋主不從。秋七月庚午， 大起軍旅。王 公 妃 主及朝士 牧守 下至富民，各獻金 帛 雜 物，以助國用。又以兵力不足，悉發青 冀 徐 豫 二兖六州，三五民丁，倩使蹔行。緣江五郡 集廣陵，緣淮三郡 集盱眙。使王玄謨 進圍滑臺。九月辛卯 魏主引兵南救之。玄謨士衆甚盛，器械精嚴。時河 洛之民， 出穀操兵来赴者，日以千數。玄謨不卽其長帥，而以配私暱。由是 衆心失望，攻城數月不下。冬 十月乙丑 (魏)主渡河，衆號百萬。鞞鼓之聲，震動天地，玄謨懼退走。魏人追擊之，死者萬餘人。十一月辛卯 弘農太守柳元景 使薛安都等 功陜。(魏)張是連提帥衆二萬 度崤救陜，安都等與戰於城南，魏衆大潰，斬張是連提。甲午 克陜城 進攻潼關 據之。關中豪傑所在蠭起，皆来送欵。上以王玄謨敗退，魏軍深入，柳元景等不宜獨進，皆召還。魏主至彭城，引兵南下，所過無不殘滅，城邑皆望風奔潰。己未 魏軍至淮上，魏人之南寇也，不齎糧用，唯以抄掠為資。及過淮民多竄匿，抄掠無所得，人馬飢乏。至瓜步壞民廬舍，及伐葦為筏，聲言欲渡江，建康震懼，民皆荷擔而立。宋主登石頭城，有憂色。謂江湛曰：「北伐之計，同議者少，今日士民勞怨，予之過也。」又曰：「檀道濟若在，豈使胡馬至此。」

辛卯

魏人凡破南 兖 徐 豫 青 冀 六州，殺掠不可勝計。丁壮者卽加斬截，嬰兒貫於槊上，槃舞以為戲。所過郡縣，赤地無餘。春 燕歸巢於林木。魏之士馬，死傷亦過半，國人皆尤之。

○上每命將出師，常授以成律。交戰日時　亦待中詔。是以將帥赼趄　莫敢自決。又江南白丁　輕進易退。此其所以敗也。自是邑里蕭條，元嘉之政衰矣。

壬辰

(魏)中常侍宗愛弑其君燾，尙書源賀 陸麗 勒兵誅愛，奉皇孫濬卽位，改元興安。

○(宋)主聞魏世祖殂，更謀北伐。遣蕭思話　督張永等，向碻磝。 魯爽將荊州甲士四萬 出許洛。雍州刺史臧質帥所領趣潼關，　諸軍攻碻磝，累旬不拔。張永夜撤圍退，士卒驚擾，魏兵乘之，死傷塗地。遂兵還。

癸巳

二月　(宋)太子劭弑其君義隆。夏　四月，武陵王駿擧兵誅劭，武陵王駿卽位。

世祖孝武帝 在位十一年，壽三十五

癸卯

(宋)主為人，機警勇決，學問博洽，文章華敏，省讀書奏能七行俱下。又善騎射，而奢欲無度。自晉氏渡江已来，宮室草創，宋興 無所增改。至是 始大修宮室，土木被錦繡。

侍中袁顗因盛稱高祖儉素之德。宋主曰：「田舍公得此，已為過矣。」

甲辰

(宋)主駿殂，太子子業卽位。

太宗明帝 在位七年，壽三十四

乙巳

五月， 魏主殂。初 魏世祖經營四方，國頗虛耗，重以內難，朝野楚楚。高宗嗣之，與時消息。靜以鎮之，懷集中外，民心復安。顯祖弘卽位，時年十二，馮太后臨朝稱制。

◯(宋)沈慶之復啓 聽民私鑄錢。由是錢貨亂敗，千錢長不盈三寸，大小稱此。謂之鵝眼錢。劣於此者 謂之綖環錢。貫之以縷，入水不沈，隨手破碎，市井不復料數。十萬錢不盈一掬，斗米一萬。商貨不行。

◯(宋)主子業殘暴日甚，宗室百官濫被誅殺。壽寂之弑之，迎湘東王彧卽位。罷二銖錢，禁鵝眼綖環錢，餘皆通用。

丙午

(宋)徐州刺史薛安都 汝南太守常珍奇，並遣使 乞降。宋主以南方已平，欲示威淮北。乃命張永 沈攸之 將甲士五萬，迎薛安都。安都聞大兵北上，懼遣使乞降於魏。常珍奇亦以懸瓠 降魏。皆請兵自救魏，遣尉元等 救彭城。

丁未

(宋)張永等棄城夜遁。尉元邀其前，薛安都乘其後，大破永等於呂梁之東。死者以萬數，枕尸六十餘里，永與沈攸之，僅以身免。由是 失淮北四州及豫州淮西之地。

◯(宋)主遣蕭道成 將千人 鎮淮陰。道成收養豪傑 賓客始盛。

辛亥

(宋)以淮陰為北兖州。徵蕭道成入朝，道成所親 以朝廷方誅大臣，勸勿就徵。道成曰：「主上自以太子稚弱，剪除諸弟，何預他人。今唯應速發，淹留顧望，必將見疑。且骨肉相殘，自非靈長之祚。禍難將興，方與卿等戮力爾。」

◯(魏)顯祖聰睿夙成 剛毅有斷， 而好黃老浮屠之學，每引朝士及沙門 共談玄理。雅薄富貴，常有遺世之心。乃奉皇帝璽綬 傳位於太子宏，生五年矣。高祖卽位，改元延興。高祖幼，有至性。顯祖病癰，高祖親吮。及受禪，悲泣不自勝。顯祖問其故，對曰：「代親之感，內切於心。」羣臣奏曰：「今皇帝幼沖，萬機大政 猶宜陛下摠之。」謹上尊號曰：太上皇帝。顯祖從之。上皇徙居崇光宮，國之大事 咸以聞。

壬子

四月 (宋)主彧殂。太子卽位，時方十歲

蒼梧王 在位五年, 壽十五

甲寅

(魏)顯祖勤於為治。賞罰嚴明, 慎擇牧守, 進廉退貪。尤重刑罰, 大刑多令覆鞫。或囚繫積年, 羣臣多以為言。上曰: 「滯獄誠非善治, 不猶愈於倉卒而濫乎。夫人憂苦則思善。故智者以囹圄為福堂。朕特苦之, 欲其改悔, 而加矜恕爾。」

順帝 在位三年, 壽十二

丁巳

(宋)主昱忌蕭道成威名, 欲殺之。道成憂懼, 使楊玊夫弒帝, 迎立安成王。以太后令, 追封昱為蒼梧王。安成王準卽位。時年十一。以道成為司空錄尚書事。

◯荊州刺史沈攸之, 以道成專制朝權, 勒兵移檄遠近, 道成擊斬之。

戊午

詔進道成 假黃鉞 大都督中外諸軍事 太傅, 領揚州牧。

右(上)宋八主 合六十年

齊記 附北朝(魏)

太祖高帝 在位四年, 壽五十四

己未

三月, (宋)封道成十郡為齊王。四月, 王稱皇帝卽位。

壬戌

三月, 齊主殂, 太子卽位。高帝沈深有大量, 博學能文, 性清儉。每曰: 「使我治天下十年, 當黃金與土同價。」

世祖武帝 在位十一年, 壽五十四

癸亥

(齊)以宋末治民之官, 六年過久, 乃 以三年為斷, 謂之小滿。而遷換去來, 又不能依三年之制。三月 詔: 自今一以小滿為限。

甲子

(齊)蕭衍好籌略, 有文武才幹。王儉深器異之曰: 「蕭郎出三十, 貴不可言。」

癸酉

(魏)主以平城地寒。六月雨雪風沙常起, 將遷都洛陽, 恐羣臣不從。乃議大舉伐齊。秋七月 魏主發平城步騎三十萬。

○七月, (齊)主不豫。以朝事委西昌侯鸞。齊主殂, 鸞奉太

孫鬱林王 立之。世祖留心政事，務摠大體，嚴而有斷。郡縣久於其職。長吏犯法，封刃行誅。故永明之世，百姓豐樂，賊盜屏息。然頗好遊宴華靡之事。常言恨之，未能頓遣。

◯魏主自發平城至洛陽。霖雨不止，乃詔諸軍前發。帝戎服執鞭　　乘馬而出。尙書李冲等曰：「今者之擧，天下所不願，唯陛下欲之。臣不知陛下獨行　竟何之也。」帝乃諭羣臣曰：「朕世居幽　朔，欲南遷中土，苟不南伐。當遷都於此。」時舊人雖不願內徙，而憚於南伐，無敢言者。遂定遷都之計。

高宗明帝 在位五年，壽四十

甲戌

七月，　齊西昌侯鸞引兵，入雲龍門，弑其君昭業。以太后令，廢昭業為鬱林王，迎新安王昭文，卽帝位。以鸞為驃騎大將軍。

◯九月，(魏)主謂陸叡曰：「北人每言『北俗質魯，何由知書』朕聞之，深用憮然。今知書者甚衆，豈皆聖人？　顧學與不學爾。朕脩百官，興禮樂，其志固欲移風易俗。朕為天子，何必居中原？ 正欲卿等子孫　漸染美俗　聞見廣博。若永居恒北，復値不好文之主，不免面墻爾！」

◯十月，(齊)蕭鸞以皇太后令曰：「嗣主幼沖，弗克負荷。

太傅宣城王 宜入承寶命。」帝可降 封海陵王，高宗卽位。

◯(魏)主欲變易舊風。乃詔 禁士民胡服，國人多不悅。

乙亥

六月， (魏)主下詔： 不得為北俗之語於朝廷，違者免所居官。

◯(魏)詔：求遺書。秘閣所無，有益時用者，加以優賞。

◯八月，(魏)立國子 太學 四門 小學於洛陽。

◯(魏)高祖好讀書，手不釋卷。在輿據鞍 不忘講道。善屬文，多於馬上口占，既成，不更一字。自太和十年以後，詔策皆自為之。好賢樂善，情如飢渴。所與遊接，常寄以布素之意。如李冲 李彪 高閭 王肅 郭祚 宋弁 劉芳 崔光 邢巒之徒，皆以文雅見親，貴顯用事。制禮作樂 鬱然可觀，有太平之風焉。

丙子

魏主下詔 改姓元氏。

戊寅

七月，(齊)主殂于正福殿。太子寶卷卽位

東昏侯 在位二年，壽一十九

己卯

(魏)高祖殂。太子恪卽位。齊主在東宮，不好學，唯嬉戲無度。及卽位不與朝士相接，專親信宦官及左右。是時　始安王遙光等　更直內省，分日帖敕。雍州刺史蕭衍聞之，謂張弘策曰：「一國三公猶不堪，況六貴同朝。勢必相圖，亂將作矣。避禍圖福，無如此州。」乃密與弘策修武備，聚驍勇以萬數。

庚辰

正月，(齊)豫州刺史裵叔業，聞齊王數誅大臣，必不自安。遣人至襄陽，問簫衍以自安之計。曰：「天下大勢可知。恐無復自存之理。不若回面向北　不失作河南公。」衍報曰：「群小用事，豈能及遠。若意外相逼，當勒馬步二萬，直出橫江，以斷其後，則天下之事　一舉可定。若欲北向，彼必遣人相代，以河北一州　相處，河南公寧可復得邪?」

○十月，(齊)蕭衍集僚佐謂曰：「昏主暴虐，惡踰於紂。當與卿等　共除之。」是時　南康王寶融為荊州刺史。乃以寶融教，　以衍為使持節都督前鋒諸軍事，移檄建康，數寶卷罪惡。稱奉宣德皇太后令，南康王宜纂承皇祚，廢寶卷為涪陵王。

和皇帝　在位一年，壽十六

辛巳

正月，(齊)蕭衍發襄陽。

◯(魏)主時年十六。不能親決庶務，委之左右。於是　倖臣趙邕及外戚高肇等始用事，魏政浸衰。

◯三月，齊南康王寶融，卽位於江陵。加蕭衍征東大將軍都督征討諸軍事，假黃鉞。己巳　衍以宣德太后令，追廢涪陵王，為東昏侯。

右(上)齊七主 合二十四年

통감절요 32권

양기(梁紀)-북조(北朝)의 동위(東魏)를 부기(附記)

고조 무제(高祖 武帝)

재위 48년, 수(壽) 86

임오(壬午) (서기 502년)

제(齊)나라가 작위를 올려 대사마(大司馬) 소연(蕭衍)을 도독중외제군사로 임명했다. 조서를 내려 대사마의 작위를 상국(相國)으로 올리고, 백관을 총괄하게 하고, 양주목(揚州牧)을 맡게 했다. 10군(郡)을 주고 양공(梁公)의 작위를 내렸다. 3월에 조서를 내려 양공의 작위를 올려 왕으로 했다.

○ 제(齊) 황제가 조서를 내려 양왕에게 선위했다. 양왕이 황제에 즉위했다.

갑신(甲申) (504년)

위(魏)에서 조서를 내려 국학을 건축하고 수리했다. 위(魏)에 평화로운 날이 오래되니 학문이 크게 발달해 연(燕) 제(齊) 조(趙) 위(魏) 사이에는 스승이 너무 많아 셀 수 없었다.[1] 제자들을 기록하니 많은 자는 1천여 명이었고, 적은 자라도 수백 명이었다. 주(州)에서 뛰어나고 특별한 사람[2]을 천거하고, 군(郡)에서는 효자와 청렴한 자를 천거했다. 매년 사람이 더욱 많아졌다.

○ 10월 양(梁)이 크게 군대를 일으켜 위(魏)를 공격했다.

병술(丙戌) (506년)

태자 통(統)이 태어난 지 5년 만에 오경(五經)을 두루 암송했다. 궁궐에서 나와 동궁에서 살기 시작했다.

기축(己丑) (509년)

11월에 위(魏) 황제가 석가모니를 깊이 숭상하니, 원근(遠近)에서 가르침을 받들어[3] 부처를 섬기지 않는 자가 없었다. 연창(延昌) 연간에 이르기까지 주군(州郡)에 모두 1만3천여 개의 절이 생겨났다.

---

1) 不可勝數 불가승수 : 불가승(不可勝)+동사~ 너무 많아 다~ 할 수 없다. 不可勝+數 다 셀 수 없다

2) 茂異 무이 : 무(茂) 빼어날, 우거질, 성할. 이(異) 다를, 걸출할, 남달리 뛰어남

3) 風 풍 : 바람, 가르침, 습속, 기세, 위엄, 모습, 경치

을미(乙未) (515년)

정월에 위(魏)황제가 죽었다. 태자 후(詡)가 황제에 즉위했다. 호(胡)태후가 섭정[4]을 하고, 우충(于忠)이 문하성에 있으면서 숙위를 총괄하다가 마침내 조정의 정권을 마음대로 했다.

○ 처음에 위(魏) 세종이 요광사(瑤光寺)를 짓다가 완공하지 못했다. 이 해에 호태후가 또 영녕사(永寧寺)를 지었다. 돌과 나무를 지극히 아름답게 해 9층 탑[5]을 만들었다. 땅을 파고 기초를 쌓으면서 땅 밑의 물이 나오는 곳[6]까지 팠다. 탑의 높이는 90장(丈)이다. 탑의 윗부분(상층부)에는 깃대 모양의 기둥[7]을 10장(丈) 높이로 더 올렸다.

밤마다 고요할 때는 풍경(風磬)소리, 목탁소리[8]가 10리까지 들렸다. 승려의 방이 1천 칸이었고, 구슬과 옥, 수놓은 비단은 사람들의 마음과 눈을 놀라게 했다. 불법이 중국에 들어오고 탑과 절의 성대함이 이런 적이 없었다.

정유(丁酉) (517년)

4월에 양(梁)나라에서 조서를 내려 "종묘에서 희생제물을 쓰는 것은 저승 세계[9]에 누를 끼친다. 마땅히 모두 면(麵)

---

4) 臨朝稱帝 임조칭제 : 조정에 와서 황제의 명령을 대행함
5) 浮圖 부도 : 불탑, 절
6) 黃泉 황천 : 저승, 땅 밑 샘
7) 刹 찰 : 덕 있는 중이 있음을 알리는 깃대모양의 기둥. 찰(刹) 기둥, 절, 탑
8) 鈴鐸聲 영탁성 : 풍경소리, 목탁 소리

으로 모형을 만들어 사용하라"고 했다. 이를 두고 "종묘의 희생을 없애는 것은, 곧 희생 바치는 제사[10]를 못하게 되는 것"이라며 조야(朝野)가 시끌시끌했다.[11] 양(梁) 황제가 끝까지 따르지 않았다.

기해(己亥) (519년)

위(魏)의 전중상서(展中尙書) 최량(崔亮)을 이부상서로 삼았다. 최량이 인사제도[12]를 새로 만들어 건의했다. 관리 선발에 선비의 능력과 어리석음을 묻지 않고, 오로지 재직한 기간을 가지고 결정[13]한다는 것이었다. 침체되었던 사람들은 모두 그를 능력 있는 사람이라고 칭찬했다. 낙양령(洛陽令) 설숙(薛琡)이 글을 올려 말했다.

"백성들의 운명[14]은 지방관들에 달려있습니다. 관리[15]를 선발하면서 여러 해 동안 쌓은 공로[16]만 가지고 뽑는다면, 능력 여부는 가리지 않게 되고, 그 도리는 기러기가 날아가는 것처럼 고르게 될 것이고, 순서는 생선을 엮은 것처럼 될 것이니, 장부를 잡고 호명하는 관리 한명이면 충분할 것

---

9) 冥道 명도 : 저승, 황천, 명계(冥界)
10) 血食 혈식 : 희생 바치고 제사 지냄
11) 諠譁 훤화 : 떠들썩할, 시끄러울
12) 格制 격제 : 품위 자격, 인사제도
13) 日月爲斷 일월위단 : 일월(日月) 시일의 경과. 단(斷) 끊을, 결단할, 나눌
14) 黎元之命 여원지명 : 백성들의 운명
15) 曹 조 : 무리, 짝, 관청, 낮은 관리
16) 年勞 연로 : 여러 해 동안 쌓은 공로

입니다. 사람을 근무연수로만 세어서 쓴다면, 어찌 인재를 가려서 등용한다[17]고 하겠습니까?"

글이 아뢰어졌으나 답서가 없었다. 그 후에 견침(甄琛) 등이 최량에 이어 이부상서가 되었는데, 자신에게 편하므로 이롭게 여겨 그 제도를 계속 시행했다. 위(魏)의 인재 등용이 적임자를 얻지 못한 것은 최량에서부터 시작되었다.

병오(丙午) (526년)

9월에 위(魏)의 갈영(葛榮)이 스스로 천자를 칭하고, 국호를 제(齊)라 하고 연호를 광안(廣安)으로 고쳤다.

○ 위(魏)에 도적이 날로 늘어나서 토벌해도 그치지 않았다. 국가의 경비가 소모되고 고갈되었다. 6년 치 조세를 미리 징수했는데도, 여전히 부족했다. 그래서 백관들에게 술과 고기를 내려주던 제도를 없앴다. 또 시장에 들어오는 자마다 1전 씩 세를 받았고, 상인의 시설[18]에도 모두 세금을 받았다. 백성들이 탄식하고 원망했다.

무신(戊申) (528년)

정월에 위(魏) 태후가 섭정한 이래 총애 받는 사람들이 권력을 잡았다. 정사가 해이해져 위엄과 은총이 서지 않았

17) 銓衡 전형 : 인물을 저울질하고 헤아린다는 뜻, 인재를 가려서 등용함, 또는 그 벼슬

18) 邸店 저점 : 저택과 점포. 상인들의 숙박, 화물보관, 위탁 판매 등을 갖춘 시설

다. 도적들이 봉기하고 국경은 날로 줄어들었다. 이때 토로대도독(討虜大都督) 이주영(爾朱榮)의 군세가 강성해지니, 위(魏)나라 조정이 그를 꺼려했다.

고환(高歡)이 이주영에게 자신을 맡겼다. 이주영이 "너의 뜻을 말해보라"고 하니, "지금 천자는 어리석고 연약하며, 태후는 음란하고, 총애받는 외척이나 환관들[19]이 임금의 명령을 마음대로 하니, 조정의 정치가 시행되지 않습니다. 명공(明公)의 강한 무력으로 때를 타서 분발한다면, 패업은 채찍만 들어도 이룰 수 있을 것입니다"라고 대답했다. 이주영이 크게 기뻐했다. 이때부터 (고환이) 매번 군사회의에 참여했다.

○ 위(魏) 숙종(肅宗) 또한 정엄(鄭儼) 서흘(徐紇) 등을 미워했으나, 태후의 압력 때문에 제거할 수 없었다. 이주영에게 몰래 조서를 보내, 거병해 수도로 진격해서 태후를 위협하고자 했다. 이주영이 고환을 선봉으로 삼고, 행군해 상당(上黨)에 이르렀다. 위(魏) 황제가 다시 몰래 조서를 보내서 그들을 멈추게 했다.

정엄과 서흘은 화가 자신들에게 미칠 것이 두려워 태후와 함께 모의, 위(魏) 황제를 짐독으로 살해했다. 2월 계축일에 위(魏) 황제가 갑자기[20] 죽었다. 태후는 고(故) 임조왕 보휘의 세자 소(釗)를 즉위시켰다. 소는 3세였다.

---

19) 嬖孼 폐얼 : 총애 받는 외척이나 환관, 비천한. 소신(小臣)을 말함

20) 暴 폭 : 갑자기

이주영이 그 소식을 듣고 원천목(元天穆)과 의논, 팽성의 무선왕이 충의와 공훈이 있고, 그의 아들 장락왕(長樂王) 자유(子攸)는 평소에 높은 명망이 있으므로, 그를 즉위시키고자 했다. 4월에 이주영이 황하를 건넜다. 백관들이 옥새와 끈을 받들고 법가[21]를 준비해 하교(河橋)에서 경종(敬宗)을 맞이했다.[22]

위(魏) 북해왕 호(顥)가 도망쳐오니 양(梁) 황제가 호를 위왕(魏王)으로 삼았다. 진경지(陳慶之)를 보내 군대를 거느리고 그를 호송하여 돌아가게 했다.

기유(己酉) (529년)

위왕(魏王) 호(顥)가 진경지와 함께 진군해 형성(滎城)을 빼앗고, 수양성 남쪽에서 황제에 즉위했다.

○ 5월에 위왕(魏王) 호가 양국을 점령하고, 직접 군대를

---

21) 法駕 법가 : 임금이 타는 수레

22) 이 때 이주영이 백관 1천 3백 명을 살해하는 사건이 일어났는데, 이것을 '하음(河陰)의 변'이라 한다. 『위서(魏書)』 권74 「이주영전(「爾朱榮傳)」의 기록을 보면 "(무태 원년 4월) 13일, 이주영은…행궁의 서북에 어가와 백관을 인솔해 제천을 하고자 한다고 말했다. 조사들이 모이자…병사들을 풀어 살해하니, 왕공경사(王公卿士)가 모두 죽임을 당했으며, 죽은 사람이 1천3백여인이었고, 황제(皇弟)와 황형(皇兄)도 더불어 해를 당했다. 영태후(靈太后)와 소주(小主)도 이날 갑자기 붕어했다. 이주영은…장제(莊帝)를 하교(河橋)로 옮겼다"고 되어 있다. 북해왕 호는 이 때 갈영(葛榮)과 대치 중이었는데, 이주영이 하음의 변을 일으키고 효장제를 옹립하자, 양나라로 투항한 후 양의 힘을 빌어 이주영 세력에 대항했다. (이영석, 안순형, 「북위 말의 정치동향과 불교에 관한 연구-하음의 변을 중심으로-」, 『중국사연구』 45, 2006, 86쪽 참고)

이끌고 서쪽으로 진격, 형양을 빼앗았다. 위(魏) 황제가 호를 피해 달아나니, 호가 낙양궁에 들어가 연호를 건무(建武)로 고쳤다. 진경지는 수천명의 군대로 질현(銍縣)을 출발해 낙양에 이르기까지 32성을 빼앗고 47전을 벌였는데, 향하는 곳마다 모두 이겼다.

(한편) 이주영은 위(魏) 황제가 북으로 도망갔다는 소식을 듣고 역마로 달려 장자(長子)에서 위(魏)황제를 알현했다. 행군하면서 부대를 배치하고[23], 그날로 남쪽으로 돌아왔다. 이주영이 선봉이 되어 이주조(爾朱兆) 하발승(賀拔勝) 등과 호(顥)를 공격했다.

호가 휘하의 수백기만 이끌고 남으로 도망갔다. 진경지가 군대를 거느리고 동쪽으로 돌아가니, 빼앗겼던 여러 성들이 다시 위(魏)에 항복했다. 호가 임영(臨潁)현에 왔을 때, 강풍(江豊)이 그의 목을 베고 수레에 실어 낙양으로 보냈다.

○ 9월에 양(梁) 황제가 동태사(同泰寺)에 가서 4부무차대회(四部無遮大會)[24]를 열었다. 황제의 옷을 벗고 법의를 입고 참선[25]을 행하며, 무아지경[26]에 빠졌다. 소박한 상과 질그릇을 사용하고, 친히 중과 비구니, 남녀 대중들[27]을 위

---

23) 部分 부분 : 부대를 배치하는 것

24) 四部無遮大會 사부무차대회 : 사부(四部)는 승(僧), 비구니(尼), 선남(善男), 선녀(善女)를 말함. 무차대회(無遮大會)는 성범(聖凡), 도속(道俗), 귀천(貴賤), 상하(上下)의 구별 없이 일체 평등으로 재시(財施, 절이나 가난한 사람에게 재물을 베푸는 것)와 법시(法施, 깨달음을 베푸는 것)를 행하는 대법회

25) 淸淨 청정 : 허물이나 번뇌의 더러움을 벗어나는 것으로 참선하는 것을 말함

26) 大捨 대사 : 평온하고 집착이 없는 상태를 말함, 무아지경에 빠진 것임

해 열반경(涅槃經)을 강론했다. 여러 신하들이 속전(贖錢)으로 1억만 전을 바치고[28], 표문을 올려 환궁하기를 청했다. 세 번 청해서야 허락했다.

경술(庚戌) (530년)

8월, 이주영은 (몸은) 비록 외번(外蕃)에 있었으나 멀리서 조정의 정사를 제어했다. 친당(親黨)을 세워 위(魏) 황제 좌우에 배치해 동정을 사찰시켜, 크고 작은 일을 모두 알았다. 위(魏) 황제는 이주영에게 제어를 받았으나, 성품이 부지런해 아침저녁으로 정사를 게을리 하지 않았고, 자주 친히 송사들을 보았으며, 원통한 옥사를 해결했다. 이주영은 그런 소식을 듣고 좋아하지 않았다.

위(魏) 황제도 이주영에게 외압을 받는 것을 항상 원망하며 즐거워하지 않았다. 그는 성양왕 휘(徽)와 함께 모의해 이주영을 죽였다. 그날 밤 이주세륭(爾朱世隆)이 이주영의 사병[29]을 이끌고 쳐들어와 서양문(西陽門)에 불을 지르고는 하음(河陰)으로 나가서 주둔했다.

10월에 분주자사(汾州刺史) 이주조(爾朱兆)는 이주영이 죽었다는 소식을 들었다. 분주로부터 기병을 이끌고 와 진양(晉陽)에 자리 잡았다. 이주세륭이 장자에 이르니, 이주조

---

27) 四衆 사중 : 승(僧), 비구니(尼), 선남(善男), 선녀(善女)

28) 贖 속 : 금품을 바치고 죄를 면함

29) 部曲 부곡 : 중국 후한 말에 장군이나 호족들이 지방의 치안을 위해 설치한 사병을 말함

가 와서 그와 만났다. 그들이 태원태수 장광왕 엽(曄)을 추대해 황제로 즉위시켰다. 천하에 사면령을 내리고, 연호를 건명(建明)으로 고쳤다.

○ 12월. 위(魏)의 이주조가 날랜 병사들을 데리고 행군 속도를 배가해, 하교로부터 서쪽으로 황하를 건넜다. 이보다 먼저 경종은 큰 강이므로 깊고 넓어 이주조가 건널 수 없을 것이라고 말했는데, 창졸간에 건넜다. 이 날 물이 말의 배까지 밖에 잠기지 않았다. 사납게 바람이 불고 황사가 하늘을 덮었다.

이주조의 기병이 궁문을 두드리고서야 궁의 숙위병이 (이주조가 공격해 왔음을) 알았다. 활을 당겨 쏘려 했으나 화살이 발사되지 않았다. (숙위병들은) 한 순간에 달아나 흩어졌다. 이주조의 기병이 황제를 잡아서 영녕사 누각 위에 가두었다. 진양으로 옮겨서 황제를 목 졸라 죽였다.

○ 위(魏)나라 초기 갈영부(葛榮部)의 사람들 중 병주(幷州)와 사주(肆州)에 유입된 사람들이 20여만 명이었다. 거란족과 오랑캐에게 짓밟히고 포학한 일을 당해, 모두 먹고 살 수 없었기에 모반과 반란이 그치지 않았다. 이주조는 그 문제를 근심했다.

계책을 고환에게 물었는데, 고환은 "마땅히 왕의 심복을 뽑아 그로 하여금 통치하게 해야 합니다"라고 대답했다. 이주조는 (고환에게) 그의 군사들을 맡겼다. 고환은 이주조가 취했기 때문에 술이 깨면, 그 일을 후회할까 걱정했다.

마침내 나가서 주진병(州鎭兵) 통솔을 위임 받았다고 알리고, 분수(汾水)의 동쪽에 모여 명을 받으라고 했다. 그리고는 양곡천(陽曲川)에 대장기[30]를 세웠다. 군사들이 평소에 이주조를 싫어하고, 고환에게 소속되기를 좋아해 오지 않은 자가 없었다.

장사(長史) 모용소종(慕容紹宗)이 "안됩니다. 현재 사방이 어지럽고 소란스럽기 때문에 사람들이 다른 희망을 품을 수 있습니다. 고환의 웅대한 재목은 세상을 덮는데, 거기에다 그로 하여금 밖에서 대군을 장악하게 하신다면 교룡에게 구름과 비를 빌려주는 것과 같습니다. 장래에 제어할 수 없을 것입니다"라고 간언했다. 이주조가 듣지 않았다.

신해(辛亥) (531년)

2월에 위(魏)의 이주세륭이 장광왕의 명령으로 광릉왕에게 선위했다. 위(魏)의 고환이 병사를 일으켜 이주씨를 토벌했는데, 이주조가 경종을 시해했기 때문이었다.

임자(壬子) (532년)

위(魏)의 고환이 업(業)에서 이주조 등을 공격, 크게 격파했다. 이주조가 자살했다. 이주씨의 친당들을 다 없앴다. 마침내 절민제(節閔帝)를 숭훈사(崇訓寺)에 유폐시키고, 다시 평양왕(平陽王) 수(脩)를 세웠다.

무자(戊子)에 효무제가 동쪽 성곽 밖에서 즉위했다. 절민

30) 牙旗 아기 : 대장기

제를 문하성에서 독살했다.

계축(癸丑) (533년)

위(魏) 하발악(賀拔岳)이 사자를 진양으로 보내 고환과 형제를 맺었다. 사마(司馬) 우문태(宇文泰)는 자청해 진양에 가서 고환의 사람됨을 살펴보았다. 고환이 그의 모습을 기이하게 여겨 "이 사람은 보는 것이 보통이 아니다"라고 말했다. (고환은) 그를 억류하려 했으나, 우문태가 간곡히 보고하러[31] 가기를 원했다. 고환이 (그를) 보내고 나서 후회했다.

우문태가 장안에 돌아와 하발악에게 "고환이 찬탈하지 못하는 이유는 바로 공의 형제를 꺼려하기 때문입니다. 공이 가만히 그것에 대비한다면, 고환을 도모하는 것은 어렵지 않습니다"라고 말했다. 하발악이 크게 기뻐했다.

하주(夏州)는 변경의 요충지라 좋은 자사(刺史)를 구해 그곳을 다스리고자 했다. 사람들이 우문태를 천거하니, 하발악이 표문을 올려 그를 쓰도록 했다.

갑인(甲寅) (534년)

중군장군(中軍將軍) 왕사정(王思政)이 위(魏) 황제에게 "고환의 마음은 확실히[32] 알 수 있고, 낙양은 무력을 쓸 만한 땅이 못됩니다. 우문태는 왕실을 마음에 두고 있으니,

---

31) 復命 복명 : 사명을 띤 사람이 그 일을 마치고 돌아와서 아룀

32) 昭然 소연 : 밝은 모양, 밝게

지금 그곳[장안]으로 가셔서 (힘을 기른 후에) 옛 수도[낙양]를 다시 회복한다면, 어찌 정복하지 못할 것을 걱정하겠습니까?"[33]라고 말했다. 위(魏) 황제가 그렇다고 여겨 5천기를 데리고 서쪽 장안으로 나섰다. 우문태가 호위와 의식을 갖추고 동양역(東陽驛)에서 황제를 맞이해 알현했다. 위(魏) 황제가 장안으로 들어갔다. 우문태를 상서령으로 삼고, 군대와 나라의 정사를 모두 맡아서 결정하게 했다.

○ 10월에 위(魏) 승상 고환이 낙양에 이르러 백관과 원로들을 모아놓고, 청하세자(淸河世子) 선견(善見)을 옹립해 황제로 삼았다. 효정제(孝靜帝)가 성의 동북쪽에서 즉위했다. 업(鄴)으로 천도했다.[34]

○ 위(魏) 효무제(孝武帝)가 다시 우문태와 틈이 생겼다. 12월에 위(魏) 황제가 술을 마셨는데, 짐독으로 죽었다. 우

---

33) 『북사(北史)』 「왕사정전(王思政傳)」에 "왕사정이 황제에게 말했다. '낙양은 사면에서 적을 받을 수 있어, 무력을 쓸 수 있는 땅이 아닙니다. 관중은 효산과 함곡관[崤函]의 견고함이 있고, 또 군사와 병마가 강합니다. 우문하주가 동맹(군)을 규합해 공을 세우기를 원하니, 만약 황제께서 서쪽으로 행차한다는 것을 들으면, 반드시 맞이해 받들 것입니다. 천혜의 자원을 바탕으로 일을 이루시고, 그 다음해에 낙양을 수복한다면, 어찌 정복하지 못할 것을 걱정하겠습니까?'라고 기록되어 있다"

34) 주(註) 이때부터 북위(北魏)가 둘로 나뉜다. 황제가 서쪽에 있는 장안으로 천도했기 때문에 통상적으로 서위(西魏)라고 하지만, 『통감절요』에서는 정통성 때문에 그대로 위(魏)라고 표시한다. 원래의 수도 낙양(洛陽)에서 고환이 효정제(孝靜帝)를 즉위시키니, 그 왕조가 동위(東魏)이다. 후에 고환의 아들이자 고징의 동생인 고양이 선위를 받아 동위는 북제(北齊)가 되고, 우문태의 아들 우문각이 북위의 선위를 받아 북주(北周)를 세운다

문태가 곧 태재(太宰) 남양왕(南陽王) 보거(寶炬)를 받들어 그를 즉위시켰다.

을묘(乙卯) (535년)

정월 1일, 위(魏) 문제(文帝)가 즉위했다. 승상 우문태를 승진시켜 안정공(安定公)으로 삼았다.

○ 동위(東魏)가 승상 고환의 아들 고양(高洋)을 봉해 태원공(太原公)으로 삼았다. 2년 9월에 동위(東魏)가 정주자사(定州刺史) 후경(侯景)에게 상서우복야(尙書右僕邪) 남도행대(南道行臺)를 겸하게 하고, 여러 장군을 독려해 양(梁)을 침략하게 했다. 10월 후경이 회수 가[淮]로 진군하니, 진경지가 그를 격파했다. 후경이 군수물자를 버리고 달아났다.

을축(乙丑) (545년)

양(梁) 하침(賀琛)이 4가지의 일을 아뢰고 사치와 부역의 폐단을 말했다. 양(梁) 황제가 그를 심하게 꾸짖었다. 양(梁) 황제의 사람됨은 효성스럽고 자애로우며, 공손하고 검소하며, 박학하고 문학을 잘 했다. 음양, 복서, 말타기와 활쏘기, 음악과 법률, 초서와 예서, 바둑에까지 정통하지 않은 것이 없었다. 정무에도 부지런해 겨울에도 4경쯤에 일어나 일을 보았다. 붓을 잡은 손이 찬 공기에 닿아서 터졌다.

천감(天監) 연간부터 불법을 닦았다. 오랫동안 재계하고[35], 물고기와 고기를 끊었다. 하루에 한 끼만 먹었는데, 오직 야채국과 거친 밥만 먹을 뿐이었다. 혹 번잡한 일을 만나 정오를 넘기면[36], 입을 헹구고서[37] 지나갔다. 몸에는 베옷을 입고, 목면으로 만든 검은 휘장을 둘렀다. 관모 하나로 3년을 쓰고, 이불[38] 한 채로 2년을 덮었다. 후궁과 귀비 이하는 옷이 땅에 끌리지 못하게 했다.

음주를 하지 않았고, 종묘제사, 대향연 및 여러 법회가 아니면 음악을 연주하지 않았다. 어두운 방에 있어도 항상 의관을 바르게 했다. 더위가 한창일 때 협소한 곳[39]에 앉아 있어도, 바지를 걷거나 웃통을 벗은[40] 적이 없었다.

환관이나 미천한 신하를 대할 때에도 큰 손님을 대하듯 했다. 그러나 선비들을 우대하고 관대함이 지나쳐, 지방관들이 백성들을 침탈하고 빼앗는 일이 많았고, 사자(使者)가 군현의 일에 간여해 어지럽혔다. 또 소인들을 좋아해 관리로 임명했는데, 지나치게 불쌍히 여기거나[41] 엄하게 살폈다.[42]

탑과 사찰을 많이 지어 공사(公私)로 비용을 허비했다. 강남이 오랫동안 편안해 풍속이 사치해졌기 때문에, 하침(賀琛)의 상주가 그것을 언급한 것이다.

---

35) 長齋 장재 : 오랫동안 재계함, 일 년 내내 채식함
36) 日移中 일이중 : 해가 중간을 넘기다, 정오를 넘기다
37) 嗽 수 : 기침할, 입 가심
38) 衾 금 : 이불 도포
39) 小坐 소좌 : 궁중의 정침(正寢) 곁에 있는 객실
40) 褰袒 건단 : 건(褰) 바지 걷을. 단(袒) 웃통 벗을
41) 頗傷 파상 : 지나치게 불쌍히 여김
42) 苛察 가찰 : 엄하게 살피다

○ 황제가 문아(文雅)[43]를 크게 숭상해 형법을 간소하게 했다. 공경대신부터 모두 옥사를 추국하려는 뜻이 없으니, 간사한 관리가 권력을 잡고 법을 농락해 뇌물이 성행하고, 억울한 자와 법의 남용으로 피해를 입는 자[44]들이 많았다. 이때 왕과 제후의 자제들 중 교만하고 음란해 법을 지키지 않은 자도 많았다.

황제는 연로해 만기(萬幾)[45]를 싫어했다. 또 오로지 불법의 계율에 정신을 쏟아서 중죄를 결정할 때마다 하루 종일 기뻐하지 않았다. 혹 반역을 모반하다 발각되더라도 역시 울면서 그를 용서해주었다.

이로 인해 왕과 제후가 더욱 전횡해 대낮에 도시 큰 길가에서 사람을 죽이거나, 밤낮으로 공공연히 강도짓을 하는 일도 있었다.[46] 죄인으로 도망다니는 자가 공주의 집에 숨으면, 관리가 감히 수색해 체포하지 못했다. 황제가 그 폐단을 깊이 알았으나, 자애(慈愛)에 빠져 금할 수 없었다.

병인(丙寅) (546년)

3월에 황제가 동태사(同泰寺)에 갔다. 절의 관사에 머물며 『삼혜경(三慧經)』을 읽었는데, 이날 밤에 동태사의 탑에 큰 불이 났다.[47] 황제는 "이는 마(魔)가 낀 탓이다. 마땅

---

43) 文雅 문아 : 풍치가 있고 아담함, 우아, 문장과 풍아
44) 枉濫 왕람 : 왕(枉) 억울한 죄. 람(濫) 남용, 함부로 함
45) 萬機 만기 : 정치의 온갖 중요한 기틀, 천자의 큰 정사(政事)
46) 剽掠 표략 : 협박해 빼앗음

히 법사를 넓혀야 한다"고 말했다. 드디어 12층 탑을 세우는데, 완공 직전에 후경(侯景)의 난으로 중지했다.

정묘(丁卯) (547년)

정월에 동위(東魏)의 헌무왕(獻武王) 고환(高歡)이 죽었다. 고환은 성품이 침착하고 치밀하며, 종일토록 근엄해서[48] 사람들이 예측할 수 없었다. 임시변통[49]을 할 때에는 변화함이 신과 같았다. 군대를 통제함에 법령이 엄숙했다. 듣고 판단하고 명확하게 살피니, 속일 수 없었다. 이 때문에 문무관들이 그에게 쓰임을 즐거워했다.

○ 후경은 평소 고징(高澄)을 가볍게 여겼고, 스스로 자기와 고씨 사이에 틈이 있다고 생각해 속으로 불안해 했다. 하남(河南)을 차지하고 반란을 일으켜 위(魏)에 귀의했다. 또 정화(丁和)를 보내 양(梁)에 와서 "신과 고징이 틈이 있으니, 청컨대 13주를 가지고 섬기며 따르겠습니다"고 표문을 올렸다.

황제가 군신들을 불러 조정에서 의논했는데, 상서복야 사거(謝擧) 등이 모두 "근래[50] 위(魏)와 화친하면서 변경에

---

47) 同泰寺 동태사 : 대성(臺城) 내에 있고, 양 무제가 지었다. 대불각의 7층탑이 화재로 인해 탔다

48) 嚴然 엄연 : 근엄한 모양, 용모 단정한 태도, 정중한 모양

49) 機權 기권 : 임시변통, 임기응변. 기(機) 재치, 기교, 틀, 거짓, 권세, 책략. 권(權) 권도

50) 頃歲 경세 : 요사이, 근래

전쟁이 없습니다. 지금 그 반역자를 들이신다면 옳지 않다고 생각됩니다"라고 말했다.

황제는 "후경을 얻으면 변방의 북쪽이 깨끗해 질 수 있다. 기회란 얻기 어려운 것인데, 어찌 융통성이 없는가?"[51] 라고 말했지만, 뜻을 결정하지 못했다. 그는 혼잣말로 "우리나라는 금단지 같아서 하나의 상처나 흠결이 없다. 지금 갑자기 후경의 땅을 받아들이는 것이 어찌[52] 마땅한 일인가? 만일 혼란이 온다면, 그것을 후회해도 어찌 할 수 없을 것이다"라고 말했다.

주이(朱异)가 황제의 뜻을 헤아려 "지혜로우신 임금님께서 천하를 다스리시니, 남북에서 우러러 보고 귀의합니다. 거절하고 들이지 않는다면, 뒤에 오려는 자들의 희망을 끊을까 두렵습니다"라고 대답했다. 황제가 후경을 받아들이기로 결정했다.

후경을 대장군으로 삼고, 하남왕에 봉했다. 주홍정(周弘正)이 조짐을 잘 점쳤는데, 이전에 사람들에게 "나라가 몇 년 뒤에 전쟁을 당할 것이다"라고 했었다. 후경을 받아들였다는 소식을 듣고, "난리의 계단[53]이 여기에 있구나!"라고 했다.

---

51) 膠柱(鼓瑟) 교주(고슬) : 기러기발을 아교로 붙여놓고 거문고를 탐. 고지식해 조금도 변통성이 없음을 말함. 이 때 기(豈)는 반어로 쓰임. 기(豈) 어찌, 왜, 설마, 바라건데 등

52) 詎 거 : 어찌, 기(豈)와 같음. 반어로도 쓰임

53) 階 계 : 경로, 섬돌, 차례로 밟을, 한계, 계단, 시작

○ 동위(東魏)의 고징(高澄)이 업에 입조했다.

○ 동위(東魏)의 정제(靖帝)는 용모와 거동이 아름다웠으며, 체력[54]이 남들보다 뛰어났다. 활을 쏘면 맞추지 못한 적이 없었고, 학문을 좋아하고 조용하고 침착해 품위가 있었다. 사람들이 그에게 효문제의 기풍이 있다고 했다. 대장군 고징이 그를 매우 시기했다. 황제가 고징을 죽이려고 모의했다. 일이 발각되자, 고징이 황제를 함장당(含章堂)에 유폐시켰다.

○ 동위(東魏)는 군사 두필(杜弼)을 시켜 격문을 만들어 양(梁)에 보냈다.

"후경은 스스로 시기하고 의심해 멀리 관농(關隴)[55]에 의탁했습니다. 간사함과 거짓에 의거해[依憑] 반역한 군주와 군신의 명분을 정하고, 서로 형제의 관계를 맺었습니다. 설마 은혜가 없었겠습니까만, 결국은 길러서는 안되는[56] 일이 되었습니다.

(그런데 양나라에서는) 지금 그에게 병권[57]을 주었습니다. 곳간의 문단속을 하지 않는 것은 도둑에게 도둑질을 하도록 가르치는 것[58]입니다. 그 형세는 간사함을 용납 받는

54) 膂力 여력 : 체력, 완력

55) 關隴 관농 : 후경이 먼저 귀의했던, 우문태의 위(西魏)를 말함

56) 難養 난양 : 기르기 어렵다. 공자는 "여자와 소인은 기르기 어렵다. 잘해주면 기어오르고 못해주면 원망한다"고 했음

57) 利器 이기 : 군대의 병권

것이니, 때가 되어 감히 형편을 틈탈 수 있다면, 반드시 스스로 회남지역을 점거하고, 또한 황제를 칭하고자 할 것입니다. 단지 우려스러운 것은, 초나라가 원숭이를 잃으니, 화가 숲의 나무에까지 미치고, 성문에 화재가 나니 재앙이 연못의 물고기까지 미치는 것입니다."

그 후 양 왕실이 후경의 화로 망했으니, 모두 두필의 말과 같이 된 것이다.

무진(戊辰) (548년)

후경이 동위(東魏)와 전쟁을 벌여 패했다. 지위를 좌천시키고 봉토를 삭감해달라고 스스로 청했다. 양(梁) 황제는 후경의 군대가 처음으로 졌기 때문에 차마 옮기거나 바꾸지 못하고, 후경을 남예주목으로 삼았다. 소개(蕭介)가 표문을 올려 간언했다.

"가만히 듣기에 흉악한 자의 성품은 바뀌지 않는다고 합니다. 천하의 악은 똑같다고 했습니다. 후경은 흉악하고 교활한 재주꾼입니다. 고환에게 알을 품어 길러준 것과 같은 은혜[59]를 입고도, 고환 묘의 흙이 마르기도 전에 곧 돌아서서 배반해 해치고[60], 죽음을 피해 관서로 도망갔습니다. 우문태가 받아들이지 않자, 그 때문에 다시 우리에게 몸을 던

---

58) 慢藏誨盜 만장회도 : 곳간의 문단속을 잘하지 않는 것은 도둑에게 도둑질하라고 가르치는 것과 다름이 없다는 사자성어

59) 卵翼之遇 난익지우 : 알을 품어서 키워주는 은혜

60) 反噬 반서 : 은혜를 잊고 주인을 물음, 은인을 배반해 해침

졌습니다.

고향과 나라를 버림이 벗기 편한 신발을 벗어버리는 것과 같고, 군주와 아버지를 배반하는 것이 티끌을 버리는 것 같은데, 어찌 멀리서 왕의 훌륭한 덕을 사모함을 알아 강회 지역의 순수한 신하가 되겠습니까?"

양 황제는 그 말을 쓸 수 없었다.

○ 2월에 동위(東魏)의 대장군 고징이 글을 보내 서로 왕래하며 좋게 지내기를 요구했다. 양(梁) 황제가 조정의 신하들과 그 문제를 논의했다. 주이(朱异) 장관(張綰) 등은 모두 "노략질을 잠재우고 백성을 쉬게 하니, 화친이 실로 합리적입니다"라고 했다.

사농경 부기(傅岐)만 홀로 "고징이 무슨 일로 화친하자 하겠습니까? 이것은 이간질시키는 것입니다. 후경에게 스스로 의심하게 하고자 하는 것입니다. 후경은 불안하다 생각하면 반드시 화란을 도모할 것이니, 만약 화친한다면 바로 그 계략 속에 떨어지는 것입니다"라고 주장했다. 주이 등이 마땅히 화친해야 한다고 고집부리고, 양 황제는 전쟁이 싫어 주이의 말을 따랐다. 후경은 배반할 계책을 세웠다.

임하왕(臨賀王) 정덕(正德)은 부임지에서 탐욕스럽고 난폭하게 행동했으며, 법을 지키지 않아 양 황제에게 여러 번 죄를 얻었다. 이를 분해하며 원한을 품었다. 몰래 결사대[61]를 양성해 쌀을 저장하고 재물을 축적하면서, 국가에 변고

61) 死士 사사 : 죽음을 무릅쓴 군인

가 있기를 기다렸다.

후경이 그것을 알았다. 편지를 정덕에게 보내 “지금 천자는 나이가 많으시고 간신들은 나라를 어지럽힙니다. 대왕께서는 황태자[62]인데, 중간에 폐출을 당하셨습니다. 천하가 위태로우니[63] 사람들의 마음이 대왕에게 돌아가고 있습니다. 제가 비록 불민하나, 스스로 공을 세우고 싶습니다. 원컨대 왕께서는 따를 수 있도록 윤허해주십시오”[64]라고 했다. 정덕이 크게 기뻐하며 “책략은 신속함에 달려있다. 지금이 그 때다”라고 말했다.

후경이 수양에서 반란을 일으키니, 양 황제가 임하왕 정덕을 평북장군(平北將軍) 도독경사제군사(都督京師諸軍事)로 삼아 단양군에 주둔시켰다. 정덕이 큰 배 수십척을 보내, 거짓으로 갈대를 싣는다고 말하고는 몰래 후경을 건너게 했다. 후경이 횡강에서 채석(采石)으로 건너왔다. 말 수백필, 병사 8천 명이었다. 자호(慈湖)에 도착했다.

이때는 양(梁)이 일어난지 47년째였다. 국경 내에서 전쟁이 없었으므로 공경 등 벼슬에 있는 사람과 동네의 사대부들이 병사들을 보는 일이 드물었다. 적이 갑자기 가까이 오니, 공사(公私)가 놀라고 떨었다. 정덕이 선양문을 지켰는데, 군대를 이끌고 나가 장후교(張侯橋)에서 후경을 맞이해 선양문으로 들어갔다. 궐 아래에 이르러 정덕이 황제에 즉

---

62) 儲貳 저이 : 황태자

63) 業業 업업 : 두려워하는 모양, 위태로움

64) 주(註) 부(副)는 딱 맞추다. 윤(允) 정말로. 제 뜻을 들어달라는 의미

위했다.

기사(己巳) (549년)

정월에 후경이 온갖 방법으로 성을 공격하고 밤낮으로 쉬지 않았다. 양(梁) 황제가 성이 이미 함락되었다는 말을 듣고 "내 스스로 이 일을 초래했고, 내 스스로 잃었다. 또 무엇을 탓하겠나?"라고 한탄했다.

조금 후에 후경이 태극동당에 들어와 알현했는데, 병사 5백 명으로 자신을 호위케 했다. 후경이 궁전의 바닥에서 이마를 조아리는데, 감히 올려다보지 못하고 땀이 흘러 얼굴을 덮었다.

물러나서 왕승귀(王僧貴)에게 "내가 일찍이 안장에 걸터앉아 적과 마주하면서 화살과 칼날이 교차하는 곳에서도 마음과 기세가 편안했으며, 끝까지 두려워하는 마음이 없었다. 지금 소공을 뵈었는데, 그는 다른 사람을 스스로 두렵게 한다. 하늘의 위엄이 아니겠는가? 범하기 어렵다. 다시 알현할 수 없겠다"라고 말했다.

이후로 양 황제가 원하는 것의 많은 부분이 뜻대로 되지 않았다. 음식 또한 제재 받고 줄었다. 근심과 분노로 병이 생겼다. 5월 병진일에 양 황제가 정거전(淨居殿)에 누워 있었는데, 입이 써서 꿀을 찾았으나 얻지 못했다. "하, 하" 두 번 소리 내고 드디어 죽었다. 나이가 86세였다. 이날 태자가 즉위했다.

○ 6월, 양(梁) 임하왕 정덕은 후경이 자신을 배신하자,

원망해 몰래 글을 보내 심양왕 범(範)을 불러 군대를 이끌고 들어오게 했다. 후경이 중간에 그 글을 빼앗고는 정덕을 목 졸라 죽였다.

○ 8월에 동위(東魏)의 고징(高澄)이 난경(蘭京)에게 살해당했다. 갑자기 변고가 일어나니 내외가 떨고 놀랐다. 태원공(太原公) 양(洋)이 그 소식을 듣고 휘하의 부대를 지휘해 나누어 들어가, 도적들을 토벌해 목 베고 잘게 저미는 형벌에 처했다. 양(洋)이 와서 문무관들을 크게 모았는데, 그의 정신과 풍채가 빼어나고, 부드럽고 밝으며, 말이 민첩하고 막힘이 없으니, 사람들이 모두 크게 놀랐다. 고징의 정령 중에 형편에 맞지 않는 것이 있으면, 양(洋)이 모두 고쳤다.

○ 12월에 양(梁) 시흥태수(始興太守) 진패선(陳覇先)이 군중의 호걸들을 결집해 후경을 토벌하고자 했다. 그 군의 사람 후안도(侯安都)와 장시(張偲)가 각각 군대 1천여 명을 이끌고 따랐다. 지름길로 강릉에 보내 상동왕(湘東王) 역(繹)의 지휘[65]를 받게 했다.

태종 간문제(太宗 簡文帝) 재위 2년, 수(壽) 49

경오(庚午) (550년)

동위(東魏)가 태원공(太原公) 양(洋)을 승진시켜 승상 제

---

65) 節度 절도 : 지휘

군왕(齊郡王)으로 삼았다. 조서를 내려 제왕(齊王)에게 선위했다. 왕이 황제에 즉위했다.66)

○ 양(梁) 상동왕(湘東王) 역(繹)은 천자가 역적에게 제재당하므로, 대보(大寶)의 연호를 따르지 않고, 태청(太淸) 4년이라 칭했다. 병오(丙午)일에 역(繹)이 명을 내려 크게 군대를 일으키고, 후경을 토벌하자는 격문을 원근에 돌렸다.

○ 9월에 양(梁)은 후경을 승진시켜 상국(相國)으로 삼고, 20군의 땅을 주었다. 스스로 한(漢)왕을 칭했다.

○ 위(魏) 승상 우문태가 처음으로 백성들의 재능과 힘을 장부에 기재하고 부병(府兵)으로 삼아, 조용조(租庸調) 일체를 면제해주었다. 농한기에는 열병과 전투, 그리고 진법을 익히게 하고, 말과 가축, 양식을 여섯 집에 비축해 제공하게 했다. 이들이 모두 1백 부가 되었고, 매 부마다 한 명의 낭장(郎將)을 두어 그것을 주관하게 했다. 24군에 나누어 배치했다.67)

신미(辛未) (551년)
3월에 위(魏) 황제가 죽었다. 태자 흠(欽)이 즉위했다.

○ 제[北齊]가 상동왕 역을 양(梁) 상국으로 삼았다. 양

66) 주(註) 이 제(齊)를 남조의 제(齊)와 구별하기 위해 북제(北齊)라 부름

67) 주(註) 북위(北魏)의 부병제(府兵制)가 이때 시작됨.

(梁)나라 관청을 세워주고, 백관을 거느리게 하고, 제도를 계승[68]하게 했다.

○ 9월에 후경이 양(梁) 황제를 위협해 예장왕에게 선위하게 하고, 조금 있다가 시해했다.

○ 양(梁) 왕승변(王僧辯) 등이 태종이 죽었다는 소식을 듣고, 상동왕 역(繹)에게 아뢰어 존호(尊號)를 올릴 것을 청했다.

○ 양(梁) 예장왕 동(棟)이 후경에게 선위를 하니, 후경이 남쪽 교외에서 즉위하고 황제를 칭했다. 크게 사면령을 내리고 연호를 태시(太始)로 고쳤으며, 동(棟)을 회음왕으로 봉했다.

세조 효원제(世祖 孝元帝) 재위 3년, 수(壽) 47

임신(壬申) (552년)

양나라 상동왕 역(繹)이 왕승변, 진패선 등과 함께 동쪽으로 진격해 후경을 공격했다. 후경의 군대가 크게 무너졌다. (후경은) 1백여 기와 동쪽으로 도망갔으나, 추격해 붙잡아 그를 목 베었다.

---

68) 梁臺 양대 : 양(梁)의 조정. 대(臺)는 중앙 정무를 맡는 관서. 『북제서(北齊書)』에 조정을 세워 양 상국(梁 相國)으로 임명했다.

○ 기축(己丑)일에 양(梁) 왕승변 등이 역에게 표문을 올려 존호를 올릴 것을 권했다. 도읍지를 건업으로 하고 맞이하고자 했다. 상동왕이 답장을 보냈다. "회해(淮海)의 장경(長鯨)[69]이 머리를 내주었으나, 양양(襄陽)의 단호(短狐)[70]는 아직 완전히 얼굴을 바꾸어서 따르지 않는다.[71] 태평해져서 사시(四時)가 고르게 되면[72], 너희들이 곧 그것을 의논하라"는 것이었다.

○ 익주자사 무릉왕 기(紀)는 용병을 잘 했다. 후경이 대성을 함락시켰다는 소식을 듣고 4월에 황제에 즉위했다.

○ 11월에 양(梁) 상동왕 역이 강릉에서 즉위했다. 연호를 바꾸고 크게 사면령을 내렸다.

계유(癸酉) (553년)

정월에 양(梁) 왕승변이 건강을 출발하니, 승제사(承制使) 진패선이 양주를 대신 다스렸다.

○ 위(魏) 태사 우문태가 위 황제 흠(欽)을 폐위하고, 그

---

69) 주(註) 회해(淮海)의 장경(長鯨)은 후경(侯景)을 비유함

70) 주(註) 양양(襄陽)의 단호(短狐)는 악양왕(岳陽王) 찰(詧)을 말함. 처음에 상동왕(湘東王) 역(繹)을 모셨는데, 서로 틈이 생겨 독립해 양양에 웅거하고 있음

71) 革面 혁면 : 그 얼굴을 바꾸어 따르지 않음을 말함

72) 玉燭 옥촉 : 사시(四時)의 기후가 고르고 날씨가 화창해 일월이 환히 비추는 일

동생 제왕(齊王) 곽(廓)을 세웠다.

○ 양(梁) 황제가 노장의 담론[73]을 좋아해, 9월에 용광전에서 노자를 강론했다.

○ 위(魏)는 우근(于謹) 우문호(宇文護) 양충(楊忠)에게 병사 5만을 거느리고 양(梁)으로 쳐들어가게 했다. 양왕(梁王) 찰(察)이 부하를 거느리고 그들을 맞이했다. 양(梁) 황제가 강론을 멈추고 내외를 엄히 경계했다. 왕침(王琛)이 보고하기를 "우리가 석범(石梵)에 이르니 경내가 조용했습니다"라고 했다. 양(梁) 황제가 듣고서 "그런가?" 했다. 다시 하루 동안 강론했는데, 백관들이 군복을 입고 들었다.

정해(丁亥)일에 위(魏) 군대가 책하(柵下)에 이르렀다. 양(梁) 황제가 강릉성을 순시하는데, 여전히 입으로 시를 지어 읊었고, 군신들 또한 화답하는 자가 있었다. 갑인(甲寅)일에 위(魏) 군대가 온갖 방법을 다해 성을 공격했다. 배반자가 사방의 문을 열고 위(魏) 군대를 받아들였다. 양(梁) 황제가 백마를 타고 흰 옷을 입고 나가서 항복했다.

○ 위(魏)에서 양왕(梁王) 찰(察)[74]을 양왕(梁王)[75]으로 삼고, 형주의 땅을 터전으로 주니 이것이 후량(後梁)이다.

---

73) 玄談 현담 : 심오한 노장의 도에 관한 담론

74) 察 찰 : 주(註) 양(梁) 소명태자(昭明太子)의 아들이다. 위(魏)를 섬겼다

75) 주(註) 자치통감에는 양(梁) 황제(梁主)로 되어 있다

경제(敬帝) 재위 2년, 수(壽) 16

을축(乙丑) (555년)

정월에 양왕(梁王) 찰(詧)이 강릉에서 황제에 즉위했다. 위(魏)에 상소를 올려 신하를 칭하고, 그 정삭(正朔)을 받들었다.[76]

○ 2월에 양(梁)의 진안왕(晉安王) 방지(方智)가 심양에 이르러 스스로 양왕(梁王)에 즉위했다. 이때 나이 13세였다. 태위 왕승변을 도독중외제군사(都督中外諸軍事)로 삼고, 진패선에게 정서대장군의 직위를 더해 주었다.

○ 북제(北齊)에서 왕승변에게 글을 보내 "황위 계승자가 어려서[77] 짊어질 짐을 감당하지 못할 것이고, 정양후(貞陽侯) 연명(淵明)이 나이로나 명망으로나 금릉을 감당해 보존할 만하니, 그를 양(梁) 황제로 삼아 그 나라로 들여보내라"고 했다. 계묘일에 연명이 건강에 들어가, 병오일에 황제에 즉위했다. 진안왕을 황태자로 삼았다.

○ 양(梁) 왕승변이 진패선과 함께 후경을 물리쳤는데, 처음에는 사이가 매우 돈독했다. 왕승변이 정양후 연명을

---

76) 正朔 정삭 : 정월 초하루, 왕이 새로 건국하면, 반드시 정월과 초하루를 정해 천하에 반포한다. 그 달력이 통치권이 행해지는 지역에서 쓰이므로, 신민(臣民)이 되는 것을 정삭(正朔)을 받든다고 한다

77) 沖藐 충묘(막) : 어리고 약함

들이자, 진패선이 사자를 보내 그 일을 심하게 막았다. 왕복하기를 서너번 한 뒤에도 왕승변이 따르지 않자, 진패선이 군대를 일으켜 왕승변을 습격해 그를 목 졸라 죽였다. 정양후 연명이 제위를 사양하고 사저로 갔다. 겨울 10월에 진안왕이 황제에 즉위했다.78)

○ 위(魏) 태사 우문태는 한 위(漢 魏)의 관직이 번다하므로, 소작(蘇綽)과 상서령 노변(盧辯)에게 명해 주례(周禮)에 의거해 다시 6관을 정하게 했다.

병자(丙子) (556년)

정월에 위(魏)가 처음으로 6관을 세웠다. 우문태를 태사(太師) 대총재(大冢宰)로 삼고, 백관부터는 모두 주례를 모방했다.

○ 10월에 위(魏) 안정문공(安定文公) 우문태가 병이 났다. 중산공(中山公) 우문호(宇文護)에게 "내 여러 자식들이 모두 어리고 밖의 도둑들이 아직 강성하다. 천하의 일이 너

---

78) 주(註) 북(北)에는 서위(西魏, 북위)와 북제(北齊, 동위)가 있었고 남(南)에는 후량(後梁)과 양(梁)이 있었다. 후량(後梁)은 위(魏)의 도움으로 양(梁)의 도읍인 강릉을 함락시켜 즉위했는데, 위(魏)의 괴뢰정부였다. 양(梁)은 상동왕(湘東王) 역(繹)의 아들이 동쪽으로 가서 금릉에서 즉위해 정통을 이었다. 북제(北齊)는 위(魏)가 양(梁)을 침략할 때 구원병을 보냈으나, 도착하기 전에 함락 당했다. 그래서 남쪽으로 군사를 보내 정양후(貞陽侯) 연명(淵明)을 세워 양(梁) 황제로 만들려고 했으나, 왕승변이 진패선에 패해 더 이상 간섭할 수 없게 되었다

에게 달려 있다. 노력해서 나의 뜻을 이루도록 하라"고 말했다. 을해일에 죽었다.

우문태는 영웅호걸들을 제어해 그 힘을 쓸 수 있었다. 성격이 질박하고 소박함을 좋아해, 헛된 가식을 숭상하지 않았다. 정사에 밝고 통달했으며, 유교를 숭상하고, 옛것을 좋아했다. 실시하고 설치하는 것들은 모두 삼대(夏 殷 周)를 모방했다.

병자일에 세자 우문각(宇文覺)이 자리를 이어 태사 대총재가 되었다. 나가서 동주(同州)를 다스렸는데, 이때 나이 15세였다. 우문호가 내외의 기강을 바로잡고 문무관을 어루만지고 돌보니, 민심이 안정되었다.

○ 12월에 위(魏)가 기양(岐陽)의 땅을 세자 우문각에게 주고, 주공(周公)으로 삼았다. 위(魏)의 우문호는 주공(周公)이 어리고 유약하므로 일찍 제위를 정해서 민심을 안정시키고자 했다. 경자일에 위나라 공제(恭帝)의 조서로 주공(周公)에게 선위했다.[79]

위의 양(梁)나라는 네 명의 군주로, 도합 56년이다.

---

79) 주(註) 우문태(宇文泰)의 아들 우문각(宇文覺)이 주(周)를 세우니, 이것을 북주(北周)라 부른다. 이로 인해 북조(北朝)에는 우문씨(宇文氏)의 북주(北周, 수도 장안長安), 고씨(高氏)의 북제(北齊, 업鄴)가 있었고, 남쪽에는 소찰(蕭詧)의 후량(後梁, 강릉江陵)과 방지(方智)의 양(梁, 금릉金陵)이 있었다. 얼마 후에 후량(後梁)은 북주(北周)에 흡수되고, 양(梁)은 진패선(陳霸先)에 의해 진(陳)으로 바뀐다

원 문

卷之三十二

梁紀　附北朝東魏

高祖武帝上 在位四十八年，壽八十六

壬午

齊進大司馬衍都督中外諸軍事。詔 進大司馬位相國 總百揆揚州牧，封十郡為梁公。二月 詔 梁公進爵為王。

○(齊)主下詔 禪位于梁王，卽皇帝位。

甲申

(魏)詔 營繕國學。時魏平寧日久，學業大盛，燕 齊 趙 魏之間，教授者不可勝數。弟子著錄，多者千餘人，少者猶數百。州舉茂異，郡貢孝廉，每年逾衆。

○十月，(梁)大擧伐魏。

丙戌

太子統生五歲，能遍誦五經。始自禁中 出居東官。

己丑

十一月，　(魏)主專尚釋氏，遠近承風，無不事佛。比及延昌，州郡共有一萬三千餘寺。

乙未

正月，魏主殂。太子詡卽皇帝位。胡太后臨朝稱制。于忠居門下 總宿衛，遂專朝政。

○初　(魏)世宗，作瑤光寺，未就。是歲胡太后又作永寧寺。皆極土木之美，為九層浮圖，掘地築基，下及黃泉。浮圖高九十丈，上刹復高十丈。每夜靜，鈴鐸聲聞十里，僧房千間，珠玉錦繡 駭人心目。自佛法人中國，塔廟之盛 未之有也。

丁酉

四月，(梁)詔 以宗廟用牲牢 有累冥道，宜皆以麵為之。於是朝野諠譁，以宗廟去牲 乃是不復血食。梁主竟不從。

己亥

(魏)殿中尚書崔亮為吏部尚書。亮奏為格制，不問士之賢愚，專以停解月日為斷。沈滯者皆稱其能。洛陽令薛琡，上書言：「黎元之命 係於長吏，若以選曹 唯取年勞，不簡賢否，義均行鴈，次若貫魚，執薄呼名，一吏足矣。數人而用，何謂銓衡?」書奏，不報。其後甄琛等繼亮，為吏部尚書，利其便己，踵而行之。魏之選舉失人 自亮始也。

丙午

九月，(魏)葛榮自稱天子，國號齊，改元廣安。

◯(魏)盜賊日滋，征討不息， 國用耗竭。豫徵六年租調，猶不足。乃罷百官所給酒肉， 又稅入市者人一錢，及邸店 皆有稅，百姓嗟怨。

戊申

正月，(魏)太后再臨朝以来，嬖倖用事，政事縱弛，威恩不立。盜賊蠭起，封疆日蹙。是時 討虜大都督爾朱榮 兵勢彊盛，魏朝憚之。高歡往歸榮。榮曰：「但言爾意。」歡曰：「今天子闇弱，太后淫亂，嬖孽擅命，朝政不行。以明公雄武，乘时奮發，覇業可舉鞭而成。」榮大悅。自是每參軍謀。

◯(魏)肅宗亦惡鄭儼　　徐紇等，逼於太后，不能去。密詔榮，舉兵內向，欲以脅太后。榮以高歡為前鋒　行至上黨。魏主復以私詔　止之。儼　紇恐禍及已，陰與太后謀　酖魏主。二月 癸丑 魏主暴殂。太后改立故臨洮王寶暉世子釗。釗始生三歲。爾朱榮聞之，與元天穆議，以彭城武宣王有忠勳，其子長樂王子攸素有令望，欲立之。四月　榮濟河，百官奉璽綬，備法駕，迎敬宗於河橋。(魏)北海王顥来奔，梁主以顥為魏王，遣陳慶之，將兵送之還北。

己酉
(魏)顥與陳慶之 進拔滎城，卽帝位於睢陽城南。

○五月，(魏)顥克梁國，引兵西，拔滎陽。魏主出避顥，顥入洛陽宮，改元建武。慶之以數千之衆，自發銍縣，至洛陽，取三十二城。四十七戰 所向皆克。爾朱榮聞魏主北出，馳傳，見魏主於長子。行且部分，卽日南還。榮為前驅，與爾朱兆 賀拔勝等進擊顥，顥帥麾下數百騎，南走。陳慶之帥衆東還。所得諸城復降於魏。顥至臨潁縣 卒。江豐斬之，傳首洛陽。

○九月， 梁主幸同泰寺，設四部無遮大會。釋御服， 持法衣，行清淨大捨。素床瓦器，親為四衆 講涅槃經。羣臣以錢一億萬，奉贖。表請還宮，三請乃許。

庚戌
八月，(魏)爾朱榮，雖居外藩，遙制朝政。樹置親黨 布列魏主左右，伺察動靜，大小必知。魏主雖受制於榮，然性勤政事，朝夕不倦。數親覽辭訟，理寃獄。榮聞之，不悅。魏主既外逼於榮，恒怏怏不樂。遂與城陽王徽圖榮殺之。是夜爾朱世隆帥榮部曲，焚西陽門，出屯河陰。十月 汾州刺史爾朱兆聞榮死，自汾州帥騎，據晉陽。世隆至長子，兆来會之， 共推太原太守長廣王 曄，卽皇帝位。大赦。改元建明。

○十二月，(魏)兆輕兵倍道兼行，從河橋西渡。先是敬宗以大河深廣，謂兆未能猝濟。是日水不沒馬腹。暴風黃塵漲天。兆騎叩宮門，宿衛乃覺。彎弓欲射，矢不得發，一時散走。兆騎執其主，鎖於永寧寺樓上。遷於晉陽，縊殺之。

◯(魏)初葛榮部衆，流入并肆者二十餘萬。為契　胡陵暴，皆不聊生。謀亂不止，兆患之。問計於高歡，歡曰：「宜選王腹心，使統之。」兆遂以其衆委焉。歡以兆醉，恐醒而悔之，遂出宣言:「受委統州鎮兵，　可集汾東，受號令。」乃建牙陽曲川。軍士素惡兆，而樂屬歡，莫不皆至。長史慕容紹宗諫曰：「不可。方今四方紛擾，人懷異望。高公雄才蓋世，復使握大兵於外，譬如借蛟龍以雲雨，將不可制矣。」兆弗聽。

辛亥

二月，(魏)爾朱世隆　以長廣王之命　禪位于廣陵王。(魏)高歡起兵討爾朱氏，以兆弒敬宗也。

壬子

(魏)歡進擊爾朱兆等於鄴，大破之。兆自殺。盡滅爾朱氏之黨。遂幽節閔帝於崇訓佛寺。更立平陽王脩。戊子　孝武帝卽位於東郭之外，酖節閔帝於門下省。

癸丑

(魏)賀拔岳遣使詣晉陽，以歡約爲兄弟。司馬宇文泰自請詣晉陽，以觀歡之為人。歡奇其狀貌曰：「此兒視瞻非常，將留之。泰固求復命。」歡旣遣而懷之。泰至長安，謂岳曰：「高歡以未簒者，正憚公兄弟爾。公但潛為之備，　圖歡不難。」岳大悅。以夏州被邊要重，欲求良刺史以鎮之，衆舉宇文泰，岳表用之。

甲寅

中軍將軍王思政言於(魏)主曰：「高歡之心，昭然可知，洛陽非用武之地。宇文泰乃心王室，今往就之，還復舊京　何慮弗克。(魏)主深然之。以五千騎，西出長安。泰備儀衛迎制，謁見於東陽驛。魏主遂入長安。以泰為尚書令，軍國之政，咸取決焉。

○十月，(魏)丞相歡至洛陽，集百官耆老，立清河世子善見為帝。孝靜帝卽位於城東北，遷都鄴。

○(魏)孝武帝復與泰有隙。十二月　魏主飮酒遇酖　而殂。泰乃奉太宰南陽王寶炬　而立之。

乙卯

正月，朔　魏文帝卽位。進丞相泰為安定公。

○(東魏)封丞相歡之子洋為太原公。二年　九月　(東魏)以定州刺史侯景　兼尚書右僕討南道行臺，督諸將入寇。十月　景進軍淮上，陳慶之擊破之。景棄輜重走。

乙丑

(梁)賀琛啟陳四事，言奢侈賦役之弊，梁主切責之。梁主為人，孝慈恭儉，博學能文。陰陽卜筮，騎射聲律，草隸圍棊，無不精妙。勤於政務，冬月四更，竟卽起視事，執筆觸寒，手為皴裂。自天監中用釋氏法，長齋斷魚肉，日止一食，惟菜羹糲飯而已。或遇事繁，日移中，則嗽口以過。身衣布衣，木緜皂帳。一冠三載，一衾二年。後宮貴妃以下衣不曳地。性不飲酒，非宗廟祭祀 大饗宴及諸法事，未嘗作樂。雖居暗室，恒理衣冠，小坐盛暑，未嘗褰袒。對內豎小臣如遇大賓。然優假士人大過，牧守多侵漁百姓，使者干擾郡縣。又好親任小人。頗傷苛察。多造塔廟，公私費損。江南久安，風俗奢靡，故琛奏及之。

○上敦尙文雅，踈簡刑法。自公卿大臣，咸不以鞫獄為意。奸吏招權弄法，貨賂成市，枉濫者多。時 王侯子弟 多驕滛不法。上年老，厭於萬機。又專精弗戒，每斷重罪，則終日不懌。或謀反逆，事覺，亦泣而宥之。由是王侯益横。或白晝殺人於都街，或晝夜公行剽掠。有罪亡命者，匿於主家，有司不敢搜捕。上深知其弊，而溺於慈愛，不能禁也。

丙寅

三月，上幸同泰寺。遂停寺省，講三慧經。是夜同泰寺浮圖灾。上曰：「此魔也。宜廣為法事。」遂起十二層浮圖，將成，值侯景亂而止。

丁卯

正月, (東魏)獻武王高歡卒。歡性深密, 終日儼然, 人不能測, 機權之際, 變化若神, 制馭軍旅, 法令嚴肅。聽斷明察, 不可欺犯。由是文武樂為之用。

○侯景素輕高澄, 自念己與高氏有隙, 內不自安。據河南叛, 歸于魏。又遣丁和來, 上表言:「臣與高澄有隙, 請舉十三州內附。」上召羣臣廷議, 尚書僕射謝舉等皆曰:「頃歲與魏通和, 邊境無事。今納其叛臣, 竊謂非宜。」上曰:「得景則, 塞北可清。機會難得, 豈宜膠柱?」然意未決。嘗獨言:「我國家如金甌 無一傷缺。今忽受景地, 詎是事宜?脫致紛紜, 悔之何及。」朱异揣知梁主意, 對曰:「聖明御宇, 南北歸仰。拒而不內, 恐絕後來之望。」上乃定議納景, 以景為大將軍 封河南王。周弘正善佔候, 前此謂人曰:「國家數年後, 當有兵起。」及聞納景 曰:「亂階在此矣!」

○(東魏)高澄, 入朝于鄴。

○(東魏)靖帝美容儀, 膂力過人, 射無不中, 好文學, 從容沈雅。時人以為有孝文風烈。大將軍澄深忌之。帝謀誅澄。事覺, 澄幽帝於含章堂。

○(東魏)使軍司杜弼作檄移(梁)曰:「侯景自生猜貳。遠託關 隴。依憑奸偽, 逆主定君臣之分, 偽相, 結兄弟之親, 豈曰無恩, 終成難養。今乃授之以利器, 誨之以慢藏。使其勢得容奸, 時堪乘便則, 必自據淮南, 亦欲稱帝。但恐楚國亡猿，禍延林木，城門失火，殃及池魚。」其後，梁室禍敗皆如弼言。

戊辰

梁侯景與東魏戰敗。自求貶削，(梁)主以景兵新破，未忍移易。卽以景為南豫州牧。蕭介上表諫曰：「竊聞，凶人之性不移，天下之惡一也。侯景以凶狡之才，荷高歡卵翼之遇，歡墳土未乾，卽還反噬，逃死關西。宇文不容，故復投身於我。棄鄉國如脫屣，背君親如遺芥，豈知遠慕聖德，為江淮之純臣乎!」梁主不能用。

○二月，　(東魏)大將軍澄，遣書復求通好，梁主與朝臣議之。朱异　張綰等皆曰：「靜寇息民，和實爲便。」司農卿傅岐獨曰：　「高澄何事須和？ 必是設間，欲令侯景自疑。景意不安，必圖禍亂。若許通好，正墮其計中。异等固執宜和，梁主亦厭用兵，乃從异言。景果為反計。臨賀王正德所至貪暴不法，屢得罪於梁主。由是憤恨，陰養死士，儲米積貨，幸國家有變。景知之，致牋於正德曰：「今天子年尊，姦臣亂國。大王屬當儲貳，中被廢黜，四海業業，歸心大王。景雖不敏，實思自效。願王允副。」正德大喜曰：「機事在速，今其時矣。」景反於壽陽。梁主以臨賀王正德為平北將軍都督京師諸軍事，屯丹陽郡。正德遣大船　數十艘，詐稱載荻　密以濟景。景自橫江　濟于采石，有馬數百匹兵八千人。至慈湖。是時梁興四十七年，境內無事，公卿在位　及閭里士大夫罕見兵甲。賊至猝迫，公私駭震。正德守宣陽門，帥衆於張橋，迎景入宣陽門，至闕下。正德卽位。

己巳

正月， 侯景百道攻城，晝夜不息。梁主聞城已陷，歎曰：「自我得之，自我失之。亦復何恨!」俄而，景入見於太極東堂，以甲士五百人自衛。景稽顙殿下，不敢仰視，汗流被面。退謂王僧責曰：「吾常跨鞍對陳，矢刃交下，而意氣安緩，了無怖心。今見蕭公，使人自慴，豈非天威! 難犯。吾不可以再見之。」是後 梁主所求 多不遂志。飮膳 亦為所裁節，憂憤成疾。五月 丙辰 梁主卧淨居殿，口苦索蜜，不得。再曰：「荷 荷」遂殂。年八十六。是日太子卽位。

◯六月，臨賀王正德，怨侯景賣已，密書召鄱陽王範，使以兵入。景遮得其書，縊殺之。

◯八月，(東魏)高澄為蘭京所殺。時變起倉猝，內外震駭。太原公 洋聞之，指麾部分，入討羣賊，斬而臠之。洋至，大會文武。神采英暢，言辭敏洽，衆皆大驚。澄政令有不便者，洋皆改之。

◯十二月，(梁)始興太守陳霸先，結郡中豪傑，欲討侯景。郡人侯安都張偲等，各帥衆千餘人歸之。遣使間道詣江陵，受湘東王繹節度。

太宗簡文皇帝　在位二年　壽四十九。

庚午
(東魏)進太原公高洋位丞相　齊郡王。下詔禪位於齊王。王卽皇帝位。

◯(梁)湘東王繹　以天子制於賊臣，不肯從大寶之號，猶稱太清。四年　丙午 繹下令，大擧討侯景，移檄遠近。

◯九月，(梁)進侯景位相國，封二十郡，爲漢王。

◯(魏)丞相泰始籍民之才力者　爲府兵，身租庸調，一切蠲之。以農隙講閱戰陳，馬畜粮備六家供之，合爲百府。每府，一郎將主之，分屬二十四軍。

辛未
三月，(魏)主殂，太子欽立。

◯(齊)以湘東王繹 爲梁相國，建梁臺，總百揆，承制。

◯九月，侯景逼(梁)主，禪位於豫章王，尋弑之。

◯(梁)王僧辯等聞太宗殂，啓湘東王繹，請上尊號。

◯(梁)豫章王棟 禪位于景。景卽位 稱帝于南郊。大赦，改元太始。封棟爲淮陰王。

世祖孝元帝在位三年 壽四十七

壬申
(梁)湘東王繹　與王僧辯　陳霸先等　東擊侯景。景兵大潰，與百餘騎東走，追及斬之。

○己丑，(梁)僧辯等　上表勸進。且迎都建業。湘東王答曰：「淮海長鯨雖云授首，襄陽短狐未全革面。太平玉燭，爾乃議之。」

○益州刺史武陵王紀，頗有武略。聞侯景陷臺城，四月　卽皇帝位。

○十一月，(梁)湘東王繹卽皇帝位於江陵。改元　大赦。

癸酉
正月，(梁)王僧辯發建康，承制。使陳霸先，代鎭揚州。

○(魏)太師泰，廢魏主欽，立其弟齊王廓。

○(梁)主好玄談。九月　於龍光殿講老子。

○(魏)遣于謹　宇文護　楊忠將兵五萬，入寇。梁主詧帥衆會之。梁主停講，內外戒嚴。王琛報曰：「吾至石梵，境上帖然。」梁主聞而疑之，乃復開講一日。百官戎服以聽。丁亥　魏兵至柵下。梁主巡城，猶口占為詩，羣臣亦有和者。甲寅　魏人百道攻城，反者開西門，納魏師。梁主白馬素衣出降。

○(魏)立梁王詧為梁王，資以荊州之地。是為(後梁)。

敬帝　在位二年，壽十六

乙亥

正月，(梁)王詧卽皇帝位於江陵，上疏於魏 則稱臣，奉其正朔。

○二月，　(梁)晉安王方智至。自尋陽　卽梁王位。時年十三。以太尉王僧辯　為都督中外諸軍事，加陳霸先征西太將軍。

○(齊)與王僧辯書:「以為嗣主沖藐，未堪負荷。貞陽侯淵明，以年　以望，堪保金陵，以為梁主，納於彼國。」癸卯　淵明入建康，丙午 卽皇帝位。以晉安王為皇太子。

○初(梁)王僧辯與陳霸先，共滅侯景，情好甚篤。及僧辯納貞陽侯　淵明，霸先遣使苦爭之。往返數四，僧辯不從。霸先乃舉兵襲僧辯執而縊殺之。貞陽侯淵明遜位，出就邸。冬

十月 晉安王卽皇帝位。

○初(魏)太師泰以漢魏官繁，命蘇綽及尚書令盧辯，依周禮更定六官。

丙子

正月，(魏)初建六官，以宇文泰為太師大冢宰，自餘百官，皆倣周禮。

○十月，(魏)安定文公宇文泰病。召中山公護謂曰：「吾諸子皆幼，外寇方彊，天下之事，屬之於汝。宜努力，以成吾志。」乙亥卒。泰能駕馭英豪，得其力用。性好質素，不尚虛飾。明達政事，崇儒好古。凡所施設，皆依倣三代而為之。丙子， 世子覺嗣位為太師大冢宰。出鎮同州，時年十五。護綱紀內外，撫循文武，人心遂安。

○十二月，(魏)以岐陽之地 封世子覺 為周公。魏宇文護 以周公幼弱，欲早使正位，以定人心。庚子 以(魏)恭帝詔，禪位於周。

右(上)梁四主，合五十六年。

통감절요 33권

진기(陳紀)-북조(北朝)의 주(周) 제(齊)를 부기(附記)

고조(高祖) 무제(武帝)

재위 3년, 수(壽) 57

정축(丁丑) (서기 557년)

정월(正月)에 주공(周公)이 천왕(天王)에 즉위했다. 8월 양(梁)의 승상 진패선(陳霸先)의 작위를 올려 상국(相國)으로 삼아 백관을 총괄하게 하고, 진공(陳公)에 봉했다.

주(周)의 진공(晉公) 우문호(宇文護)가 민제(閔帝)를 시해했다. 영도공(寧都公) 육(毓)이 천왕(天王)에 즉위했다.

10월 양(梁)이 진공(陳公)의 작위를 올려 왕으로 삼았다. 신미(辛未)일에 양나라 경제(敬帝)가 진왕(陳王)에게 선위하니, 진왕(陳王)이 황제에 즉위했다.

무인(戊寅) (558년)

정월에 주(周) 태사(太師) 우문호가 표문을 올려 정사를 돌려드렸다. 주(周) 황제가 비로소 천하의 정사를 직접 돌보았다. 군대의 일은 여전히 우문호가 총괄했다.

기묘(己卯) (559년)

진(陳) 황제가 죽었다. 진나라 황제는 전쟁에 임해 승선을 제압했고, 빼어난 계책을 혼자서 계획했다. 그리고 정사를 돌볼 때에는 관대하고 간략하게 하려고 힘썼다. 임천왕(臨川王) 천(蒨)이 즉위했다.

○ 8월에 주(周) 군주가 처음으로 황제를 칭하고, 무성(武成)으로 연호를 고쳤다.

○ 9월에 제(齊)나라 현조(顯祖)가 술을 즐기다 병이 나서 10월에 죽었다. 태자 은(殷)이 즉위했다.

세조 문제(世祖 文帝) 재위 7년, 수(壽) 45

경진(庚辰) (560년)

4월에 주(周) 세종(世宗)이 죽고, 무제(武帝)가 즉위했다.

○ 8월에 태황태후가 명령을 내려 제(齊) 황제를 폐위해 제남왕(濟南王)으로 삼고, 내보내서 별궁에 살게 했다. 상산왕(常山王) 연(演)을 들여와 대통을 잇게 했다. 숙종(肅宗)이 진양에서 즉위했다.

신사(辛巳) (561년)

10월에 제나라 숙종이 죽고, 세조(世祖)가 즉위했다.

임오(壬午) (562년)

후량(後梁)의 군주 찰(察)이 죽고, 태자 귀(巋)가 즉위했다.

갑신(甲申) (564년)[1)]

제(齊) 황제가 태자 위(緯)에게 제위를 물려주니, 태자가 즉위했다.

병술(丙戌) (566년)

4월 계유일(癸酉日)에 진(陳) 황제가 죽고, 태자가 즉위했다.

임해왕(臨海王) 재위 2년, 수(壽) 19

정해(丁亥) (567년)

진(陳)나라의 정사가 모두 안성왕(安成王) 욱(頊)에 돌아갔다.

---

1) 주(註) 『자치통감』에는 진(陳) 천가 6년(天嘉, 565)의 기사로 되어 있고, 『주서(周書)』에는 보정 5년(保定, 565)의 기사로 되어 있다. 『북사(北史)』에도 마찬가지로 보정 5년 여름 4월 기사로 되어있고, 『남사(南史)』에도 천가 6년(565)으로 기재되어 있는 것으로 보아, 갑신이 아닌 을유(乙酉)년 기사로 분류 되어야 한다

무자(戊子) (568년)

11월 진(陳)의 안성왕 욱이 황제를 폐위해 임해왕으로 삼았다.

고종 선제(高宗 宣帝) 재위 14년, 수(壽) 52

기축(己丑) (569년)

정월, 진(陳)에서 안성왕이 즉위했다.

신묘(辛卯) (571년)

주(周)의 양소(楊素)는 젊었을 때부터 재주와 기예가 많았고, 큰 뜻이 있어서 사소한 의리[2]에 구애받지 않았다. 주(周) 황제가 양소에게 명해 조서를 작성하게 하면, 붓을 대자마자 곧바로 완성했는데, 말과 뜻이 모두 훌륭했다. 주 황제가 이르기를 "그것에 힘쓰고, 부귀하지 못함을 근심하지 말라"고 했다. 양소가 "부귀가 신에게 가까이 올까 두렵습니다. 신은 부귀를 도모할 마음이 없습니다"고 대답했다.

임진(壬辰) (572년)

진(陳) 황제가 제(齊)나라 공격을 모의했다. 공경이 각각 의견이 달랐으나, 오직 진남장군 오명철(吳明徹)만이 방책을 결정하고 출정할 것을 청했다. 임오일에 군대를 나누고,

---

2) 小節 소절 : 조그마한 절개, 사소한 의리

전군에 명령해 오명철을 도독정토제군사로 삼아 10만의 군대를 거느리고 제(齊)를 공격하게 했다.

계사(癸巳) (573년)

10월에 진(陳)의 오명철이 수양성을 공격했다. 비수(淝水)에 보를 쌓고 흐름을 막아[3] 수양성에 물을 댔다. 제나라 행대(行臺) 우복야 피경화(皮景和) 등이 수양성을 구원하려다, 겁을 먹고 두려워해 감히 전진하지 못했다.

오명철이 갑옷과 투구를 갖추어 입고, 사면에서 빠르게 공격해 첫 북소리[4]로 그 곳을 함락시켰다. 왕림(王琳) 왕귀현(王貴顯) 노잠(盧潛) 등을 생포해 건강으로 보냈다. 피경화는 북쪽으로 달아났다.

제(齊)의 목제파(穆提婆)와 한장란(韓長鸞)은 수양성이 함락되었다는 소식을 듣고도 주사위 놀이[5]를 거두지 않으며 "(수양성은) 본래 저들 것이었으니, 저들이 가지도록 내버려 두어도 된다"고 말했다. 제나라 황제가 그 소식을 듣고 근심했다. 목제파 등은 "가령 국가가 황하 이남 지역을 다 잃는다 해도, 오히려 하나의 구자국(龜茲國)[6]을 만들 수는 있습니다"라고 말했다. 제나라 황제가 크게 기뻐했다.

---

3) 堰 언 : 보, 방죽. 물의 흐름을 막는 보의 뜻을 나타냄

4) 一鼓 일고 : 진군할 때 처음에 북을 한번 침

5) 握槊 악삭 : 쌍육놀이, 놀이의 한 가지

6) 龜茲國 구자국 : 고차(庫車) 부근에 있던 서역의 한 나라

○ 12월에 진(陳)의 정주자사 전룡추(田龍秋)가 양자강 북쪽의 6주, 7진을 가지고 모반해 제(齊)나라로 들어갔다. 안주자사 주경(周炅)이 그를 공격해 목 베고, 양자강 북쪽의 땅을 다 회복했다.

을미(乙未) (575년)

7월에 주(周) 황제가 운양궁(雲陽宮)에 갔다.

대장군 양견(楊堅)은 모습과 인상이 기이하고 위엄 있었다. 내화(來和)가 일찍이 양견에게 "공의 눈은 새벽별[7]처럼 비추지 않는 곳이 없습니다. 마땅히 천하의 왕이 될 것입니다"라고 말했다.

병신(丙申) (576년)

9월에 주(周) 황제가 신하들에게 "제(齊)나라 조정이 혼란스럽다. 소인배들이 정치를 한다. 백성들이 모여서 시끌시끌[8]하고, 아침에 저녁의 일을 도모하지 못한다. 하늘이 주는 데도 가지지 않으면, 나중에 후회를 남길까 두렵다"고 말했다.

겨울 10월에 주(周) 황제가 직접 군대를 거느리고 제(齊)를 공격해 진주(晉州)를 함락시켰다. 무신(戊申)일에 주(周) 황제가 평양(平陽)에 왔다. 여러 군대를 거느리고 제의 군대를 공격했다. 제 황제가 북쪽으로 달아났다. 제의 군대가

7) 曙星 서성 : 새벽에 보이는 별, 효성(曉星)

8) 嗷然 오연 : 시끄러울, 여럿이 떠들썩하게 지껄임

크게 무너져, 죽은 자가 1만여 명이었다.

여러 장수들을 거느리고 제의 군대를 끝까지 추격했다. 제 황제가 진양(晉陽)에 들어가서는 근심하고 두려워해 어디로 갈지를 몰랐다. 제의 신하 중에 항복하는 자가 계속 이어졌다. 제 황제가 업(鄴)으로 돌아갔다.

병주(幷州)의 장수들이 안덕왕(安德王) 연종(延宗)에게 즉위할 것을 청했다. 주(周)의 군대가 진양을 포위하고 동문을 공격해 그 곳을 점령했다. 연종이 싸우다 힘이 꺾여 성 북쪽으로 달아났다. 주(周)나라 사람이 그를 사로잡았다. 계유(癸酉)일에 주(周)나라 군대가 업(鄴)을 향해 갔다.

정유(丁酉) (577년)

임진(壬辰)일에 주(周)나라 군대가 업의 성 아래에 이르러 그 곳을 포위하고, 성의 서문을 불태웠다. 제(齊)나라 사람들이 나와서 싸웠지만, 주(周) 군대가 맹렬히 공격해 그들을 크게 격파했다. 제 황제가 1백 명의 기병을 거느리고 동쪽으로 도망쳤다. 추격해 그를 사로잡았다.

무술(戊戌) (578년)

진(陳) 황제는 주(周)가 제(齊)를 멸망시켰다는 소식을 듣고, 서주와 연주를 빼앗고자 했다. 오명철(吳明徹)에게 명해 여러 군대를 독려해 주나라를 공격하게 했다. 오명철이 주(周)의 팽성(彭城)을 포위했는데, 왕궤(王軌)가 군대를 이끌고 와서 (오히려) 그들을 포위해 좁혀왔다. 진(陳)의 군대가 무너지고, 오명철이 주(周)나라 사람에게 잡혔다. 장수와 군사

3만명과 병기 치중(輜重)[9]을 모두 주(周)나라에 빼앗겼다.

○ 5월에 주(周) 고조가 죽으니, 나이가 36세였다. 태자가 즉위했다. 윤(贇)은 처음 즉위하자마자, 사치하고 욕심을 마음대로 부렸다.[10] 죽은 왕의 시신[11]이 빈소에 있었으나, 슬퍼하는 기색[12]이 없었다.

기해(己亥) (579년)

주(周) 선제(宣帝)가 태자 천(闡)에게 제위를 물려주었다. 크게 사면령을 내리고 연호를 대상(大象)으로 고쳤다. 스스로 천원황제(天元皇帝)라 칭했다. 교만하고 사치스러움이 더욱 심했고, 스스로의 존대(尊大)함에 힘썼으며, 거리끼는 바가 없었다.

수공(隋公) 양견(楊堅)이 대장군 여남공(汝南公) 경(慶)에게 은밀히 "천원(天元)은 실제로 덕을 쌓은 것이 없다. 그의 관상을 보니 수명 또한 길지 못하다. 또 여러 제후[13]들의 세력이 미약한 데도, 각각 번국(藩國)을 세우게 했다. 일찍부터 뿌리를 깊게 하고 근본을 견고하게 하는 장구한 계책이 없었다. 날개[14]가 이미 잘린 것이다. 어찌 멀리까지

---

9) 輜重 치중 : 군대의 짐, 나그네의 짐
10) 逞 영 : 왕성할, 만족할, 다할, 마음대로 하다
11) 大行 대행 : 아직 시호가 없는 갓 죽은 왕
12) 戚容 척용 : 슬퍼함
13) 藩 번 : 울타리, 한 지방을 진정시켜 왕실을 수호하는 제후의 나라

갈 수 있겠는가"라고 말했다.

경자(更子) (580년)

주(周) 천원황제는 더 어리석어지고 더 포학해졌다. 기뻐하고 노여워함에 절도가 없었다. 황후의 아버지 양견의 지위와 명망이 높으니, 천원황제가 그를 시기했다. 양견은 황제에게 시기를 받자 마음이 편치 않았다. 천원황제가 어가를 갖추고 천흥궁(天興宮)에 행차했다가 몸이 불편해 돌아왔다. 이날 천원황제가 죽었다.

양견이 안팎의 군대 일을 총괄하게 되었다. 양견이 선제의 가혹한 정치를 개혁해 관대한 정치로 바꾸었다. 과거의 형률(刑律)을 삭제하고 줄여서[15], 「형서요제(形書要制)」를 만들고, 행했다. 몸소 검소와 절약을 실천하니 안팎이 기뻐했다.

○ 12월에 주(周)가 대승상 양견을 상국으로 삼아 백관을 총괄하게 하고, 작위를 올려 왕[隋王]으로 삼았다.

신축(辛丑) (581년)

2월 주(周) 황제가 조서를 내려 황제의 자리를 내놓고 별궁에 거처했다. 황제의 옥새와 인끈을 받들어서 수(隋)나라에 선위하도록 명령했다.

---

14) 羽翮 우격 : 새의 나래

15) 刪略 산략 : 깎아 줄임

○ 수(隋)나라가 소위(蘇威)에게 납언(納言)[16] 탁지상서를 겸하게 했다.

3월에 수(隋)가 하약필(賀若弼)을 오주총관(吳州總管)으로 삼아 광릉(廣陵)을 다스리게 했다. 한금호(韓擒虎)를 여주총관(廬州總管)으로 삼아 여강(廬江)을 다스리게 했다.

수(隋) 황제에게는 강남을 병합할 뜻이 있었다. 고경(高熲)에게 장수감을 물으니, 고경이 하약필과 한금호를 천거했다. (이들을) 남쪽 변방에 배치해 그들로 하여금 은밀히 경략하게 했다.

○ 수(隋)의 고경(高熲)과 소위는 한마음으로 협력해 도왔다.[17] 크고 작은 정사와 형벌을 황제가 참여해 계획하고 의논하고 난 연후에 시행했다. 황제가 교체[18]된 이후 수년간 천하가 태평했다.

임인(壬寅) (582년)
봄 정월에 진(陳) 황제가 죽고, 태자가 황제에 즉위했다.

장성공(長城公)[19] 재위 7년. 수(隋)나라가 멸망시켰다.

---

16) 納言 납언 : 임금의 뜻을 백성(百姓)에게 전(傳)하고, 백성(百姓)의 뜻을 임금에게 올리던 벼슬

17) 協贊 협찬 : 협력하고 돕다

18) 革命 혁명 : 천명이 바뀌었다는 뜻으로, 황제 교체를 말함

19) 長城公 장성공 : 주(註) 명(名)은 숙보(叔寶), 자(字)는 원수(元秀)로, 고종의 장자이다. 역사는 후주(後主)라 한다

을사(乙巳) (585년)

수(隋) 황제는 글이 화려한 것을 좋아하지 않았다. 천하에 조서를 내려 공사(公私)의 문서를 모두 사실대로 기록하게 했다. 치서시어사(治書侍御史) 이악(李諤) 또한 당시에 문장을 짓는 것이 경박하고 화려한 문체를 숭상한다고 상소했다.

"위(魏)의 세 황제가 문장과 사구(辭句)를 숭상해, 군주의 큰 도리를 소홀히 하고, 버러지를 그린 것[20]같은 작은 기예를 좋아하니, 아랫사람들이 윗사람을 따르게 되고 마침내 풍속을 이루었습니다.

강동(江東)의 제(齊)와 양(梁)에서는 이러한 폐단이 더욱 심해져서 사람들이 한 운자(韻字)의 기이함을 다투고, 한 글자의 교묘함을 다투었습니다. 많은 문장[21]의 글들은 달의 드러난 형태를 (묘사하는 데서) 벗어나지 못했고, 책상에 가득한 글은 모두 바람과 구름의 모습이었습니다. 세속에서 이러한 것을 가지고 서로를 높이고, 조정에서는 이에 의거해 선비들을 발탁했습니다.

녹봉을 받는 이로운 길이 열리게 되자, 화려한 것을 아끼고, 경박한 것을 숭상하는 마음이 더욱 돈독해졌습니다. 이리하여 마을의 어린 동자[22]는 물론이고, 왕공의 자제들[23]에

---

20) 雕蟲 조충 : 버러지 그림

21) 連篇累牘 연편누독 : 많은 문장(책). 계속된 문장과 포개진 책

22) 童昏 동혼 : 아직 어려서 사리를 분별하지 못함

23) 貴遊總丱 귀유총관 : 상류사회의 총각(總角), 미성년자. 장가갈 때가 되었는

이르기까지 육갑(六甲)[24]을 살펴보지도 않고, 먼저 오언시(五言詩)를 짓습니다. 그러므로 문필(文筆)은 날로 번다해지고, 정사는 날로 더욱 혼란해졌습니다.

참으로[25] 대 성인의 규범과 법도[26]를 버리고, 쓸데없는 글을 엮어서 그것을 썼기 때문입니다.[27] 지금 비록 이러한 조령을 만약 외주(外州)의 멀리 있는 현에 알린다고 하더라도 여전히 옛날의 잘못된 풍속을 따를 것입니다"

조서를 내려 이악이 아뢴 것을 사방에 반포했다.

○ 이 해에 진(陳) 황제가 광소전(光昭殿) 앞에 임춘(臨春) 결기(結綺) 망선(望仙)의 세 누각을 지었다. 각각 높이가 수십 장이었고, 수십 칸이 연달아 이어졌다. 창문[28]과 벽에 가로로 댄 나무[29], 들보나 창틀[30], 난간은 모두 침향목과 자단목[31]으로 만들었다. 금과 옥으로 꾸미고 사이에 진주와 비취를 섞었다. 밖에 진주 발[簾]을 치고, 안에는 보

데 장가가지 않은 남자

24) 六甲 육갑 : 천간(天干) 갑 을 병 정 무 기 경 신 임 계(甲 乙 丙 丁 戊 己 庚 辛 壬 癸). 지간(地干) 자 축 인 묘 진 사 오 미 신 유 술 해(子 丑 寅 卯 辰 巳 午 未 申 猶 戌 亥)

25) 良 량 : 참으로

26) 軌模 궤모 : 규범과 법도

27) 由 ~也 유~야 : ~ 때문이다

28) 牕牖 창유 : 들창, 창문

29) 壁帶 벽대 : 벽에 가로지른 나무

30) 懸楣 현미 : 현(懸) 들보. 미(楣) 문 위에 가로댄 상인방(相引坊)

31) 沈檀 침단 : 침향목 단향목. 또는 물 속에 가라앉힌 박달나무[檀]

석으로 된 침상과 휘장이 있었다.

근고(近古) 이래로 복식과 완구가 그렇게 기이하고 화려한 적이 없었다. 미풍(微風)이 잠시 불어올 때마다 향기가 몇리 밖까지 퍼졌다. 그 아래에 돌을 쌓아 산을 만들고, 물을 끌어다 연못을 만들어, 진귀한 꽃과 특이한 풀을 섞어 심었다.

황제가 술을 마실 때마다 여러 비빈(妃嬪), 학식이 있는 여학사들, 허물없이 지내는 객[32]과 시를 짓고 서로 화답하게 했다. 그 중에 특히 요염하고 화려한 것을 골라 새로운 곡조를 입혔다. 궁녀 1천여 명을 선발해 그 곡조를 연습하고 그룹을 나누어 차례대로 나서서 노래 부르게 했다.

그러한 노래에 '옥수후정화(玉樹後庭花)' '임춘락(臨春樂)' 등이 있었는데, 대체로 비빈의 아름다운 용모를 노래한 것이었다. 군주와 신하가 저녁부터 새벽이 될 때까지 술을 거나하게 마시고 노래했다. 이러한 일들이 일상이었다.

병오(丙午) (586년)

양[後梁] 황제가 죽으니 시호를 효명황제(孝明皇帝)라 했다. 세종은 효성스럽고 인자하고 검소하고 절약했다. 국내가 편안했다. 태자 종(琮)이 뒤를 이었다.

○ 수(隋) 탁지상서 장손평(張孫平)이 "백성들에게 매년 가을마다 가구당 조와 보리를 내게 하되, 빈부에 차등을 두

---

32) 狎客 압객 : 허물없이 지내는 객

십시오. 해당 사(社)[33]에 그것을 비축해두고, 사(社)의 담당 관리에게 맡겨서 조사하고 감독하게 해서, 흉년에 대비하고, 명칭은 의창(義倉)이라 하십시오"라고 주청했다. 수(隋) 황제가 그의 말을 따랐다.

정미(丁未) (587년)

8월에 수(隋)에서 양(梁, 후량) 황제를 불러 입조하게 했다. 양(梁, 후량)나라를 폐지하고, 양(梁, 후량) 황제 종(琮)을 주국(柱國)에 임명하고, 거공(莒公)의 작위를 내렸다.

무신(戊申) (588년)

수(隋) 황제가 고경(高熲)에게 진(陳)나라를 공격할 계책을 물었다. 고경이 대답했다.

"강북은 지역이 추워 밭의 수확이 다소 늦고, 강남은 수전이라 곡식이 일찍 익습니다. 저들이 수확할 시기를 헤아려, 군사와 말을 작은 규모로 징집해 강남을 습격한다는 소문을 내십시오. 저들은 반드시 병력을 주둔시켜 방어할 것이므로, 저들의 추수할 시기를 놓치게 할 수 있습니다.

저들이 병력을 모이게 하고 나면, 우리는 곧 군대를 해산합니다. 이와 같은 일을 두세 번 한다면, 그들은 일상적인 일로 여겨 이후로 우리가 다시 병력을 모아도, 그들은 믿지 않을 것입니다. 그들이 결정하지 못하고 망설이고 머뭇거릴

---

33) 社 사 : 25가를 기초로 해 법으로 정한 지방 기초자치단체

무렵[34], 우리 군대를 강을 건너 육지에 올라 싸우게 한다면, 우리 병사들의 사기는 더욱 배가 될 것입니다.

또 강남은 초목이 빽빽이 우거져[35] 띠풀과 대나무로 지은 집이 많고, 비축한 것을 모두 땅굴에 두지 않습니다. 은밀히 사람을 보내서, 바람을 타고 불을 놓아서 저들의 곡식창고에 불을 지르게 하십시오. 불 지른 다음 저들이 수리하고 세우기를 기다렸다가 다시 또 불 지른다면, 몇 년이 못되어 저들의 재물과 힘이 모두 소진될 것입니다"

수 황제가 그 계책을 따르니, 진(陳) 사람들이 드디어 곤궁해졌다. 양소(楊素) 하약필(賀若弼) 고려(高勵) 최중방(崔仲方) 등이 다투어 강남을 평정할 계책을 올렸다. 수 황제가 고경에게 "내가 백성의 부모가 되어 어찌 옷의 띠와 같은 물줄기 하나에 막혀 강남의 백성들을 구제하지 않겠는가"라고 말했다.

갑자일에 수(隋)가 출병했다. 진왕(晉王) 광(廣)과 진왕(秦王) 준(俊), 청하공(淸河公) 양소(楊素)를 모두 행군원수(行軍元帥)로 삼고, 한금호, 하약필 등과 함께 51만의 병력을 거느렸다. 동쪽으로는 창해(滄海)에 닿았고, 서쪽으로는 파촉에서부터 깃발과 배의 노가 수천 리에 걸쳐 뻗쳤다.

○ 12월 수(隋)의 군대가 양자강에 이르렀다. 고경이 설도형(薛道衡)에게 "지금 대대적으로 거병했는데, 강동을 반

---

34) 猶豫之頃 유예지경 : 결정하지 못하고 망설이고 머뭇거리고 있을 무렵

35) 薄 박 : 숲, 초목이 빽빽이 우거진 메마른 땅. 얇은, 척박한, 발(가리개)

드시 이길 수 있겠는가?"라고 물었다. 설도형이 대답했다.

"이길 수 있습니다. 일찍이 곽박(郭璞)[36]이 말한 것을 들은 적이 있습니다. '강동이 왕을 나눈지 3백년 만에 다시 중원과 통일된다'고 했습니다. 지금 3백 년의 주기가 돌아옵니다. 이것이 첫번째 이유입니다.

주상(主上)은 공손하고 검소하며 부지런한데, 숙보(叔寶)는 주색에 빠져[37] 음란하고 교만하고 사치스러운 것이 두번째 이유입니다. 나라의 안위는 맡긴 자에게 달려 있습니다. 저들은 강총(江摠)을 재상으로 삼았는데, (그는) 오직 시 짓고 술 마시는 것만 일삼고 있습니다. 이것이 세번째 이유입니다.

우리는 도(道)가 있으면서 나라가 크고, 저들은 덕이 없으면서 나라가 작습니다. 저들의 군대를 헤아려 보건대, 십만에 불과합니다. 서쪽으로 무협에서 동쪽으로 창해에 이르기까지 만약 군대를 나누어 수비한다면, 군대의 힘이 서로 나누어져서[38] 힘이 약해집니다. 만약 군대를 집결시킨다면, 이곳을 지킨다면 저곳을 잃을 것이니, 이것이 네번째 이유입니다. 우리 수(隋)나라가 석권할 형세를 의심할 이유가 없습니다"

고경이 기뻐하면서 "그대의 말을 듣고 성공과 실패[成敗]의 이치를 환히 깨닫게 되었다"[39]라고 말했다.

---

36) 郭璞 곽박 : 예언자

37) 荒淫 황음 : 주색에 빠짐

38) 勢懸 세현 : 세, 형세. 현(懸) 현격할, 동떨어진, 멀리

○ 진(陳) 황제가 근신(近臣)에게 조용히 “왕의 기운이 이곳에 있다. 제(齊)의 군대가 3번 쳐들어오고, 주(周)의 군대가 2번 쳐들어 왔으나 꺾이고 실패했다. 저들은 무엇을 하겠는가?”라고 말했다. 공범(孔範)이 “장강(長江)은 하늘이 내린 해자[塹][40]로, 예부터 그것으로 남북을 가로막았습니다. 지금 적군이 어찌 장강을 날아서 건너오겠습니까?”라고 말했다.

황제가 웃으며 옳다고 여겼다. 그러므로 깊이 대비하지 않고 음악을 연주하고 가무를 즐기며[41], 방탕하게 술 마시며[42], 시 짓기[43]를 그치지 않았다.

위의 진(陳)나라는 다섯 군주에 도합 32년이다.

---

39) 豁然 할연 : 환히 깨닫는 모양, 시원하게 트인 모양

40) 塹 참 : 해자, 못

41) 奏伎 주기 : 가무, 음악연주와 그에 따른 춤

42) 縱酒 종주 : 종(縱) 늘어질, 어지러울, 방종하게 술마심

43) 賦詩 부시 : 시 짓기

원 문

卷之三十三

陳紀 附北朝(周)(齊)

高祖武皇帝 在位三年，壽五十七

丁丑
正月，周公卽天王位。八月，(梁)進丞相覇先為相國 總百揆封陳公。(周)晉公護弑閔帝，寧都公毓卽天王位。十月，(梁)進陳公爵為王。

辛未，梁敬帝禪位于陳，陳王卽皇帝位。

戊寅
正月，(周)太師護上表歸政。周主始親萬機。軍旅之事，護猶總之。

己卯
陳主殂。(陳)主臨戎制勝，英謀獨運　而為政，務崇寬簡。

臨川王 蒨卽位。

○八月，(周)王始稱皇帝，改元武成。

○九月，(齊)顯祖嗜酒成疾，十月，殂。太子殷卽位。

世祖文帝 在位七年，壽四十五

庚辰

四月，(周)世宗殂。武帝卽位。

○八月， 太皇太后下令，廢(齊)主為濟南王，出居別宮。以常山王演 入纂大統。肅宗卽位於晉陽。

辛巳

十月，(齊)肅宗殂，世祖卽位。

壬午

(後梁)主詧殂，太子巋卽位。

甲申

(齊)主傳位於太子緯，太子卽位。

丙戌

四月，癸酉 (陳)主殂。太子卽位。

臨海王 在位二年，壽十九

丁亥
(陳)國政，盡歸於安成王頊。

戊子
十一月，(陳)安成王頊，廢帝，為臨海王。

高宗宣帝 在位十四年，壽五十二

乙丑
正月，安成王卽位。

辛卯
(周)楊素少多才藝，有大志，不拘小節。周主命素為詔書，下筆立成，詞義兼美。周主曰：「勉之，勿憂不富貴。」素曰：「但恐富貴來逼臣。臣無心圖富貴也。」

壬辰
(陳)主謀伐齊。公卿各有異同，唯鎮南將軍吳明徹決策請行。壬午 分命衆軍，以明徹都督征討諸軍事，統衆十萬，伐齊。

癸巳
十月，(陳)吳明徹攻壽陽，堰肥水以灌城。(齊)行臺右僕射皮景和等 救壽陽，怯懦不敢前。明徹乃躬擐甲胄，四面疾攻 一鼓拔之，生擒王琳 王貴顯 盧潛等，送建康。景和北遁。齊穆提婆　　韓長鸞聞壽陽陷，握槊不輟曰：「本是彼物，從其取去。」齊主聞之，頗以為憂。提婆等曰：「假使國家盡失黃河以南，猶可作一龜茲國。」齊主卽大喜。

○十二月，　陳定州刺史田龍秋　以江北六州七鎮，叛入于齊，安州刺史周炅，擊斬之，盡復江北之地。

乙未

七月，(周)主如雲陽宮。大將軍楊堅　姿相奇偉。來和嘗謂堅曰：「公眼如曙星，無所不照，當王天下。」

丙申

九月，　(周)主謂羣臣曰：「齊朝昏亂，政由羣小，百姓嗷然，朝不謀夕，天與不取，恐貽後悔。冬十月　周主自將伐(齊)，克晉州。戊申，周主至平陽。勒諸軍擊齊師，齊主北走，齊師大潰，死者萬餘人。遂帥諸將，追齊師。齊主入晉陽，憂懼不知所之。齊臣降者相繼。齊主還鄴。并州將帥請安德王延宗　　卽位。周軍圍晉陽，攻東門克之。延宗戰力屈，走至城北。周人擒之。癸酉，周師趣鄴。

丁酉

壬辰，(周)師至鄴城下 圍之。燒城西門，齊人出戰，周師奮擊，大破之。(齊)主從百騎東走，追及擒之。

戊戌
(陳)主聞周人滅齊，欲爭徐兗。詔吳明徹，督諸軍伐之。明徹圍周彭城，王軌引兵　　圍而蹙之，衆潰，明徹為周人所執。將士三萬并器械輜重，皆沒於周。

◯五月，(周)高祖殂。年三十六。太子卽位。贇始立，卽逞奢欲。大行在殯，曾無戚容。

己亥
(周)宣帝傳位於太子闡，大赦，改元大象，自稱天元皇帝。驕侈彌甚，務自尊大，無所顧憚。隋公楊堅私謂大將軍汝南公慶曰：「天元實無積德，視其相貌，壽亦不長。又諸藩微弱，各令就國。曾無深根固本之計。羽翮既剪，何能及遠哉!」

庚子
(周)天元昏暴滋甚，喜怒乖度。后父堅位望隆重，天元忌之。堅既為帝所忌，情不自安。天元備法駕，幸天興宮，不豫而還。是日天元殂。以堅總知中外兵馬事。堅革宣帝苛酷之政，更為寬大，刪略舊律，作刑書要制，奏而行之。躬履節儉，中外悅之。

◯十二月，(周)以大丞相堅為相國，摠百揆 進爵為王。

辛丑
二月，(周)主下詔，遜位 居別宮。命奉皇帝璽綬，禪位于

(隋)。

◯(隋)以蘇威兼納言度支尙書。三月　隋以賀若弼爲吳州總管　鎭廣陵，韓擒虎爲廬州總管　鎭廬江。隋主有并呑江南之志，問將帥於高熲。熲薦弼與擒虎。故置於南邊，使潛爲經略。

◯(隋)高熲　蘇威同心協贊，政刑大小，帝無不與之謀議然後行之。故革命數年，天下稱平。

壬寅
春　正月，陳主殂。太子卽皇帝位。

長城公 在位七年，隋滅之。壽五十二

乙巳
隋主不喜辭華。詔天下公私文翰　並宜實錄　治書。侍御史李諤亦以當時屬文體尙輕薄　上書曰：「魏之三祖　崇尙文詞，忽君人之大道，好雕蟲之小藝，下之從上，遂成風俗。江左齊　梁其弊彌甚，競一韻之奇，爭一字之巧。連篇累牘　不出月露之形，積案盈箱　盡是風雲之狀。世俗以此相高，朝廷據玆擢士，祿利之路旣開，愛尙之情愈篤。於是　閭里童昏貴遊總丱未窺六甲，先製五言。故其文日繁，其政日亂，良由棄大聖之軌模　構無用以爲用也。今朝廷雖有是詔，如聞外州遠縣，仍踵弊風。」詔：以諤所奏　頒示四方。

◯是歲 (陳)主於光昭殿前 起臨春 結綺 望仙 三閣，各高數十丈，連延數十間。其牕牖 壁帶 懸楣 欄檻 皆以沈檀為之．飾以金玉，間以珠翠。外施珠簾，內有寶牀 寶帳。其服玩瑰麗 近古所未有。每微風漸至，香聞數里。其下積石為山，引水為池，雜植奇花異卉。上每飮酒，使諸妃嬪及女學士與狎客 共賦詩 互相贈答。采其尤豔麗者，被以新聲，選宮女千餘人，習而歌之，分部迭進。其曲有玉樹後庭花臨春樂等。大略 皆美諸妃嬪之容色。君臣酣歌，自夕達旦，以此為常。

丙午

梁主殂。謚曰孝明皇帝。世宗孝慈儉約，境內安之。太子琮嗣。

◯(隋)度支尚書長孫平奏：「令民每秋 家出粟麥，貧富為差。儲之當社，委社司檢校，以備凶年。名曰義倉。」隋主從之。

丁未

八月， (隋)徵梁主入朝。廢梁國，拜梁主琮柱國，賜爵莒公。

戊申

(隋)主問取陳之策於高熲。對曰：「江北地寒，田收差晩，江南水田早熟。量彼收穫之際，微徵士馬，聲言掩襲，彼必屯兵守禦，足得廢其農時。彼旣聚兵，我便解甲，再三若此，彼以為常，後更集兵，彼必不信。猶豫之頃，我乃濟師，登陸而戰，兵氣益倍。又江南土薄，舍多茅竹，所有儲積，皆非地窖。密遣行人，因風縱火，待彼修立，復更燒之，不出數年，自可財力俱盡。」隋主用其策，陳人始困。於是 楊素 賀若弼 及高勵 崔仲方等爭獻平江南之策。隋主謂高熲曰：「我為民父母，豈可限一衣帶水 不拯之乎!」甲子， 隋出師。命晉王廣　秦王俊　淸河公楊素　皆為行軍元帥，與韓擒虎　賀若弼等率兵五十一萬。東接滄海，西距巴蜀，旌旗舟楫 橫亘數千里。

○十二月，隋軍臨江，高熲謂薛道衡曰：「今玆大舉，江東必可克乎?」道衡曰:「克之。嘗聞郭璞有言『江東分，王三百年，復與中國合。』今此數將周　一也。主上恭儉勤勞，叔寶荒淫驕侈　二也。國之安危在所寄任，彼以江總為相，唯事詩酒，三也。我有道而大，彼無德而小。量其甲士，不過十萬。西自巫峽東至滄海，分之則勢懸而力弱，聚之則守此而失彼　四也。席卷之勢事在不疑。」熲忻然曰：「得君言，成敗之理令人豁然。」

○陳主從容謂侍臣曰：「王氣在此。齊兵三来，周師再来，無不摧敗。彼何為者邪?」孔範曰：「長江天塹。古以為限隔南北。今日虜軍　豈能飛渡邪?」帝笑以為然。故不為深備，奏伎縱酒，賦詩不輟。

右(上)陳五主，合三十二年。

통감절요 34권

수기(隋紀)[1] 고조(高祖) 문황제(文皇帝)

재위 24년, 수(壽) 64

기유(己酉) 개황(開皇) 9년(서기 589년)

진(陳) 황제가 조서로 "오랑캐들이 가벼이 여기고 방종하

1) 시대개관 : 수(隋, 581-618). 수의 문제(文帝) 양견(楊堅)은 북주(北周)의 귀족 출신으로, 581년 북주 황제의 선위를 받아 수 왕조를 개창했다. 589년에는 강남의 진(陳)을 멸망시켜 천하를 통일하고 오랜 위 진 남북조(魏 陳 南北朝)의 분열을 마감했다. 문제는 개황 2년 율령을 반포해 중앙에 3성 6부(三省 六部)를 설치하고, 지방은 주현(州縣)을 두어 다스렸으며, 인재등용에 과거제를 채택했다. 토지제도는 북위(北魏)시대의 균전제(均田制)를 계승해 농민에게 토지를 지급했다. 토지를 받은 균전민은 조용조(租庸調)의 조세를 납부했고, 군역(軍役)은 균전을 받은 농민이 담당했다. 즉 이 제도는 병농일치의 부병제(府兵制)로서, 이 제도는 서위(西魏)의 우문태가 처음 실시했으며, 수왕조로 계승되었다. 또 문제 시기에 수나라는 율령에 기반한 통일제국의 면모를 갖추고 중앙집권의 황제 지배체제를 수립했는데, 이러한 제도는 당(唐)나라에 계승되었다. 수왕조는 2대 양제(煬帝)에서 멸망했다. 양제는 토목공사(운하의 건설)와 고구려 원정의 실패로 수 왕조의 멸망을 초래했고, 폭군 정치로 역사에 기록되었다

게 우리 도성 근교에까지 침략해 노략질하고 있다. 벌과 전갈[2]도 독이 있는 것이다. 마땅한 때를 봐서 쓸어 평정해야 한다"고 말했다.

그리하여 소마가(蕭摩訶) 번의(樊毅) 노광달(魯廣達)을 모두 도독으로 삼았다. (수나라 군대) 하약필(賀若弼)은 북도(北道)에서 출발하고, 한금호(韓擒虎)는 남도(南道)에서 출발해 함께 진격했다. 강가에 있던 여러 수비병들이 멀리서 보고 모두 달아났다.

임충(任忠)이 몇명의 기병을 거느리고 (수나라 군대를) 맞이해 항복했다. 한금호를 인도해 곧바로 주작문(朱雀門)으로 들어오니, 진(陳) 황제는 두렵고 황급해[3] 스스로 우물 속으로 몸을 던졌다. 군사들이 우물을 살펴보고 밧줄로 그를 끌어올려 잡아서 장안으로 보냈다.

경술(庚戌) 10년(590년)

황제는 성품이 시기심이 있고[4] 학문을 좋아하지 않았다. 지략을 부려 왕이 되고 나서 법[5]을 가지고 자기 스스로의 긍지[6]로 삼았다. 아랫사람들을 확실히 감찰했다. 항상 좌우 사람들에게 조정의 안팎을 엿보게[7] 해서 과실이 있으면 무

---

2) 蜂蠆 봉채 : 벌과 전갈. 작고 무서운 것의 비유

3) 惶遽 황거 : 두려워할, 어찌할 바를 모름. 황(惶) 당황할, 놀랄. 거(遽) 갑자기, 황급할

4) 猜忌 시기 : 시기하고 미워 함

5) 文法 문법 : 법, 법률, 문장의 구성에 관한 법칙

6) 自矜 자긍 : 자기 스스로의 긍지

거운 벌을 내렸다.

또 관리[令史][8]가 뇌물을 받고 법을 어길까[9] 걱정했다. 은밀히 사람을 시켜 돈과 비단을 그들에게 보내 범하면 당장 목을 베었다. 매번 궁전 뜰에서 사람을 매질해 하루에 서너 차례에 이르렀으며, 항상 궁전 뜰에서 사람을 죽였다.

병부시랑 풍기(馮基)가 간곡히 간언했으나 황제가 따르지 않았다. 그러나 얼마 있다가 후회하고, 조서로 풍기를 위로하고는 여러 신하들이 간언하지 않은 것을 노여워했다.

○ 강남은 동진(東晉) 이래로 형벌과 법이 엉성하고 느슨했으며[10], 세족(世族)들이 한미한 가문을 능멸했다. 진(陳)을 평정한 뒤 백성을 다스리는 군현의 관원들을 모두 바꾸고, 거기다가 소위(蘇威)가 '오교(五敎)'를 만들어 백성들로 하여금 어른 아이 할 것 없이 모두 외우게 했다. 백성들이 원망했다.

민간에 "수(隋)나라가 진(陳)의 백성들을 관중으로 이주시키려고 한다"는 유언비어가 퍼졌다. 먼 곳이건 가까운 지역이건 사람들이 모두 놀라고 두려워했다. 이리하여 진(陳)나라 옛 경계 안 대부분이 배반하면서 "다시 나[11]에게 '오교'를 외우게 할 수 있을까?"라고 말했다.

---

7) 覘視 점시 : 엿 봄
8) 令史 영사 : 장관(長官)과 속관(屬官), 문서를 관장하는 하급관리
9) 贓汚 장오 : 부정한 물품을 받는 더러운 행위
10) 疏緩 소완 : 세상일에 소홀하고 느림
11) 儂 농 : 나

황제가 양소(楊素)를 행군총관으로 삼아 이들을 토벌하도록 하니, 강남이 크게 평정되었다. 양소가 곧 군대를 돌려 돌아왔다.

을묘(乙卯) 15년(595년)

3월에 인수궁(仁壽宮)이 완성되었다. 황제가 그 곳에 가서 규모[12]가 웅장하고 화려한 것을 보고는 크게 노하며 "양소가 백성들의 힘을 다 고갈시켜 이궁(離宮)을 지어서 나를 천하와 원한 맺게 만들었다"고 말했다.

정사(丁巳) 17년(597년)

황제가 도적이 번거러울 정도로 많다[13]고 해 1전 이상 훔친 자는 모두 기시(棄市)하도록 명했다. 세 명이 함께 오이 한 개를 훔쳤다가 일이 발각되자 곧 죽였다. 그래서 나그네들이 모두 아침에 늦게 일어나고 일찍 투숙했으며, 천하 사람들이 두려워하며 조심했다.[14]

몇 사람이 일을 집행하는 관원을 (잡고), "우리가 어찌 재물을 탐하는 자이겠는가. 단지 원통한 사람을 위해 왔을 뿐이다. 우리를 위해 지존에게 아뢰어 달라. 옛부터 나라를 세우고 법을 세웠는데, 1전을 훔치고 죽임을 당한 자는 없었다. 우리를 위해 아뢰주지 않는다면, 우리가 다시 와서

12) 制度 제도 : 국가의 법칙, 법례, 마름질, 만들어진 정도

13) 繁多 번다 : 번거러울 정도로 많음

14) 凜凜 늠름 : 두려워서 삼가하다

너희 족속의 씨를 말리겠다"라고 위협하는 일이 있었다.

문제가 그 말을 듣고 이 법을 폐지했다.

경신(庚申) 20년(600년)

태자 용(勇)을 폐하고, 진왕(晉王) 광(廣)을 세워 황태자로 삼았다.

○ 처음에 문제(文帝)가 진(陳)을 평정하자, 천하 사람들이 모두 (천하가) 태평해질 것이라고 여겼다. 감찰어사 방안겸(方安謙)이 은밀히 친한 자에게 "주상은 남의 재능을 시기하며, 각박하고[15] 가혹하다. 태자는 비천하고 나약하며, 제후들은 병권을 장악하고 있으니, 천하가 비록 편안하나 바야흐로 위태로운 혼란이 생길까 걱정이다"라고 말했다.

그의 아들 방현령(方玄齡)이 또 은밀히 방안겸에게 "주상은 본래 공덕이 없는데, 속임수로 천하를 차지했습니다. 여러 아들들은 모두 교만하고 사치스러우며 어질지 못하므로, 반드시 서로 살육할 것입니다. 지금은 비록 태평하지만, 그들의 망함을 발꿈치를 들고서 기다릴 수 있을 것[16]입니다"라고 했다.

방현령이 두여회(杜如晦)와 함께 이부(吏部)에 선발되었다. 이부시랑 고효기(高孝基)는 인물을 잘 알아보기로 이름이 났는데, 방현령을 보고는 감탄하며, "내가 사람을 본 적

15) 忌刻 기각 : 남의 재능을 시기해 각박하게 굶

16) 翹足 교족 : 발 돋음하고 바라봄, 몹시 기다림

이 많지만, 이와 같은 남자는 있지 않았다. 후일 반드시 큰 그릇이 될 것이다. 내가 그의 대성(大成)을 보지 못하는 것이 한스러울 뿐이다"라고 말했다.

두여회를 보고는 "그대는 변화에 따라 잘 처신하는 재주[17]가 있으니, 반드시 동량(棟梁)[18]의 중임을 맡을 것"이라고 하면서, 아울러 자손을 부탁했다.

○ 제주(齊州)의 행참군(行參軍) 왕가(王伽)는 이삼(李參) 등 귀양살이 하는 죄수 70여 명을 호송해 경사로 가는데, 가다가 형양(滎陽)에 이르렀다. 죄수들의 고생을 불쌍히 여겨, 왕가가 마침내 그들의 목에 쓴 칼과 발에 채운 쇠사슬[19]을 모두 벗겨 주고, 압송하는 병졸을 정지시켰다.

왕가는 "정한 기일에 너희들은 경사에 도착해야 한다. 만약 약속한 날짜보다 일찍 오거나 오지 못하게 되면[20] 내가 너희들 때문에 사형을 당할 것이다"라고 죄수들과 약속하고, 그들을 놓아주어 떠나게 했다. 죄수들이 감격하고 기뻐했다. (모두가) 기약한 날짜에 도착했고, 한 명도 어기고 도망한 자가 없었다.

황제가 듣고서 놀라고 기특하게 여겼다. 이리하여 죄수들을 다 불러서 처자식을 데리고 함께 들어오게 했다. 대궐의

17) 應變 응변 : 변화에 따라 잘 처리함

18) 棟梁 동량 : 마룻대와 들보, 중임을 맡은 사람, 중신, 한 파의 영수

19) 枷鎖 가쇄 : 죄인의 목에 씌우는 칼과 발에 채우는 쇠사슬

20) 前却 전각 : 전진함과 후퇴함, 진퇴, 마음대로 부림, 전 앞, 각 오지 못함

뜰에서 잔치를 베풀어 주고 그들의 죄를 사면해 주었다.

계해(癸亥) 인수(仁壽) 3년(603년)

용문(龍門)사람 왕통(王通)이 대궐에 와서「태평12책(太平十二策)」을 바쳤는데, 황제가 쓸 수가 없자 돌아갔다. 왕통이 황하와 분수(汾水)사이에서 제자들을 가르치니, 먼 곳에서부터 찾아오는 제자들이 매우 많았다. 조정에서 여러 번 불렀으나 벼슬하지 않았다.

양소(楊素)가 그를 매우 소중히 여겨 그에게 벼슬하기를 권했다. 왕통이 대답했다.

“나는 선조의 낡은 집이 있으니 이것이면 충분히 비바람을 막을 수 있고, 척박하나 농지가 있으니 이것이면 충분히 된 죽과 묽은 죽[21]을 장만할 수 있습니다. 책을 읽고 도(道)를 담론하면 충분히 스스로 즐거울 수 있습니다. 바라건대 명공께서 몸을 바르게 해 천하를 다스려 사시(四時)가 조화롭고 해마다 풍년이 든다면, 저야말로 많은 은혜를 입을 것입니다. 벼슬하기를 원하지 않습니다”

어떤 사람이 양소에게 왕통을 “저 사람이 공을 업신여기는데, 공은 어째서 그를 공경합니까?”라고 참소했다. 양소가 이것을 왕통에게 물었다. 왕통은 “만일 공을 업신여길 만하다면 내가 잘한 것이고, 공을 업신여겨선 안 된다면 내가 잘못한 것입니다. 잘하고 잘못함이 모두 나에게 달려 있

---

21) 饘粥 전죽 : 된죽과 묽은 죽

으니, 공이 무슨 상관이 있겠습니까?"라고 대답했다. 양소가 그를 처음처럼 대우했다.

제자 왕경(王瓊)이 비방을 그치게 하는 방법을 묻자, 왕통은 "따지지 말라"고 대답했다. 원망을 그치게 하는 방법을 묻자, 왕통은 "다투지 말라"고 했다.

왕통은 일찍이 "사면이 없는 나라는 형벌이 반드시 공평하고, 세금을 무겁게 거두는 나라는 재물이 반드시 빈약하다"고 말했다. 또 그는 "비방을 듣고 노여워하는 것은 참소를 불러들이는[22] 매개 새이고, 칭찬을 듣고 기뻐하는 것은 아첨을 중개[23]하는 것이다. 불러들이는 것과 중개하는 것을 끊고 제거해야 참소와 아첨이 멀어진다"고 했다. 대업(大業) 말년에 집에서 죽으니, 문인들이 시호를 문중자(文中子)라 했다.

갑자(甲子) 4년(604년)

정월에 황제가 대보전(大寶殿)에서 죽었다. 고조는 성품이 엄격하고 신중했다. 명령하면 행해지고 금지하면 중지되었다. 정사에 부지런해 새벽마다 조정에서 정사를 살피고, 해가 기울어도[24] 피곤한 줄을 몰랐다.

비록 재물에 인색했으나, 공이 있는 자에게 상을 하사할 때에는 아까워하지 않았다. 장병이 싸우다 죽으면 반드시

22) 囮 와 : 새 후릴, 다른 새를 들어오게 하기 위해 매어놓은 새
23) 媒 매 : 매개, 중개
24) 昃 측 : 기울

넉넉한 상을 내리고, 아울러 사자를 보내 전사한 자의 집안을 위문했다. 백성을 사랑하고 돌보고, 농사와 잠업을 권장해 살피고, 부역과 세금을 경감했다.

자기 몸에는 검소함에 힘써서 수레와 의복, 사용하는 물건 중 낡고 폐해진 것들을 수시로 꿰매서 쓰게 했다. 잔치가 있는 경우가 아니면 먹는 것이 고기반찬 하나에 불과했다. 후궁들은 모두 세탁한[25]옷을 입게 했다. 천하가 그를 본받았다. 개황과 인수(仁壽) 연간에 대부들이 모두 거친 명주와 삼베로 지은 옷을 입고, 고운 비단[26]옷을 입지 못했다. 장식과 띠는 구리 철, 뼈와 뿔에 불과했으며 금, 옥의 장식이 없었다.

이 때문에 나라의 의식(衣食)이 점차 불어나고, 창고가 가득 차고 넘쳤다. 문제가 선양 받던 초기에는 민호(民戶)가 4백만 호가 되지 않았는데, 인수 말년에는 8백9십만 호가 넘었으며, 기주(冀州) 만으로도 이미 1백만 호였다.

그러나 문제는 시기를 하고 잔인하며 가혹하게 감찰했고, 아첨하는 말을 믿고 받아들여 공신과 옛 친구 중에 끝까지 보전된 자가 없었다. 역시 자제들에게도 모두 원수처럼 여겼으니, 이것은 그가 잘못한 점이다.

양황제(煬皇帝) 재위 13년, 수(壽) 39

25) 澣 한 : 빨래할

26) 羅綺 나기 : 곱고 아름다운 비단

우문화급(宇文化及)이 그를 시해했다.

을축(乙丑) 대업(大業) 원년(605년)

우문개(宇文愷)와 사인(舍人) 봉덕이(封德彝) 등에게 명해 현인궁(顯仁宮)을 짓게 했다. 남쪽으로는 조간(皁澗)에 접하고, 북쪽으로는 낙수와 빈수에 걸쳤다. 대강(大江) 이남과 오령(五嶺) 이북의 기이한 재목과 괴이한 돌을 캐서 낙양으로 수송해 왔다. 또 천하의 아름다운 나무와 특이한 풀, 진기한 새, 희귀한 짐승을 구해 동산을 채웠다. 장안(長安)에서 강도(江都)에 이르기까지 이궁을 4십여 곳에 세웠다.

또 황문시랑 왕홍(王弘) 등을 강남에 보내 용주(龍舟)와 기타 선박 수만 척을 건조하게 했다. 낙양에서 파견나온 관리들이 부역의 감독을 엄하고 급하게 하니, 부역하는 장정 중에 죽은 자가 열에 네다섯이었다. 담당 관리가 죽은 장정을 수레에 실어 보내니, 동쪽으로는 성고(成皐)에 이르고, 북쪽으로는 하양(河陽)에 이르러 (시신을 운반하는 수레가) 길에 계속 이어졌다.

○ 5월에 서원(西苑)을 쌓으니, 둘레가 2백리 였다. 그 안에 바다를 만드니 둘레가 십여 리였다. 바다 가운데에 방장(方丈) 봉래(蓬萊) 등 여러 산을 만들었는데, 높이가 1백여 자나 솟았다. 망루[27], 궁전이 산 위에 줄지어 늘어서 있어서[28], 뒤에서 보면[向背][29] 신선 같았다.

---

27) 臺觀 대관 : 망루

바다 북쪽으로 용린거(龍鱗渠)가 있었다. 물줄기가 감고 돌아[30] 바다로 들어갔다. 용린거를 따라 16개의 궁실을 지었다. 문이 모두 용린거를 바라보게 했다. 원(院)마다 4품의 부인(夫人)이 주관하게 했다. 큰 집과 궁정, 누각, 망루가 지극히 화려했다.

궁 안의 나무가 가을과 겨울에 시들어 떨어지면, 채색 비단을 오려 꽃과 잎을 만들어 가지 곁가지에 연결했다. 색깔이 변하면 새 것으로 바꾸니 항상 따뜻한 봄과 같았다. 못 안에도 채색 비단을 오려 연꽃과 수초[31]를 만들고, 황제가 놀러 오면, 못의 얼음을 치우고 거기에 펼쳐놓았다.

16개의 궁실이 서로 다투어 술안주[32]에 온갖 정성을 쏟고 화려하게 장식해 황제의 총애를 얻으려고 했다. 황제는 달밤에 궁녀 수천명을 거느리고 말을 타고 서원에서 노닐기를 좋아했다. 말 위에서 「청야유곡(淸夜遊曲)」을 지어 그 곡조를 연주하게 했다.

8월에 황제가 강도(江都)에 가는데, 현인궁을 출발해 낙구로 나가 용주를 탔다. 배를 끄는 군사가 8만여 명이었고, 뱃머리와 배 후미[33]가 서로 이어져 2백리에 다다랐다. 등불

---

28) 羅絡 나락 : 그물, 비단, 연이를. 늘어설 나(羅), 두루 둘러 쌈

29) 向背 향배 : 좇음과 등짐, 복종과 배반

30) 縈紆 영우 : 굽을, 꼬불꼬불, 얽힘, 휘감김

31) 荷芰菱芡 하기릉검 : 연꽃 하. 마름(수초) 기. 마름 릉. 연꽃 검

32) 殽羞 효수 : 술안주

33) 舳艫 축로 : 뱃머리와 배 후미

이 강과 육지를 비추고, 기병들이 양쪽 언덕을 호위해 갔고, 깃발이 들판을 덮었다.

지나가는 주현 5백리 안에서 모두 음식을 바치게 했다. 많은 경우에는 한 주에서 1백 대의 수레로 음식을 나르기도 했다. 바다와 육지에서 나오는 진기한 음식을 극진히 바쳤는데, 후궁들이 실컷 먹고, 먹기 싫으면 출발할 때 많이 버리고 묻었다.

병인(丙寅) 2년(606년)

낙구창(洛口倉)를 두어 창성(倉城)을 쌓으니, 둘레가 2십여 리였다. 3천 개의 지하 창고를 팠다.

○ 12월 낙양 북쪽 7리 되는 곳에 회락창(回洛倉)를 두었는데, 창성의 둘레가 십리였다. 3백 개의 지하 창고를 팠다.

정묘(丁卯) 3년(607년)

조서를 내려 정남(丁男) 1백여만 명을 징발해 장성을 쌓았다. 서쪽은 유림(楡林)에서부터 동쪽은 자하(紫河)에 이르렀다. 상서좌복야(尙書左僕射) 소위(蘇威)가 간언했는데, 황제가 듣지 않았다. 성을 쌓기 시작한지 2십일 만에 완성했다.

○ 8월에 황제의 어가가 유림(楡林)을 출발해 운중(雲中)을 지나 금하(金河)를 거슬러 올라갔다. 이때 천하가 태평해 온갖 물건이 풍성했다. 군사가 5십여만 명이었고, 말이

십만 필이었다. 깃발과 군수물자가 끊이지 않고 천리에 이어졌다. 돌궐 계민극한(啓民可汗)이 천막을 치고 어가를 기다렸다. 황제가 천막에 행차하니 계민극한이 축수를 올렸다.

황제가 크게 기뻐하며 시를 지어 "호한야선우가 머리를 조아려서 왔으니, 현인[34]이 이어서 올 것이다. 한(漢) 천자가 부질없이 선우대(單于臺)에 오른 것과 비교하면 누가 더 나은가?"라고 읊었다. 각각 차등 있게 물건을 하사했다.

○ 서역의 여러 오랑캐들이 장액군(張掖郡)에 와서 물건을 교역했다. 황제가 이부시랑 배구(裴矩)에게 이 일을 관장하게 했다. 배구는 황제가 먼 지역을 경략하기 좋아한다는 것을 알았다. 여러 상인과 오랑캐가 오면, 배구가 데려다가 여러 나라의 산천과 풍속을 물어 『서역도기(西域圖記)』 3권을 편찬했다. 모두 44개 국이었다.

조정에 들어와 그것을 아뢰자, 황제가 이 때문에 분발해서 진시황과 한무제의 공적을 그리워하고, 기쁜 마음으로 서역과 교통하고자 했다. 사방의 오랑캐 경략하는 일을 모두 배구에게 맡겼다. 이로부터 서역 오랑캐들의 왕래가 서로 이어져 이들이 지나는 군현에서는 이들을 전송하고 맞이하느라 피폐해졌다. 소모되는 비용이 억으로 헤아려졌다. 중국이 피폐해져서 마침내 멸망함에 이르게 된 것은 모두 배구의 창도(唱導)[35]때문이었다.

---

34) 屠耆 도기 : 흉노에서 현인이라는 뜻

무진(戊辰) 4년(608년)

황제가 궁실을 짓지 않는 날이 없었다. 낙양과 장안, 강도에 동산과 정자와 궁전이 많았지만, 오래되면 더욱 싫증을 냈다. 매번 행차할 때마다 좌우로 돌아보아도 마음에 드는 궁이 없어 갈 곳을 정하지 못했다. 이에 천하 산천의 지도를 구해 몸소 직접 찾아가서 살펴보고, 이궁과 동산을 지을 만한 명승지를 찾았다. 조서를 내려 분주(汾州)의 북쪽, 분수(汾水)의 원류에 분양궁(汾陽宮)을 짓도록 했다.

기사(己巳) 5년(609년)

이 때 천하에는 군이 1백90개이고, 현이 1천255개이며, 호구가 8백9십여만 남짓했다. 동서의 길이가 9천3백 리이고, 남북의 길이가 1만4천8백15 리였다. 수나라의 번성함은 이때에 극에 달했다.

경오(庚午) 6년(610년)

배구가 황제에게 "고구려(高句麗)는 본래 기자(箕子)에게 분봉했던 땅입니다. 한(漢)나라와 진(晉)나라 때는 모두 군현이었는데, 지금은 신하가 아닙니다. 선제께서 정벌하고자 하신 지가 오래입니다. 다만 양량(楊諒)이 못나서 군대가 출동했으나 공이 없이 돌아왔으니, 폐하의 시기에 어찌 빼앗지 않을 수 있겠습니까"라고 설득했다.

---

35) 唱導 창도 : 교의를 제창해 사람을 인도함

임오(壬午)일에 고구려를 토벌한다는 조서가 내려졌다. 유주총관(幽州總管) 원홍사(元弘嗣)에게 칙명을 내려, 동래(東萊)의 해구(海口)에 가서 전함 3백 척을 건조하게 했다. 관리들이 부역을 감독했는데, 밤낮으로 물속에 서서 조금도 쉬지 못했다. 허리 이하에서 모두 구더기[36]가 생겼다. 죽는 자가 열에 서너 명이었다.

이보다 앞서서 조서를 내려 천하의 병사들을 모두 징발했는데, 멀고 가까움을 묻지 않고 모두 탁군(涿郡)에 모이게 했다. 또 양자강, 회수 이남 지역의 뱃사람과 선박을 징발했다. 여양과 낙구의 여러 창고의 쌀을 운반해 탁군에 이르게 하니, 배의 뱃머리와 배후미가 서로 이어진 것이 1천여 리였다.

병기와 갑옷 및 성을 공격하는 병기를 운반하느라 길에서 왕래하는 자가 항상 수십만 명이었으며, 죽은 자들이 서로 포개졌다. 천하가 소동이었다. 이리하여 (백성들이) 서로 모여 도적떼가 되었다.

○ 추평현(鄒平縣) 백성 왕부(王溥)가 무리를 모아 장백산(長白山)[37]을 점거하고, 제군(齊郡)과 제군(濟郡)의 교외에서 노략질을 했다. 스스로를 지세랑(知世郎)이라 칭하니, 이는 세상일을 알 수 있다는 말이다. 또 「무향요동낭사가(無向遼東浪死歌)」[38]를 지어 백성들을 감동시키니, 전쟁을

---

36) 蛆 저 : 구더기

37) 長白山 장백산 : 백두산

피하는 자들이 많이 가서 그를 따랐다. 두건덕(竇建德)이 장남(漳南)에서 군대를 일으키니, 사람들이 다투어 그의 부하가 되었다.

임신(壬申) 8년(612년)

사방의 병력이 평양(平壤)에 모이니, 모두 1백13만3천8백 명이었다. 황제의 어가가 요하를 건넜는데, 고구려의 여러 성이 각각 견고히 지키고 항복하지 않았다. 여러 군대가 패해 돌아왔다. 처음에 9군이 요하를 건널 때에는 모두 30만5천명이었는데, 회군해 요동성에 이르렀을 때에는 다만 2천7백명 뿐이었다. 보유한 물자와 무기, 장비가 거만(巨萬)으로 헤아려졌는데, 잃고 탕진했다.

계유(癸酉) 9년(613년)

양현감(楊玄感)이 여양(黎陽)에서 배반했다. 이밀(李密)을 모주(謀主)[39]로 삼아 군대를 이끌고 낙양으로 향했다. 황제가 우문술(宇文述)과 굴돌통(屈突通)을 보내 그를 토벌하게 했다. 양현감의 군대가 패해 양현감이 죽었다.

○ 황제가 배온(裴蘊)을 시켜 양현감의 무리들을 추국하게 했다. 배온에게 "양현감이 한번 부르자 따르는 자가 10만 명이었으니, 천하 사람들이 많기를 원해서는 안된다는

---

38) 無向遼東浪死歌 무향요동랑사가 : 요동으로 가서 헛되이 죽지 말라는 노래
39) 謀主 모주 : 주모자

것을 더욱 알게 되었다. 사람이 많으면 서로 모여서 도둑이 될 뿐이다. 양현감이 낙양을 포위할 때 곡식 창고를 열어 백성을 진휼했다. 쌀을 받은 자들을 모두 묻어 죽여라"고 지시했다.

○ 황제가 위위소경(衛尉少卿) 이연(李淵)을 홍화군 유수(弘化郡 留守)로 삼고, 관우(關右) 13개 군의 군대를 모두 (그의) 징발을 받게 했다. 이연이 부하들을 통솔함에 너그럽고 대범하니, 사람들이 많이 그에게 귀의했다.

갑술(甲戌) 10년(614년)

2월에 백관에게 조서를 내려 고구려를 정벌하는 문제를 의논하게 했다. 무자일에 조서를 내려 다시 천하의 병력을 징발해 여러 길로 동시에 진격하게 했다. 이때 천하가 이미 혼란해져서 징발한 병사들이 기일을 놓치고, 오지 않는 사람들이 많았다. 고구려 또한 피폐해 사자를 보내 항복을 청했다. 그리하여 황제가 군대를 돌려 돌아오게 하고, 고구려 왕 원(元)을 불러 입조하게 했는데, 원이 끝내 오지 않았다.

○ 개황 말년에는 국가가 풍족하고 강성해 조야가 모두 고구려를 정벌할 뜻이 있었다. 오직 유현(劉炫)만이 홀로 불가하다 하며 '무이론(撫夷論)'을 지어서 꾸짖었다.[40] 이에 이르러 그의 말이 비로소 증명되었다.

---

40) 刺 자 : 찌를, 헐뜯을, 꾸짖을

을해(乙亥) 11년(615년)

8월에 황제가 북쪽 변방을 순행했는데, 돌궐의 시필극한(始畢可汗)이 수십만의 기병을 거느리고 황제의 어가 습격을 계획해 안문(雁門)을 급히 공격했다. 황제가 천하에 조서를 내려 병력을 모집하게 하니, 수령들이 다투어 난(難)에 달려갔다. 이연(李淵)의 아들 이세민(李世民)이 16세의 나이로 모집에 응해 둔위장군(屯衛將軍) 운정흥(雲定興)에게 예속되었다.

이세민이 운정흥에게 "시필극한이 감히 군대를 일으켜 천자를 포위한 것은 빠른 시간 내에 구원하러 달려갈 수 없다고 생각했기 때문입니다. 마땅히 낮에는 깃발을 늘어놓아 수십리에 끊이지 않게 하고, 밤에는 징과 북을 쳐서 서로 호응하게 한다면, 오랑캐들은 구원병이 크게 몰려왔다고 생각해 소문만 듣고도 도망할 것입니다"라고 설득했다.

운정흥이 그의 말을 따랐다. 여러 군에서 구원병이 이르니, 9월에 시필극한이 포위를 풀고 떠났다.

○ 공작새 두 마리가 서원으로부터 날아와 보성(寶城)의 조당(朝堂) 앞에 앉았다. 친위교위(親衛校尉) 고덕유(高德儒)가 그것을 보고 난새[鸞][41]라고 아뢰었는데, 공작새가 이미 날아가버려 증명할 수가 없었다. 이리하여 백관들이 하례를 올렸다. 조서를 내려 "고덕유는 성실한 마음으로 암흑 속에서 깨달아[42], 아름다운 징조를 보게 된 것이다"라고

41) 鸞 난 : 영조(靈鳥)의 이름

칭찬했다. 고덕유를 조산대부(朝散大夫)에 임명했다.

병자(丙子) 12년(616년)

황제가 조서를 내려 우효위장군(右驍衛將軍) 당공(唐公) 이연(李淵)을 태원유수(太原留守)로 삼고, 왕위(王威)와 고군아(高君雅)를 이연의 부관으로 삼았다.

○ 10월에 위성(韋城)사람 적양(翟讓)이 와강(瓦崗)으로 도망쳐 도적무리가 되었다. 부하를 모으니 1만여 명에 이르렀다. 같은 군의 단웅신(單雄信) 서세적(徐世勣) 이밀(李密) 등이 모두 따랐다.

○ 내사시랑 우세기(虞世基)는 황제가 도적떼에 대한 말을 듣기 싫어하므로, 여러 장수 및 군현에서 패전을 아뢰고 구원을 요청하면, 그때마다 표문과 장계를 억제하고 줄여서, 사실대로 아뢰지 않았다. 다만 "쥐나 개처럼 몰래 물건을 훔치는 좀도둑들이라 군현에서 도망간 자를 쫓고 있으니[43], 길에서 다 없어질 것입니다. 바라건대 폐하께서는 개의치 마십시오"라고 아뢰었다.

황제가 그 말을 참으로 그렇다고 여겼다. 어떤 경우에는 사자가 망언을 한다고 매질을 하기도 했다. 이 때문에 도적들이 천하에 두루 퍼져 군현이 함락되었으나, 황제는 이러

42) 冥會 명회 : 암묵 속에서 깨달음

43) 捕逐 포축 : 도망자를 잡는다

한 사실을 알지 못했다.

공제(恭帝) 재위 2년, 수(壽) 15

당(唐)에게 멸망 당했다.

정축(丁丑) 13년(617년)

정월에 두복위(杜伏威)가 군대를 일으켜 역양(歷陽)을 점거하니, 양자강 회수 사이에 있던 작은 도둑들이 많이 그에게 가서 한편이 되었다.

○ 2월에 마읍(馬邑)의 유무주(劉武周)가 태수 왕인공(王仁恭)을 목 베고 병력을 거두어 1만여 명을 얻었다. 스스로 태수라 칭하고, 사자를 보내 돌궐에 귀의했다.

○ 이밀(李密)이 적양에게 “낙구창에 쌓여 있는 곡식이 많습니다. 장군이 직접 대군을 거느리고 빨리 가서 습격해, 창고의 곡식을 꺼내 궁핍한 백성들을 구휼한다면, 멀고 가까운 곳에서 누가 따르지 않겠습니까? 1백만의 무리를 하루아침에 모집할 수 있을 것입니다”라고 설득했다.

마침내 정예병 7천 명을 거느리고 회락창을 습격해 격파했다. 창고를 열어 백성들로 하여금 마음대로 곡식을 가져가게 했다. 노약자와 포대기로 어린아이를 업은 자들이 길에 끊이지 않았다. 적양이 이밀을 추대해 모주(謀主)로 삼고 위공(魏公)이라 불렀다.

○ 4월에 설거(薛擧)가 스스로 서진패왕(西秦霸王)이라

칭하고, 농서지역을 다 차지했다.

○ 이밀이 군현에 격문을 돌려 양제의 10가지 죄를 하나하나 꾸짖었다. 또 말하기를 "남산의 대나무를 다[44]가지고도 죄를 모두 기록할 수가 없고, 동해의 물길을 터놓는다 해도 죄악을 다 씻을 수가 없다"고 했다. 이는 조군언(祖君彦)의 말이었다.

○ 내사사인(內史舍人) 봉덕이(封德彝)가 아첨해 우세기(虞世基)에게 붙었다. 우세기가 관리의 사무에 숙달하지[45] 못했기 때문에 몰래 계획해주고 지시해주어, 황제의 명령을 선포하고 행하게 해 황제의 뜻에 아첨하고 따를 수 있게 했다.[46] 우세기의 총애가 날로 두터워지고, 수(隋)의 정사는 날로 더욱 무너졌다. 이는 모두 봉덕이가 한 짓이다.

○ 처음에 당공(唐公) 이연이 아들 4형제를 낳았으니, 건성(建成) 세민(世民) 현패(玄覇) 원길(元吉)이다. 세민은 총명하고 용맹하고 결단력이 있으며, 식견과 도량이 보통 사

---

44) 罄 경 : 다할

45) 閑 한 : 마굿간, 막을, 클, 익을[熟習], 한가할

46) "대업 연간에 봉덕이가 보기에, 우세기가 양제에게 총애를 받으나 관리의 일에 익숙하지 못해, 일을 받을 때마다 대부분 일할 시기를 놓쳤다. 봉덕이가 우세기에 붙어서 몰래 지시하고 계획해주고 조령을 선포하고 시행해 황제의 비위를 맞추고, 아첨해서 따르게 했다. 밖에서 오는 표문이 황제의 뜻에 거스를 것같으면 묵살하고 아뢰지 않았고, 형을 결정할 때는 법조문을 가혹하게 해석해 무고한 것도 많았다. 공을 포상할 때는 반드시 억제하고 삭제하니, 세기의 총애가 날로 높아졌다. 수나라 정치가 날로 쇠퇴한 것은 모두 봉덕이가 한 짓이다" 『구당서』(『舊唐書』)

람보다 뛰어났다. 수(隋) 황실이 혼란해지는 것을 보고, 은밀히 천하를 안정시킬 뜻을 품었다. 자기 몸을 낮추어 선비들을 예우하고, 재물을 털어 빈객들과 교제를 맺어 그들의 마음을 모두 얻었다.

진양궁감(晉陽宮監) 배적(裴寂)이 유문정(劉文靜)과 함께 잠을 자다가, 성 위에 봉화가 올라가는 것을 보고 배적이 "이와 같이 가난하고 천한데, 다시 난리까지 만났으니 어떻게 생존한단 말인가"라며 탄식했다. 유문정이 웃으며 "세상일을 알 만하다. 우리 두 사람이 서로 의기투합하면, 어찌 빈천을 근심할 일이 있겠는가"라고 말했다.

유문정이 이세민을 보고 특별하게 여겨 그와 깊이 교제를 맺고, 배적에게 "이 사람은 보통 사람이 아니다. 활달함은 한(漢) 고조(高祖=유방劉邦)를 닮았고, 신기에 가까운 무재(武才)는 위(魏) 조조(曹操)를 닮았다. 나이는 비록 적으나 세상의 인재이다"라고 말했다.

유문정이 이밀과의 혼인 때문에 연좌되어 태원의 감옥에 갇혀 있었다. 이세민이 찾아가 안부를 살폈다. 유문정이 "천하가 크게 혼란합니다. 고조와 광무제(光武帝)같은 재주가 아니면 평정할 수 없습니다"라고 말했다. 이세민이 "어찌 그런 사람이 없다고 생각하십니까? 다만 사람들이 알지 못할 뿐입니다. 내가 와서 안부를 살피는 것은 아녀자의 정으로서가 아니라, 그대와 대사를 의논하고자 해서입니다. 계책을 어떻게 내시겠습니까?"라고 물었다.

유문정이 대답했다.

"지금 주상이 남쪽으로 양자강, 회수지방을 순행하고 있고, 이밀이 낙양을 포위해 압박하고 있는데, 도적떼가 거의 만으로 헤아려집니다. 이러한 때에 진정한 군주가 이들을 부려서 쓴다면, 천하를 취하는 것은 손바닥을 뒤집는 것처럼 쉬울 것입니다.

태원의 백성들은 모두 도적을 피해 성 안에 들어와 있는데, 내가 현령이 된 지 여러 해여서 그 호걸들을 알고 있습니다. 이들을 모은다면 하루아침에 10만 명을 얻을 수 있습니다.

존경하는 공(公)이 거느린 병력이 또 수만 명일 것이니, 한마디만 입에서 내면 누가 감히 따르지 않겠습니까. 이 병력을 가지고 빈틈을 타서 관중에 들어가 천하를 호령한다면, 반년이 지나지 않아 제왕의 업적을 이룰 것입니다"

이세민이 웃으며 "그대의 말이 나의 뜻과 바로 맞습니다"라고 말했다. 그리하여 은밀히 부서를 나누어 빈객들을 배치했으나, 이연은 이러한 사실을 알지 못했다. 이세민이 틈을 타서 사람들을 물리치고 이연을 설득했다.

"지금 주상께서 무도해 백성들이 곤궁하고, 진양성 밖은 모두 싸움터가 되었습니다. 대인께서 만약 사소한 절개를 지키신다면, 아래로는 도적떼가 있고 위로는 준엄한 형벌이 있어, 머지않아 대인은 위태롭게 되고 죽게 될 것입니다. 민심에 순응하고 의병을 일으켜 전화위복47) 하는 것이 낫습니다. 이는 하늘이 내려준 기회입니다"

---

47) 轉禍爲福 전화위복 : 화를 복으로 만들다

이연이 크게 놀라며 "네가 어찌 그런 말을 할 수 있느냐?"고 말했다. 다음날 이세민이 다시 이연을 설득했다.

"지금 도적들이 날로 많아져 천하에 퍼져 있습니다. 대인께서 조서를 받아 도적들을 토벌한다 해도 도적들을 다 없앨 수 있겠습니까? 바라건대 대인께서는 주저하지 마소서"

이연이 탄식하며 말하기를 "내가 밤새 너의 말을 생각해 보니, 매우 일리가 있다. 오늘 가문이 망하고 몸이 죽는 것 또한 너 때문이고, 대부의 집안을 바꾸어 나라를 세우는 것[48] 또한 너 때문이다"라고 말했다.

◯ 이보다 앞서 배적이 진양의 궁녀를 시켜 이연을 모시게 했는데, 이연이 배적을 데리고 술을 마셨다. 술이 거나하게 취했을 때 배적이 조용히 "둘째 아드님이 은밀히 병사와 말을 길러 대사를 거행하고자 해서, 바로 제가 궁녀에게 공을 모시게 한 것입니다. 이 일이 탄로 나면 함께 죽임을 당할까 두려워 이처럼 급한 계책을 세운 것입니다. 여러 사람은 이미 마음을 하나로 모았습니다. 공의 뜻은 어떠하십니까?" 하고 물었다.

이연은 "내 아들이 진실로 이러한 모의를 해 일이 이미 이와 같이 되었으니, 다시 무슨 방법이 있겠는가? 다만 모름지기 따를 뿐이다"라고 말했다.

유무주가 분양궁을 점령하게 되자, 이세민은 이연에게 "대인께서 유수로 계신데, 도적들이 몰래 이궁을 점거했습

---

48) 化家爲國 화가위국 : 대부의 가문을 바꾸어 나라를 세운다

니다. 만약 큰 계책을 세우지 않으신다면, 이제 화가 닥칠 것입니다"라고 말했다. 이연이 마침내 이세민에게 명해 유문정 등과 함께 각각 병력을 모집하게 했다. 원근의 장정들이 달려와 집결하니 열흘 사이에 1만 명 가까이 모였다. 유문정이 이연에게 돌궐과 결맹해 그들의 군사와 말을 보태 군대의 위세를 더하라고 권했다. 이연이 그 말을 따랐다.

○ 배적 등이 마침내 이연에게 천자를 높여서 태상황(太上皇)으로 삼고, 대왕(代王)을 세워 황제로 삼아 수(隋) 황실을 안정시킬 것을 청했다. 군현에 격문을 돌렸는데, 서하군(西河郡)이 이연의 명을 따르지 않았다. 이연이 이세민을 시켜 군대를 거느리고 서하군을 공격하게 했다.

서하군 승(丞) 고덕유(高德儒)가 성문을 닫고 항거하며 지켰다. 이세민이 성을 공격해 함락시키고, 고덕유를 잡았다. 군문에 이르러서 이세민이 그의 죄를 열거하고는 "네가 들새를 가리켜 난새라 해 군주를 속여서 높은 벼슬을 얻었다. 내가 의병을 일으킨 것은 바로 아첨하는 사람을 주벌하기 위해서이다"라고 꾸짖고 그를 목 베었다.

그 밖에는 한사람도 죽이지 않고, 추호도 범한 것이 없었으며, 백성들을 위무해 다시 생업으로 돌아가게 했다. 먼 곳 가까운 곳에서 그 소식을 듣고 크게 기뻐했다.

건성 등이 군대를 이끌고 진양으로 돌아오니, 왕복하는데 총 9일이 걸렸다. 이연이 기뻐하며 말하기를 "이렇게 군대를 운용한다면, 비록 천하를 횡행(橫行)하더라도 가능하겠다"라고 했다.

마침내 관중에 들어갈 계책을 정했다. 이연이 창고를 열어 가난한 백성들을 구휼하니, 모병에 응하는 자가 날로 더욱 많아졌다. 배적 등이 이연을 올려 대장군이라고 호칭했다.

○ 가을 7월에 이연이 아들 원길을 태원태수로 삼아 진양궁에 남아 그곳을 지키게 했다. 이연이 병사 3만 명을 거느리고 진양을 출발해 군문 앞에 서서 군사들에게 맹세했다. 아울러 군현에 격문을 돌려 대왕(代王)을 높이 세운다는 뜻을 효유했다. 서돌궐의 아사나대내(阿史那大奈) 또한 군사들을 거느리고 따랐다.

대왕(代王) 유(侑)가 송로생(宋老生)에게 정예병 2만을 거느리고 곽읍(霍邑)에 주둔하게 했다. 굴돌통(屈突通)은 용감한 군사 수만 명을 거느리고 하동(河東)에 주둔해 이연을 막았다. 마침 장맛비가 내려 이연이 전진할 수 없었다.

○ 이연이 편지로 이밀을 불렀는데, 이밀이 자신의 군세가 강함을 믿고 맹주가 되고자 했다. (그래서) 조군언(祖君彦)을 시켜 "내가 바라는 것은 왼쪽에서 끌어주고, 오른쪽에서 도와주어 힘을 합치고 마음을 합쳐, 함양(咸陽)에서 자영(子嬰)을 사로잡고 목야(牧野)에서 상(商)나라 신(辛)을 죽이는 것[49]처럼 한다면, 어찌 훌륭하지 않겠는가"는 답서를 보냈다. 또 이연으로 하여금 보병과 기병 수천 명을 데

---

49) 殪 에 : 죽일, 살사(殺死)

리고 스스로 하내에 와서 대면하고 맹약을 맺자고 했다.

이연이 편지를 받고서 웃으며 말했다.

"이밀이 망령되이 스스로 자랑하고 잘난 체하니, 짧은 편지[50]로 오게 할 수 없겠다. 내가 바야흐로 관중에 뜻이 있지만, 만약 그를 대번에 끊어버린다면, 곧 또 하나의 적을 만드는 것이다. 말을 낮추어 추대하고 장려해서 그의 뜻을 더욱 교만하게 만들어 나를 위해 성고(成皐)의 길을 막게 하고, 낙양의 군사를 막게[51]하는 것이 낫다.

(이렇게 하면) 서쪽 정벌에 전념할 수 있을 것이다. 관중이 평정되기를 기다려, 험고한 곳을 점거하고 위세를 길러, 조개와 도요새처럼 서로 버티는 형세[52]를 서서히 보다가 어부지리(漁父之利)를 챙겨도 늦지 않다"

온대아(溫大雅)를 시켜 답장을 보냈다.

"하늘이 백성을 냄에 반드시 사목(司牧)[53]이 있습니다. 지금 사목이 될 자는 바로 그대가 아니고 누구이겠습니까. 이 노부는 나이가 이미 50세[54]를 넘었으니, 원하는 것이 여기에 미치지 못합니다.

내 흔쾌히 아우를 추대해 용의 비늘을 잡고, 봉황의 날개

---

50) 折簡 절간 : 가운데를 접은 짧은 편지, 초청편지

51) 輟 철 : 이을, 막을, 맺을

52) 蚌鷸之勢 방휼지세 : 방합과 도요새가 서로 물고 버티어 놓지 않음

53) 주(註) 사목은 원래 중국 주(周)나라에서 목지(牧地)를 다스리기 위해 설치한 관직의 이름이었는데, 뜻이 확장되어 여기서는 백성들을 다스리는 황제를 가리킨다

54) 知命 지명 : 지천명의 나이, 50세

에 붙고자[55] 합니다. 부디 아우는 속히 도참의 기록에 응해 만백성을 편안케 하십시오. 그대가 종맹(宗盟)의 장으로 족보에 올리는 것을 용인해주고, 다시 당(唐)에 봉해준다면 이것으로 영광스럽고 만족할 것입니다.

목야에서 상나라 신을 죽이는 일은 내 차마 말할 수 없고, 함양에서 자영을 사로잡는 일은 내가 감히 명령을 따르지 못하겠습니다. 분주(汾州)와 진양(晉陽) 일대를 편안히 다스려야 하므로, 맹진(盟津)의 회맹은 기일을 정할 겨를이 없습니다"

이밀이 편지를 받고 매우 기뻐했다. 장수와 보좌들에게 편지를 보이며 "당공이 나를 추대해주니, 천하는 굳이 평정할 것도 없다"고 말했다. 이로부터 서신과 사신의 왕래가 끊이지 않았다.

○ 비가 오랫동안 그치지 않으니 이연의 군중에 양식이 떨어지고, 유문정은 돌아오지 않았다. 어떤 사람이 전하기를 "돌궐이 유무주와 함께 빈틈을 타서 진양을 습격하려 한다"고 했다. 이연이 장수와 보좌들을 불러 북쪽으로 돌아갈 것을 의논했다. 배적 등이 모두 말하기를 "돌아가서 근본을 구하고 다시 후일의 거사를 도모하는 것이 낫습니다"고 진언했다.

이세민이 말했다.

"지금 벼와 콩이 들에 널려 있는데, 어찌 양식이 떨어질

---

55) 攀鱗附翼 반린부익 : 용의 비늘을 잡고 봉황의 날개에 붙음

것을 근심하십니까. 노생(老生)은 경솔하고 조급하니 한번 싸우면 사로잡을 수 있고, 이밀은 창고의 곡식을 돌아보고 연연해하니 멀리 공략할 겨를이 없으며, 유무주는 돌궐과 겉으로는 친하지만 속으로는 서로 시기를 하니, 유무주가 비록 멀리 태원(太原)을 이로움으로 여긴다고 해도 어찌 가까운 마읍(馬邑)을 잊을 수 있겠습니까?

본래 대의로 일어났다면 분발해 몸을 돌보지 않아야 하고, 백성을 구하려면 마땅히 먼저 함양에 들어가 천하를 호령해야 합니다. 지금 많지 않은 적을 만났다고 황급히 군대를 돌린다면, 의를 따라 궐기한 군사들이 하루아침에 해체될까 두렵습니다. 우리가 돌아가서 태원의 한 성만을 지킨다면 도적이 될 뿐입니다. 어찌 스스로를 보전할 수 있겠습니까"

이연이 따르지 않고 재촉해 군대를 이끌고 출발하도록 했다. 이세민이 다시 들어가 간언하려 했는데, 마침 해가 저물어 이연이 이미 잠자리에 들었다. 세민이 들어가지 못하고 밖에서 통곡하니, 소리가 장막 안에까지 들렸다. 이연이 불러서 묻자, 이세민이 "지금 군대가 의로움으로 출동했으니, 전진하면 이기고, 후퇴해 돌아가면 흩어질 것입니다. 군사가 앞에서 흩어지고 적이 뒤에서 틈을 타서 공격한다면, 사망하는 것은 시간문제입니다. 어찌 슬퍼하지 않을 수 있겠습니까"라고 말했다.

이연이 비로소 깨달았다. 이세민이 마침내 건성과 함께 길을 나눠 밤에 좇아갔다. 좌군이 다시 돌아오고, 태원에서 운송한 군량 또한 이르렀다.

○ 8월에 비가 개자[56], 이연이 군중에 명해 갑옷과 장비[57]를 햇빛에 말리게[58]하고, 마읍으로 향했다. 건성과 이세민이 수천 명의 기병을 거느리고 성 아래에 이르렀다. 채찍을 들고 지휘해 마치 성을 포위하려는 모습 같이 하고, 또 노생을 욕했다. 노생이 노해 군사 3만 명을 이끌고 길을 나누어 출병했다가 대패했다. 노생이 말에서 내려 참호로 뛰어들자, 유홍기(劉弘基)가 나가 그를 목 베었다. 마침내 곽읍을 점령했다.

○ 이연이 군사를 이끌고 서쪽 장안으로 향하고자 했으나, 여전히 망설이고 결정하지 못했다.[59] 배적이 말했다.

"굴돌통이 큰 병력을 보유하고, 견고한 성에 의지하고 있습니다. 우리가 이들을 버리고 떠나갔다가 만약 장안으로 진격해 이기지 못한다면, 후퇴할 때 하동의 굴돌통에게 추격당해 앞뒤로 적의 공격을 받을 것입니다. 이는 위태로운 방법입니다. 먼저 하동을 점령하고 난 연후에 서쪽으로 올라가는 것이 낫습니다. 장안에서는 굴돌통을 구원부대로 믿고 있으니, 굴돌통이 패하게 되면 장안은 반드시 격파될 것입니다"

이세민이 말했다.

---

56) 霽 제 : 비갬
57) 鎧裝 개장 : 갑옷과 장비
58) 曝 폭 : 햇빛 쬠
59) 猶豫 유예 : 망설임, 미룸

"그렇지 않습니다. 군대는 신속함을 귀하게 여깁니다. 우리가 여러번 싸워 여러번 승리한 기세를 깔고[60], 귀의하는 무리들을 위무하고 북을 울리면서 전진해 서쪽으로 간다면, 장안 사람들이 멀리서 보고도 놀라고 두려워해 지혜로운 자도 미처 도모하지 못하고, 용맹한 자도 미처 결단하지 못할 것입니다. 장안을 빼앗는 것은 마른 낙엽[61]을 흔들어 떨어뜨리는 것과 같을 것입니다.

만약 우리가 견고한 성 아래에서 지체하다가[62] 스스로 피폐해진다면, 저들은 계책을 세우고 방비를 갖추어 우리를 상대할 수 있습니다. 우리들이 앉아서 날짜를 허비해 군사들의 마음이 이반되고 사기가 꺾인다면, 대사는 끝날 것입니다. 또 관중에서 봉기한 장수들이 아직 소속된 바가 있지 않으니, 일찍 이들을 불러 회유하지 않으면 안 됩니다. 굴돌통은 자기 소굴을 지키는 오랑캐일 뿐입니다. 굳이 염려할 것이 없습니다"

이연이 두 사람의 의견을 따라 여러 장수들을 남겨 하동을 포위하게 하고, 자신은 군대를 이끌고 서쪽으로 갔다. 경조(京兆)의 여러 현이 사자를 보내 항복을 청하는 일이 많았다.

○ 이연이 여러 군대를 거느리고 황하를 건너니, 관중의

60) 席 석 : 자리, 깔, 베풀
61) 槁葉 고엽 : 마른 나뭇잎
62) 淹留 엄류 : 오래 머물음, 지체하여 잘 진전하지 아니함

백성 중 귀의하는 자들로 장터 같았다. 이세민이 가는 곳에는 관리와 백성 및 도적떼들이 흐르는 물처럼 따랐다. 이세민이 그 중의 호걸과 준걸들을 거두어 자신의 간부로 삼았다. 자소(紫紹)에게 시집을 간 이연의 딸 이씨도 정예병 1만명을 거느리고, 이세민과 위수 북쪽에서 만났다. 자소와 각각 막부를 세우고, 호칭을 낭자군(娘子軍)이라고 했다.

습성위(隰城尉) 방현령(房玄齡)이 이세민을 군문에서 만났는데, 이세민이 한번 보고는 오래도록 아는 사람처럼 했다. 방현령을 기실참군(記室參軍)에 임명하고, 데려다가 모주로 삼았다. 방현령 또한 스스로 지기(知己)[63]를 만났다 생각해 마음과 힘을 다했다. 아는 것을 하지 않은 적이 없었다. 이세민이 군대를 이끌고 아성(阿城)에 주둔하니, 정예병이 13만 명이었다. 군령이 엄정, 추호도 범한 것이 없었다.

○ 10월에 소선(蕭銑)이 파릉에서 기병해 스스로 양왕(梁王)이라 칭했다.

○ 11월에 이연이 장안을 점령했다. 백성들과 12조목의 법을 약속하고, 수(隋)의 가혹한 법령을 다 제거했다. 마읍 군승(郡丞) 이정(李靖)이 평소 이연과 틈이 있었다. 이연이 이정을 잡아 목 베려 하자, 이정이 "공(公)이 의병을 일으킨 것은 포악하고 어지럽히는 자를 평정하고자 한 것입니

63) 知己 지기 : 자신을 알아주는 사람

다. 사사로운 원한 때문에 장사(壯士)를 죽인단 말입니까?" 라며 크게 소리쳤다.

이세민이 그를 위해 간곡히 청하자, 이연이 그를 놓아주었다. 이세민이 (그를) 불러서 막부에 두었다.

○ 이연이 어가를 갖추고 대왕 유(侑)를 맞이했다. 천흥전(天興殿)에서 황제가 즉위했다. 이때 황제의 나이가 13세였다. 천하에 크게 사면령을 내리고 연호를 고쳤다. 멀리 있는 양제를 높여 태상황으로 삼았다. 이연에게 황제의 전권을 주고, 도독내외제군사 직을 내렸다. 작위를 올려 당(唐)왕으로 했다. 기사(己巳) 일에 이건성을 당나라 세자로 삼았다.

위의 수(隋)나라는 네 명의 황제와 칭제(稱帝)를 합쳐 도합 30년이다.

원 문

卷之三十四

隋紀

高祖文皇帝 在位二十四年，壽六十四

己酉開皇九年

陳主下詔曰:「犬羊陵縱，侵竊郊畿，蜂蠆有毒，宜時掃定。」以蕭摩訶 樊毅 魯廣達並為都督。於是 賀若弼自北道，韓擒虎自南道並進，緣江諸戍望風盡走。任忠帥數騎，迎降。引擒虎直入朱雀門，陳主惶遽，自投于井。軍人窺井，以繩引之而上，執送長安。

庚戌十年

上性猜忌不悅學。既任智以獲大位，因以文法自矜，明察臨下。常令左右覘視內外，有過失，則加以重罪。又患令史贓汙 私使人以錢帛遺之，得犯立斬。每於殿廷捶人，一日之中或至數四。又常於殿廷殺人。兵部侍郎馮基固諫，上不從。然亦尋悔，宣慰馮基，而怒群臣之不諫者。

◯江表自東晉已来，刑法疏緩，世族陵駕寒門。平陳之後，牧民者盡更變之。蘇威復作五教，使民無長幼悉誦之，士民嗟怨。民間復訛言：「隋欲徙之， 入關。」遠近驚駭。於是陳之故境，大抵皆反。曰：「更能使儂誦五教邪?」詔：以楊素為行軍總管討之。江南大定。素乃班師。

乙卯十五年

二月， 仁壽宮成。上幸之，見制度壯麗，大怒曰：「楊素殫民力為離宮，為吾結怨天下!」

丁巳十七年

帝以盜賊繁多，命盜一錢以上，皆棄市。或三人共盜一瓜，事發卽死。於是行旅皆晏起早宿，天下懍懍。有數人，劫執事而謂之 曰：「吾豈求財者邪? 但為枉人来耳。而為我奏至尊。自古以来，體國立法，未有盜一錢而死也。而不為我以聞，吾更来，而屬無類矣!」帝聞之，為停此法。

庚申二十年

廢太子勇，立晉王廣 為皇太子。

◯初 帝之克陳也，天下皆以為將太平。監察御史房彦謙私謂所親曰：「主上忌刻而苛酷，太子卑弱，諸侯擅權。天下雖安，方憂危也。」其子玄齡亦密言於彦謙曰：「主上本無功德，以詐取天下。諸子皆驕奢不仁，必自相誅夷。令雖承平，其亡可翹足待。」玄齡與杜如晦皆與選吏部。侍郎高孝基名知人，見玄齡歎曰：「僕閱人多矣，未有如此郎者。異日必為偉器。恨不見其大成耳。」見如晦謂曰：「君有應變之才，必任棟梁之重。」俱以子孫託之。

◯齊州行參軍王伽，送流囚李參等七十餘人，詣京師，行至滎陽。哀其辛苦伽，乃悉脫其枷鎖，停援卒，　與約曰：「某日當至京師。如致前却，吾當為汝受死。」遂捨之而去。流人感悅。如期而至，一無離叛。上聞而驚異。於是悉召流人，攜負妻子俱入。賜宴於殿廷，而赦之。

癸亥仁壽三年

龍門王通詣闕，獻太平十二策。上不能用，罷歸。通遂教授於河汾之間，弟子自遠至者甚衆。累徵不起。楊素甚重之，勸之仕。通曰：「通有先人之弊廬，足以庇風雨，薄田足以具餰粥，讀書談道足以自樂。願明公正身，以治天下，使時和年豐。通也受賜多矣。不願仕也。」或譖通於素曰：「彼實慢公，公何敬焉?」素以問通，通曰：「使公可慢　則僕得矣，不可慢　則僕失矣。得失在僕，公何與焉。」素待之如初。弟子賈瓊問息謗，　　通曰：「無辯。」問止怨，曰：「不爭。」通嘗稱「無赦之國其刑必平，重斂之國其財必貧。」又曰：「聞謗而怒者讒之囮也。見譽而喜者佞之媒也。絕囮去媒讒佞遠矣。」大業末卒於家，門人謚曰：「文中子。」

甲子四年

正月，帝崩於大寶殿。高祖性嚴重。令行禁止。勤於正事，每旦聽朝，日昃忘倦。雖嗇於財，至於賞賜，有功 卽無所愛。將士戰沒，必加優賞，仍遣使者，勞問其家。愛養百姓，勸課農桑，輕傜薄賦。其自奉養 務為儉素，乘輿服御物 故弊者 隨令補用。自非享宴，所食不過一肉，後宮皆服澣濯之衣。天下化之。開皇仁壽之間，丈夫率衣絹布，不服羅綺，裝帶不過銅鐵骨角，無金玉之飾。故衣食滋殖，倉庫盈溢。受禪之初，民戶不滿四百萬，末年踰八百九十萬，獨冀州，已三百萬戶。然猜忌苛察，信受讒言，功臣故舊 無始終保全者。乃至子弟 皆如仇敵，此其所短也。

煬皇帝 在位十三年，壽三十九。宇文化及弑之。

乙丑大業元年

勑： 宇文愷與舍人封德彝等營顯仁宮。南接皂澗，北跨洛濱。發大江以南 王嶺以北奇材異石，輸之洛陽。又求海內嘉木異草珍禽奇獸，以實園苑。自長安至江都，置離宮四十餘所。又遣黃門侍郎王弘等，徃江南，造龍舟及雜船數萬艘。東京官吏督役嚴急，役丁死者，什四五。所司以車載死丁，東至成皐，北至河陽，相望於道。

○五月，築西苑 周二百里。其內為海，周十餘里。為方丈蓬萊諸山，高出百餘尺。臺觀宮殿 羅絡山上，向背如神。海北有龍鱗渠，縈紆注海。內緣渠作十六院，門皆臨渠。每院以四品夫人主之。堂殿樓觀 窮極華麗。宮樹秋冬彫落 則剪綵為花葉，綴於枝條。色渝則易以新者，常如陽春。沼內亦剪綵，為荷芰菱芡。乘輿遊幸則去冰而布之。十六院競以殽羞，精麗相高，求市恩寵。上好以月夜 從宮女數千 騎遊西苑，作清夜遊曲於馬上，奏之。八月 上行幸江都。發顯仁宮 出洛口 御龍舟，挽船士八萬餘人，舳艫相接二百里，照曜川陸，騎兵翊兩岸而行。旌旗蔽野。所過州縣五百里內，皆令獻食，多者一州至百轝，極水陸珍奇。後宮厭飫，將發之際，多棄埋之。

丙寅二年

置洛口倉，上築倉城，周回二十餘里 穿三十窖。

○十二月，置回洛倉於洛陽北七里，倉城周回十里 穿三百窖。

丁卯三年

詔發丁男百餘萬築長城，西距榆林 東至紫河。尚書左僕射蘇威諫，帝不聽。築之二旬而畢。

○八月，車駕發榆林，歷雲中，泝金河。時天下承平，百物豐實。甲士五十餘萬，馬十萬匹，旌旗輜重 千里不絕。突厥啓民可汗奉廬帳，以俟車駕。帝幸其帳，啓民奉觴上壽。帝大悅。賦詩曰：「呼韓稽顙至， 屠耆接踵来。何如漢天子空上單于臺?」賜各有差。

○西域諸胡多至張掖交市，帝使吏部侍郎裴矩掌之。矩知帝好遠略。諸商胡至者 矩誘，訪諸國山川風俗，撰西域圖記三卷，合四十四國。入朝奏之。帝於是慨然慕秦皇漢武之功，甘心將通西域。四夷經略咸以委之。自是西域諸胡，徃来相繼，所經郡縣疲於迭迎， 糜費以萬萬計。卒令中國疲斃，以至於亡。皆矩之唱導也。

戊辰四年

帝無日不治宮室。兩京及江都 苑囿亭殿雖多，久而益厭。每遊幸左右顧矚，無可意者，不知所適。乃備責天下山川之圖，躬自歷覽，以求勝地可置宮苑者。詔 於汾州之北 汾水之源 營汾陽宮。

己巳五年

是時 天下凡有郡一百九十，縣一千二百五十五，戶八百九十萬有奇。東西九千三百里，南北一萬四千八百一十五里。隋氏之盛 極於此矣。

庚午六年

裴矩說帝曰:「高麗本箕子所封之地。漢晋皆為郡縣，今乃不臣。先帝欲征之久矣。但楊諒不肖 師出無功。當陛下之時，安可不取?」壬午，下詔: 討高麗。敕:幽州總管元弘嗣徃東莱海口，造船三百艘。官吏督役，晝夜立水中，略不敢息，自腰以下，皆生蛆，死者什三四。先是詔總徵天下之兵，無問遠近，俱會於涿。又發江淮以南民夫及船，運黎陽及洛口諸倉米，至涿郡。舳艫相次千餘里。載兵甲及攻取之具， 徃還在道，常數十萬人， 死者相枕，天下騷動。於是始相聚為群盜。

◯鄒平民 王薄擁衆 據長白山，剽掠齊濟之郊，自稱知世郎。言事可知矣。又作無向遼東浪死歌，以相感動，避征役者，多往歸之。竇建德起兵漳南，人爭附之。

壬申八年

四方兵集平壤，凡 一百一十三萬三千八百人。車駕度遼。高麗諸城，各堅守不下，諸軍敗還。初九軍度遼，凡三十萬五千，及還至遼東城，惟二千七百人。資儲器械巨萬計失亡蕩盡。

癸酉九年

楊玄感反於黎陽，以李密為謀主，引兵向洛陽。帝遣宇文述屈突通討之。玄感兵敗死。

◯帝使裴蘊推玄感黨與。謂蘊曰：「玄感一呼，而從者十萬，益知天下人不欲多。多則相聚為盜爾。」玄感之圍東都也，開倉賑給百姓，凡受米者皆坑之。

◯帝以衛尉少卿李淵為弘化郡留守，關右十三郡兵，皆受徵發。淵御衆寬簡，人多附之。

甲戌十年

二月，詔百僚 議伐高麗。戊子 詔復徵天下兵，百道俱進。時天下已亂，所徵兵多失期不至。高麗亦困弊，遣使乞降。

帝乃班師。仍徵高麗王元入朝，元竟不至。

○初 開皇之末，國家殷盛，朝野皆以高麗為意。劉炫獨以為不可,作撫夷論以刺之。至是其言始驗。

乙亥十一年

八月，帝巡北塞。突厥始畢可汗帥騎數十萬，謀襲乘輿，急攻鴈門。詔天下募兵。守令競来赴難。李淵子世民，年十六，應募 隷屯衛將軍雲定興。說定興曰:「始畢敢擧兵，圍天子，必謂我倉猝不能赴援故也。宜晝則引旌旗令數十里不絕，夜則鉦皷相應。虜必謂援兵大至，望風遁去。」定興從之。諸郡援兵亦至。九月始畢觧圍去。

○有二孔雀。自西苑飛 集寶成朝堂前。親衛校尉 高德儒見之，奏以為鸞。時 孔雀已飛去，無可得驗。於是 百官稱賀。詔以德儒誠心 冥會 肇見嘉祥。拜朝散大夫。

丙子十二年

詔: 以右驍衛將軍唐公李淵 為太原留守，以王威 高君雅為之副。

○十月，韋城 翟讓亡命於瓦岡 為群盜，聚衆至萬餘人，同郡 單雄信 徐世勣 李密等 皆從之。

○內史侍郎虞世基以帝惡聞賊盜，諸將及郡縣有告敗求救者，世基輙抑損表狀，不以實聞。但云:「鼠竊狗盜，郡縣捕逐，行當殄盡。願陛下勿以介懷。」帝良以為然。或杖其使者，以為妄言。由是 盜賊徧海內，陷沒郡縣，帝皆弗之知也。

恭帝 在位二年，壽十五。亡于唐。

丁丑十三年

正月，杜伏威起兵，據歷陽，江淮間小盜多附之。

◯二月，馬邑劉武周斬太守王仁恭，收兵得萬餘人。自稱太守，遣使附于突厥。

◯李密說翟讓曰:「洛口倉多積粟。將軍若親帥大軍，輕行掩襲 發粟，以賑窮乏。遠近孰不歸附。百萬之衆，一朝可集。」遂將精兵七千人，襲回洛倉，破之開倉，恣民所取，老弱襁負，道路相屬。讓於是推密為主。號為魏公。

◯四月，薛擧自稱西秦霸王，盡有隴西之地。

◯李密移檄郡縣，數煬帝十罪。且曰:「罄南山之竹 書罪無窮，決東海之波 流惡難盡。」祖君彦之辭也。

◯內史舍人封德彝諂 託附虞世基。以世基不閑吏務，密為指畫，宣行詔命，諂順帝意。故世基之寵日隆 而隋政益壞，皆德彝所為也。

◯初 唐公李淵生四男 建成 世民 玄霸 元吉。世民聰明勇決，識量過人。見隋室方亂，陰有安天下之志。傾身下士，散財結客，咸得其歡心。晉陽宮監裴寂與劉文靜同宿，見城上烽火。寂歎曰:「貧賤如此，復逢亂離，將何以自存。」文靜笑曰:「時事可知。吾二人相得， 何憂貧賤。」文靜見李世民而異之，深自結納。謂寂曰:「此非常人。豁達類漢高，神武同魏祖。年雖少，命世才也。」文靜坐與李密連昏，繫太原獄。世民就省之。文靜曰:「天下大亂，非高光之才，不能定也。」世民曰:「安知其無? 但人不識耳。我来相省非兒女子之情，欲與君議大事也。計將安出?」文靜曰:「今主上南巡江淮，李密圍逼東都，羣盜殆以萬數。當此之際，有真主驅駕而用之，取天下，如反掌耳。太原百姓，皆避盜入城，文靜為令數年，知其豪傑。一旦收集，可得十萬人。尊公所將之兵復自數萬，一言出口，誰敢不從。以此乘虛入關，號令天下，不過半年，帝業成矣!」世民笑曰:「君言正合我意!」乃陰部署賓客，淵不之知也。世民乘間屏人，說淵曰:「今主上無道，百姓困窮，晉陽城外皆為戰場。大人若守小節，下有寇盜，上有嚴刑，危亡無日。不若順民心，興義兵，轉禍為福。此天授之時也。」淵大驚曰:「汝安得為此言?」明日世民復說淵曰:「今盜賊日繁 遍於天下。大人受詔討賊，賊可盡乎? 願大人勿疑!」淵乃歎曰:「吾一夕思汝言，亦大有理。今日破家亡軀 亦由汝，化家為國 亦由汝矣。」

○先是 裴寂以晉陽宮人侍淵。淵從寂飲，酒酣，寂從容言曰:「二郎陰養士馬，欲舉大事。正為寂以宮人侍公。恐事覺并誅，為此急計耳。衆情已協。公意如何?」淵曰:「吾兒誠有此謀，事已如此，當復奈何。正須從之耳。」及劉武周據汾陽宮，世民言於淵曰：「大人為留守，而盜賊竊據離宮。不早建大計，禍今至矣。」淵乃命世民，與文靜等各募兵，遠近赴集，旬日間近萬人。劉文靜勸淵：「與突厥相結，資其士馬，以益兵勢。」淵從之。

○裴寂等乃請尊天子為太上皇，立代王為帝，以安隋室。移檄郡縣，西河郡不從淵命。淵使世民 將兵擊西河郡。丞高德儒閉城拒守。攻拔之，執德儒至軍門。世民數之曰：「汝指野鳥為鸞，以欺人主， 取高官。吾興義兵 正為誅佞人耳。」遂斬之。自餘不戮一人，秋毫無犯，各慰撫，使復業。遠近聞之，大悅。建成等引兵還晉陽，往返凡九日。淵喜曰：「以此，行兵，雖橫行天下可也。」遂定入關之計，淵開倉，以賑貧民，應募者，日益多。裴寂等上淵號為大將軍。

○秋 七月，淵以子元吉為太原太守，留守晉陽宮。淵帥甲七三萬發晉陽。立軍門誓衆，并移檄郡縣，諭以尊立代王之意。西突厥 阿史那大奈亦帥其衆以從。代王侑遣宋老生帥精兵二萬屯霍邑。屈突通將驍果數萬屯河東，以拒淵。會積兩，淵不得進。

○淵以書招李密，密自恃兵彊，欲為盟主，使祖君彥復書曰：「所望左提右挈，戮力同心，執子嬰於咸陽，殪商辛於牧野，豈不盛哉?」且欲使淵 以步騎數千 自至河內 面結盟約。淵得書笑曰：「密妄自矜大，非折簡可致。吾方有事關中。若遽絶之，乃是更生一敵。不如卑辭推奬，以驕其志。使為我 塞成皐之道 綴東都之兵，我得專意西征。俟關中平定，據險養威，徐觀蚌鷸之勢，以收漁人之功，未為晚也。」乃使温大雅復書曰:「天生烝民，必有司牧。當今為牧 非子而誰? 老夫年踰知命，願不及此。欣戴大弟，攀鱗附翼，唯弟早膺圖籙，以寧兆民。宗盟之長，屬籍見容，復封於唐，斯榮足矣。殪商辛於牧野，所不忍言，執子嬰於咸陽，未敢聞命。汾晉左右，尚須安輯。盟津之會，未暇卜期。」密得其書，甚喜以示將佐曰:「唐公見推天下，不足定矣。」自是信使往来不絕。

○雨久不止。淵軍中糧乏，劉文靜未返。或傳，突厥與劉武周 乘虛襲晉陽，淵召將佐謀北還。裴寂等皆以為:「不如還救根本，更圖後舉。」世民曰:「今禾菽被野，何憂乏糧。老生輕躁，一戰可擒。李密顧戀倉粟，未遑遠略。武周與突厥外雖相附，內實相猜。武周雖遠利太原，豈可近忘馬邑! 本興大義，奮不顧身，以救蒼生，當先入咸陽，號令天下。今遇小敵，遽已班師，恐從義之徒一朝解體，還守太原一城之地，為賊耳。何以自全?」淵不聽，促令引發。世民將復入諫，會日暮，淵已寢，世民不得入。號哭於外，聲聞帳中，淵召問之。世民曰:「今兵以義動，進戰則克，退還則散。衆散於前，敵乘於後，死亡無日。何得不悲?」淵乃悟。世民乃與建成，分道夜追，左軍復還。太原運糧亦至。

○八月， 雨霽。淵命軍中曝鎧仗行装，趣霍邑。建成 世民，將數千騎至城下，舉鞭指麾，若將圍城之狀。且詬之，老生怒，引兵三萬，分道而出，兵大敗。老生下馬投塹，劉弘基就斬之，遂克霍邑。

○李淵欲引兵，　西趣長安，猶豫未決。裴寂曰：「屈突通擁大衆，憑堅城。吾捨之而去，若進攻長安不克，退為河東所踵，腹背受敵，此危道也。不若先克河東然後，西上。長安恃通為援，通敗，長安必破矣。」世民曰：「不然。兵貴神速，吾席累勝之威，撫歸附之衆，鼓行而西，長安之人望風震駭。智不及謀，勇不及斷。取之若振槁葉耳。若淹留自弊於堅城之下，彼得成謀，修備以待。我坐費日月，衆心離沮，則大事去矣。且關中蜂起之將，未有所屬，不可不早招懷也。屈突通自守虜耳，不足為慮。」淵兩從之。留諸將圍河東，自引兵而西。京兆諸縣，多遣使請降。

○淵帥諸軍，濟河，關中士民歸之者如市。世民所至，吏民及羣盜，歸之如流。世民收其豪俊，以備僚屬。淵女李氏適紫紹者，亦將精兵萬餘，會世民於渭北。與紫紹各置幕府，號娘子軍。隰城尉　房玄齡，謁世民於軍門。世民一見如舊識，　署記室參軍　引為謀主。玄齡亦自以遇知己，罄竭心力，知無不為。世民引兵頓于阿城，勝兵十三萬。軍令嚴整，秋豪不犯。

○十月，蕭銑起兵巴陵，自稱梁王。

○十一月，李淵克長安。與民約法十二條，悉除隋苛禁。馬邑郡丞　李靖素與淵有隙。淵收靖　將斬之。靖大呼曰：「公興義兵，欲平暴亂，而以私怨，殺壯士乎！」世民為之固請，乃捨之。世民因召置幕府。

○淵備法駕，迎代王侑，卽皇帝位於天興殿。時年十三。大赦改元。遙尊煬帝為太上皇。以淵假黄鉞　　都督內外諸軍事，進封唐王。己巳，以李建成為唐世子。

右(上)隋四帝合稱帝三十年。

통감절요 35권

당기(唐紀)[1] 고조 신요황제(高祖 神堯皇帝)

재위 9년, 수(壽) 70

무인(戊寅) (서기 618년)

4월에 우문화급(宇文化及)이 양제(煬帝)를 강도(江都)에서 시해하고, 스스로 대승상을 칭했다.

○ 양(梁)나라 소선(蕭銑)이 황제에 즉위했다. 이로써 동쪽으로 구강(九江)에서부터 서쪽 삼협(三峽)까지, 남쪽으로는 교지를 다 차지하고, 북쪽으로는 한천(漢川)까지 소선이 모두 차지했다. 정예병이 40여만 명이었다.

○ 5월 무오(戊午)에 수(隋) 공제(恭帝)가 당(唐)에 선위했다. 당(唐)왕이 황제에 즉위했다.

○ 수(隋) 양제(煬帝)가 죽었다는 소식이 낙양(洛陽)에 이르자, 유수관(留守官)이 월(越)왕 동(侗)을 받들어 황제에 즉위시키고, 황태(皇泰)로 연호를 고쳤다. 왕세충(王世充)을 좌복야로 삼아 내외의 여러 군대를 총괄하고 감독하게 했다. 왕세충이 점점 패거리[黨援][2]와 결탁해 위력과 은혜[3]를

---

1) 시대개관 : 당(唐) 왕조는 618년 건국되어 907년 절도사 주전충(朱全忠)에게 멸망 당할 때까지 290년동안 21명(무측천 포함)의 황제가 통치했다. 태종의 정관(貞觀)의 치세를 거쳐 현종 시대에는 개원(開元)의 성세(盛世)를 이룩했다. 7세기 중엽부터 8세기 중엽까지 정치제도, 문화와 문물의 전성기였고, 수도 장안은 세계의 도시였다. 당 왕조의 제도와 문물은 아시아 각국에 영향을 주었으며, 이 시기 동아시아 문화권을 형성시켰다. 그러나 현종 천보(天寶) 14년(755) 안사(安史)의 난(亂) 이후, 절도사의 난립, 환관의 정치개입, 사회경제의 혼란과 피폐를 겪으면서 멸망했다

마음대로 행사했다. 자제들이 모두 병마를 관장하니, 권세가 내외에 떨쳤다. 황태(皇泰)황제는 팔짱만 끼고[拱手] 아무 일도 하지 않았다.[4)]

○ 이때 중국에서 피난 간 사람들이 돌궐(突厥)로 많이 들어가니, 돌궐이 강성해졌다. 동쪽으로 거란(契丹)과 실위(室韋)로부터 서쪽으로 토곡혼(吐谷渾)과 고창(高昌) 등 여러 나라들이 다 돌궐의 신하가 되었다. 힘센 궁수[5)]가 1백여만 명이었다. 당(唐)이 처음 기병해 그들 군대의 도움을 받았는데[6)], 전 후로 그들에게 보내준 군량과 물건[7)]은 이루 다 기록할 수 없을 정도로 많았다.[8)]

○ 당(唐)은 배적(裵寂)과 유문정(劉文靜) 등에게 명해 율령을 잘 가다듬고 바르게 고치게[9)] 했다. 국자학, 태학, 4문(四門) 등을 설치하니 생원이 도합 3백여 명이었다. 군현의 학교에도 각각 생원을 두었다.

○ 당 황제가 배적을 특별히 후대해 배감(裴監)이라 칭하

---

2) 黨援 당원 : 동류(同類)를 도움, 또 도움이 되는 동류

3) 威福 위복 : 위력으로 복종시키고 은혜를 베풀어 심복하게 함

4) 拱手 공수 : 공경하는 뜻을 표하기 위해 두 손을 마주 잡음. 팔짱끼고 아무 일도 아니함

5) 控弦 공현 : 활을 당김 또는 궁수

6) 資 자 : 재물, 밑천, 자본, 도움

7) 餉遺 향유 : 선사

8) 不可勝紀 불가승기 : 너무 많아 다 기록 할 수 없음

9) 修定 수정 : 수(修) 잘 가다듬을, 고침. 정(定) 정할, 결정함

고, 이름을 부르지 않았다. 소우(蘇瑀)에게 여러 정사를 맡기고, 크고 작은 일을 막론하고 모두 관장하게 했다. 소우 또한 부지런히[10] 진력해 잘못한 자를 법으로 다스리고, 허물을 들추어내니[11] 사람들이 모두 그를 꺼려했다.

○ 당(唐) 만년현(萬年縣)의 법조(法曹)였던 손복가(孫伏伽)가 표문을 올렸다.

"수(隋)는 그 허물을 듣기 싫어했기 때문에 천하를 잃었습니다. 폐하께서 진양(晉陽)에서 기병하자, 원근에서 호응해 1년이 채 못되어 황제의 자리에 오르셨습니다. 단지 천하를 얻는 것이 쉬운 줄만 아시고, 수(隋)가 천하를 잃은 것이 어렵지 않았음을 알지 못하실 것이라고 생각됩니다. 신은 마땅히 수의 실패[覆轍][12]를 바꾸어 백성들의 실정을 다 살피는데 힘써야 한다고 생각합니다"

당 황제가 표문을 보고 크게 기뻐했다. 조서를 내려 칭찬하고, 발탁해 치서시어사(治書侍御史)로 삼고, 비단 3백 필을 하사했다.

○ 8월에 진(秦) 군주 설거(薛擧)가 죽고, 태자 설인고(薛仁杲)가 즉위했다.

○ 9월 초에 위공(魏公) 이밀(李密)이 적양(翟讓)을 죽이

---

10) 孜孜 자자 : 부지런한 모양

11) 繩違擧過 승위거과 : 잘못한 자를 법으로 다스리고, 허물을 들추어냄

12) 覆轍 복철 : 엎어진 수레라는 뜻. 전인의 실패, 실패한 자의 자취

고 나서[13], 스스로 교만해지고 자만했다. 낙구창(洛口倉)을 열어 쌀을 나누어 주는데, 방비하고 지키는 자가 없어, 쌀을 가져가는 자들이 얼마건 마음대로 가져갔다. 혹 창고를 떠난 뒤에 자기 힘으로 가지고 갈 수가 없어 길거리에 쌀을 버리니, 창성(倉城)으로부터 곽문(郭門)에 이르기까지 쌀이 몇 치 두께로 깔렸다. 도적떼들이 와서 먹는 자가 1백만 명에 가까웠다.

이밀이 기뻐하며 가윤보(賈閏甫)에게 "이것은 먹을 것이 풍족하다고 이를 만하다"고 말했다. 가윤보가 "나라는 백성을 근본으로 삼고, 백성은 양식을 하늘로 삼습니다. 지금 백성들이 포대기로 아이를 업고 물이 흐르듯이 오는 까닭은 하늘이 여기에 있기 때문입니다. 그런데 유사(有司)가 일찍이 곡식을 아끼지 않고, 이와 같이 가볍게 여겨서 흩뜨려버리니[14] 걱정됩니다. 하루아침에 쌀이 다 없어지고 백성들이 흩어진다면, 명공은 누구와 함께 대업을 이루시겠습니까?"라고 대답했다.

이밀(李密)이 왕세충(王世充)과 싸웠는데, 불리해져서 군대 3만 명과 관중으로 들어왔다.

○ 설인고가 태자였을 때에 여러 장수들과 각각 사이가 나빴다. 즉위하게 되자, 사람들이 그를 의심하고 두려워했

13) 주(註) 이 보다 앞서 적양(翟讓)이 이밀(李密)을 세웠다고 자부하고, 방언 조언조 등에게 보화를 요구했다. 그래서 이들이 이밀을 설득해 그를 살해했다

14) 屑越 설월 : 설(屑) 가루, 부술, 업신여길. 월(越) 넘을, 한정에서 벗어남, 흩어질, 흩뜨릴

다. 이 때문에 나라의 세력이 점점 약해졌다. 진왕(秦王) 이세민이 고척(高墌)에 이르렀다. 설인고가 종나후(宗羅睺)에게 군대를 거느리고 맞아 싸우게 했다.

당(唐)의 이세민이 대군을 이끌고 언덕 북쪽에서부터 불의에 출격하니 종나후의 병사들이 크게 무너졌다. 수천명의 수급을 베었다. 이세민이 2천 명의 기병을 거느리고 추격하면서 "파죽지세(破竹之勢)를 잃어서는 안된다"고 했다. 진격해 성 아래에 이르러 그 곳을 포위했다. 한밤중에 성을 지키는 자들이 다투어 스스로 투항했고, 설인고가 계책이 궁해지자 나와서 항복했다.

여러 장수들이 모두 축하하고서 "대왕께서 한번 싸워 이기고는 날센 기병을 데리고 곧바로 성 아래에 이르셨습니다. 사람들이 모두 이기지 못할 것이라고 생각했는데, 끝내는 그 곳을 점령했습니다. 어찌 된 것입니까?"라고 물었다.

이세민이 "종나후가 거느린 군사는 모두 농외(隴外)사람이다. 장수가 용맹하고 군사들은 사납다. 내가 단지 불의에 습격해 격파한 것이고, 목 베고 사로잡은 자는 많지 않다. 만약 기한을 멀리 잡고 했다면 그들은 모두 성 안으로 들어갔을 것이고, 설인고가 그들을 어루만져 썼다면 쉽게 이기지 못했을 것이다. 그들을 급하게 몰아붙여 (그들이) 흩어져 농외로 돌아가게 했다. 고척을 꺾어서 허약하게 하니, 설인고의 간담이 꺾여서 계책을 세울 겨를이 없게 된 것이다. 이것이 내가 승리한 이유이다"라고 대답했다. 사람들이 모두 탄복했다.

이세민은 항복으로 얻은 병졸들을 모두 설인고의 형제

및 종나후로 하여금 거느리게 했다. 그들과 함께 활을 쏘고 사냥했는데, 의심하거나 거리를 둔 바가 없었다. 적들[15]이었지만, 위엄을 두려워하고 은혜를 품고는 모두 목숨 바치기를 원했다.

○ 당나라 황제가 이밀에게 빈주(豳州)에서 진왕(秦王) 이세민을 맞이하게 했다. 이밀이 스스로 지략과 공명을 자부했고, 상을 뵐 때에도 여전히 오만한 기색이 있었는데, 이세민을 만나자 자신도 모르게 경탄하고 복종했다. 가만히 은개산(殷開山)에게 "참으로 영명한 군주이다. 이와 같지 않다면 어떻게 화란(禍亂)을 평정했겠는가"라고 말했다.

○ 서세적(徐世勣)이 이밀의 옛 영토를 차지했으나, 소속된 곳은 없었다. 위징(魏徵)이 이밀을 따라 장안에 왔다. 오랫동안 조정에 알려지지 못하자, 마침내 스스로 산동지방을 안정시키겠다고[16] 청했다. 당(唐) 황제가 그를 비서승(祕書丞)으로 삼았다. 역마를 타고 여양(黎陽)에 갔다. 서세적(徐世勣)에게 편지를 보내 빨리 항복하도록 권했다. 서세적이 마침내 서쪽으로 가려(귀순하려)는 계획을 결정했다.

(서세적은) 곽효각(郭孝恪)에게 "이 백성과 토지는 모두 위공(魏公)의 것이다. 내가 만약 표문을 올려 이것을 바친다면, 이는 주군의 실패를 이용해 자기의 공으로 만들어 부

---

15) 賊 적 : 불충한 자

16) 安集 안집 : 안정시키고 화목하게 만듬

귀를 구하는 것이다.[17] 나는 그것을 부끄럽게 여긴다. 지금 마땅히 군현의 호구와 군사와 말의 숫자를 장부에 적어 위공에게 아뢰고, 그로 하여금 스스로 바치게 하겠다"고 말했다. 그리하여 곽효각을 장안에 보냈다.

당(唐) 황제는 서세적의 사자가 왔는데, 표문은 없고, 오직 이밀에게 주는 장계만 있다는 말을 듣고 매우 괴이하게 여겼다. 곽효각이 서세적의 뜻을 모두 말하자, 당 황제가 감탄하면서 "서세적은 은덕을 배반하지 않고 공을 구하지 않으니, 진실로 참된 신하이다"라고 말했다. 이(李)씨 성을 하사했다.

이밀이 교만하고 귀하게 구는 태도는 오래 되었다. 또 당(唐)에 나라를 바친 공을 자부했는데, 조정이 그를 대우하는 것이 본래의 희망과 부합되지 않으니, 답답해하며[18] 즐겁지 않았다.

그리하여 당 황제에게 "산동의 무리는 모두 신의 옛 부하들입니다. 청컨대 가서 그들을 거두어 위무하고 국위에 의지[19]한다면, 왕세충을 잡는 것은 땅의 지푸라기를 줍는 것과 같을 것일 뿐입니다"라는 계책을 바쳤다. 왕백당(王伯當)을 이밀의 부사(副使)로 임명해 출발시켰다.

12월에 이밀이 도림현(桃林縣)의 성을 점령해 왕세충의

---

17) 邀 요 : 맞이할, 중도에서 구할, 부귀(富貴)가 오기를 기다림

18) 鬱鬱 울울 : 기분이 언짢은 모양, 우울한 모양, 기가 성한 모양, 수목이 울창한 모양

19) 憑藉 빙자 : 남의 세력에 의지함, 핑계함

무리와 백성들을 몰아내고 노략질을 했다. 곧 바로 남산으로 향해 가서 험한 지역을 넘어 동쪽으로 갔다. 성언사(盛彦師)가 그를 공격해 목을 베어 장안에 전달했다.

○ 법을 범했으나 사형을 받지 않은 자가 있었다. 당(唐) 황제가 특명으로 그를 죽이게 했다. 감찰어사 이소립(李素立)이 "세 자의 법[20]은 왕이 천하 사람들과 함께 하는 것인데, 법이 한번 동요되면 사람들이 손발을 둘 곳이 없어집니다. 폐하께서 이제 겨우[21] 대업을 창건하셨는데, 어찌하여 법을 버리십니까. 황송하옵게도[22] 법을 관장하는 관리로서 감히 조서를 받들 수가 없습니다"고 진언했다. 당 황제가 그의 말을 따랐다.

(이소립은) 이로부터 특별한 은혜와 대우를 받았다. 담당 관리에게 명해 그에게 7품의 청요관(淸要官)을 제수하게 했는데, 담당자가 옹주사호(雍州司戶)에 제수할 것을 건의[23]하자, 당 황제는 "이 관직은 요직이나 깨끗하지 않다"고 했다. 또 비서랑(秘書郎)에 제수하자고 건의하자, "이 관직은 깨끗하나 요직이 아니다"라고 해, (이소립을) 발탁해 시어사에 제수했다.

---

20) 三尺法 삼척법 : 옛날에 길이가 3자 되는 죽찰(竹札)에 법문을 쓴 것

21) 甫 보 : 겨우, 근근이, 비로소, 처음으로

22) 忝 첨 : 황송할, 더럽힐

23) 擬 의 : 헤아릴, 상량할, 비길

기묘(己卯) (619년)

당 초기에 조용조(租庸調)법[24]을 제정했다. 장정마다 쌀 2석, 비단 2필, 솜 3량을 내게 하고, 이 외에는 함부로 징발하거나 거두어들이지 못하게 했다.

○ 당 황제가 여러 신하들을 평가해 순서를 매기는데, 이강(李綱)과 손복가(孫伏伽)를 제일로 했다. 그리고 술자리를 마련해 성대하게 연회를 베풀고, 배적 등에게 "수(隋)는 군주가 교만하고 신하가 아첨해 천하를 잃었다. 짐이 즉위한 이래 매번 마음을 겸허히 해 간언을 구했다. 그러나 오직 이강 만이 조금 충성을 다했고 성실했다. 손복가도 성실하고 강직하다고 이를 만하다. 나머지 사람들은 여전히 폐풍을 이어서 고개를 숙일[25]뿐이다. 어찌 짐이 바라는 바이겠는가"라고 말했다.

○ 왕세충이 황제에 즉위하고, 국호를 정(鄭)이라 했다.

○ 7월 유무주(劉武周)가 진격해 병주를 핍박하자, 제왕(齊王) 이원길(李原吉)이 병주를 버리고 달아나 장안으로 돌아왔다. 진양의 토호 설심(薛深)이 유무주에게 성을 바쳤다.

---

24) 주(註) 당(唐)의 조세법. 전(田)이 있으면 조(租)를 내고, 가(家)가 있으면 조(調)를 내고, 신(身)에는 용(庸)이 있다. 조(租)는 곡(穀)을 내고, 용(庸)은 견(絹)을 내고, 조(調)는 증강포마(繒纊布痲)를 낸다

25) 俛眉 부미 : 부(俛) 구부릴, 힘쓸. 미(眉) 눈썹

○ 유무주의 군세가 매우 날래니, 관중(關中)이 떨고 놀랐다. 상이 관중의 병력을 모두 징발해 이세민이 통솔하는 군대에 보태주고, 유무주를 공격하게 했다.

○ 5월에 정(鄭) 군주 왕세충이 수(隋)의 군주 동(侗)을 시해하고, 시호를 공황제(恭皇帝)라 했다.

경진(庚辰) (620년)

당의 이세민이 유무주의 장수인 송금강(宋金剛)과 서로 대치했다. 이세민이 송금강의 장수인 울지경덕(尉遲敬德)과 심상(尋相) 등을 여러번 격파했다. 4월에 송금강이 군량이 떨어져 북쪽으로 달아났다. 이세민이 심상을 추격해 여주에서 대파했다.

승세를 타고 패주하는 적을 추격해 하루 만에 2백여 리를 행군하면서, 수십번 교전했다. 추격해 송금강을 작서곡(雀鼠谷)에서 따라잡고, 하루에 여덟번을 싸워 모두 격파했다. 이세민이 밥을 먹지 않은 날이 이틀이었고, 갑옷을 벗지 않은 날이 사흘이었다.

울지경덕과 심상이 개주(介州)와 영안(永安)을 바치고 항복했다. 이세민이 울지경덕을 얻고는 매우 기뻐해 그를 우일부통군(右一府統軍)으로 삼고, 그의 옛 부하 8천명을 거느리고 여러 군영과 섞이게 했다.

유무주는 송금강이 패전했다는 소식을 듣고 크게 두려워해 병주를 버리고 돌궐로 달아났다. 송금강도 1백여 명의 기병과 함께 돌궐로 도망하니, 병주가 모두 평정되었다.

○ 7월에 당(唐)에서 조서를 내려 진왕 이세민에게 여러 군을 통솔해 왕세충을 공격하게 했다.

○ 유무주의 항복한 장수인 심상 등이 대부분 배반하고 도망가자, 여러 장수들이 울지경덕을 의심해 그를 군중에 가두었다. 굴돌통과 은개산은 이세민에게 "울지경덕은 날래고 용감함이 뛰어난데, 지금 이미 그를 가두었으니, 마음으로 반드시 원망할 것입니다. 그를 남겨 둔다면 후환이 될까 두려우니 끝내 죽이는 것이 낫습니다"라고 진언했다.

이세민이 "그렇지 않다. 울지경덕이 만약 배반하려 했다면, 어찌 심상의 뒤에 남아 있었겠는가" 하고는 급히 명령해 풀어주게 했다. 그를 거처하는 방 안으로 데리고 들어와 금을 하사하며 "대장부가 의기로 서로 약속했으니, 작은 혐의를 개의치 말라. 내 끝까지 참소하는 말을 믿어 충량한 사람을 해치지 않을 것이다. 공은 그것을 몸소 알 것이다. 반드시 떠나고자 한다면 이 금을 노자로 주겠다. 한때 함께 일을 한 정을 표시하노라"라고 말했다.

얼마 뒤에 세민이 5백 명의 기병을 거느리고 전쟁터를 다니면서 위(魏) 선무제의 능에 올랐는데, 왕세충이 보병과 기병 1만여 명을 거느리고 갑자기 와서 포위했다. 단웅신(單雄信)이 창을 잡고 곧바로 세민에게 달려왔다. 울지경덕이 말에 뛰어올라 크게 고함을 치고, 단웅신을 옆에서 찔러 말에서 떨어뜨렸다. 왕세충의 군대가 조금 물러나자, 울지경덕이 이세민을 도와 포위망을 탈출했다.

이세민과 울지경덕이 다시 기병을 거느리고 돌아와 싸우

면서 왕세충의 진영을 들고 날고 하고, 왔다 갔다 함에 거릴낌 것이 없었다. 굴돌통이 대병을 이끌고 도착하자, 왕세충의 군대가 대패하고 겨우 자신만 죽음을 면했다. 1천여 명의 수급을 베었다.

이세민이 울지경덕에게 "공은 보답하는 것이 어찌 이리 빠른가" 하고는, 울지경덕에게 금은 한 상자[26]를 내렸다. 이로부터 총애와 대우가 날로 높아졌다.

울지경덕은 창을 잘 피했다. 매번 단기(單騎)로 적진에 들어갈 때마다 적들이 여러 개의 창[27]으로 찔렀으나 끝내 부상을 입힐 수 없었다. 또 적의 창을 잘 빼앗아 도리어 찌르곤 했다.

제왕(齊王) 이원길이 말 위에 창을 잘 쓴다고 자부했는데, 울지경덕이 창을 잘 쓴다는 말을 듣고 울지경덕과 승부겨루기를 청했다. 이원길이 창을 잡고 말에 뛰어올라 울지경덕을 찌르려 했는데, 울지경덕이 잠깐 사이에[28] 3번이나 그의 창을 빼앗았다.

신사(辛巳) (621년)

당(唐)의 군대가 낙양을 포위하니 성안 식량이 바닥났다. 두건덕(竇建德)이 왕세충에게 구원병을 보내면서, 이세민에

26) 篋 협 : 상자
27) 叢矟 총삭 : 총(叢) 여러. 삭(矟) 창
27) 須臾 수유 : 잠깐 동안

게도 편지를 보내 동관(潼關)으로 군대를 후퇴시켜 다시 예전의 우호를 회복하자고 청했다. 이세민이 장수와 보좌들을 모아 그 일을 의논했다. 모두 예봉을 피하자고 했다.

(그러나) 곽효각(郭孝恪)은 "왕세충이 곤궁하고 위축되어 포박 당하게 되었는데, 두건덕이 양식을 운반해 멀리서 와서 도우니 이는 하늘의 뜻이 둘 다를 멸망시키고자 하는 것입니다. 20일이 못되어 두 군주가 다 포박당할 것입니다"라고 반대했다. 이세민이 그의 말을 받아들여 날랜 기병을 거느리고 무뢰(武牢)의 동쪽으로 나왔다.

두건덕은 무뢰에서 쫓기고 전진하지 못했으며, 자주 싸웠으나 승리하지 못했다. 두건덕이 창에 찔렸는데, 양무위(楊武威)가 그를 추격했다. 두건덕이 말에서 떨어지자, 양무위가 말에서 내려 그를 사로잡았다.

이세민이 두건덕 등을 가두고 낙양성 아래에 이르러 그들을 왕세충에게 보였다. 왕세충의 여러 장수들이 "우리가 믿었던 것은 하주(夏主)였는데, 지금 이미 사로잡혔으니 포위망을 탈출하더라도 끝내 이룰 것이 없을 것이다"라고 했다. 왕세충이 소복을 입고 태자와 신하 2천명을 거느리고 군문에 가서 항복했다.

이세민이 궁성에 들어갔다. 수나라 궁전을 보고 "하고 싶은 대로 사치를 다했고[29], 욕심도 끝없이 다 했으니, 멸망하지 않을 수 있었겠는가"라고 말했다. 단문루(端門樓)를

---

29) 逞 영 : 왕성할, 즐겁게 하다, 마음대로 해 만족을 얻음, 다할

철거하고, 건양전(乾陽殿)을 불태웠다. 측천문(則天門) 및 궐을 부수고 여러 도장(道場)을 폐지하라고 명령했다.

○ 7월에 두건덕의 부장인 유흑달(劉黑闥)이 장남(漳南)에서 기병하니, 군세가 크게 떨쳤다. 11월에 기주(冀州)를 함락시키고, 이세적 등을 쳐서 격파하고, 상주(相州)를 공격해 함락시켰다. 또 여주(黎州)와 위주(衛州) 두 지역을 차지하니, 반년 사이에 두건덕의 옛 영토를 모두 회복했다.

정묘일에 명령을 내려 진왕 이세민과 제왕 이원길에게 유흑달을 토벌하게 했다.

○ 수(隋) 말기에 돈이 남발되고 얇아졌다. 가죽을 자르고 종이[30]를 풀로 붙여 돈을 만들었는데, 민간에서 그 폐단을 감당하지 못했다. 이때 당나라가 처음으로 개원통보전(開元通寶錢)을 유통시켰다. 십전을 쌓으면, 무게가 한 냥이었다. 무게와 크기가 가장 적합[31]했다. 원근에서 그것을 편리하게 여겼다.

○ 당 황제는 진왕 이세민의 공이 크므로, 전대의 관직으로는 그에게 맞추기가 부족하다고 생각해 특별히 천책상장(天策上將)이란 자리를 만들었다. 지위가 왕공의 위였다. 겨울 10월에 이세민을 천책상장으로 삼고, 천책부(天策府)를

30) 糊紙 호지 : 종이를 풀로 부치다

31) 折衷 절충 : 한편으로 치우치지 않고 이것저것을 가려서 알맞은 것을 얻음

열어 관속을 두었다.

이세민은 천하가 점점 평정되어간다고 생각하고, 왕궁 서쪽에 학관을 열었다. 사방의 문학하는 선비를 초빙하는 교서[32]를 냈다. 진왕부(秦王府) 관속 두여회(杜如晦), 기실(記室) 방현령(房玄齡) 우세남(虞世南), 문학(文學) 저량(褚亮) 요사렴(姚思廉), 주부(主簿) 이현도(李玄道), 참군(參軍) 채윤공(蔡允恭) 설원경(薛元敬) 안상시(顔相時), 자의전첨(諮議典籤) 소욱(蘇勖), 천책부 종사중랑(天策府 從事中郎) 우지녕(于志寧), 군자제주(軍諮祭酒) 소세장(蘇世長), 기실(記室) 설수(薛收), 창조(倉曹) 이수소(李守素), 국자조교(國子助教) 육덕명(陸德明) 공영달(孔穎達), 신도(信都)의 개문달(蓋文達), 송주총관부 호조(宋州總管府 戶曹) 허경종(許敬宗)을 모두 본래의 관직을 지닌 채 문학관 학사를 겸하게 했다. 3번[33]으로 나누어 날을 바꾸어 교대로 숙직하게 하고, 진귀한 음식을 보내주고 은혜와 예로 후대했다.

이세민이 조정에서 알현하고 공사를 처리하는 여가에 자주 학관에 와서 여러 학사들을 데리고 문헌과 전적에 관해서 토론했다. 어느 때는 한밤중[34]에야 잤다. 그리고 고직(庫直) 염립본(閻立本)을 시켜 이들의 초상을 그리게 하고, 저량에게 역사의 기사에 첨가하는 말을 쓰게 했다. 이들을

---

32) 敎 교 : 교(敎) 왕 제후 후비(后妃)의 명령. 황제의 명은 조(詔), 태자의 명은 령(令)

33) 三番 삼번 : 세 번. 번(番) 순서, 횟수, 차례, 임무 맡는 일

34) 夜分 야분 : 밤중, 야간

18학사라 불렀다. 사대부가 선발되어 거기에 참여하는 것을 당시 사람들은 하늘에 올라 신선이 되는 것과 같다[35]고 했다.

○ 처음에 두여회가 진왕부 병조참군(秦王府 兵曹參軍)이 되었다가 얼마 후[36] 섬주장사(陝州長史)로 옮겼다. 이때 진왕부의 막료들 중 외직으로 보임되는 자가 많아 이세민이 이를 걱정했다. 방현령이 "나머지 사람은 아까울 것이 없지만, 두여회 만큼은 왕을 보좌할 만한 재목입니다"고 했다.

이세민이 즉시 아뢰어 진왕부의 관속으로 삼았다. 방현령과 함께 항상 이세민을 따라 정벌에 나가면, 군막에서 회의에 참여했다. 군중에 일이 많았으나, 두여회의 일을 처리하고 결정함은 물이 흐르는 것과 같았다.

이세민이 적군을 격파하고 성을 점령할 때마다 여러 장수와 보좌들은 다투어 보화를 취했으나, 방현령만은 혼자서 인재를 거두고 모아 막부[37]에 오게 했다. 또 장수와 보좌관 중에 용맹과 지략이 있는 자가 있으면, 방현령이 반드시 그와 깊이 관계를 맺고, 그로 하여금 이세민을 위해 사력을 다하게 했다.

이세민은 매번 방현령에게 조정에 들어가 일을 아뢰게

---

35) 주(註) 영주(瀛州)는 산 이름이고, 신선이 산다. 「교사지(郊祀志)」에 봉래 방장 영주의 삼신산(三神山)은 바다 가운데 있다고 전해진다. 등영주(登瀛州)는 하늘에 올라 신선이 되었다는 말과 같다

36) 俄 아 : 잠시, 갑자기, 얼마 안되어

37) 幕府 막부 : 장군 절도사 등이 집무하는 곳

했다. 당 황제는 "방현령이 내 아들을 위해 일을 진술하는데, 비록 천리나 떨어져 있으나 모두 얼굴을 맞대고 말하는 것[38] 같구나"라고 감탄했다.

당 황제가 조서를 내려 파촉의 군대를 징발했다. 조군왕(趙郡王) 효공(孝恭)과 이정(李靖)에게 12명의 총관을 거느리고, 기주(夔州)로부터 물길을 따라 동쪽으로 내려가 소선(蕭銑)을 공격하게 했다.

이때 소선은 군대를 해산하고 농사를 짓고 있었다. 겨우 숙위하는 군사 수천명만 남겨 두었는데, 당의 군대가 이르렀다는 말을 듣고 크게 두려워 해 급히 군사를 징발했으나 모두 강외(江外)와 영외(嶺外)에 있었다.[39] 도로가 험하고 멀어 급히 모을 수가 없었다. 그래서 현재 있는 병력[40] 만으로 나가서 대치하고 싸웠다.

이정이 군대를 풀어 열심히 싸워 그들을 대파했다. 승세를 타고 곧바로 강릉에 이르러 그 외곽(外郭)으로 들어갔다. 또 수성(水城)을 공격해 함락시키고, 전함을 많이 노획했다. 이정이 효공에게 노획한 전함을 모두 강물 속에 던져 버리게 하자, 여러 장수들이 모두 "적을 격파하고 노획한 것을 사용해야 할 터인데, 어찌하여 버려서 적을 돕습니

---

38) 面談 면담 : 얼굴을 맞대고 말하는 것

39) 강외(江外)는 강남지방, 영외(嶺外)는 영남, 오령(五嶺) 이남을 말한다. 현재의 광동, 광서 지방이다. 소선의 근거지가 강릉(江陵)이었기 때문에 광동이나 강남에서 구원병이 오려면 시간이 걸렸다.

40) 주(註) 현병(見兵)은 현재의 병력을 말한다

까?"라고 물었다.

이정은 "소선의 땅은 남쪽으로 오령 밖으로 나가고, 동쪽으로 동정호에 이른다. 우리는 본대로부터 떨어져 있는 부대[41]로, 깊이 쳐들어가서 만약 성을 공격하다가 함락하지 못하고, 적의 구원병이 사방에서 모인다면, 우리는 안팎으로 적의 공격을 받게 되어 전진하지도 후퇴하지도 못하게 될 것이다. 비록 배와 노가 있다 한들 어찌 쓰겠는가. 지금 전함을 버려서 강을 가득 메우고 떠내려가게 하면, 구원병들이 그것을 보고 강릉이 이미 격파되었다고 생각해 감히 가볍게 전진하지 못할 것이다. 오가면서 엿보고 움직이더라도 만 1개월은 걸릴 것이니, 내가 반드시 점령할 수 있다"고 대답했다.

소선의 구원병은 (떠내려 오는) 전함을 보고는 과연 의심해 전진하지 못하자, 소선이 안팎으로 막히고 끊겼다. 소선이 이에 여러 부하들에게 "하늘이 우리 양(梁)나라를 도와주지 않으니, 더 이상 버틸 수가 없다. 만약 반드시 힘이 다하기를 기다린 뒤에 굴복한다면, 백성들이 폐해를 입을 것이다. 어찌 나 한 사람 때문에 백성을 도탄에 빠뜨리겠는가"라고 말했다.

소선이 곧 명령을 내려 성문을 열고 나와 항복했다. 소선이 항복한지 며칠 만에 도착한 구원병이 11만 명이었는데, 강릉을 지키지 못했다는 말을 듣고는 모두 무기를 내려놓

41) 懸軍 현군 : 군대를 멀리 내보냄. 또는 그 부대

고[42] 역시 항복했다. 효공이 소선을 장안으로 보내니, 도성의 저잣거리에서 그의 목을 베었다.

임오(壬午) (622년)

정월에 유흑달이 스스로 한동왕(漢東王)이라 칭하고, 명주(洺州)를 도읍지로 했다. 당(唐)의 진왕 이세민이 이들을 격파하자, 유흑달이 돌궐로 도망쳤다. 산동(山東)지방이 다 평정되었다. 6월에 유흑달이 돌궐을 이끌고 산동지방을 침략했다.

○ 8월 기미일에 돌궐 힐리극한(詰利可汗)이 병주를 침략하고, 군대를 보내 원주(原州)를 침략하게 했다. 당 황제가 여러 신하들에게 "돌궐이 들어와서 약탈하고는 다시 화친을 요구한다. 화친과 전쟁 중에 어느 쪽이 유리한가?"라고 물었다. 태상경(太常卿) 정원수(鄭元璹)가 "싸우면 원망이 깊어질 것입니다. 화친하여 이롭게 하는 것이 낫습니다"라고 했다.

중서령 봉덕이는 "돌궐은 개와 양과 같은 무리를 믿고 중국을 업신여기는 마음이 있습니다. 만약 싸우지 않고 화친해 약함을 보여준다면, 내년에 다시 쳐들어올 것입니다. 어리석은 신은 그들을 치는 것이 낫다고 생각합니다. 이기고 난 뒤에 화친한다면, 은혜와 위엄이 함께 드러날 것입니다"라고 말했다. 당 황제가 그 말을 따랐다.

---

42) 釋甲 석갑 : 무기를 버리다. 석(釋) 풀, 버릴. 갑(甲) 갑옷

○ 9월에 유흑달이 영주(瀛州)를 함락시키고, 진군해 염주(塩州)를 점령했다.

○ 10월에 당 회양왕 이도현(李道玄)이 유흑달과 하박(下博)에서 싸우다 패했다. 유흑달에게 죽임을 당했다. 산동이 떨고 놀라서 주현이 모두 배반해 유흑달에게 귀의했다. 만 1개월 만에 유흑달이 옛 땅을 모두 회복하고, 진격해 명주를 점거했다.

○ 이도현은 여러번 진왕 이세민을 따라 정벌에 나섰는데, 죽었을 때 나이가 19세였다. 이세민이 그를 매우 애석하게 여겼다. 사람들에게 "도현이 항상 나를 따라 정벌을 다녔다. 내가 적진 깊숙이 쳐들어가는 것을 보고는 마음속으로 흠모하고 본받아서 이런 일에 이르게 되었다"라고 하고는, 그를 위해 눈물을 흘렸다.

이세민은 군대를 일으킨 이래 전후 수십 차례의 싸움에서 항상 병사들보다 먼저 날쌘 기병을 거느리고 깊이 들어갔다. 비록 자주 위태로웠으나 화살과 칼에 부상당한 적이 없었다.

○ 처음에 당 황제가 진양에서 군대를 일으킨 것은 모두 진왕 이세민의 계책이었다. 당 황제가 이세민에게 "만약 일이 성사된다면 천하는 모두 네가 이룬 것이니, 마땅히 너를 태자로 삼겠다"고 말했었다.

황제가 되자, 장수와 보좌들 또한 이세민을 세자로 삼을 것을 청했다. 황제는 이세민을 세자로 삼으려고 했는데, 이세민이 간곡히 사양하므로 그만두었다. 태자 이건성은 주색과 놀이와 사냥을 좋아했고, 제왕(齊王) 이원길은 과실이 많아 모두 당 군주의 총애가 없었다. 이세민의 공명이 날로 성대해지니, 황제는 항상 (이세민으로) 이건성을 대신할 뜻이 있었다.

이건성은 내심 스스로 불안해했다. 그래서 이원길과 모의해 함께 이세민을 깎아내렸다.[43] 간사한 뜻으로[44] 여러 비빈들을 섬겨 상에게 아첨하게[45] 했다. 태자중윤(太子中允) 왕규(王珪)와 태자세마(太子洗馬) 위징(魏徵)이 태자를 설득했다.

"진왕의 공은 천하를 덮고 중외(中外)의 마음이 그에게로 돌아갔습니다. 전하는 다만 나이가 많다는 이유로 동궁의 지위를 차지했으나 천하를 누를 만한 큰 공덕이 없습니다.

지금 유흑달이 도망쳐서 흩어지고 남은 무리가 1만 명이 못되는데, 물자와 군량이 다 떨어졌습니다.[46] 대군으로 그를 공격한다면 형세는 썩은 나무를 끊어버리는 것[47]과 같습니다. 전하께서 직접 그를 공격해 공명을 얻으시고, 그래서 산동의 호걸들과 교분을 맺는다면 아마 저절로 안심할 것입니다"

---

43) 傾 경 : 기울, 기울여 엎음, 형세가 기울어지게 함
44) 曲意 곡의 : 곡(曲) 굽을, 간절할, 간사할. 의(意) 뜻, 생각
45) 媚 미 : 아첨할, 아양떨, 사랑할, 아름다울
46) 匱乏 궤핍 : 궁핍함, 모자랄
47) 拉朽 납후 : 납(拉) 꺾을, 부러뜨릴. 후(朽) 썩을

태자가 마침내 출정할 것을 청하자, 당 황제가 허락했다.

갑신일에 태자 이건성에게 명령해 군대를 거느리고 유흑달을 토벌하게 했다. 유흑달이 군대를 이끌고 남쪽으로 가자, 이건성과 이원길이 그를 격파했다. 유흑달은 군량이 떨어지고 부하들이 흩어지자 밤에 도망쳤다.

계미(癸未) (623년)

유흑달이 임명했던[48] 요주자사(饒州刺史) 제갈덕위(諸葛德威)가 유흑달을 사로잡았다. 성을 들어 항복하고, 그를 목 베었다.

갑신(甲申) (624년)

정월에 주(周)와 제(齊)의 옛 제도를 따라 주(州)마다 대중정(大中正) 한 명을 두고, 주내의 인물들의 문벌 등급[49]과 명망의 순서[50]를 파악하는 것을 관장[51]하게 했다. 그 주[本州]에서 문벌과 명망이 높은 자가 그 일을 맡았는데, 품계와 녹봉[52]은 없었다.

○ 2월에 여러 주(州)에 조서를 내려 경서 하나 이상에 밝으면서도 벼슬하지 않는 자가 있으면 모두 이름을 보고

48) 署 서 : 임명할, 맡을, 부서, 관할 함

49) 品量 품량 : 품평형량(品評衡量) 가문(품: 관위)의 등급

50) 望第 망제 : 명망의 순서(등급)

51) 掌知 장지 : 장관(掌管), 요해(了解), 파악하는 것을 관장함

52) 品秩 품질 : 관의 품계와 녹봉

하게 했다. 주현 및 향에 모두 학당을 세웠다.

○ 4월에 처음으로 균전조용조법(均田租庸調法)[53]을 정해 정남(丁男)과 중남(中男)[54]의 백성에게 모두 땅 1경(頃)[55]을 주었다. 독질(篤疾)자[56]는 10분의 6을 감하고, 과부나 처첩에게는 10분의 7을 감했다. 10분의 2를 세습되는 땅[57]으로, 10분의 8은 죽은 뒤 국가에 반납하는 땅[58]으로 했다.

매 장정마다 1년에 국가에 납입하는 조(租)는 좁쌀 2석이었으며, 조(調)는 그 토지의 형편에 따라서 내는 것으로 사람에 따라 의무가 달랐다.[59] 무늬 놓은 비단과 명주[綾絹][60]나 베[絁布]로 냈다.

---

53) 均田租庸調 균전조용조 : 수(隋) 당(唐)시대에 실시된 토지(土地)와 부세(賦稅)체계로서 본서 34권 주1)에 개략적 설명이 있다. 여기서는 당대에 완성된 균전조용조에 대한 설명이다. 『당6전(唐六典)』에 '무릇 부역제(賦役制)에는 4종류가 있다. 그 하나를 조(租)라 하고, 두 번째를 조(調)라 하고 세 번째를 용(庸)이라 하고, 네 번째를 잡요(雜徭)라 한다'라고 되어 있다. 원칙적으로 조(租)는 곡물, 조(調)는 전포(錢布) 또는 삼베, 용(庸)은 중노동 또는 돈 또는 삼베, 잡요는 지방 정부에 대한 경노동의 형태로 징수했다

54) 주(註) 정(丁)은 강장(强壯)의 때에 해당한다. 중(中)은 상하로 통한다는 말이다. 4세는 소(小), 16은 중(中), 20은 정(丁), 60은 노(老)

55) 頃 경 : 1경은 100무(畝), 1무(畝)는 가로세로 각각 10보(步)

56) 독질자(篤疾者)는 악질(惡疾), 정신병(癲狂), 손과 발 중 2개 이상을 사용할 수 없는 자[兩肢廢], 두 눈을 실명한 자[兩目盲]이다. 장애에는 잔질 폐질 독질(殘疾 廢疾 篤疾)이 있는데, 독질(篤疾)의 장애정도가 가장 심하다. (『당령습유(唐令拾遺)』, 「호령(戶令) 제9」, '9.<개(開)25> 참고) 『당육전(唐六典)』에 의하면, 독질(篤疾) 뿐만 아니라 노남(老男), 폐질(廢疾)의 경우에도 40무(畝)를 지급했다(『당6전』권(卷)3, 「상서예부(尙書禮部」)

57) 世業田 세업전 : 세습전. 20무(畝)

58) 口分田 구분전 : 죽으면 국가에 반납하는 밭. 80무(畝)

59) 隨土地所宜 수토지소의 : 주(註) 풍토가 다르기 때문에 그 형편 역시 다르다

1년의 부역은 20일이었는데, 부역하지 않으면 그 노임[傭]을 거두었다. 하루에 특산물세[綾絹絁布] 중에서 3자[尺]를 내게 했다. 일이 있어 부역을 더 시킬 경우, 15일을 더 시키면 조(調)를 면제해주고, 30일을 더 시키면 조(租)와 조(調)를 모두 면제해 주었다.

수재와 가뭄, 병충해, 서리의 재해로 10분의 4 이상이 손실되었으면 조(租)를 면제해 주고, 손실이 10분의 6 이상이면 조(調)를 면제해 주고, 10분의 7이상이 손실되었으면 할당된 세금[課][61]과 부역을 모두 면제해 주었다.

○ 7월에 어떤 사람이 황제에게 "돌궐이 관중을 자주 침략하는 까닭은 젊은 여자[62]와 패물[玉帛]이 모두 장안에 있기 때문입니다. 만약 장안을 불태우고 도읍으로 하지 않는다면, 오랑캐의 침략이 저절로 그칠 것입니다"라고 설득했다. 황제가 그 말을 옳게 여겼다. 진왕 이세민이 간언했다.

"오랑캐의 침략은 옛날부터 있었습니다. 폐하께서 지덕을 겸비한 무용(武勇)[63]으로 창업해 영광스럽게 중하(中夏)에 자리 잡으셨습니다. 정예병은 1백만이고 정벌하는 곳마다 대적할 자가 없습니다. 오랑캐가 침범해 변경을 소요시킨다

60) 綾絹絁布 능견시포 : 주(註) 겉비단이 가는 것을 능(綾)이라 하고, 비단이 보리줄기 끝부분 같은 것을 견(絹)이라 한다. 생사가 날줄이고 모시가 씨줄인 것은 시(絁)라하고, 날줄씨줄 모두가 모시는 포(布)라 한다

61) 課 과 : 할당, 몫(세금 또는 업무)

62) 子女 자녀 : 아들과 딸, 딸, 젊은 여자

63) 聖武 성무 : 지덕을 겸비한 무용(武勇)

고 해서 갑자기 도읍을 옮겨 그들을 피해 천하에 수치를 남기고[64], 백세의 웃음거리가 된단 말입니까.

곽거병(霍去病)은 한(漢) 조정의 일개 장수였는데도, 흉노를 멸망시키는 데 뜻을 두었습니다. 황송하게도[65] 제가 울타리[66]가 되어 대비하고 지키고 있습니다. 원컨대 몇 년의 기한을 주십시오. 힐리극한의 목을 매어 대궐 아래에 오게 하겠습니다. 만약 대적하지 못한다면 그때 가서 도읍을 옮겨도 늦지 않을 것입니다"

황제가 "좋다"고 했다.

이건성이 비빈들과 함께 그 문제를 가지고 이세민을 참소했다.

"돌궐이 비록 자주 변방의 근심이 되지만, 뇌물을 받으면 물러날 것입니다. 진왕은 겉으로는 오랑캐를 막는다는 명분을 빙자하지만, 속으로는 병권을 모두 잡고[67] 찬탈의 음모를 이루고자 하는 것일 뿐입니다"

상이 도둑들이 있을 때마다 이세민에게 명해 그들을 토벌하게 했는데, 일이 평정된 후에 (이세민을) 시기하고 꺼려함이 더욱 심해졌다.

○ 8월에 돌궐이 원주(原州) 흔주(忻州) 병주(幷州) 수주

---

64) 貽 이 : 줄, 증여함, 끼칠, 후세에 물려줌

65) 忝 첨 : 욕될, 황공하옵게도

66) 藩 번 : 울타리, 지킬, 제후의 나라, 나라 왕실을 수호하고 지방을 진정하는 지방정부

67) 摠 총 : 총(總)의 속자(俗字)

(綏州) 등 4주를 침략하자, 경사의 경계가 삼엄해졌다. 이때 힐리와 돌리 두 극한이 온 나라를 들어 쳐들어왔다. 진영을 연결해 남쪽으로 내려오자, 진왕 이세민과 제왕 이원길이 군대를 이끌고 가서 그들을 막았다.

이세민이 오랑캐들과 빈주(豳州)에서 만났다. 군대를 거느리고[68] 싸우려 하는데, 극한이 1만여 명의 기병을 거느리고 갑자기 성 아래에 이르렀다. 이원길이 두려워하며 "오랑캐의 형세가 이와 같은데, 어찌 가볍게 나갈 수 있겠습니까?"라고 말했다. 그러나 이세민은 "네가 감히 출전하지 못하겠다면, 내가 혼자서라도 가겠다"고 했다.

그리하여 이세민이 기병을 거느리고 오랑캐 진영으로 달려갔다. 그들에게 "우리나라가 극한과 화친을 맺었는데, 어찌하여 약속을 저버리고 우리 영토에 깊이 쳐들어왔는가? 나는 진왕이다. 극한이 싸울 수 있으면 혼자 나와서 나와 싸우자"고 말했다.

또 기병을 보내 돌리극한에게 보내 "네가 지난번 우리와 맹약하기를 위급한 일이 있으면 서로 구원하기로 했는데, 도리어 군대를 이끌고 와서 공격하니 어찌 귀신한테 맹세한 마음[69]이 없단 말인가?"라고 꾸짖었다. 이세민이 또 진격해 구수(溝水)를 건너려 하자, 힐리극한은 이세민이 가볍게 나오는 것을 보고, 또 귀신한테 맹세했다는 말을 듣자, 돌리와 이세민이 모의가 있다고 의심했다.

---

68) 勒兵 늑병 : 군대를 통어함, 군대를 훈련함

69) 香火之情 향화지정 : 귀신에게 맹세한 마음

곧 사람을 보내 이세민의 공격을 그치게 하며 "진왕은 잠시 건너지 말라. 나는 다른 뜻은 없다. 다시 진왕과 옛 맹약을 거듭 굳건히 하고자 할 뿐이다"라고 하고는 군대를 이끌고 조금씩 퇴각했다.

이후 장맛비[70]가 더욱 심해지자, 이세민이 여러 장수들에게 "오랑캐가 믿는 것은 활과 화살뿐이다. 이제 장마가 오래 계속되는 때[71]여서 활시위를 잡아당기면[72] 아교[73]가 모두 풀어져 활을 쓸 수 없을 것이다. 저들은 나는 새가 날개가 꺾인 것과 같다. 우리는 집에 거주하고 화식(火食)을 하며, 칼과 창이 견고하고[74] 날카롭다. 아군은 편안함으로 피로한 적을 제압할 것이다. 이러한 기회를 이용하지 않고 다시 무엇을 기다린단 말인가?"고 말했다. 몰래 군대를 밤에 출동시켜 비를 무릅쓰고 진격하니 돌궐이 크게 놀랐다.

이세민이 또 사람을 보내 이해(利害)[75]로 돌리극한을 설득하게 했다. 돌리극한이 기뻐하며 명령을 따랐다. 힐리극한이 싸우고자 했으나 돌리극한이 안된다고 했다. 곧 돌리극한을 보내 이세민을 뵙고 화친을 청하게 하니, 이세민이 허락했다. 돌리극한이 스스로 이세민에게 의탁하고 형제 맺

---

70) 霖雨 림우 : 장마
71) 彌時 미시 : 가득 찰, 계속되는 때
72) 筋 근 : 힘줄, 힘, 체력
73) 膠 교 : 풀, 아교, 아교로 붙이다
74) 犀 시 : 외뿔 소, 견고할
75) 利害 이해 : 이익과 손해

기를 청하니, 이세민 또한 은혜의 뜻으로 그를 어루만지고 함께 맹약을 맺고 떠났다.

을유(乙酉) 8年(625년)

정월에 수주도독(壽州都督) 장진주(張鎭周)를 서주도독(舒州都督)으로 삼았다. 장진주는 서주가 본래 자기 고향이므로, 서주에 도착하자마자 옛날 살던 집에 가서 술과 안주를 많이 사와 친척들을 불러 그들과 함께 실컷 마시며 잔치했다. 머리를 풀어 산발하고 두 다리를 뻗고 앉아서[76] 평민이었을 때와 같이 했다.

10일이 지나고 나서 금과 비단을 나누어 주고, 눈물을 흘리며 그들과 작별하면서, "오늘의 장진주는 아직 옛 벗들과 즐겁게 술을 마실 수 있지만, 내일 이후로는 서주도독으로 백성들을 다스릴 뿐이다. 수령과 백성은 예법이 현격하니, 다시는 교류할 수 없을 것이다"라고 말했다. 이후부터 친척과 옛 벗이 법을 범할 경우 하나도 풀어주지 않았다. 경내가 숙연해졌다.

병술(丙戌) 9年(626년)

태사령 부혁(傅奕)이 상소해 불법(佛法)을 제거할 것을 청했다.

"불법은 서역에 있는 것인데, 말이 요망하고 길이 멉니

---

76) 箕踞 기거 : 다리 뻗고 오만한 자세로 앉다

다. 한나라 사람이 서역 불경을 번역하면서 제멋대로 다른 사실을 핑계대어[77] 불충불효한 자들에게 머리를 깎게 하고, 군주와 어버이에게 읍(揖)[78]만 하게 하고, 무위도식하는 자들에게 의복을 바꿔 입고 조세와 부역을 피하게 합니다.

거짓으로 지옥 아귀 축생[三途][79]을 알리고, 그 위에 아수라(阿修羅) 천신(天神) 지지(地祇)의 육도(六道)[80]를 거짓으로 주장해, 우매한 자들에게 망령되이 공과 덕[功德]을 기구하게 합니다. 조목조목의 금령을 꺼리지 않고, 가볍게 법[81]을 범하게 합니다. 또 살고 죽고 장수하고 요절함은 자연에서 연유한 것이라고 합니다.

벌과 덕과 위엄과 복은 군주에게 달려 있고, 부귀와 귀천은 공적과 학문[功業][82]으로부터 나오는 것인데, 어리석은 승려들은 거짓으로 속여 모두 부처님에게서 나온다[83]고 합니다. 군주의 권력을 훔치고, 조화의 공을 제멋대로 하므로, 그것이 정사를 해치는 것은 진실로 슬퍼할 만합니다.

한(漢) 이전 처음에는 불법이 없었고, 군주가 현명하고 신하가 충성했으며, 왕조가 길게 이어져 역사가 오래되었습

---

77) 假託 가탁 : 핑계 댐, 다른 사실을 핑계로 삼음
78) 揖 읍 : 읍할, 공수(拱手)하고 절함
79) 三途 삼도 : 지옥, 아귀(餓鬼), 축생(畜生)
80) 六道 육도 : 삼도에 아수라(阿修羅, 싸움을 일삼는 인도의 귀신), 천신(天神), 지지(地祇)를 더함
81) 憲章 헌장 : 법, 법도
82) 功業 공업 : 공적, 공로와 학업
83) 由佛 유불 : 부처님으로부터 나온다

니다. 그런데 오랑캐의 신을 세운 뒤로부터 강(羌)족과 융(戎)족이 중화를 어지럽히니, 군주가 용렬해지고 신하가 간사해졌습니다. 정치는 포악해지고 왕조는 짧아졌습니다. 양(梁) 무제와 제(齊) 양제가 확실한 귀감[84]이 될 수 있겠습니다.

지금 천하에는 승려 수가 10만을 넘습니다. 청컨대 이들로 하여금 각자 배필을 맞이하게 하신다면, 바로 10여만 호를 이룰 수 있습니다. 아들 딸을 낳아 10년 동안 기르고, 12년[一紀][85]동안 가르치고 훈련시킨다면 병사로 쓸 수 있습니다"

황제가 백관들에게 조서를 내려 이 일을 의논하게 했는데, 오직 태복경(太僕卿) 장도원(張道源)만이 부혁의 말이 이치에 부합한다고 했다. 소우(蕭瑀)가 "부처는 성인인데, 부혁이 비방합니다. 성인을 비방하는 자는 법을 무시하는 것입니다. 마땅히 그 죄를 다스려야 합니다"라고 말했다.

부혁은 "사람의 큰 윤리는 군주와 아버지만한 것이 없습니다. 부처는 대를 이을 사람[86]으로 아버지를 배반했고, 필부로서는 천자에게 대항했습니다. 소우는 뽕나무에서 태어난 것[87]이 아닌데도, 아버지를 무시하는 종교를 믿습니다. '효를 그르다고 하는 자는 아버지를 무시하는 것'이라는 말

---

84) 明鏡 명경 : 밝은 거울, 귀감이라 해석함

85) 一紀 일기 : 12년

86) 世嫡 세적 : 집안의 대를 잇는 사람, 적사(嫡嗣)

87) 空桑 공상 : 속이 빈 뽕나무. 이윤(伊尹)이 태어났다고 함

은 소우 같은 자를 말하는 것입니다"라고 했다.

소우가 대답하지 못하고 다만 합장하면서 "지옥을 만든 것은 바로 이런 사람 때문입니다"라고 말했다. 상 또한 승려와 도사들이 구차하게 부역을 피하고 계율을 지키지 않음을 미워했는데, 이 모두 부혁의 말과 같았다. 그리하여 조서를 내려 유사에게 명해 천하의 비구승, 비구니, 도사를 가려서 바로잡게 했다.[88]

○ 6월 정사(丁巳)일에 태백성(太白星)이 하늘에 걸쳐 있었다. 진왕 이세민은 이미 태자 이건성, 제왕 이원길과 틈이 있었다. 이세민은 낙양은 지세가 좋아 승리하기에 편리한 곳[89]이라고 생각했었는데, 하루아침에 변고가 있을까 걱정되어 나가서 그 곳을 보전하고자 했다.

황제 또한 이세민에게 "처음에 큰 계책을 세워서 천하를 평정한 것은 모두 너의 공이다. 내가 너를 후사로 삼으려 했는데, 네가 굳이 사양했고, 또 건성은 나이가 가장 많은 데다 후사로 있었던 날짜가 오래이니, 내가 차마 빼앗을 수 없다. 너의 형제들을 살펴보니 서로 용납하지 못해 장안에 함께 머물면 반드시 분쟁이 있을 것 같다. 당연히 너를 낙양의 행대[90]로 돌아가게 해야겠다. 낙양에 머물면서 섬주

---

88) 沙汰 사태 : 쌀을 일어 모래를 가려냄, 시비곡직을 바로 잡음, 선악을 가림, 산비탈이 무너짐

89) 形勝之地 형승지지 : 지세가 좋아 승리를 얻기에 편리한 위치에 있는 나라

90) 行臺 행대 : 중앙관청의 지방 출장소. 위 진(魏 晉)시대 정토(征討)에 관한 일을 맡기기 위해 세움

이동 지역을 모두 주관하도록 하라. 그런 다음 너에게 명해 천자의 깃발을 세우게 하고, 한나라 양왕의 고사와 같이 해 주겠다"[91]고 말했다. 이세민이 눈물을 흘리면서 슬하에서 멀리 떠나고 싶지 않다고 사양했다.

이건성과 이원길이 후궁들과 함께 밤낮으로 상에게 이세민을 참소하니, 황제가 그 말을 믿었다. 이원길이 은밀히 진왕을 죽일 것을 청하자, "그 진왕은 천하를 평정한 공이 있고 죄상이 드러나지 않았는데, 무엇을 구실[92]로 하겠는가?"고 말했다. 이원길이 "다만 빨리 죽여야 합니다. 어찌 구실이 없음을 근심하십니까?"라고 했으나 황제가 응하지 않았다.

이세민의 심복인 장손무기(張孫無忌) 고사렴(高士廉) 울지경덕(尉遲敬德) 등이 밤낮으로 이세민에게 이건성과 이원길을 죽이자고 권했다. 이세민이 탄식하며 "형제간에 서로 해치는 것[93]은 고금(古今)에서 가장 큰 죄악이다. 조만간에 화가 있을 것임을 나도 안다. 그들이 들고 일어나기를 기다

---

91) 양효왕(梁孝王)은 경제(景帝)의 친동생으로 경제와 두태후의 총애를 받았다. 오초칠국(吳楚七國)의 난을 평정하는데 결정적 도움을 주었다. 이 고사에 관해서는 『사기(史記)』에 다음과 같은 기록이 있다. "효왕은 두태후의 작은 아들이다. 매우 총애를 받아 하사받는 재물이 이루 말할 수 없이 많았다. 효왕이 동원(東苑)을 지었는데 사방 3백여 리였고, 수양성(睢陽城)을 넓혀서 70여 리가 되었다. 크게 궁전을 짓고 복도(複道)를 만들었는데, 궁전에서부터 평대(平臺)까지가 장장 30여 리였다. 천자의 깃발을 하사 받아, 1천여 수레와 1만여 마리의 말이 출입했다. 동서로 달리며 사냥하면 천자와 비슷했다". 『사기(史記)』 권58, 「양효왕세가(梁孝王世家)」

92) 辭 사 : 구실

93) 骨肉相殘 골육상잔 : 형제들이 서로 해침

린 연후에 정의로 토벌하는 것이 옳지 않겠는가"고 말했다.

사람들이 "대왕은 순임금이 어떤 사람이라고 여기십니까?"고 묻자 이세민은 "성인이시다"라고 대답했다. 사람들은 "가령 순임금이 우물을 파다가 나오지 못했다면, 우물의 진흙이 되었을 것입니다. 창고에 진흙을 바르고 내려오지 못했다면 창고 위의 재가 되었을 것입니다. 어찌 (순임금이) 은택을 천하에 펴고, 법이 후세에 베풀어질 수 있었겠습니까. 이 때문에 부모가 작은 몽둥이로 때리면 받지만, 큰 몽둥이로 때리면 도망하는 것입니다. 이는 산다는 것[94]이 중요하기[95] 때문입니다"라고 말했다.

이세민이 점을 치도록 명령했다. 막료인 장공근(張公謹)이 밖에서 오다가 이것을 보고는, 점을 치는 거북껍데기를 빼앗아 땅에 던지면서 "점을 치는 것은 주저하는 것을 결정하기 위한 것입니다. 지금 일은 주저할 것이 없습니다. 아직도 무슨 점입니까? 점을 쳐서 길하지 않다면 그만 둘 수 있겠습니까?"라고 말했다. 이리하여 계책을 정했다.

기미일에 태백성이 다시 하늘에 걸쳐 있었다. 부혁이 은밀히 아뢰기를 "태백성이 진나라 분야[雍州]에 나타났으니, 진왕이 마땅히 천하를 차지할 것입니다"라고 했다. 황제가 부혁이 아뢴 글을 이세민에게 주었다. 이세민이 이건성과 이원길이 후궁들에게 음란한 일을 했음을 은밀히 아뢰었다. 또 "신은 형제들에게 추호도 사사로이 저버린 것이 없는데,

---

94) 存者 존자 : 산다는 것, 존재한다는 것

95) 大 대 : 중함, 높음, 존귀함

지금 신을 죽이고자 합니다. 형제들이 왕세충과 두건덕을 위해 원수를 갚고자 하는 듯합니다"라고 말했다. 황제가 이것을 살펴듣고는 깜짝 놀라 "내일 국문할 것이다. 너는 마땅히 내일 일찍 참여해야 한다"고 말했다.

경신(庚申)일에 이세민이 마침내 장손무기 등을 거느리고 들어가 현무문(玄武門)에 군대를 매복시켰다. 이세민이 활을 쏘아 이건성을 죽였다. 울지경덕은 70명의 기병을 거느리고 도착했다. 좌우에서 활을 쏘아 이원길을 말에서 떨어뜨렸는데, 이세민의 말이 길을 잃고 숲 속으로 들어갔다가 나뭇가지에 걸렸다.[96] 이세민이 말에서 떨어져 일어날 수 없었다.

이원길이 갑자기 와서 활을 빼앗고 목을 조르려고[97] 했다. 울지경덕이 말에 뛰어올라 그를 크게 꾸짖었다.[98] 이원길이 걸어서 무덕전(武德殿)으로 가려 하자, 울지경덕이 쫓아가 활을 쏘아 죽였다.

황제가 배적 등에게 "오늘 이러한 일을 당하게 될 줄은 생각지 못했다. 마땅히 어찌해야 하는가?"라고 물었다. 소우(蕭瑀)와 진숙달(陳叔達)이 "이건성과 이원길은 진왕이 공과 명망이 높은 것을 미워해 함께 간사한 계책을 세웠습니다. 지금 진왕이 이미 이들을 토벌하고 죽였습니다. 진왕의 공은 우주를 뒤덮으니 온 천하의 민심이 그에게로 돌아

---

96) 絓 괘 : 걸릴

97) 扼 액 : 눌러서 꼼짝 못하게 함

98) 叱 질 : 큰 소리로 책망함

갔습니다.[99] 폐하께서 만약 진왕을 크게 좋게[100] 처우해 국가의 일을 맡기신다면, 다시는 아무 일이 없을 것입니다"라고 아뢰었다. 황제가 "좋다. 이는 내가 일찍부터 마음먹은 뜻[101]이다"라고 말했다.

계해(癸亥)일에 이세민을 세워 황태자로 삼았다. 또 "지금부터 군국(軍國)의 여러 일은 크고 작은 것을 막론하고, 모두 태자에게 맡겨 처결하게 한 뒤에 알리라"고 조서를 내렸다.

온공(溫公)이 말했다.

"연장자로 적자를 세우는 것은 예의 올바름이다. 그러나 고조가 천하를 차지한 것은 모두 태종의 공이었다. 은태자(隱太子)는 용렬한데 이세민보다 높은 지위에 있었다. 지위는 꺼려지고 형세가 압박당하니, 반드시 서로 용납되지 않는다.

그때 만일 고조가 문왕의 명석함이 있고, 은태자가 태백[泰伯]의 현명함이 있고, 태종이 자장(子臧)의 절개가 있었더라면, 난이 어찌 스스로 생겼겠는가? 이미 그렇게 할 수 없었다면, 태종은 처음에 그들이 먼저 들고 일어나기를 기다린 연후에 응하고자 했는데, 이와 같이 했다면 일은 죄를 짓지 않고 끝났을 것이니[102], 오히려 나았을 것이다.

---

99) 率土歸心 솔토귀심 : 솔토(率土) 온 천하. 귀심(歸心) 마음이 그곳으로 향하다

100) 元良 원량 : 크게 좋음, 비상히 좋음

101) 夙心 숙심 : 일찍부터 품은 뜻

무릇 국가를 창업해 전통을 세운 군주는 자손들의 본보기[103]이다. 저 중종, 명종, 숙종이 잇고 계승할 때에 가리키고 본받아서[104] 그것을 구실로 하지 않을 수 있었겠는가?"

처음에 태자세마 위징(魏徵)이 항상 태자 이건성에게 일찍 진왕을 제거하라고 권했다. 이건성이 패하자, 이세민이 위징을 불러 "너는 어찌하여 우리 형제를 이간질했느냐?"고 물었다. 사람들은 그 때문에 두려워했으나 위징은 행동거지가 태연자약했다. "선태자께서 진작 저의 말을 따랐더라면, 필시 오늘날의 화가 없었을 것입니다"라고 대답했다.

이세민이 평소 그의 재능을 중시해 태도를 고쳐 예우하고, 그를 천거해 첨사주부(詹事主簿)로 삼았다. 또한 왕규와 위정(韋挺)을 준주(巂州)에서 불러 모두 간의대부로 삼았다.

○ 이세민이 명령을 내려 궁궐과 동산의 매와 개를 풀어주고, 사방의 공물헌납을 그만두게 했다. 백관들에게는 각각 정치하는 방법을 진술하도록 허락했다. 정령(政令)이 간결하고 엄숙하니 중외(中外)가 크게 기뻐했다.

○ 8월, 계해(癸亥)일에 태자에게 전위한다는 조서를 내렸다. 태종이 동궁의 현덕전(顯德殿)에서 황제에 즉위하고,

---

102) 事非獲已 사비획이 : 획(獲) 죄를 얻음, 죄를 짐. 일은 죄를 짓지 않고 끝났을 것이라는 뜻

103) 儀刑 의형 : 본받음

104) 指擬 지의 : 가르키고 본받다

천하에 사면령을 내렸다.

○ "궁녀의 숫자가 많다. 갇혀 있는 것105)이 불쌍하다. 마땅히 가려서 출궁시켜라. 각각 친척에게 돌아가게 하고, 다른 사람에게 시집가게 하라"고 조서를 내렸다.

○ 기묘(己卯)일에 돌궐이 쳐들어와 고릉현(高陵縣)을 침략했다. 신사(辛巳)일에 경주도행군총관(涇州道行軍總管) 울지경덕이 경양(涇陽)에서 돌궐과 싸워 크게 격파했다. 계미(癸未)일에 힐리극한이 진군해 위수의 편교(便橋) 북쪽에 왔다. 심복인 집실사력(執失思力)을 보내 들어가 알현하면서 (당나라의) 허실을 살피게 했다. 집실사력이 힐리와 돌리 두 극한이 1백 만의 군대를 거느리고 곧 올 것이라고 말했다. 황제가 그를 꾸짖었다.

"우리가 너희 극한과 얼굴을 맞대어 화친을 맺고, 금과 비단을 준 것이 전후로 계산하지 못할 정도이다. 너의 극한이 스스로 맹약을 저버리고 군대를 이끌고 깊이 쳐들어오는데, 나에게 부끄러움이 없는가. 네가 비록 오랑캐이지만 또한 사람의 마음이 있을 것인데, 어찌 큰 은혜를 전부 잊고 스스로 강성함을 과시한단 말인가. 내 지금 너의 목부터 먼저 베겠다"

집실사력이 두려워해 살려줄 것을 청했다. 소우와 봉덕이가 그를 예우해 돌려보낼 것을 청하자, 황제는 "내가 지금

---

105) 幽閟 유비 : 유(幽) 갇힐. 비(閟) 갇힐

집실사력을 살려보낸다면 오랑캐들은 우리가 그들을 두려워한다고 생각해 더욱 방자해질 것이고, 그것을 빙자해 침략할 것이다"라고 말했다. 집실사력을 문하성에 가두었다.

상이 직접 현무문에 나가 고사렴과 방현령 등 여섯 기병과 곧바로 위수 가로 가서 힐리극한과 물을 사이에 두고 얘기했다. 약속을 저버린 것을 꾸짖었다. 돌궐이 크게 놀라 모두 말에서 내려 줄서서 절했다.106) 이윽고 여러 군대가 뒤이어 도착했다.

힐리는 집실사력이 돌아오지 않았고, 상이 솔선해107) 가볍게 나오고, 군용(軍容)이 매우 성대한 것을 보고 두려워하는 기색이 있었다. 상이 여러 군대를 지휘해 물러나 포진하게 하고는 홀로 남아 힐리극한과 대화했다. 소우가 상이 적을 가볍게 여기므로 말고삐를 잡고 간곡히 간언했다. 상이 말했다.

"내가 그러한 계획에 이미 익숙하니 경이 알바가 아니다. 돌궐이 감히 온 나라의 힘을 모두 기울여 곧바로 국도 가까운 곳[郊甸]108)에 이른 까닭은 우리나라에 내란이 있고, 짐이 새로 즉위해 내가 저들을 제대로 막지 못할 것이라고 생각하기 때문이다.

내가 만약 약하게 보여 문을 닫고 대치하고 지키기만 한다면, 오랑캐들이 반드시 군대를 풀어 크게 노략질할 것이

---

106) 羅拜 나배 : 줄서서 절하다

107) 挺身 정신 : 솔선함, 나열해 앞장 섬

108) 郊甸 교전 : 국도(國都)에 가까운 시골

므로, 다시는 제재할 수 없을 것이다. 그러므로 짐이 경무장한 기병만 대동하고 홀로 나가서 마치 저들을 가볍게 여기는 것처럼 보이게 하는 것이다. 또 군용을 크게 떨쳐 저들로 하여금 반드시 싸울 것임을 알게 하고, 저들이 예상치 못한 방법을 내서 적들로 하여금 계책을 낼 수 없게 한 것이다.

적들은 우리 땅에 이미 깊이 들어왔다. 반드시 두려워하는 마음이 있을 것이다. 그러므로 저들과 싸우면 이길 것이고, 저들과 화친하면 견고해질 것이다. 돌궐을 제재하고 복종시키는 것이 이 한 번의 거사에 달려 있다. 경은 다만 지켜보아라"

이날 힐리극한이 화친을 청했다. 황제가 조서를 내려 허락하고, 당일로 환궁했다.

을유(乙酉) 일에 또 성 서쪽으로 가서 편교 위에서 백마의 목을 베고 힐리극한과 맹약을 맺었다. 돌궐이 군대를 이끌고 퇴각했다.

소우가 상에게 "돌궐과 화친하지 않았을 때 여러 장수들이 다투어 싸울 것을 청했으나, 폐하께서 허락하지 않으셔서 신들 또한 의심했습니다. 그런데 오랑캐가 스스로 물러갔습니다. 그 계책이 어떤 것이었습니까?"고 물었다.

상이 대답했다.

"내가 돌궐의 무리를 보니 비록 숫자는 많으나 정돈되지 못했고, 군주와 신하의 뜻은 오직 뇌물을 얻을 수 있는가[109]였다. 그들이 화친을 청할 때 극한은 홀로 위수 서쪽에 있었고, 높은 자[達官][110]들은 모두 와서 나를 알현했다.

내가 만약 이들을 취하게 해서 포박하고, 이를 틈타 그들 무리를 습격했다면 형세가 썩은 나무를 끊어버리는 것과 같이 쉬웠을 것이다.

또 장손무기와 이정에게 명해 유주에 군대를 매복시키고 기다렸다가, 오랑캐가 도망해 돌아갈 때 복병을 두어 그 앞을 요격하게 하고, 대군이 그 뒤를 밟았다면 그들을 전복시키는 것은 손바닥을 뒤집는 것처럼 쉬웠을 것이다.

그런데 내가 싸우지 않은 까닭은 내가 즉위한 지 얼마 되지 않아, 국가가 아직 안정되지 못하고, 백성들이 부유하지 못하므로, 우선 백성들을 위무하고 안정시켜야 했기 때문이다. 한번 오랑캐와 싸우게 되면 잃는 것이 매우 많다. 오랑캐가 깊이 원한을 맺게 될 것이고, 저들을 두려워해 수비를 한다면, 내 뜻을 이룰 수 없을 것이다.

그러므로 갑옷을 벗고 창을 감추고[111], 금과 비단으로 꾀어낸[112] 것이다. 그들은 원하는 바를 얻고 나면 이치상 저절로 물러날 것이다. 뜻이 교만하고 게을러져서 더 이상 수비하지 않을 것이다. 그런 뒤에 위세를 기르고 기회를 기다린다면, 한 번 거병으로 멸망시킬 수 있을 것이다. '빼앗고자 한다면 반드시 확실히 주어야 한다'는 것은 이를 두고

---

109) 唯賄是求 유뢰시구 : 오직 뇌물이 구해지는가?

110) 達官 달관 : 높은 벼슬아치

111) 卷甲韜戈 권갑도과 : 갑옷을 말아두고 창을 감추다. 무장을 풀고 전쟁을 그만둔다는 뜻

112) 啗 담 : 먹을, 먹일, 이익을 주어 꾐

한 말이다. 그것을 알겠는가?"

소우가 두 번 절하고 "제가 미칠 바가 아닙니다"라고 말했다.

이해 9월에 돌궐의 힐리극한이 말 3천 필과 양 1만 마리를 바쳤는데, 상이 받지 않았다. 다만 조서를 내려 약탈해 간 중국인들을 돌려보내게 하고, 온언박(溫彦博)을 조정으로 돌아오게 했다.

○ 황제가 각 위(衛)의 장졸들을 데리고 현덕전 뜰에서 활쏘기를 연습했다. 그들을 가르쳤다.

"오랑캐가 침략하고 도둑질하는 것은 예로부터 있었다. 근심할 것은 변경이 다소 편안해지면, 군주가 안일해져 놀이에 빠져 싸움을 잊는 데에 있다. 이 때문에 도둑이 쳐들어왔을 때 막을 수 없는 것이다.

지금 짐은 너희들로 하여금 못을 파고 동산을 쌓게 하지 않고, 오로지 활 쏘는 것만을 익히게 하겠다. 한가하고 일이 없을 때에는 내가 너희들의 스승이 되고, 돌궐이 들어와 노략질할 때에는 내가 너희들의 장수가 된다면, 중국의 백성들이 다소 편안해질 것이다"

이리하여 날마다 수백 명을 데리고 궁전의 뜰에서 활쏘기를 가르쳤다. 황제가 직접 시험해 많이 적중시킨 자에게는 활과 칼과 비단을 상으로 내려주었다. 그의 장수들도 또한 높은 등급으로 평가113) 받을 수 있게 하니, 여러 신하들

113) 上考 상고 : 높은 점수, 벼슬아치 성적의 최상

이 많이 간언했다.

황제가 모두 듣지 않고 "왕은 천하를 한 집안 같이 본다. 국경 안에 있는 자들은 모두 짐의 적자(赤子)114)이다. 짐이 항상 진심으로 그들을 마음 속에 두는데, 어찌 숙위하는 군사들에게 시기를 한단 말인가"라고 말했다. 이 때문에 사람들이 스스로 힘써서115) 수년 사이에 모두 정예병이 되었다.

○ 황제가 일찍이 말했다.

"내가 젊어서부터 사방을 경략해 용병의 요점을 알고 있다. 매번 적진을 가까이 해 저들의 강약을 알았다. 항상 우리의 약한 것으로 저들의 강함을 당해냈고, 강한 것으로 그들의 약함을 당해냈다. 저들이 우리의 약한 점을 틈타거나, 달아나는데 추격해오면, 수천백 보를 못가서, 나는 저들의 약한 곳을 찾아, 반드시 그들 진영의 뒤로 나가서 반격했다. 적들은 궤멸되고 패배하지 않을 수 없다. 승리를 차지한 이유가 대부분 여기에 있었다"

○ 황제가 대면하면서 훈신인 장손무기 등의 작위와 봉읍을 정했다. 진숙달에게 명해 궁전 아래에서 이름을 불러 보여주게 했다. 또 "짐이 경들의 공훈과 상의 순서를 정했는데, 혹 합당하지 못하면 각자 말하라"고 말했다. 여러 장수들이 공을 다투어서 분분한 의론이 그치지 않았다. 회안

114) 赤子 적자 : 갓난아이, 임금의 치하에서 그 은택을 받는 백성

115) 自勵 자려 : 스스로 힘쓸, 스스로 권면함

왕 이신통(李神通)이 말했다.

"신은 관서지방에서 군대를 일으켜 가장 먼저 의로운 기치에 호응했습니다. 지금 방현령과 두여회 등은 오로지 칼과 붓을 잡았을 뿐인데, 공이 신의 위에 있습니다. 신의 생각으로는 승복이 안됩니다"

황제가 대답했다.

"의로운 기치를 처음 일으켰을 때 숙부는 비록 첫 번째로 선창해 군대를 일으켰으나, 이는 스스로 군영에서 화를 피하고자 한 것이었습니다. 두건덕이 산동지방을 삼켜버리자, 숙부의 전군이 전복되어 몰살당했습니다. 유흑달이 다시 남은 무리를 합치자 숙부는 기세를 보고서[116] 달아났습니다. 그런데 방현령 등은 장막에서 계책을 운용해, 앉아서도 사직을 안정되게 했습니다. 논공행상에서 숙부의 위에 있는 게 맞습니다. 숙부는 국가의 종친[117]이시니, 짐이 진실로 아까워하는 바가 없으나, 단지 사사로운 은혜 때문에 함부로 훈신들과 똑같이 상을 줄 수는 없습니다"

여러 장수들이 "폐하께서는 지극히 공정하시다. 비록 회안왕이라 해도 사사로이 봐주는 것이 없다. 우리들이 어찌 감히 그 몫을 편안하게 여기지 않겠는가"라고 서로 말했다. 마침내 모두 기쁘게 복종했다.

○ 방현령이 일찍이 "예전부터 진왕부에 있던 사람 중에

---

116) 望風 망풍 : 먼 데서 바라봄, 기세를 바라봄

117) 至親 지친 : 지극히 가까운 피붙이, 즉 부자 형제 등 골육, 더 없이 친함

관직이 승진되지 못한 자들이 모두 원망하면서 '우리들이 좌우에서 받들어 섬긴 지가 여러 해입니다. 지금 관직을 제수하는데, 도리어 전궁(前宮)과 제부(齊府)에 있던 사람의 뒤에 둔다'고 합니다"라고 말했다. 황제가 대답했다.

"왕은 지극히 공정해 사사로움이 없기 때문에 천하 사람의 마음을 복종시킬 수 있는 것이다. 짐이 경들과 함께 날마다 입고 먹는 것은 모두 백성들에게서[118] 얻은 것이다. 그러므로 관청을 두고 직책을 나눠주는 것은 백성을 위한 것이다.

마땅히 현명하고 재주 있는 사람을 가려 써야 하는데, 어찌 신구(新舊)로 선후(先後)를 삼는단 말인가. 만약 새로운 사람이 어질고 옛사람이 불초하다면, 어찌 새로운 사람을 버리고 옛 사람을 취하겠는가. 지금 어질고 불초함은 논하지 않고 단지 원망만을 말하는데, 어찌 정치의 근본이라고 하겠는가?"

○ 황제가 홍문전(弘文殿)에 4부(四部)의 책 20여만 권을 모으고, 홍문전 옆에 홍문관을 설치했다. 천하의 문학하는 선비인 우세남(虞世南) 저량(褚亮) 요사렴(姚思廉) 구양순(歐陽詢) 채윤공(蔡允恭) 소덕언(蕭德言) 등을 가려 뽑아 본래의 직책에다 학사를 겸하게 했다.

이들로 하여금 날짜를 바꾸어 숙직하게 했다. 정무를 보는 여가에 데리고 내전으로 들어가서, 전에 있었던 훌륭한

118) 諸 제 : 지어(之於)의 합자

말씀과 행실을 강론하고, 정사를 상의하고 확정했다.[119] 어떤 때는 밤이 깊어서야 끝났다. 또 3품 이상 관원들의 자손들을 데려다 홍문관의 학생으로 충원했다.

○ 민부상서(民部尙書) 배구(裴矩)가 "백성들 중 돌궐에게 상해를 입은 자들에게 호구마다 비단 한 필을 줄 것을 청합니다"라고 진언했다. 황제가 "짐은 성실함과 신의로 아랫사람들을 부린다. 헛되이 구휼한다는 명분[120]만 있고, 그 실제가 없기를 바라지 않는다. 호구에는 크고 작음이 있는데, 어찌 시비의 분별없이[121] 줄 수 있겠는가?"라고 대답했다. 이리하여 사람 수를 계산해 비율로 했다.

○ 상이 신하들과 도둑을 그치게 하는 방법을 논의했다. 혹자가 중한 법으로 금지할 것을 청하자, 황제가 웃으며[122] 말했다.

"백성들이 도둑이 되는 까닭은 조세와 부역이 무거우며, 관리들이 탐욕스럽게 요구하고, 굶주림과 추위가 몸에 절박하므로, 염치를 돌아볼 겨를이 없기 때문이다. 짐은 사치함을 제거하고, 비용을 줄이며, 부역을 가볍게 하고, 조세를 적게 거두며, 청렴한 관리를 선발하고 등용해서 백성들의 의식을 남음이 있게 할 것이다. 이렇게 된다면 저절로 도둑

---

119) 商確 상확 : 상의해 확정함
120) 存恤之名 존휼지명 : 구휼한다는 명분
121) 雷同 뇌동 : 시비의 분별없이 함부로 남의 말에 동의함
122) 哂 신 : 웃을

질하지 않을 것이다. 어찌 중한 법을 쓰겠는가"

이로부터 수년 뒤에 천하가 태평해져 길에 떨어진 물건도 줍지 않았고[123], 바깥문을 닫지 않았으며, 상인과 나그네는 들에서 노숙했다.

○ 황제가 또 일찍이 근신(近臣)들에게 일렀다.

"군주는 나라에 의지하고, 나라는 백성에 의지한다. 백성에게 가혹하게 해 군주를 받들게 하는 것은 자기 살을 베어 배를 채우는 것과 같다. 배가 부르면 몸이 죽고, 군주가 풍족하면 나라가 멸망하게 된다. 그러므로 군주의 우환은 밖에서 들어오는 것이 아니고, 항상 자신에게서 나온다.

욕심이 많으면 비용이 커지고, 비용이 커지면 부세가 무거워지고, 부세가 무거워지면 백성이 근심하고, 백성이 근심하면 나라가 위태로워지고, 나라가 위태로워지면 군주는 지위를 잃게 된다. 짐은 항상 이것을 생각하기 때문에 감히 마음대로 욕심을 부리지 못하는 것이다"

○ 황제가 배적에게 지시했다.

"근래[124] 글을 올려 정사를 말하는 자가 많다. 짐이 모두 집의 벽 위에 붙여놓고 출입할 때마다 살펴보고 열람한다. 매양 정치하는 방법을 생각하고, 어떤 때는 밤이 깊어서야 비로소 잠이 든다. 공들도 마땅히 맡은 일을 삼가고 부지런

---

123) 路不拾遺 노불습유 : 길에 떨어진 것을 줍지 않다, 태평성세를 상징하는 말

124) 比 비 : 근래

히 힘써서, 짐의 이 뜻에 부응하도록 하라"

○ 황제가 정신을 집중하고 힘을 다해[125] 정치를 잘 하려고 했다. 자주 위징을 불러 침실 안에 들어오게 해 정사의 득실을 물었다. 위징은 아는 것을 말하지 않음이 없었다. 황제가 기뻐하며 말하는 바를 기꺼이 받아들였다.

○ 황제가 사자를 보내 군대를 점검했다. 봉덕이가 "중남(中男) 중에 비록 18세가 안 되었으나, 체구가 장대한 자는 징집해 군대에 충원해야 합니다"라고 아뢰었다. 황제가 그 말을 따랐다.

칙령이 나오자, 위징이 고집부리며 불가하다고 했다. 칙서에 서명하려 하지 않았다. 서너차례가 되자, 황제가 노해 위징을 불러 "중남으로 체구가 장대한 자는 간사한 백성들이 나이를 속여 정역(征役)을 피하려는 것이다. 그들을 징병하는 것이 무엇이 해롭기에 경이 고집하는 것이 여기까지 이르렀는가?"고 꾸짖었다.

위징이 "군대는 그들을 부릴 때 올바른 방도인가를 살펴야지, 숫자가 많은가는 살피지 않습니다. 폐하께서 체구가 장대한 자를 얻어 올바른 방도로 그들을 부리신다면, 충분히 천하에 무적일 수 있습니다. 하필 어리고 약한 자를 많이 얻어 허수(虛數)를 보태려 하신단 말입니까. 또 폐하께서는 매번 말씀하시기를 '내가 성실함과 신의[誠信]로 천하

---

125) 勵精 여정 : 정신을 분기시켜 행함. 힘써 행함

를 다스려 신하와 백성들도 모두 속임이 없게 하고자 한다'고 하셨습니다. 지금 즉위한 지 얼마 되지 않았는데, 신의를 잃은 것이 여러 번입니다"라고 대답했다.

상이 놀라며 "짐이 언제 신의를 잃었는가?"고 묻자, 위징이 대답했다.

"폐하께서 처음에 즉위하시어 조서를 내리시기를 '관물(官物)을 미납[126]한 것은 모두 면제하게 한다'고 하셨습니다. (그런데) 유사(有司)[127]가 진왕부의 국사(國司)에서 빚진 것은 관물이 아니라고 해, 징수하고 독촉함이 예전과 같습니다. 폐하께서는 진왕의 지위에서 올라와 천자가 되셨습니다. 국사의 재물이 관물이 아니고 무엇이란 말입니까.

또 말씀하시기를 '관중은 2년 동안의 조(租)와 조(調)를 면제해주고, 관중 밖은 1년 동안 부역을 면제해준다'고 하셨습니다. 얼마 뒤에 이어서 칙명을 내리시기를 '이미 부역하고 이미 징수해 바친 자는 내년부터 시작한다'고 하셨습니다. 흩어서 돌려보낸 뒤에 바야흐로 다시 징수하시니, 백성들이 정말로 괴이하게 여기는 마음이 없을 수 없습니다. 지금 징발해 일[物]을 마땅하게 했는데[得], 또다시 중남을 징병해 군대에 충원하려 하시면서, 어떻게 내년부터 시작하라고 말씀하십니까?

또 폐하께서는 함께 천하를 다스리는 것은 지방 관리에게 달려 있다면서, 평상시에 가려서 살피는 것[128]을 모두

126) 逋負 포부 : 대여를 갚지 않음, 미납

127) 有司 유사 : 벼슬아치, 관리

그들에게 맡기셨는데, 군대를 징병함에 이르러서는 유독 속임수가 있는지를 의심하십니다. 어찌 이른바 '성신(誠信)으로 천하를 다스린다'는 것이겠습니까"

황제가 기뻐하며 말했다.

"짐은 지난번에 경이 자기 의견을 고집하는 것을 보고, 경이 정사를 통달하지 못했다고 의심했다. 이제 경이 국가의 대체를 논함에 진실로 그 정수와 요긴함을 다 알고 있구나. 무릇 호령에 믿음이 없으면 백성들이 따를 바를 모르게 된다. 천하를 어떻게 다스릴 수 있겠는가. 짐의 허물이 깊도다"

마침내 중남을 징발하지 않고, 위징에게는 금 항아리를 내렸다.

○ 장온고(張蘊古)가 대보잠(大寶箴)을 올렸다. 그 대략을 이르기를 "성인은 천명을 받아 도탄에 빠진 자를 건져내고, 어려움에 처한 자를 형통[129]하게 합니다. 그러므로 한 사람이 천하를 다스리는 것이요, 천하가 한 사람을 받드는 것이 아닙니다"라고 했다.

또 말하기를 "구중궁궐[130]을 웅장하게 하더라도 안에 있는 곳은 무릎을 펼만한 곳에 불과한데, 어리석은 자는 알지 못해 누대를 옥으로 꾸미고, 방 안을 옥으로 장식했습니다.

---

128) 簡閱 간열 : 가려서 선발하고 살피다

129) 拯溺亨屯 승익형돈 : 주(註) 도탄에 빠진 자를 건져내고, 어려움에 처한 자를 형통하게 함

130) 九重 구중 : 궁중, 궁궐 주(註) 초사(楚辭)에 임금의 문이 9중(重)이라고 한다

앞에 8가지의 진기한 음식을 나열해도 군주가 먹는 것은 입에 맞는 것에 불과한데, 오직 미쳐서 생각하지 못하는 자[131]는 술지게미로 언덕을 만들고, 술로 못을 만들었습니다"라고 했다.

또 "매몰되어[132] 너무 어둡지 말고, 너무 까다롭게 살펴[133] 밝혀내지 마소서. 비록 면류관[134]이 눈을 가리더라도 형태가 없을 때 보아야 하고, 비록 귀막이[135]가 귀를 막고 있더라도 소리가 없는 데서 들어야 합니다"라고 진언했다.

상이 그 말을 가상하게 여겨 비단을 하사하고, 대리승(大理丞)직을 제수했다.

○ 상이 관리들이 뇌물을 받는 것을 걱정해 은밀히 좌우를 시켜 시험 삼아 관리들에게 뇌물을 주게 했다. 사문령리(司門令吏)가 비단 한 필을 받았다. 상이 그를 죽이려고 하자, 민부상서 배구가 "관리가 되어 뇌물을 받았으니, 죄가 진실로 사형에 해당합니다. 다만 폐하께서 사람을 시켜 뇌물을 주어 받게 했으니 이는 형벌에 사람을 빠뜨린 것입니다. 이른바 '덕으로 (백성을) 다스리고, 예로 (백성을) 다스린다'는 것이 되지 못할 것이 걱정됩니다"고 간언했다. 상

131) 惟狂罔念 유광망념 : 오직 미쳐서 생각하지 못함

132) 沒沒 몰몰 : 빠져 가라앉는 모양, 몰락하는 모양, 매몰함

133) 察察 찰찰 : 너무 세밀해 까다로운 모양

134) 冕旒冠 면류관 : 대부 이상이 쓰는 예모, 면류는 앞뒤로 끈으로 꿰어 늘어뜨리는 주옥을 말한다. 천자는 12줄

135) 黈纊 주광 : 귀막이 솜

이 기뻐하며, 5품 이상의 문무관을 불러 그들에게 알렸다.

"배구는 관직을 맡아 힘을 다해 간언하고, 면전에서 권세를 따르지 않는다. 만일 매번 일을 모두 이렇게 한다면, 어찌 다스려지지 않음을 근심하겠는가"

온공(溫公)이 말했다.

"옛사람의 말에 '군주가 현명하면 신하가 정직하다'라는 말이 있다. 배구는 수(隋)나라에서는 아첨하고 당(唐)에서는 충성했다. 그의 성품에 변화가 있어서가 아니다. 군주가 직언 듣기를 좋아하면, 아첨이 변해 충언이 된다. 이것으로 군주는 몸이며, 신하는 그림자임을 알 수 있다. 몸이 움직이면 그림자는 따르는 것이다"

원 문

卷之三十五

唐紀

高祖神堯皇帝 在位九年，壽七十

戊寅

四月，宇文化及弑煬帝於江都，自稱大丞相。

◯梁蕭銑卽皇帝位。於是東自九江 西抵三峽 南盡交趾 北距漢川，銑皆有之。勝兵四十餘萬。

◯五月，戊午 隋恭帝禪位于唐。唐王卽皇帝位。

◯隋煬帝凶問，至東都。留守官奉越王侗 卽帝位，改元皇泰。以王世充為左僕射，總督內外諸軍事。世充漸結黨援，恣行威福。子弟咸典兵馬，勢震內外。皇泰主拱手而已。

◯時 中國人避亂者，多入突厥，突厥彊盛。東自契丹室韋，西盡吐穀渾高昌，諸國皆臣之。控弦百餘萬。唐初起兵，資其兵馬，前後餉遺，不可勝記。

○唐命裴寂 劉文靜等，修定律令。置國子 太學 四門，生合三百餘員。郡縣學各置生員。

○唐主待裴寂特厚，稱為裴監而不名。委蕭瑀以庶政，事無大小，莫不關掌。瑀亦孜孜盡力，繩違舉過，人皆憚之。

○唐 萬年縣法曹孫伏伽上表，以為:「隋以惡聞其過，亡天下。陛下龍飛晉陽，遠近響應，未朞年而登帝位。徒知得之之易，不知隋失之之不難也。臣謂宜易其覆轍，務盡下情。」唐主省表，大悅。下詔褒稱，擢為治書侍御史，賜帛三百匹。

○八月 秦主薛擧卒，太子仁果立。

○九月，初魏公李密，旣殺翟讓，頗自驕矜。開洛口倉，散米 無防守，取之者隨意多少。或離倉之後，力不能致，委棄衢路。自倉城至郭門，米厚數寸。羣盜来就食者，近百萬口。密喜謂賈閏甫曰:「此可謂足食矣。」閏甫對曰:「國以民為本，民以食為天。今民所襁負，如流而至者，以所天在此故也。而有司曾無愛吝，屑越如此。切恐一旦米盡民散，明公孰與成大業哉?」李密與王世充戰， 失利，與衆三萬人，歸關中。

○薛仁杲之為太子也，與諸將各有隙。及卽位衆心猜懼。由是國勢浸弱。秦王世民至高墌，仁杲使宗羅睺 將兵拒戰。世民引大軍，自原北，出其不意。羅睺士卒大潰。斬首數千級。世民率二千餘騎，追之曰:「破竹之勢，不可失也。」

遂進至城下，圍之，夜半，守城者争自投下。仁杲計窮出降。諸將皆賀。因問曰:「大王一戰而勝，輕騎直造城下。衆皆以為不克，而卒取之，何也?」世民曰:「羅睺所將，皆隴外之人。將驍卒悍。吾特出不意而破之，斬獲不多。若緩之則皆入城，仁杲撫而用之，未易克也。急之則散歸隴外。折墌虛弱。仁杲破膽，不暇為謀。此吾所以克也。」衆皆悦服。世民所得降卒，悉使仁杲兄弟及宗羅睺將之。與之射獵，無所疑間。賊畏威御恩，皆願效死。

◯唐主使李密迎秦王世民於豳州。密自恃智略功名，見上，猶有傲色。及見世民，不覺驚服。私謂殷開山曰:「真英主也。不如是，何以定禍亂乎?」

◯徐世勣據李密舊境，未有所屬。魏徵隨密至長安。久不為朝廷所知，乃自請安集山東，　唐主以為秘書丞，乘傳至黎陽，遺徐世勣書，勸之早降。世勣遂決計西向，　謂郭孝恪曰:「此民衆土地，皆魏公有也。吾若上表獻之，是利主之敗，自為功以邀富貴也。吾實恥之。今宜籍郡縣戶口士馬之數，以啓魏公，使自獻之。」乃遣孝恪詣長安。唐主聞世勣使者至，無表　止有啓與密，甚怪之。孝恪具言世勣意，唐主乃歎曰:「徐世勣不背德，不邀功，眞純臣也。」賜姓李。

◯李密驕貴日久。又自負歸國之功，朝廷待之，不副本望，鬱鬱不樂。乃獻策於唐主曰:「山東之衆，皆臣故時麾下。請往收而撫之，憑藉國威，取王世充，如拾地芥耳。」乃以王伯當為密副而遣之。十二月　李密遂據桃林縣城，驅掠徒衆。直趣南山，乘險而東。盛彥師擊斬之，傳首長安。

◯有犯法不至死者，唐主特命殺之。監察御史李素立諫曰:「三尺法王者所與天下共之也。法一動搖，人無所措手足。陛下甫創鴻業，奈何棄法？　臣忝法司，不敢奉詔。」唐主從之。自是特承恩遇，命所司，授以七品清要官。所司擬雍州司戶，唐主曰:「此官要而不清。」又擬秘書郎，唐主曰:「此官清而不要。」遂擢授侍御史。

己卯

唐初定租庸調法。每丁，租二石　絹二匹　綿三兩。自茲以外，不得橫有調斂。

◯唐主考第羣臣，以李綱　孫伏伽為第一。因置酒高會，謂裴寂等曰:「隋氏以主驕臣諂　亡天下。朕卽位以來，每虛心求諫。然唯李綱差盤忠欵，孫伏伽可謂誠直。餘人猶踵弊風，俛眉而已。豈朕所望哉?」

◯王世充卽帝位，國號鄭。

◯七月,劉武周進逼并州，齊王元吉棄州，奔還長安。晉陽土豪薛深以城納武周。

◯武周軍勢甚銳，關中震駭。上悉發關中兵，以益世民所統，使擊武周。

◯五月，鄭主世充，弑隋主侗，謚曰恭皇帝。

庚辰
唐世民與劉武周將宋金剛　相持。世民屢破金剛將尉遲敬德尋相等。四月　金剛食盡北走，世民追及尋相於呂州，大破之。乘勝逐北，一晝夜行二百餘里，戰數十合，追及金剛於雀鼠谷。一日八戰，皆破之。世民不食二日，不觧甲三日矣。敬德與尋相擧介州及永安降。世民得敬德甚喜，以為右一府統軍，使將其舊衆八千，與諸營相参。劉武周聞金剛敗，大懼棄并州，走突厥。金剛亦與百餘騎，走突厥，并州悉平。

◯七月，唐詔秦王世民，督諸軍擊王世充。

◯劉武周降將尋相等多叛去，諸將疑尉遲敬德，囚之軍中。屈突通　殷開山言於世民曰：「敬德驍勇絕倫。今既囚之，心必怨望。留之，恐為後患，不如遂殺之。」世民曰：「不然。敬德若叛，豈在尋相之後邪?」遽命釋之，引入卧內，賜之金曰：「丈夫意氣相期，勿以小嫌介意。吾終不信讒言以害忠良。公宜體之。必欲去者，以此金相資，表一時共事之情也。」已而，世民以五百騎行戰地，登魏宣武陵，王世充帥步騎萬餘　猝至圍之。單雄信引槊直趍世民。敬德躍馬大呼，橫刺雄信墜馬。世充兵稍却，敬德翼世民出圍。世民敬德更帥騎兵還戰，出入世充陳，徃返無所礙。屈突通引大兵繼至，世充兵大敗，僅以身免。斬首千餘級。世民謂敬德曰：「公何相報之速也?」賜敬德金銀一篋。自是寵遇日隆。敬德善避矟，每單騎入敵陳中，敵叢矟刺之，終不能傷。又能奪敵矟，返刺之。齊王元吉以善馬矟自負，聞敬德之能，請與敬德較勝負。元吉操矟躍馬，志在刺之，敬德須臾三奪其矟。

辛巳

唐兵圍洛陽，城中乏食。竇建德救之。乃遺世民書，請退軍潼關，復脩前好。世民集將佐議之，皆請避其鋒。郭孝恪曰:「王世充窮蹙，垂將面縛。竇建德運糧，遠来助之。此天意欲兩亡之也。不過二旬兩主就縛矣。」世民善之，將驍騎出武牢東。建德迫於武牢，不得進，　數戰不利。建德中槊，楊武威逐之。建德墜馬，武威下擒之。世民囚建德等，至洛陽城下，以示世充。世充諸將曰:「吾所恃者夏王，今已為擒，雖得出，終必無成。」世充素服帥太子羣臣二千餘人，詣軍門降。世民入宮城，觀隋宮殿，歎曰:「逞侈心　窮人欲，無亡得乎?」命撤端門樓，焚乾陽殿，毀則天門及闕，廢諸道場。

◯七月，建德部將劉黑闥，起兵於漳南，兵勢大振。十一月陷冀州，擊李世勣等破之，遂攻拔相州，又取黎　衛二州，半歲之間盡復建德舊境。丁卯　命秦王世民　齊王元吉　討之。

◯隋末錢幣濫薄，至裁皮糊紙為之。民間不勝其弊。至是初行開元通寶，錢積十錢　重一兩，輕重大小　最為折衷，遠近便之。

◯唐主以秦王世民功大，前代官不足以稱之。特置天策上將，位在王公上。冬十月　以世民為天策上將，開天策府，置官屬。世民以海內寖平，　乃開館於宮西，延四方文學之士。出教以王府屬杜如晦，記室房玄齡 虞世南，文學 褚亮 姚思廉，主簿 李玄道，參軍 蔡久恭 薛元敬 顏相時，諮議典籤蘇勗，天策府從事中郎于志寧，軍諮祭酒蘇世長，記室薛收，倉曹李守素，國子助教陸德明　孔穎達，信都蓋文達，宋州總管府戶曹許敬宗，並以本官兼文學館學士，分為三番，更日直宿。供給珍膳，恩禮優厚。世民朝謁公事之暇，輒至館中，引諸學士，討論文籍，或夜分乃寢。乃使庫直閻立本圖像，褚亮為贊。號十八學士，　士大夫得預其選者，時人謂之登瀛洲。

○初　杜如晦為秦王府兵曹參軍，俄遷陝州長史。時府僚多補外官。世民患之。房玄齡曰:「餘人不足惜，至如杜如晦，王佐之才。」卽奏為府屬，與玄齡常從世民征伐，參謀帷幄。軍中多事，如晦剖決如流。世民每破軍克城，諸將佐爭取寶貨，玄齡獨收采人物，致之幕府。又將佐有勇略者，玄齡必與之深相結。使為世民盡死力。每令玄齡入奏事，唐主嘆曰:「玄齡為吾兒陳事，雖隔千里，皆如面談。」唐詔發巴蜀兵，以趙郡王孝恭　李靖統十二總管，自夔州順流東下，以擊蕭銑。時蕭銑方罷兵營農也。纔留宿衛數千人。聞唐兵至大懼，倉猝徵兵，皆在江嶺之外，道塗阻遠，不能遽集。乃悉見兵出拒戰。李靖縱兵，奮擊大破之。乘勝直抵江陵，入其外郭。又攻水城拔之，大獲舟艦。李靖使孝恭盡投之江中。諸將皆曰:「破敵所獲，當藉其用，奈何棄以資敵?」靖曰:「蕭銑之地 南出嶺表 東距洞庭。吾懸軍深入, 若攻城未拔, 援兵四集, 吾表裏受敵, 進退不獲, 雖有舟楫, 將安用之。今棄舟艦, 使塞江而下, 援兵見之, 必謂江陵已破, 未敢輕進。往来覘伺, 動淹旬月, 吾取之必矣。」銑援兵見舟艦, 果疑不進。銑內外阻絕, 銑乃謂羣下曰:「天不祚梁, 不可復支矣。若必待力屈, 則百姓蒙患。柰何以我一人之故, 陷百姓於塗炭乎?」銑乃下令, 開門出降。銑降數日, 援兵至者十餘萬。聞江陵不守, 皆釋甲而降。孝恭送銑於長安, 斬於都市。

壬午

正月, 劉黑闥自稱漢東王, 都洛州。唐秦王世民擊破之, 黑闥奔突厥, 山東悉平。六月, 黑闥引突厥 寇山東。

○八月 己未, 突厥頡利可汗寇并州, 遣兵寇原州。唐主謂羣臣曰:「突厥入寇, 而復求和。和與戰 孰利?」太常卿 鄭元濤曰:「戰則怨深。不如和利。」中書令 封德彝曰:「突厥恃犬羊之衆, 有輕中國之意。若不戰而和, 示之以弱, 明年將復来。臣愚以為不如擊之。既勝而後, 與和, 則恩威兼著矣。」唐主從之。

○九月, 劉黑闥陷瀛洲, 進陷鹽州。

○十月, 唐淮陽王道玄與黑闥戰於下博, 兵敗, 為黑闥所殺。山東震駭, 州縣皆叛, 附於黑闥, 旬月間 黑闥盡復故地, 進據洺州。

○道玄數從秦王世民征伐，死時年十九。世民深惜之。謂人曰：「道玄常從吾征伐，見吾深入賊陳，心慕效之，以致於此。」為之流涕。世民自起兵以来，前後數十戰，常身先士卒，輕騎深入。雖屢危殆，而未嘗為矢刃所傷。

○初 唐主之起兵晉陽也，皆秦王世民之謀。唐主謂世民曰：「若事成，則天下皆汝所致，當以汝為太子。」及為唐王，將佐亦請以世民為世子，唐主將立之。世民固辭而止。太子建成喜酒色遊畋。齊王元吉多過失，皆無寵。世民功名日盛，唐主常有意以代建成，建成內不自安。乃與元吉協謀共傾世民，曲意事諸妃嬪，以求媚於上。太子中允王珪 洗馬魏徵說太子曰：「秦王功蓋天下，中外歸心。殿下但以年長，位居東宮，無大功以鎮海內。今劉黑闥散亡之餘，衆不滿萬，資糧匱乏。以大軍臨之，勢如拉朽。殿下宜自擊之，以取功名，因結納山東豪傑，庶可自安。」太子乃請行，唐主許之。甲申 詔太子建成 將兵討黑闥。黑闥引兵而南，建成 元吉擊破之。黑闥食盡 衆散，遂夜遁。

癸未
黑闥所署饒州刺史諸葛德威 執黑闥舉城降，斬之。

甲申武德七年
正月，依周齊舊制，每州置大中正一人，掌知州內人物品量望第。以本州門望高者 領之，無品秩。

○二月，詔諸州，有明一經以上，未仕者 咸以名聞，州縣

及鄕 皆置學。

○四月，初 定均田租庸調法，丁中之民 給田一頃，篤疾減什之六，寡妻妾減七，皆以什之二為世業，八為口分。每丁歲入 租 粟二碩，調 隨土地所宜 綾絹絁布，歲役 二旬。不役則收其傭，日三尺。有事而加役者，旬有五日　免其調，三旬 租調俱免，水旱蟲霜為災，什損四以上 免租，損六以上 免調，損七已上 課役俱免。

○七月，　或說上曰:「突厥，所以屢寇關中者，以子女玉帛，皆在長安故也。若焚長安而不都　則胡寇自息矣。」上以為然。秦王 世民諫曰:「戎狄為患，自古有之。陛下以聖武龍興，光宅中夏，精兵百萬，所征無敵，柰何以胡寇擾邊遽遷都以避之，貽四海之羞，為百世之笑乎? 彼霍去病 漢庭一將，猶志滅匈奴。况臣忝備藩維。願假數年之期，請係頡利之頸，致闕下。若其不敵，遷都未晚。」上曰:「善。」建成與妃嬪因共譖世民曰:「突厥雖屢為邊患，得賂則退。秦王外託禦寇之名，內欲總兵權，成其簒奪之謀耳!」上每有寇盜，輒命世民討之，事平之後，猜嫌益甚。

○八月，突厥寇原 忻 并 綏 四州，京師戒嚴。是時頡利突利二可汗，舉國入寇 連營南上。秦王世民 齊王元吉 引兵拒之。世民與虜遇於豳州，勒兵將戰，可汗帥萬餘騎，奄至城下。元吉懼曰:「虜形勢如此，奈何輕出。」世民曰:「汝不敢出，吾當獨往。」乃帥騎馳詣虜陳，告之曰:「國家與可汗和親，何為負約，深入我地?　我秦王也。可汗能鬪，獨出與我鬪!」又遣騎前　告突利曰:「爾往與我盟，有急相救，令乃引兵相攻。何無香火之情也?」世民又前，將渡溝水，頡利見世民輕出，又聞香火之言，疑突利與世民有謀。乃遣止世民曰:「王不須度。我無他意。更欲與王申固盟約耳。」乃引兵稍却。是後霖雨益甚，世民謂諸將曰:「虜所恃者弓矢耳。今積雨彌時，筋膠俱解，弓不可用。彼如飛鳥之折翼，吾屋居火食　刀槊犀利，以逸制勞。此而不乘，將復何待?」乃潛師夜出，冒雨而進。突厥大驚。世民又遣說突利以利害，突利說，聽命。頡利欲戰，突利不可。乃遣突利，来見世民，請和親，世民許之。突利因自託於世民，請結為兄弟，世民亦以恩意撫之，與盟而去。

乙酉八年

正月，　以壽州都督張鎮周為舒州都督。鎮周以舒州本其鄉里。到州　就故宅，多市酒肴，召親戚，與之酣宴。散髮箕踞，如為布衣時，凡十日。既而分贈金帛，泣與之別曰:「今日張鎮周猶得與故人歡飲，明日之後則舒州都督，治百姓耳。君民禮隔，不復得為交遊。」自是親戚故人犯法，一無所縱，境內肅然。

丙戌九年

大史令傅奕上疏　請除佛法曰:「佛在西域，言妖路遠，漢譯胡書，恣其假託　使不忠不孝　削髮而揖君親，遊手遊食　易服以逃租賦，偽起三途，謬張六道，遂使愚迷，妄求功德，不憚科禁，輕犯憲章，且生死壽夭　由於自然。刑德威福　關之人主，貧富貴賤 功業所招，而愚僧矯詐 皆云由佛。竊人主之權，擅造化之力。其為害政，良可悲矣。自漢以前，初無佛法，君明臣忠，祚長年久。自立胡神，羌戎亂華，主庸臣佞，政虐祚短。梁武齊襄 足為明鏡。今天下僧尼數盈十萬，請令匹配，卽成十萬餘戶。產育男女，十年長養，一紀教訓，可以足兵民。」上詔百官，議其事，唯太僕卿張道源稱奕言合理。蕭瑀曰:「佛聖人也，而奕非之，非聖人者，無法。當治其罪。」奕曰:「人之大倫，莫如君父。佛以世嫡而叛其父，以匹夫而抗天子。蕭瑀不生於空桑，乃遵無父之教，非孝者無親，瑀之謂矣。」瑀不能對，但合手曰:「地獄之設，正為是人。」上亦惡 沙門道士苟避征徭 不守戒律 皆如奕言。乃下詔命有司，沙汰天下僧尼道士。

○六月，丁巳 太白經天。秦王世民，既與太子建成 齊王元吉 有隙。以洛陽形勝之地，恐一朝有變，欲出保之。上亦謂世民曰:「首建大謀，削平海內，皆汝之功。吾欲立汝為嗣，汝固辭，且建成年長，為嗣日久，吾不忍奪也。觀汝兄弟，似不相容，同處京邑，必有紛競。當遣汝還行臺，居洛陽，自陝以東 皆主之。仍命汝 建天子旌旗，如漢梁王故事。」世民涕泣，辭以不欲遠離膝下。建成 元吉與後宮，日夜譖訴世民於上，上信之。元吉密請殺秦王，上曰:「彼有定天下之功，罪狀未著，何以為辭?」元吉曰:「但應速殺，何患無辭?」上不應。世民腹心 長孫無忌 高士廉 尉遲敬德等 日夜勸世民，誅建成 元吉。世民歎曰:「骨肉相殘，古今大惡。吾誠知禍在朝夕，欲俟其發， 然後以義討之，不亦可乎?」衆曰:「大王以舜為何如人?」曰:「聖人也。」衆曰:「使舜浚井不出 則為井中之泥，塗廩不下 則為廩上之灰。安能澤被天下，法施後世乎? 是以小杖則受，大杖則走，盖所存者，大故也。」世民命卜之。幕僚張公謹自外来見之，取龜投地曰:「卜以決疑，今事在不疑，尚何卜乎? 卜而不吉，庸得已乎?」於是 定計。己未 太白復經天。傅奕密奏:「太白見秦分，秦王當有天下。」上以其狀授世民。於是世民密奏:「建成 元吉淫亂後宮。」且曰;「臣於兄弟無私毫負，今欲殺臣，似為世充 建德報讎。」上省之，愕然報曰:「明當鞫問，汝宜早參。」庚申 世民遂帥長孫無忌等，入伏兵於玄武門。世民射建成殺之。尉遲敬德將七十騎，繼至，左右射元吉墜馬，世民馬逸入林下，為木枝所絓，墜不能起。元吉遽至，奪弓將扼之。敬德躍馬叱之，元吉步欲趍武德殿，敬德追射殺之。上謂裴寂等曰:「不圖今日乃見此事，當如之何?」蕭瑀 陳叔達曰:「建成 元吉疾秦王功高望重，共為姦謀。今秦王已討而誅之。秦王功盖宇宙，率土歸心。陛下若處以元良 委之國務，無復事矣。」上曰:「善。此吾之夙心也。」癸亥 立世民為皇太子，又詔 自今軍國庶事，無大小 悉委太子處決，然後聞奏。

溫公曰：立嫡以長，禮之正也。然高祖所以有天下，皆太宗之功。隱太子以庸劣居其右，地嫌勢逼，必不相容。曏使高祖有文王之明，隱太子有太伯之賢，太宗有子臧之節，則亂何自而生哉? 既不能然，太宗始欲俟其先發然後應之。如此則事非獲已，猶為愈也。(既而為群下所迫，遂至蹀血禁門，推刃同氣，貽譏千古，惜哉!) 夫創業垂統之君，子孫之所儀刑也。彼中 明 肅 代之傳繼，得非有所指擬 以為口實乎?。

初洗馬魏徵，常勸太子建成 早除秦王。及建成敗，世民召徵謂曰:「汝何為離間我兄弟?」衆為之危懼，徵擧止自若，對曰:「先太子早從徵言，必無今日之禍。」世民素重其才，改容禮之，引為詹事主簿。亦召王珪 韋挺於雋州，皆以為諫議大夫。

○世民命縱禁苑鷹犬，罷四方貢獻。聽百官各陳治道，政令簡肅，中外大悅。

○八月 癸亥，詔傳位於太子。太宗卽皇帝位於東宮 顯德殿。赦天下。

○詔:以宮女衆多，幽閟可愍，宜簡出之，各歸親戚，任其適人。

○己卯，突厥進寇高陵。辛巳 涇州道行軍總管尉遲敬德，與突厥戰於涇陽，大破之。癸未 頡利可汗進至渭水便橋之北，遣其腹心執失思力，入見以觀虛實。思力盛稱頡利 突利二可汗，將兵百萬，今至矣。上讓之曰:「吾與汝可汗，面結和親，贈遺金帛，前後無算，汝可汗自負盟約，引兵深入，於我無愧。汝雖戎狄，亦有人心，何得全忘大恩 自誇彊盛? 我今先斬汝矣!」思力懼而請命。蕭瑀 封德彝請禮遣之。上曰:「我今遣還，虜謂我畏之，愈肆憑陵。」乃囚思力於門下省。上自出玄武門，與高士廉 房玄齡等六騎 徑詣渭水上，與頡利 隔水而語，責以負約。突厥大驚，皆下馬羅拜。俄而諸軍繼至，頡利見執失思力不返，而上挺身輕出，軍容甚盛，有懼色。上麾諸軍，使却而布陳，獨留 與頡利語。蕭瑀以上輕敵，叩馬固諫。上曰:「吾籌之已熟，非卿所知。突厥所以敢傾國 而来直抵郊甸者，以我國內有難，朕新卽位，謂我不能扞禦故也。我若示之以弱，閉門拒守，虜必放兵大掠，不可復制。故朕輕騎獨出，示若輕之。又震耀軍容 使知必戰，出虜不意 使之失圖。虜入我地既深，必有懼心。故與戰則克，與和則固矣。制服突厥在此一舉，卿第觀之。」是日頡利請和，詔許之。上卽日還宮。乙酉 又幸城西，斬白馬，與頡利盟于便橋之上，突厥引兵退。蕭瑀請於上曰:「突厥未和之時，諸將爭請戰，陛下不許，臣等亦以為疑。既而虜自退。其策安在?」上曰:「吾觀突厥之衆雖多而不整，君臣之志唯賄是求。當其請和之時可汗獨在水西，達官皆来謁我。我若醉而縛之，因襲擊其衆，勢如拉朽。又命長孫無忌 李靖伏兵於幽州，以待之，虜若奔歸，伏兵邀其前，大軍躡其後，覆之如反掌耳。所以不戰者，吾卽位日淺，國家未安，百姓未富，且當靜以撫之。一與虜戰，所損甚多，虜結怨既深。懼而修備，則吾未可以得志矣。故卷甲韜戈，啗以金帛。彼既得所欲，理當自退。志意驕惰，不復設備。然後養威俟釁，一舉可滅也。『將欲取之，必固與之。』此之謂也。卿知之乎?」瑀再拜曰:「非所及也。」是年　九月　突厥頡利獻馬三千匹，羊萬口，上不受。但詔歸所掠中國戶口，徵溫彥博還朝。

◯上引諸衛將卒，習射於顯德殿庭，諭之曰:「戎狄侵盜，自古有之。患在邊境小安則人主逸遊忘戰。是以寇來，莫之能禦。今朕不使汝曹穿池築苑，專習弓矢。居閑無事則為汝師，突厥入寇則為汝將，庶幾中國之民可以少安乎。」於是日引數百人，教射於殿庭。上親臨試，中多者，賞以弓刀帛，其將帥亦加上考。群臣多諫，上皆不聽曰:「王者視四海如一家，封域之內皆朕赤子。朕常推心　置其腹中。奈何宿衛之士　　亦加猜忌乎?」由是，人思自勵，數年之間悉為精銳。

◯上嘗言:「吾自少，經略四方，頗知用兵之要。每觀敵陳則知其彊弱，常以吾弱當其彊，彊當其弱，彼乘吾弱，逐奔，不過數千百步，吾乘其弱，必出其陳後，返擊之，無不潰敗。所以取勝，多在此也。」

◯上面定勳臣長孫無忌等爵邑，命陳叔達　於殿下　唱名示之。且曰:「朕叙卿等勳賞，或未當，宜各自言。」於是諸將争功，紛紜不已。淮安王神通曰:「臣舉兵關西，首應義旗，今房玄齡　　杜如晦等　　專弄刀筆，功居臣上，臣竊不服。」上曰:「義旗初起，叔父雖首唱舉兵，盖亦自營脫禍。及竇建德吞噬山東，叔父全軍覆沒。劉黑闥再合餘燼，叔父望風奔北。玄齡等運籌帷幄，坐安社稷。論功行賞　固宜居叔父之先。叔父國之至親，朕誠無所愛，但不可以私恩，濫與勳臣同賞耳。」諸將乃相謂曰：「陛下至公，雖淮安王尚無所私，吾儕何敢不安其分？遂皆悅服。

◯房玄齡嘗言：「秦府舊人未遷官者，皆嗟怨曰：『吾屬奉事左右，幾何年矣。今除官 反出前宮齊府人之後。』」上曰：「王者至公無私，故能服天下之心。朕與卿輩 日所衣食，皆取諸民者也。故設官分職，以為民也。當擇賢才而用之。豈以新舊為先後哉。必也新而賢，舊而不肖，安可捨新而取舊乎？今不論其賢不肖，而直言嗟怨，豈為政之體乎?」

◯上於弘文殿聚四部書二十餘萬卷，置弘文館於殿側，精選天下文學之士虞世南 褚亮 姚思廉 歐陽詢 蔡允恭 蕭德言等，以本官兼學士，令更日宿直，聽朝之隙，引入內殿，講論前言往行。商確政事，或至夜分乃罷。又取三品已上子孫充弘文館學生。

◯民部尚書裴矩奏：「民遭突厥暴踐者，請戶給絹一匹。」上曰：「朕以誠信御下，不欲虛有存恤之名而無其實。戶有小大，豈得雷同給賜乎?」於是計口為率。

◯上與群臣論止盜。或請重法以禁之。上哂之曰：「民之所以為盜者，由賦繁役重，官吏貪求，飢寒切身，故不暇顧廉恥耳。朕當去奢省費，輕傜薄賦，選用廉吏，使民衣食有餘則自不為盜。安用重法邪?」自是數年之後，海內昇平，路不拾遺，外戶不閉，商旅野宿焉。

◯上又嘗謂侍臣曰：「君依於國，國依於民。刻民以奉君，猶割肉以充腹。腹飽而身斃，君富而國亡。故人君之患　不自外来　常由身出。夫欲盛則費廣，費廣則賦重，賦重則民愁，民愁則國危，國危則君喪矣。朕常以此思之，故不敢縱欲也。」

◯上謂裴寂曰:「比多上書言事者，朕皆粘之屋壁，得出入省覽，每思治道，或深夜方寢。公輩亦當恪勤職業，副朕此意。」

◯上勵精求治。數引魏徵入卧內，訪以得失。徵知無不言。上皆欣然嘉納。

◯上遣使點兵。封德彝奏:「中男雖未十八，其軀幹壮大者亦可并點。」上從之。敕出，魏徵固執以為不可，不肯署。敕至于數四。上怒，召而讓之曰:「中男壮大者，　乃姦民詐妄，以避征役，取之何害而卿固執至此?」對曰:「夫兵在御之得其道，不在衆多。陛下取其壮健，以道御之，足以無敵於天下。何必多取細弱，以增虛數乎?　且陛下每云:『吾以誠信御天下，欲使臣民，皆無欺詐。』今卽位未幾，失信者數矣。」上愕然曰:「朕何為失信?」對曰:「陛下初卽位，下詔云:『逋負官物，悉令蠲免。』有司以為負秦府國司者非官物，徵督如故。陛下以秦王，升為天子，國司之物非官物而何?　又曰:『關中免二年租調，關外給復一年。』既而，繼有敕云:『已役　已輸者，以来年為始。』散還之後　方復更徵，百姓固已不能無恠。今既徵得物，復點為兵，何謂来年為始乎?　又，　陛下所與共治天下者　在於守宰，居常簡閱，咸以委之。至於點兵　　獨疑其詐。豈所謂以誠信為治乎?」上悅曰:「曏者，朕以卿固執，疑卿不達政事，今卿論國家大體，誠盡其精要。夫號令不信，則民不知所從。天下何由而治乎? 朕過深矣。」乃不點中男，賜徵金甕。

○張蘊古上大寶箴，其略曰:「聖人受命，拯溺亨屯，　故以一人治天下，不以天下奉一人。」又曰:「壯九重於內，所居不過容膝，彼昏不知，瑤其臺而瓊其室。　羅八珍於前，所食不過適口，　惟狂罔念，丘其糟而池其酒。」又曰:「勿沒沒而闇，勿察察而明。雖冕旒蔽目，而視於未形，雖黈纊塞耳，而聽於無聲。」上嘉之，賜以束帛，除大理丞。

○上患吏多受賕，密使左右試賂之，有司門令吏受絹一匹。上欲殺之。民部尚書　裴矩諫曰:「為吏受賂，罪誠當死。但陛下使人，遺之而受，乃陷人於法也。恐非所謂『道之以德，齊之以禮。』」上悅，召文武五品已上，告之曰:「裴矩能當官力爭，不為面從，儻　每事皆然，何憂不治?」

溫公曰:「古人有言，君明臣直，裴矩佞於隋，而忠於唐，非其性之有變也。君惡聞其過，　則忠化為佞，君樂聞直言，則佞化為忠。是，知君者表也　臣者景也。表動則景隨矣。」

통감절요 36권

당기(唐紀) 태종황제(太宗皇帝)[1] 상(上)

재위 23년, 수(壽) 52

정해(丁亥) 정관(貞觀) 원년(서기 627년)

정월에 황제가 여러 신하들과 연회를 열고, 「진왕파진악(秦王破陳樂)」[2]을 연주했다. 황제는 "짐이 옛날에 오로지

---

1) 주(註) 이름은 세민(世民), 고조(高祖)의 차남. 수(隋)의 난리를 평정했다. 그의 공적은 탕무(湯武)에 비견되고, 훌륭한 정치에 대한 미담은 성강(成康)시대와 비견된다. 아깝게도 그는 공명을 숭상하고, 예악에는 관여하지 않았다. 부자 형제지간에도 부끄러운 일이 많았다

2) 주(註) 왕씨가 말하기를 태종이 진왕일 때, 유무주(劉武主)를 격파하니, 군중에서 이 악곡과 춤을 만들었다. 악공 1백28인이 연주하고, 은(銀)갑옷을 입고 창을 들고 춤을 추었다. 뒤에 '신공파진(神功破陳)'이라 이름을 고쳤고, 정관(貞觀) 7년에 '칠덕무(七德舞)'라 고쳤다. 『좌전(左傳)』의 '무(舞)에는 칠덕(七德)의 준칙이 있다'는 도리를 채택한 것이다

맡은 일은 정벌뿐이었다. 민간에 있을 때 이 곡을 만들었다. 비록 문덕(文德)의 편안하고 화평한[3] 모습은 아니지만, 공적(功業)은 이것으로부터[4] 이루어졌다. 감히 근본을 잊어서는 안된다"고 했다.

봉덕이(封德彝)가 "폐하께서 뛰어난 무예로 천하를 평정했는데, 어찌 문덕을 가지고 비교할 수 있겠습니까?" 하니, 황제는 "무(武)로 난을 평정하고, 문(文)으로 지키고 이루는 것이다. 문무의 쓰임은 각각 그 때를 따라야 한다. 경은 문이 무에 미칠 수 없다고 하는데, 이 말은 잘못되었다"고 말했다. 봉덕이가 머리를 조아리며 사죄했다.

○ 제도를 정비해 "지금부터 중서문하(中書門下) 및 3품 이상이 대궐의 편전(便殿)[5]에 들어가서 일을 의논할 때에는, 언제나 간관(諫官)이 그들을 따라와서 잘못이 있을 때마다 번번이 간언하도록 하라"고 명했다.

○ 황제가 이부상서(吏部尙書) 장손무기(長孫無忌) 등에게 명해 학사, 법관들과 다시 의논해 법률을 정하게 하고, 교수형(絞首刑) 50조를 완화해 오른쪽 발꿈치를 자르게 했다. 황제가 여전히 그 참혹함을 싫어해 "육형(肉刑)이 폐지

---

3) 雍容 옹용 : 편안하고 화평한 모습

4) 由玆 유자 : 이것으로 부터

5) 주(註) 고대 관청의 문. 관청, 여기서는 대궐의 의미. 침방, 편전(임금이 거처하는 곳). 당(唐) 제도에 천자를 편전(便殿)에 모시고, 백관이 들어와서 알현하는 것을 입합(入閤)이라고 했다

된 지 이미 오래 되었으니, 마땅히 그 법을 바꿀 필요가 있다"고 했다. 배홍헌(裵弘獻)이 (육형을) 유배형[流]에다 요역[役]을 보태는 것으로 고치고, 3천 리 밖으로 유배 보내서 3년 동안 일을 시키자고 청했다. 황제가 그 말을 따랐다.

○ 황제는 병부낭중(兵部郎中) 대주(戴胄)가 성실 청렴 공평 강직하므로 대리소경(大理少卿)으로 발탁했다.

황제는 선발된 사람 중에 음덕(蔭德)[6]을 속여[7] 벼슬을 하는 경우가 많다고 여겼다. 칙령을 내려 자수하게 하고, 자수하지 않는 자는 죽인다고 했다. 얼마 안 되어 속인 일이 발각된 자가 드러나 황제가 그를 죽이고자 했다. 대주가 법에 근거해 유배형이 마땅하다고 아뢰니, 황제가 노해 말하기를 "경은 법을 지키고자 해 짐으로 하여금 신의를 잃게 하려는가?"고 했다.

(대주는) "칙령은 한 때의 기쁨과 노여움에서 나가지만, 법은 국가가 천하에 큰 신의를 펼치는 것[8]입니다. 폐하께서는 선발에 속임수가 많기 때문에 분해서 그들을 죽이고자 하십니다. 그러나 그것이 불가함을 이미 알고나서[9], 다시 그들을 법으로 처단하신다면, 이것은 곧 작은 분노를 참

---

6) 資蔭 자음 : 조상의 공으로 인해 벼슬을 하는 것, 음서(蔭敍)

7) 詐冒 사모 : 사(詐) 거짓. 모(冒) 가릴, 거짓

8) 所以 소이 : ~바, 행위, 이유, 까닭

9) 旣 기 : 완료형에 씀. 어떤 일이 이루어진 상황

고 큰 신의를 보존하는 것입니다"라고 대답했다.

황제가 "경이 법을 준수[10]할 수 있는데, 짐이 더 무엇을 근심하겠는가?"라고 말했다. 대주가 전후로 황제에게 아첨하지 않고 황제의 안색을 안 좋게 할 정도로 직언하고[11] 법을 준수했는데, 말하는 것이 솟아나는 샘물과 같았다. 황제가 모두 그 말을 따르니 천하에 억울한 옥사가 없었다.

○ 황제가 봉덕이에게 능력 있는 자를 천거하라고 했는데, 오랫동안 천거하지 않았다. 황제가 그를 꾸짖으니, (봉덕이는) "마음을 다하지 않은 것은 아니고, 다만 지금은 기재(奇才)가 없을 뿐입니다"라고 대답했다. 황제가 "군자가 사람을 쓰는 것은 그릇과 같아서 각각 그 장점을 취한다. 옛날에 이루어진 훌륭한 정치가 어찌 인재를 다른 시대에서 빌려왔겠는가? 바로 자기가 알 수 없음을 근심해야지, 어찌 온 세상 사람들을 모함할 수 있는가?"라고 했다. 봉덕이가 부끄러워하며 물러났다.

○ 우효위대장군(右驍衛大將軍) 장손순덕(長孫順德)이 누가 보낸 비단을 받은 일이 발각되었다. 황제가 "순덕은 능력이 있어서 국가에 유익한 사람이다. 짐이 관의 창고를 그와 함께 가졌는데, 어찌 탐욕과 거짓이 이 지경에 이르렀는가?" 하고는, 오히려 그 공을 아껴 죄를 주지 않고 궁정에

---

10) 執法 집법 : 법을 준수함

11) 犯顔 범안 : 황제의 안색을 안 좋게 할 정도로 직언 함

서 비단 수십 필을 하사했다.

대리소경 호연(胡演)이 "순덕은 법을 어기고 뇌물을 받았습니다. 죄를 용서할 수 없는데, 어찌하여 다시 그에게 비단을 내리십니까?"하고 물으니, 황제가 "그 사람에게 인성(人性)이 있다면, 비단을 받는 치욕이 형벌을 받는 것보다 심할 것이다. 만약 부끄러움을 알지 못한다면, 금수와 같을 뿐이다. 그를 죽이는 것이 무슨 도움이 되겠는가?"라고 대답했다.

○ 예전 수(隋)나라 말엽에 많은 사람이 죽는 재앙[12]이 있었고, 호걸들이 함께 일어나 무리를 끼고 땅을 점거해 스스로 우두머리가 될 것을 기대[13]했다. 당(唐)나라가 일어나자 서로 (무리를) 이끌고 와서 귀의했다. 상황제가 그들을 위해 주현(州縣)을 나누어 배치해주고, 은혜를 배풀어 그들에게 봉록을 주었다. 이 때문에 주현의 숫자가 개황(開皇), 대업(大業)[14] 연간의 두 배였다.

황제는 백성은 적고 관리가 많다고 여겨 그 폐단을 고칠 것을 생각했다. 2월에 명령해 대대적으로 합병하고 줄였다. 산천의 형편에 따라 나누어 10도로 만들었다. 관내(關內) 하남(河南) 하동(河東) 하북(河北) 산남(山南) 농우(隴右)

---

12) 喪亂 상란 : 상사(喪事)와 화란(禍亂), 많은 사람이 죽는 재앙

13) 相雄長 상웅장 : 상(相) 보다, 예상하다의 뜻. 여기서는 스스로 우두머리가 될 것을 예상하다

14) 開皇 大業 개황 대업 : 개황(開皇) 수 문제(隋 文帝)의 연호(581~600), 대업(大業)은 수 양제(隋 煬帝)의 연호(605~617)

회남(淮南) 강남(江南) 검남(劍南) 영남(嶺南)이라고 했다.

○ 황제가 태자소사(太子小師) 소우(蕭瑀)에게 말했다.

"짐이 젊어서 활과 화살을 좋아해 좋은 활 10개를 손에 넣었는데, 스스로 더 좋은 것은 없다고 생각했다. 최근에 활을 만드는 장인에게 보이니 '모두 좋은 재목이 아닙니다' 하더라. 짐이 그 이유를 물으니 장인은 '나무의 심지가 바르지 않으니 나무의 결[15]이 모두 비뚤어져 있습니다. 활은 비록 강하지만 화살을 쏘면 바르게 나가지 않습니다'라고 했다.

짐이 비로소 예전에 활을 판별함이 정밀하지 못했다는 것을 깨달았다. 짐이 활과 화살로 사방을 평정했지만, 그것에 대한 지식[16]은 여전히 제대로 할 수 없다. 하물며 천하의 일을 두루 알 수 있겠는가?"[17]

곧 경관(京官) 5품 이상 관리들에게 명해 번갈아 중서내성(中書內省)에 숙직하게 하고, 자주 데려다가 만나서 민간의 질고(疾苦) 및 정사의 득실을 물었다.

○ 글을 올려 아첨하는 신하를 제거하라고 청한 자가 있었다. 황제가 아첨하는 신하가 누구냐고 물으니 "신은 초야에 살고 있으니 그 사람이 누구인지 밝혀 알 수 없습니다.

---

15) 脉理 맥리 : 나무의 결

16) 識 식 : 인지, 분별, 지식

17) 其~乎 기~호 : 의문문, 강조 용법, 반어

원컨대 폐하께서 군신들과 함께 이야기하실 때 혹 거짓으로 성내어 그들을 시험하소서. 그 의리를 지키고 굴하지 않는 자가 곧은 신하입니다. 위엄을 두려워하고 뜻을 따르는 자는 아첨하는 신하입니다"고 했다.

황제는 "임금은 물의 근원이고, 신하는 흐르는 물이다. 그 근원이 탁한데, 그 흐르는 물이 깨끗하기를 구할 수 없다. 군주 스스로 거짓을 하면서, 어찌 신하의 곧음을 요구하겠는가?[18] 짐은 바야흐로[19] 지극한 정성으로 천하를 다스리는데, 전대의 제왕들을 보면 권모와 속임수 작은 몇 가지로 그 신하를 대했다. (나는) 항상 마음속으로 그것을 부끄럽게 여겼다. 경의 계책이 비록 좋지만, 짐은 채택하지 않을 것이다"라고 말했다.

○ 황제가 근신들과 주(周)와 진(秦)왕조의 길고 짧음[20]을 논했다. 소우가 "주왕(紂王)이 부도(不道)했기 때문에 무왕(武王)이 그를 정벌했습니다. 주(周)와 6국은 죄가 없었는데, 시황제는 그들을 멸망시켰습니다. 천하를 얻은 것은 비록 같으나, 인심을 잃은 것은 다릅니다"라고 말했다.

황제가 "공(公)은 하나만 알고 둘은 모른다. 주나라는 천하를 얻고서 인의(仁義)를 더하고 닦았는데, 진나라는 천하를 얻고서 더욱 거짓과 힘을 숭상했다. 이것이 왕조의 수명

---

18) 責 책 : 구할 구(求)

19) 方 방 : 바야흐로, 현재의 시제

20) 脩短 수단 : 길고 짧음

이 다른 이유이다. 그것을 빼앗을 때에는 혹 역(逆)으로 빼앗을 수 있어도, 그것을 지킴에 순리(順理)대로 하지 않으면 안되기 때문이다"라고 하니, 소우가 미처 (거기까지) 미치지 못했다고 사죄했다.

○ 황제가 공경들에게 나라를 향유하고[21] 군주가 오랫동안 재위할 방책을 물었다. 소우가 "삼대(三代=하夏 은殷 주周)는 봉건(封建)을 해 오래 갔고, 진(秦)은 홀로 서서 빨리 망했습니다"라고 대답했다. 황제도 그렇다고 생각했다. 이리하여 처음으로 봉건의 논의가 있었다.

○ 9월에 중서령(中書令) 우문사급(宇文士及)을 파직시켜 전중감(殿中監)으로 삼았다. 어사대부 두엄(杜淹)이 정사에 참여했는데, 다른 부서에서 정사에 참여하는 일이 이때부터 시작되었다. 황제가 위징(魏徵)을 더욱 가까이 하니 위징이 스스로 세상에 없는 만남이라고 생각해 마음 속 밑바닥에 쌓아온 것[22]을 다 펼쳤다. 무릇 2백여 차례 상주했는데, (그 내용이) 간절해[23] 황제의 마음에 맞지 않은 것이 없었다.

어떤 사람이 위징은 그 친척에게 불공평하게 해주었다고 고발했다. 황제가 어사대부 온언박(溫彦博)을 시켜 그것을 조사하게 했는데, 실상이 없었다. 온언박이 황제에게 "위징

---

21) 享國 향국 : 나라를 향유해 재위함. 군주의 재위 연수

22) 底蘊 저온 : 마음 및 바닥에 쌓은 것

23) 剴切 개절 : 개(剴) 가까울, 간절할. 절(切) 간절할

은 뒤에 흔적을 남기지[24] 않아 혐의를 피했습니다. 비록 사사로움은 없지만, 책망할만한 것은 있습니다"라고 했다. 황제가 온언박을 시켜 위징을 꾸짖게 하고 "지금부터 마땅히 뒤에 흔적을 남기라"고 했다.

다른 날 위징이 들어와서 알현하고 황제에게 "신이 듣기에 군주와 신하는 같은 마음이라 했습니다. 이것은 한 몸임을 말합니다. 마땅히 서로 함께 성심을 다해야 하는데, 만약 상하가 뒤에 흔적을 남겨둔다면, 나라의 흥망을 알 수 없습니다. 신은 명령을 받들 수 없습니다"라고 했다. 황제가 어려워하면서[25] 말하기를 "내가 이미 그것을 후회한다"고 말했다.

위징이 두 번 절하면서 "신은 다행히 폐하를 받들고 섬길 수 있겠습니다. 원컨대 신하로 하여금 좋은 신하가 되게 하시고, 충신이 되게 하지 마소서"라고 말했다. 황제가 "충신과 좋은 신하가 다른 점이 있는가?"라고 묻자, (위징이) "직(稷)과 설(契), 고요(皐陶)는 군신이 협심해 존귀와 번영을 함께 누렸으니, 이른바 좋은 신하입니다. 용봉(龍鳳)과 비간(比干)은 조정에서 마주 대해 나무라고 다투었고[26], 몸은 죽임을 당하고 나라는 망했으니 이른바 충신입니다"라고 답했다. 황제가 기뻐하며 비단 5백 필을 내렸다.

---

24) 形迹 형적 : 뒤에 남은 흔적(痕迹). 증거

25) 瞿 구 : 두려워함, 걱정함, 삼감, 어려워 함

26) 面折廷爭 면절정쟁 : 조정에서 마주 대해 나무라고 다투다

○ 황제의 정신과 안색[27]이 영민하고 강해 군신들 중에 나아가 알현하는 자는 모두 몸 둘 바를 몰라 했다.[28] 황제가 그것을 알고는 신하가 알현해 일을 아뢸 때마다 반드시 말과 안색을 (부드럽게) 가장하고, 곧은 간언을 듣기를 기대했다. 일찍이 공경들에게 말했다.

"사람이 스스로 그 형체를 보고자 하려면 반드시 맑은 거울을 가져야 하고, 군주가 스스로 그 과오를 알고자 하려면 반드시 충신을 기다려야 한다. 만약 그 군주가 간언에 성질을 내고 스스로 현명하다고 한다면, 신하들은 아첨해 뜻을 따른다. 군주가 나라를 잃고 나면, 신하가 어찌 홀로 온전할 수 있겠는가?

우세기(虞世基) 같은 이들은 양제를 아첨으로 섬겨 부귀를 보장받았는데, 양제가 시해되고 나니, 우세기 등도 죽임을 당했다. 공들은 마땅히 이것을 경계로 삼아 일의 득실을 아끼지 말고 다 말하라"

○ 황제가 공경들에게 말했다.

"옛날에 우임금이 산을 뚫어 치수를 했으나, 백성들이 비방하고 원망하지[29] 않은 것은 남들과 이익을 함께 했기 때문이다. 진시황이 궁실을 건축했는데, 백성들이 원망하고 이반한 것은 남들을 괴롭혀 자신을 이롭게 했기 때문이다.

---

27) 神采 신채 : 신색(神色), 정신과 안색

28) 擧措 거조 : 손발을 둘 곳. 실거조(失擧措)는 손발을 둘 곳을 모르다

29) 謗讟 방독 : 비방과 원망

화려하고 진기한 것은 사람들이 원하는 것이다. 만약 그것을 마음대로 하고 그치지 않는다면, 위기와 멸망이 곧 이를 것이다. 짐이 궁전 한 곳을 짓고자 해 재료와 비용이 이미 갖추어졌으나, 진나라를 거울 삼아 하지 않겠다. 왕공 이하는 짐의 이러한 뜻을 본받아라"[30]

이 때문에 20년 간 풍속이 소박해지고, 옷에는 비단에 수놓은 것이 없었다. 공사(公私)가 부유해지고 넉넉해졌다.

○ 황제가 근신들에게 "내가 듣기에 서역 오랑캐 상인들[31]은 아름다운 구슬을 얻으면 몸을 갈라서 그것을 감춘다고 했다. 그런 일이 (실제로) 있는가?"[32]고 물었다. 근신들이 "그런 일이 있습니다"고 대답했다. 황제가 "사람들은 모두 저들이 구슬을 아끼면서 자기 몸을 아끼지 않음을 알고 비웃는다. 관리가 뇌물을 받고 법에 저촉되며, 제왕이 사치와 욕망을 따르다가 나라를 망하게 하는 것이 어찌 저 오랑캐들의 비웃을만한 일과 다르겠는가?"라고 말했다.

위징이 "옛날에 노애공(魯哀公)이 공자에게 '잘 잊어버리는 사람이 있었는데, 이사를 가면서 그의 처를 잊어버렸다고 합니다'라고 하니, 공자가 '더 심한 자도 있습니다. 걸, 주왕은 그들의 몸을 잊어 버렸습니다'라고 대답했다고 합니다. 역시 이 경우와 같습니다"라고 했다.

---

30) 體 체 : 본받다, 배우다[效法]. 혹은 뜻을 잇다

31) 賈胡 고호 : 오랑캐 상인들

32) 諸 제 : 지호(之乎)의 합자(略字). 있는가? ~하지 않겠는가?

황제가 "그렇다. 짐과 공들이 마땅히 힘을 다해 서로 돕는다면, 남에게 비웃음을 당하는 것을 면할 것이다"라고 말했다.

○ 수나라는 인재 선발을 위해 11월에 (대상자들을) 모집해 (선발을) 봄에 마쳤다. 사람들이 그 기한이 촉박함을 힘들게 여겼다. 이부시랑 유림보(劉林甫)가 "1년 내내 (인재를) 선발하도록 하고, 빈자리가 있으면 보충하게[33] 하도록" 건의했다. 사람들이 편리하다고 생각했다.

당 초기에는 난리의 뒤였기 때문에 사대부들이 벼슬하기를 좋아하지 않아 관원을 채우지 못했다. 상서성의 명령[34]이 각 주에 내려지면, (상서성에서) 파견된 사람[35]이 (인재를) 주(州), 부(府)에 선발하러 갔다. 주(州), 부(府) 및 조서를 가진 황제의 특사가 임시관직[赤牒][36]으로 관을 임명하는 일이 많았다.

이때에 와서 모두 상서성이 다스렸다. 상서성에 와서 선발에 응하도록 하니[37], 모인 자가 7천여 명이었다. 유림보가 재능에 따라 순서를 정하고[38], 각각 적합한 자리를 주었다. 당시 사람들이 그를 칭찬했다. 조서를 내려 관중의 쌀

---

33) 注擬 주의 : 보충. 주(注) 물 댈. 의(擬) 헤아릴, 상량(商量)함

34) 省符 성부 : 상서성이 하달하는 명령 문서

35) 差人 차인 : 옛날 관청에 예속되어 일하는 사람

36) 赤牒 적첩 : 아무 것도 쓰여 있지 않은 빈 공문. 당대(唐代)에 임시관원이 가진 문서의 하나

37) 勒赴省選 륵부성선 : 상서성에 가서 선발에 응하게 함

38) 銓序 전서 : 전형의 순서

값이 비싸므로, 처음으로 사람을 나누어 낙주(洛州)에서 선발하게 했다.

황제가 방현령(房玄齡)에게 "관은 적임자를 얻는 것에 달려 있지, 관원이 많음에 달려있지 않다"고 말했다. 방현령에게 명해 (관을) 합병해 없애고, 문무관 합쳐 6백43명만 남겼다.

○ 홍려경(鴻臚卿) 정원숙(鄭元璹)이 돌궐(突厥)에 사신으로 갔다 돌아와서 황제에게 "오랑캐의 흥하고 쇠함은 오로지 양과 말로 (징후를) 엿볼 수 있습니다. 지금 돌궐은 백성이 굶주리고 가축이 파리하니, 이것은 망하려는 조짐입니다. 3년을 넘지 않을 것입니다"라고 보고했다. 황제가 그렇다고 여겼다. 많은 군신들이 황제에게 이때를 틈타 돌궐을 공격하자고 권했다.

황제는 "새로 남과 동맹을 맺고 그를 배신한다면 불신(不信)이요, 남의 재앙을 이익으로 삼으면 불인(不仁)이요, 남의 위기를 틈타서 승리를 얻는 것은 강함이 아니[不武]다. 가령 그 종족과 부락이 다 배반하고 여섯 가축[六畜]중 남은 것이 없더라도 짐은 끝까지 공격하지 않을 것이다. 반드시 죄가 있기를 기다린 연후에 그들을 토벌할 것이다"라고 말했다.

무자(戊子) 2年(628년)

황제가 위징에게 "임금이 어떻게 하면 밝다고 하고, 어떻게 하면 어둡다고 하는가?" 물으니, (위징이) 대답했다.

"다 들을 수 있으면 밝다고 하고, 한쪽만을 믿으면 어둡다고 합니다. 옛날에 요(堯)임금은 아래 백성에게도 사심없이 물었습니다. 그러므로 묘(苗)의 사악함을 위에서 들을 수 있었습니다. 순(舜)임금은 모든 것을 밝게 보았고, 듣는 것에 모두 통달했습니다. 그러므로 공(共), 곤(鯀), 환두(驩兜), 삼묘국(三苗國)[39]은 (잘못을) 숨길 수가 없었습니다.

진(秦)나라 2세 황제는 조고(趙高) 만을 편애하고 믿어서 망이궁에서 (시해를 당하는) 화를 초래했습니다. 양무제는 주이(朱异)를 편애하고 믿어서 대성(臺城)의 치욕을 겪었습니다. 수양제는 우세기만을 편애하고 믿어 팽성각(彭城閣)의 변을 초래했습니다. 군주가 모두 듣고 넓게 받아들이면, 귀한 신하들이 막고 가릴 수 없으며, 아랫사람들의 실정이 임금께 통할 수 있습니다"

황제가 "좋다"고 했다.

○ 황제가 황문시랑(黃門侍郎) 왕규(王珪)에게 "개황 14년에 큰 가뭄이 들었는데, 수 문제는 진휼미 지급을 허락하지 않고, 백성들로 하여금 산동으로 먹을 것을 찾아가게 했다.[40] 말년에 이르러[41] 천하에 저장한 것이 많아 50년을 공급할 수 있었는데, 수양제가 그 부유함을 믿고 사치심이 만족할 줄[42] 몰라 마침내 천하를 망하게 했다. 창고의 저장은

---

39) 주(註) 공공(共工)은 관명, 곤(鯤)은 채백(蔡伯)의 이름, 환두(驩兜)는 신하의 이름, 삼묘(三苗)는 국명. 이들이 4흉(凶)이다

40) 就 취 : 가다의 뜻, 취식(就食)은 먹을 것이 있는 곳으로 가다

41) 比至 비지 : =급지(及至) ~이 되자, 이르러서

흉년을 대비할 수 있으면 충분하다. 그 나머지는 어디에 쓰겠는가?"라고 말했다.

○ 황제가 근신들에게 "사람들이 천자는 지존이니 두렵고 꺼리는 것이 없다고 말하지만, 짐은 그렇지 않다. 위로는 하늘[皇天]의 감시와 강림이 두렵고, 아래로는 군신들이 바라보고 우러러보는 것이 꺼려진다. 항상 조심하고 두려워하며[43], 오히려 하늘의 뜻에 합하지 않고, 사람의 바람에 부응하지 않았는가를 걱정한다"고 하니, 위징이 "이것은 정말로 좋은 정치를 하는 요점입니다. 원하건대 폐하께서 끝까지 처음과 같이 하신다면 좋을 것입니다"고 말했다.

○ 힐리극한(頡利可汗)이 표문을 올려 입조를 청했다. 황제가 근신들에게 말했다.

"예전에는 돌궐이 강해서 궁수 1백 만의 세력을 믿고 중국을 침범[44]했다. 이 때문에 교만하고 방자해 그 백성들을 잃었다. 지금 스스로 입조를 청하는데, 곤란하고 궁핍하지 않다면, 이와 같이 하려 하겠는가?

짐이 그것을 들으니 기쁘기도 하고 두렵기도 하다. 어째서인가? 돌궐이 쇠퇴했으니 변경이 편안해질 것이다. 그러므로 기쁘다. 그러나 짐이 혹시 도리를 잃는다면 다른 날

42) 厭 염 : 싫어하다. 만족하다

43) 兢兢業業 긍긍업업 : 조심하고 두려워 함

44) 憑陵 빙능 : 세력을 믿고 침범함

또한 돌궐같이 될 것이니 두렵지 않을 수 있겠는가? 경들은 마땅히 직간[45]을 아끼지 말고 짐이 미치지 못하는 것을 도우라"

○ 태자소경(太常少卿) 조효손(祖孝孫)이 「당아악(唐雅樂)」을 지으니 황제가 "예악이라는 것은 성인이 사물의 이동(異同)에 따라 가르침을 베푸는 것일 뿐이다. 다스림의 융성과 쇠퇴가 어찌 이것으로부터 시작되는 것이겠는가?" 라고 말했다.

어사대부(御史大夫) 두엄(杜淹)이 "제(齊)나라가 망하려고 할 때 「반려곡(伴侶曲)」이 지어졌고, 진(陳)나라가 망하려고 할 때 「옥수후정화(玉樹後庭花)」가 지어졌습니다. 그 소리의 슬프고 비통함이 길가는 사람이 들으면 모두 슬퍼하며 눈물을 흘립니다. 어찌 다스림의 융성과 쇠퇴가 음악에 있지 않다고 말하실 수 있습니까?"고 물었다.

황제는 "그렇지 않다. 무릇 음악은 사람을 감동시킬 수 있다. 그러므로 즐거운 자가 그것을 들으면 기뻐하고, 근심있는 자가 들으면 슬퍼한다. 희비(喜悲)는 사람의 마음에 달려있는 것이지, 음악을 통해서가 아니다. 망하려고 하는 정치에는 반드시 백성들의 근심과 고통이 있다. 그러므로 음악을 들으면 슬플 뿐이다. 지금 두 곡이 모두 존재하는데, 짐이 공을 위해 그것을 연주한다면 공이 어찌 슬프겠는

---

45) 苦諫 고간 : 하기 어려운 것을 참고 간절히 간함

가?"라고 말했다.

우승상 위징이 말하기를 "옛 사람이 칭송해 '예(禮)란, 예란, 옥과 비단을 말했겠는가?' '악(樂)이란, 악이란, 종과 북을 말하는 것이겠는가?'[46]라고 했습니다. 악은 진실로 인화(人和)에 달려있지 소리에 달려있지 않습니다"라고 말했다.

온공(溫公)이 말했다.

"예(禮)란 성인이 몸소 행[47]하는 바요, 악(樂)이란 성인이 즐기는 바다. 성인은 중정(中正)[48]을 몸소 행하고 화평(和平)을 즐긴다. 또 천하와 그것을 함께 하고, 백세에 그것을 전하고 싶어 한다. 이리하여[49] 예악을 만든 것이다.

무릇 예악에는 근본이 있고, 꾸밈이 있다. 중화(中和)[50]가 근본이며, 용모와 소리가 꾸밈이다. 두 가지는 어느 쪽도 폐할 수 없다. 선왕(先王)은 일찍이 예악의 근본을 지키되, 잠깐이라도 예악의 꾸밈을 마음과 행위에서 지운 적이 없었고, 잠시라도 몸에서 멀리한 적이 없었다. 집안에서 일으키고 조정에서 드러냈다.

향사(鄕師)와 수사(遂師), 비장(比長)과 인장(鄰長)[51]에게

---

46) 乎哉 호재 : 감탄하는 말, 단정하는 말. 반어사

47) 履 이 : 신발, 밟을, 자리에 나아감, 행할, 실천할, 겪음

48) 中正 중정 : 지나치거나 모자람이 없고, 치우침이 없이 곧고 올바름

49) 於是乎 어시호 : 이에 있어서, 이리하여, 이제야

50) 中和 중화 : 덕성(德性)이 중용(中庸)을 잃지 아니한 상태

51) 주(註) 예지관(禮地官). 지방 향(鄕) 수(遂) 비(比) 인(隣)의 정치 교화를 맡는 관직

미치고, 제후에게 두루 깨닫게 했고[52], 천하에 번져 퍼지게 해서[53], 제사와 군대에서부터 음식과 기거에 이르기까지 예악 안에 있지 않음이 없게 했다. 이와 같이 수백 년이 그렇게 된 뒤에 다스림과 교화가 두루 미치게[54] 되고, 봉황이 와서 예[55]를 갖추는 것이다.

태종이 성급하게 정치의 융성과 쇠퇴는 음악에서 비롯되지 않는다고 했는데, 어찌 발언이 (이처럼) 쉽고 과감하게 성인을 그르다고 하는가?[56] 무릇 예는 위엄과 의식[威儀]을 말하는 것이 아니나, 위엄과 의식이 없으면 예는 행해질 수 없다. 악은 소리와 음을 말하는 것이 아니나, 소리와 음이 없으면 음악은 드러날 수 없다. 그러므로 근본이 없으면 설 수가 없고, 꾸밈이 없으면 행해지지 않는다고 말한다.

어찌하여 제(齊) 진(陳)의 음악이 지금 시대에서 증험되지 않는다고 해, 음악이 난을 다스리는데 무익하다고 이르는가? 주먹만한 돌[57]을 보고서 태산이 가볍다고 하는 것과 무엇이 다른가?"

수도 근교에 황충(蝗蟲)[58]이 생겼다. 황제가 정원 가운데

52) 達 달 : 통달, 꿰뚫음, 두루 미침, 깨달음, 두루 빠짐없이 세상에 알려짐

53) 流 류 : 흐름, 쏠림, 번져퍼짐, 옮겨감

54) 浹 협 : 두루 미칠, 사무칠, 젖을

55) 儀 의 : 의식을 행하다. 이 고사는 통감의 곳곳에 나옴. 성인이 나와 태평성대를 이룸을 말함

56) 果於非聖人 과어비성인 : 과감하게 성인을 그르다고 한다. 형용사+어(於) = 부사

57) 拳石 권석 : 주먹 돌

에 들어가 황충을 보고서 몇마리를 줍고는 저주하며[59] 말하기를 "백성들은 곡식을 생명으로 삼는데, 너희들이 그것을 먹는구나. 차라리 나의 폐와 장을 먹어라"고 하면서 그것을 삼키려고 했다. 좌우에서 "나쁜 생물은 혹 병을 일으킵니다"라고 간언하니, 황제는 "짐이 백성을 위해 재앙을 받겠다. 어찌 질병인들[60] 피하겠는가?"고 말하면서 그것을 삼켰다. 이 해에 황충이 재해가 되지 않았다.

○ 황제가 근신들에게 "사면은 소인에게는 요행이지만, 군자에게는 불행이다. 한 해에 두 번 사면하면, 좋은 사람들은 입을 다물 것이다.[61] 무릇 강아지풀[62]을 기르면 좋은 곡식에 해를 입히는 것이다. 죄가 있는 자를 사면하면 양민을 해치는 것이다. 그러므로 짐이 즉위한 이래로 자주 사면하고자 하지 않았다. 소인들이 그것을 믿고서 가볍게 법을 범하는 것을 걱정했기 때문이다"라고 말했다.

○ 황제가 "요즘 군신들이 여러번 표문을 올려 상서로운 징조를 축하한다. 집이 넉넉하고 사람이 풍족하면, 상서로움이 없어도 요, 순이 되는데 지장이 없다. 백성이 근심하

---

58) 蝗蟲 황충 : 누리, 메뚜기과의 곤충

59) 주(註) 축(祝)은 축하하다, 기도하다의 뜻도 있지만, 저주하다라는 상반된 뜻도 있다

60) 之 지 : 가다, 대명사, 주격 소유격조사. 강조, 지어(之於) 지여(之與) ~에 있어서는, 지위(之爲) ~이 되는

61) 喑啞 음아 : 벙어리, 입을 다뭄

62) 稂莠 낭유 : 강아지 풀, 곡식에 해가 되는 풀

고 원망하면, 상서로움이 많아도 걸, 주가 되는데 지장이 없다. 후위(後魏) 치세 때 한 관리가 연리목(連理木)[63]을 불살라서 흰 꿩을 구워 먹었는데, 지극히 좋은 정치라고 할 만 했는가?"라고 했다.

일찍이 흰 까치가 침전 위에 둥지를 만들었는데, 모여서 좋아하며 만족히 여기는[64] 것이 장구를 치는 것[65]과 같았다. 좌우에서 하례하니, 황제는 "나는 항상 수나라 황제가 상서로운 조짐을 좋아하는 것을 비웃었다. 상서로움은 현자를 얻는 것에 있다. 이것이 어찌 축하할만한 것인가?"라고 말했다. 명을 내려 그 둥지를 허물고, 까치는 야외에 풀어 주었다.

○ 하늘에 비가 적으니 이백약(李百藥)이 "궁인 중에 쓸모없는 자가 여전히 많으니, 음기(陰氣)가 답답하게 쌓여 있습니다. 가뭄이 올만도 합니다"라고 말했다. 황제가 명령해 뽑아서 내보내니, 전후로 출궁한 자가 3천여 명이었다.

○ 돌궐이 변방을 침략했다. 조정의 신하들이 옛 장성을 수리하고, 백성을 징발해 보루에 올려 손질[66]하자고 청했다. 황제는 "돌궐의 재앙은 계속 이어져[67] 있었다. 힐리극

---

63) 連理木 연리목 : 뿌리와 줄기가 다른 두 나무의 가지가 서로 연결된 나무
64) 合歡 합환 : 주(註) 모여서 좋아하며 만족히 여김
65) 腰鼓 요고 : 통의 양 쪽을 메운 악기, 채로 침. 장구, 북 이름
66) 乘 승 : 올라가 손질하다
67) 仍 잉 : 인할, 그대로 따름

한이 (하늘을) 두려워하지 않고 덕을 닦지 않아서, 포학함이 점점 심해져 골육 간에 서로 공격한다. 망함이 아침, 저녁에 달려 있다. 짐은 곧 공들을 위해 사막을 쓸어 깨끗이 하라고 할 것이다. 어찌 피로한 백성을 써서 멀리 변방의 요새를 수리하게 하겠는가?"라고 대답했다.

○ 10월에 황제가 영주자사(瀛州刺史) 노조상(盧祖尙)의 재능이 문무를 겸했기 때문에 불러서 조정에 들였다. 상유(上諭)를 내려 "교지(交趾)[68]는 오랫동안 적임자를 얻지 못했으므로, 너의 다스림을 기다리겠다"고 했다.

노조상이 절하며 감사의 뜻을 표하고 나왔는데, 조금 있다가 그것을 후회하고, 병을 핑계로 사임했다. 황제가 두여회 등에게 유지(諭旨)를 보냈는데, 노조상이 간곡히 사양했다. 황제가 크게 노해 "내가 사람을 부리지도 못하면서, 어찌 정치를 한다 하겠는가?"하고는 명을 내려 (노조상을) 조당에서 목 베었다. 조금 있다가 그것을 후회했다.

다른 날 근신들과 제(齊) 문선제(文宣帝)는 어떤 사람인가를 논했다. 위징이 "문선제는 사납고 포악하나 남이 그와 다툴 때, 도리에서 꺾이면 그를 따랐습니다"고 대답했다. 황제가 "그렇다. 예전에 노조상은 비록 신하의 도리는 잃었으나, 짐이 그를 죽였으니 (내가) 크게 난폭했던 것 같다. 이것으로 말하면 (나는) 문선제만도 못하구나" 하고는 그의

---

68) 交趾 교지 : 한나라 때의 군명(郡名). 지금 베트남(월남越南) 북부의 통킹, 하노이지방

관음(官蔭)[69]을 회복시켜 주었다.

위징은 용모가 보통사람보다 못했으나 담력과 지략이 있었고, 임금의 뜻을 잘 돌렸다. 매번 임금을 화나게 할 정도로 심하게 간언했고, 혹 가다 황제의 노여움이 심한 경우를 만나도 위징의 정신과 얼굴색은 바뀌지 않았다. 황제 또한 그 때문에 위세 부리는 것을 그만두었다[霽][70].

일찍이 휴가를 아뢰고[71] 성묘를 갔는데, 돌아와 황제에게 "사람들이 말하기를 '폐하께서 남산으로 행차하고자 하셨고, 밖에 모든 준비를 이미 마쳤는데, 끝내 가지 않으셨다'고 했습니다. 왜 그러셨습니까?"라고 물었다. 황제가 웃으며 "실제로 그런 마음이 있었지만, 경이 성낼까봐 두려워 중간에 그만둔 것일 뿐이다"라고 대답했다.

○ 황제가 일찍이 아름다운 장끼[72]를 구해서 스스로 그것을 팔위에 두었다. 위징이 오는 것을 멀리서 보고는 품속에 숨겼다. 위징이 일을 아뢰는 것이 짐짓 오래되어도 끝나지 않았다. 새가 끝내 품속에서 죽었다.

○ 황제가 "짐을 위해 백성을 기르는 것은 오직 도독과 자사에게 달려 있다.[73] 짐은 항상 병풍에 그들의 이름을 새

---

69) 官蔭 관음 : 관리가 나라에 공이 있거나 공적으로 사망했을 때 자식이나 손자가 음(蔭)을 얻어서 관직에 나아가는 것을 말함. 은음(恩蔭), 난음(難蔭), 특음(特蔭) 등이 있다

70) 霽 제 : 개다, 그치다

71) 謁告 알고 : 휴가를 고하는 것

72) 佳鷂 가장 : 아름다운 장끼, 오색치(五色雉)

겨 놓고, 앉으나 누우나 그것을 본다. 그들이 관직에서 (행한) 선악의 행적을 알게 되면 모두 이름 아래에 주(注)를 달아 놓고서, 좌천과 승진에 대비한다. 현령은 더욱 백성들과 가까이 하니 가리지 않을 수 없다"고 말했다. 그리고는 내외의 5품 이상에게 명해 각각 현령을 맡아 감당할[74] 자를 천거하게 하고 이름을 아뢰게 했다.

기축(己丑) 3년(629년)

3월에 황제가 방현령과 두여회에게 "공들은 복야(僕射)가 되었으니, 마땅히 널리 능력 있는 자를 찾아 재능에 따라 임무를 주어야 한다. 이것이 재상의 직분이다. 근래 듣기에 소송을 처리하고 받는데, 하루의 시간이 넉넉하지 않다고 한다. (이리 되면) 어떻게 짐을 도와 능력 있는 자를 구할 수 있겠는가?"라고 말했다. 그로 인해 상서에 칙령을 내려 작은 업무는 좌·우승에게 맡기고, 큰일로서 마땅히 아뢰어야 할 것은 바로 복야에게 보고하게[75] 했다.

방현령은 관리의 일에 밝게 통달했는데, 글과 학문으로 보필해 밤낮으로 마음을 다했다. 오직 한 가지라도 실수한 것이 있을까를 걱정했다. 법을 쓰는 것이 관대하고 공평했으며, 남에게 좋은 일을 들으면 자기가 그런 일이 있는 것처럼 했다.

---

73) 在 재 : 있다, 살다, 찾다. 강조

74) 堪 감 : 맡아 감당할

75) 關 관 : 여쭐

다 갖춘 것을 요구해 사람을 뽑지 않았으며, 자신의 장점을 가지고 남을 막지[76] 않았다. 두여회와 함께 선비들을 데려다 발탁했는데, 항상 모자라는 것처럼 했다. 대각(臺閣)[77]의 규범은 모두 두 사람이 정했다.

황제가 방현령과 일을 논의할 때마다 반드시 말하기를 "두여회가 없으면 결정할 수 없다"고 하고, 두여회가 오면 그제서야 방현령의 계책을 썼다. 방현령은 계획을 잘 세우고, 두여회는 결단을 잘 할 수 있었기 때문이다. 두 사람은 의기투합[78]해 마음을 합해 두루 나라를 경영할[79] 수 있었다. 그러므로 당 시대의 능력 있는 재상을 칭송할 때는 방현령과 두여회를 추천한다.

○ 4월에 황제가 태극전에 가서 근신들에게 "중서문하는 매우 중요한 관청이다. 조칙 중에 불편한 것이 있으면, 마땅히 그것에 대해 견해를 말하고 주장하라. 근래에 (신하들은) 오직 보고 순종만 한다. 어긋나고 특이한 것을 들어보지 못했다. 단지 문서를 작성만 한다면, 누군들 할 수 없겠는가? 하필 인재를 뽑겠는가?"고 말했다. 방현령 등이 모두 머리를 조아리며 사죄했다.

예부터 일을 함에 군국(軍國)의 대사(大事)는 중서사인

---

76) 格 격 : 막다

77) 臺閣 대각 : 정치를 행하는 관청

78) 相得 상득 : 의기투합

79) 徇國 순국 : 나라를 경영함, 순국(殉國)

(中書舍人)이 각각 소견한 바를 주장하고, 그 이름을 섞어 서명했다. 그들을 오화판사(五花判事)라 했는데, 중서시랑과 중서령은 그것을 살펴서 심의하고, 급사중(給事中)과 황문시랑은 그것을 반박하고 바로 잡았다. 황제가 비로소 옛 제도를 되풀이 해 설명하고[80] 거듭 밝히니, 이 때문에 잘못된 일이 드물었다.

○ 치평(茌平)사람 마주(馬周)가 장안을 유람하다 중랑장 상하(常何)의 집에 객으로 묵었다. 6월에 가뭄 때문에 문무관에게 조서를 내려 득실을 다 말하게 했다. 상하는 무인이라 배우지 못해 말할 바를 몰랐다. 마주가 그를 대신해 형편을 살펴[81] 20여 조를 진술했다.

황제가 그 능력을 괴이하게 여겨 상하에게 물으니 "이것은 신이 할 수 있는 일이 아닙니다. 집의 손님인 마주가 신을 위해 초안을 갖추어 주었습니다"라고 대답했다. 황제가 즉시 그를 불렀는데, 미처 오기도 전에 사자를 보내 독촉한 것이 여러 차례였다. 알현을 하게 되자 함께 대화를 하고는 매우 기뻐했다.

그를 문하성에 숙직하게 하고, 조금 있다가 감찰어사를 제수했다. 시킨 일을 받듦에 임금의 뜻에 맞았다. 황제는 상하가 사람을 볼 줄 안다고 해 비단 3백필을 내렸다.

---

80) 申明 신명 : 되풀이해 설명함

81) 便宜 편의 : 편리하고 마땅함. 형편 또는 형편을 살핌

○ (당나라가) 도독 이세적(李世勣), 이정(李靖), 시소(柴紹), 설만철(薛萬徹)을 보내 행군총관(行軍總管)으로 삼았다. 병사 10여 만이 모였는데, 모두 이정의 지휘를 받게 하고는 길을 나누어, 돌궐로 출격하게 했다.

○ 12월에 돌리극한(突利可汗)이 입조했다. 황제가 근신들에게 "예전에 태상황제께서는 백성 때문에 돌궐에게 신하를 칭했는데, 짐은 항상 마음 아팠다. 지금 선우가 머리를 조아리니, 예전의 치욕을 거의 씻었다 할 만하다"고 말했다.

○ 임오(壬午)일에 말갈(靺鞨)이 사신을 보내 조공했다. 황제가 "말갈이 멀리서 온 것은 돌궐이 이미 복종했기 때문이다. 옛 사람들이 오랑캐를 제어하는 데는 상책이 없다고 했지만, 짐이 지금 중국을 편안히 다스리는 데도 오랑캐들이 스스로 복종한다. 어찌 상책이 아니겠는가?"라고 말했다.

○ 이때 멀리 떨어진 여러 나라들 중에 조정에 와서 조공하는 자가 매우 많았는데, 복장이 괴이했다.[82] 중서시랑 안사고(顔師古)가 그림을 그려 후세에 보이도록 왕회도(王會圖)[83]를 만들자고 청했다. (황제가) 그것을 따랐다.

---

82) 詭異 괴이 : 괴이하다

83) 주(註) 주 무왕 때 천하가 태평하니, 먼 나라가 귀복했다. 그 일을 모아「왕회편(王會篇)」을 만듦

경인(庚寅) 4년(630년)

정월에 이정(李靖)이 날쌘 기병 3천을 이끌고, 마읍으로부터 진격해 악양령(惡陽嶺)에 주둔하고, 밤에 정양(定襄)을 습격해 격파했다. 돌궐 힐리극한은 뜻하지 않게 이정이 갑자기 이르자 크게 놀랐다.

또 이정에게 음산(陰山)에서 격파 당했다. 이정은 1만여 명을 목 베고, 남녀 10여 만을 포로로 잡고 땅을 개척했다. 음산에서부터 북쪽으로 큰 사막에까지 비단에 쓴 포고문을 옻칠한 죽간에 걸어서 알렸다.84) 힐리극한을 잡아서 경사로 보내니, 사막 남쪽의 땅이 드디어 비었다.

○ 3월에 오랑캐 군장들이 궐에 와서 상에게 천극한[天可汗]이 되라고 청했다. 황제가 "내가 대당의 천자인데, 또 내려가서 극한의 일을 행하겠는가?"라고 말했다. 군신 및 사방 오랑캐들이 모두 만세를 불렀다. 이 후로 옥새 찍힌 글을 서북지역 군장들에게 내려 모두 천극한을 칭하게 했다.

○ 돌궐 힐리극한이 장안에 이르니, 황제가 순천루에 가서 문물을 가득히 펼쳐놓고 (힐리극한을) 데려다가 보게 했다. 조서를 태복(太僕)에게 내려 (힐리극한을) 관사에 묵게 하고, 후하게 대접하라고 했다.85)

---

84) 露布 노포 : 주(註) 후위(後魏)에서는 전승할 때마다 천하에 알리고자 옻칠한 죽간 위에 비단에 글을 써서 알렸다

85) 館 廩 관 름 : 관(館) 관사에 있게 하다. 름(廩) 창고의 음식을 제공한다는 뜻

상황제가 힐리극한을 사로잡았다는 소식을 듣고 감탄하며 "한 고조는 백등(白登)에서 곤욕을 당하고도 보복할 수 없었는데, 지금 내 아들은 돌궐을 멸할 수 있으니, 내가 적임자[86]에게 (제위를) 맡겼구나.[87] 다시 무엇을 근심하랴!"고 했다.

상황제가 황제와 귀한 신하 10여 명 및 여러 왕과 비, 공주를 불러 능연각에서 연회를 베풀었다. 술이 거나하게 취하자, 상황제가 스스로 비파를 연주했다. 황제는 일어나서 춤을 추었다. 공경이 번갈아 일어나서 축수했다. 밤이 되어서야 끝났다.

○ 돌궐이 망하고 나서 그 부락 중 어떤 부락은 북쪽으로 가 설연타(薛延陀)에게 귀의했고, 어떤 부락은 서쪽으로 가 서역으로 달아났다. 그들 중에 당(唐)에 항복한 자가 그래도 10만 명이었다. 군신들에게 조서를 내려 나누어 거처할 마땅한 곳을 의논하게 했다.

위징이 진언했다.

"돌궐은 대대로 강도질하고 도둑질을 했으니, 백성들의 원수입니다. 지금 다행히 망했는데, 폐하께서는 그들이 항복하고 귀의해 차마 다 죽이지 못하시니, 마땅히 그들을 풀어주어 옛 땅으로 돌아가게 해야 합니다. 그들을 중국에 머무르게 해서는 안 됩니다.

---

86) 得人 득인 : 적임자, 적당한 사람을 얻음.

87) 付託 부탁 : 의뢰해 당부함

진(晉) 초에 여러 오랑캐들이 백성들과 중국에 섞여 살았는데, 곽흠(郭欽)과 강통(江統)이 모두 무제에게 (오랑캐들을) 변경 밖으로 쫓아내서 혼란의 실마리[88]를 끊으라고 권했으나, 무제가 따르지 않았습니다. 20여 년 뒤 이수(伊)와 낙수(洛) 사이는 결국 오랑캐의 구역[89]이 되었습니다. 이는 지난 일이지만 확실한 귀감입니다"

온언박이 말했다.

"왕이란 만물에 있어서 하늘처럼 덮어주고 땅처럼 실어주어서 버리는 바가 있지 않습니다. 지금 돌궐이 궁해지자 우리에게 귀의하는데, 어찌 그들을 버리고 받지 않을 수 있겠습니까? 공자께서 말씀하시기를 '가르침에는 구별이 없다'[90]고 하셨습니다.

만약 그들의 죽음을 구원해주시고, 생업을 주고서 그들을 예의로 가르치신다면, 수년 후에는 다 우리의 백성이 될 것입니다. 그들의 추장을 뽑아서 들어와 숙위하게 한다면 위엄을 두려워하고 은혜를 품을 것이니, 어찌 후환이 있겠습니까?"

황제가 결국 온언박의 계책을 썼다. 돌궐의 항복한 무리를 동쪽 유주(幽州)로부터 서쪽 영주(靈州)까지(의 땅)에 거

---

88) 階 계 : 실마리, 단서

89) 氈裘之域 전구지역 : 전구(짐승 털로 만든 옷, 이적(夷狄)의 의복)를 입은 자들이 사는 구역

90) 有敎無類 유교무류 : '가르침에는 구별이 없다' 『논어(論語)』 「위영공편(衛靈公篇)」

주하게 했다. 돌리극한이 다스리던 땅을 나누어 4주로 만들고, 힐리극한의 땅을 나누어 6주로 만들었다. 그 나머지 추장 중에 귀의한 자들을 모두 장군, 중랑장 등에 임명하고 조정에 분산 배치하니 5품 이상이 1백여 명이었다. 거의 조정 벼슬아치와 반반이었다.

○ 임읍국(林邑國)에서 화주(火珠)를 바쳤다. 그 표문의 말이 불순하므로 유사가 토벌을 청했다. 황제가 "전쟁을 좋아하는 자는 망한다. 수양제, 힐리극한을 모두 눈과 귀로 친히 본 바이다. 소국을 이기는 것은 무용이 못된다. 반드시 전쟁을 할 필요는 없다. 말실수를 어찌 마음에 두고 생각하겠는가?"라고 말했다.

○ 6월에 병사를 징발해 낙양궁을 수리해 순행에 대비했다. 급사중 장현소(張玄素)가 글을 올려 "낙양을 순행할 날짜가 정해지지 않았는데, 미리 궁실을 수리하는 것은 당장의 급한 일이 아닙니다. 폐하께서 처음 낙양을 평정하셨을 때 수나라 궁실의 웅장하고 사치스러운 것을 모두 허물라고 명하셨습니다. 아직 10년이 되지 않았는데, 다시 궁실을 새로 건축하고 수리[91]하십니다. 예전에는 그것을 미워하셨는데, 어찌 지금은 그것을 본받으십니까? 또 금일의 재력이 어찌 수나라와 같겠습니까? 폐하께서 부상당한 사람[92]들을

91) 營繕 영선 : 집을 새로 건축하거나 수리함

92) 瘡痍之人 창이지인 : 부상당한 사람

부려서 망한 수나라의 폐단을 이으시니, 양제보다 더 심할까 걱정됩니다"라고 간언했다.

황제가 장현소에게 "경은 나보고 양제보다 못하다고 하는데, 걸 주에 비해서는 어떠한가?"고 물었다. 장현소는 "만약 이 부역이 그치지 않는다면 (걸 주처럼) 모두 혼란함으로 돌아갈 뿐입니다"라고 대답했다. 황제가 탄식하며 "내가 생각이 깊지 못해서 이렇게 되었구나"라고 말했다.

방현령을 돌아보며 "짐은 낙양이 국토의 중앙이어서 조공 길이 균등하다고 생각했고, 백성들을 편하게 하고자 하는 뜻이 있었다. 그래서 그것을 짓게 했다. 지금 장현소가 말하는 바가 참으로 이치에 맞으니, 마땅히 곧 부역을 중지시키겠다. 후일 일 때문에 낙양에 가서 노숙을 한다 해도 해는 없을 것이다"라고 말하고, 장현소에게 채색비단 2백필을 하사했다.

위징이 그 소식을 듣고 감탄하며, "장공(張公)의 논리에 하늘을 돌이키는 힘이 있다. 인자(仁者)의 말이라 할 만하다"고 말했다.

○ 황제가 방현령과 소우에게 "수 문제는 어떤 군주인가?"를 물었다. "수 문제는 부지런히 정치를 했고, 매번 조정에 나가서 어떤 때는 해가 저물 때까지 있었습니다. 5품 이상을 데려다 앉아 일을 논하는데, 숙위하는 병사가 음식을 가져다주어서 먹었습니다. 비록 성품은 인후(仁厚)하지 않았으나 역시 힘을 다하는 군주였습니다"[93]라고 대답했다. 황제가 말했다.

"공은 하나는 알고, 그 둘은 모르는구나. 문제는 밝지 않았으나 잘 살폈다. 밝지 않다는 것은 비추어 인도함에 통하지 않음이 있는 것이고, 잘 살핀다는 것은 곧 사물에 대해 의심이 많다는 것이다. 일은 모두 스스로 결정했고 군신들에게 맡기지 않았다.

천하는 지극히 넓고, 하루에도 1만 가지 일이 있다. 거듭 신경을 쓰고 몸은 고생했겠지만, 어찌 일일이 이치에 합당하게 했겠는가? 군신들이 군주의 생각94)을 알고 나서 오직 결정된 것을 수행했고, 완성된 것을 받았다. 비록 허물과 잘못된 것이 있더라도 간쟁을 할 수 없었다. 이것이 2대[二世]에서 망한 까닭이다.

짐은 그렇지 않다. 천하의 능력 있고 재주 있는 자를 택해 그들을 백관에 두고 그들로 하여금 천하의 일을 생각하게 하고, 재상을 거쳐서95) 살피고 숙고하고, 무탈한96) 연후에 보고를 받는다. 공이 있으면 상을 주고, 죄가 있으면 형을 내리니, 누가 감히 마음과 힘을 다해 직무를 닦지 않겠는가? 어찌 천하가 다스려지지 않음을 근심하겠는가?"

그 때문에 백관에게 칙령을 내려 지금부터 조칙을 백성에게 시행할 때97) 형편에 맞지 않는 것이 있으면, 모두 마

---

93) 勵精之主 여정지주 : 정신을 분기시켜 행하는 군주, 힘써 행하는 군주

94) 主意 주의 : 군주의 생각, 중요한 뜻, 주지(主旨), 의지(意志)를 주로 함

95) 關 관 : 큰 대문, 호(戶), 유(由)와 같음. 그것을 통해 하다

96) 便安 편안 : 무사해 심신이 편함

97) 行下 행하 : 아래에 시행하다

땅히 주장하고 아뢰고[98], 아첨하고 순종해 자신의 뜻을 다 하지 못해서는 안된다고 했다.

○ 황제가 『명당침구서(明堂鍼灸書)』를 읽었다. (책에서) 이르기를 '사람의 오장(五臟)의 계통은 모두 등에 붙어 있다'고 했다. 조서를 내려 죄인의 등에 태질하지 못하게 했다.

○ 여러 재상들이 황제를 모시고 연회를 열었다. 황제가 왕규(王珪)에게 "경은 식견과 안목이 정통하고, 게다가 담론도 잘한다. 현령 이하를 경이 마땅히 품조[99] 해보고, 또 자신은 그 사람들에 비해 어떠한가를 말해보라"고 했다. (왕규가) 대답했다.

"부지런히 나라를 받들고, 아는 것을 하지 않는 것이 없는 면에서, 신은 방현령만 못합니다. 문무를 겸한 재능이 있어, 나가면 장수가 되고 들어오면 재상이 되는 점에서, 신은 이정만 못합니다. 넓게 아뢰며 상세히 설명하고, 출납이 미더운[100] 점은 온언박만 못합니다. 번거로움에 처하고 극심함을 다스리고, 많은 일을 다 마치는[101]것은 대주만 못합니다. 임금이 요 순에 미치지 못함을 부끄러워하고, 간쟁

---

98) 執奏 집주 : 주장하고 아뢰다

99) 品藻 품조 : 품평하다

100) 允 윤 : 미더울

101) 畢擧 필거 : 다 마치다

을 자신의 임무로 하는 것에는 위징만 못합니다. (다만) 탁함을 막고 깨끗함을 장려하며, 악을 미워하고 선을 좋아하는 점에서는 신이 이 사람들보다 조금 낫습니다"

황제가 정말로 그렇다고 생각했다. 사람들 또한 그의 확실한 논리에 탄복했다.

○ 황제가 처음 즉위하고 항상 군신들과 대화할 때 (논의가) 교화에까지 미쳤다. 황제가 "지금 큰 난리의 뒤를 이었으니, 이 백성[102]들이 쉽게 교화되지 않을까 걱정된다"고 했다. 위징이 "그렇지 않습니다. 오랫동안 평안한 백성들은 교만하고 방자합니다.[103] 교만하고 방자하면 가르치기 어렵습니다. 난리를 거친 백성은 근심이 많고 괴롭습니다. 근심하고 괴로우면 쉽게 교화됩니다. 비유컨대 배고픈 자를 쉽게 먹일 수 있는 것과 같습니다"라고 대답하니, 황제가 그렇다고 여겼다.

봉덕이가 그것을 아니라고 하며 말하기를 "삼대 이후[104]로 사람들의 도덕이 점점 퇴폐해져서[105] 진나라는 법률에 맡기고, 한나라는 패도를 섞었습니다. 교화하고자 했으나 할 수 없었습니다. 어찌 할 수 있는데도 하고자 하지 않았겠습니까? 위징은 서생이라 아직 시무를 알지 못합니다. 만

---

102) 斯民 사민 : 이 백성

103) 驕佚 교일 : 교일(驕逸)과 같은 뜻. 교종방사(驕縱放肆) 혹은 교사안일(驕奢安逸)의 뜻

104) 以還 이환 : 이후(以後), 이래(以來), 이하(以下) 등과 같은 의미

105) 澆訛 요와 : 도덕이 퇴폐해져서 인정이 박해지고 거짓이 많음

약 그의 허황된 논리를 믿으신다면, 반드시 국가가 낭패를 볼 것입니다"라고 했다.

위징이 반박했다.

"오제와 삼왕은 백성의 풍속을 바꾸어 교화시킨 것이 아닙니다. 제도(帝道)를 행하는 자는 황제이고, 왕도를 행하는 자는 왕인데, 다만 행한 바가 어떠한가일 뿐입니다. 옛날에 황제(黃帝)는 치우(蚩尤)를 정벌했고, 전욱(顓頊)은 구서(九黍)를 베었으며, 탕왕은 걸을 추방하고, 무왕은 주를 정벌했으나, 모두 당대[106]에 태평을 이룩할 수 있었습니다. 어찌 큰 난리의 뒤를 이은 것이 아니겠습니까? 만약 옛사람은 순박한데 점점 퇴폐해져서 지금에 이르렀다고 한다면, 모두 변화해서 도깨비[107]가 되었을 것입니다. 군주가 어찌 그들을 다스릴 수 있겠습니까?"

황제는 위징의 말을 따랐다.

원년에 관중에 기근이 들어 쌀 한 말의 가치가 명주비단 한 필이었다. 2년에 천하에 황충이 오고, 3년에 큰 홍수가 났다. 황제가 부지런히 그들을 위무하니, 백성들이 비록 동서로 먹을 것을 찾아다녔으나 원망하지 않았다. 이 해에 천하에 대풍년이 드니, 유민들이 모두 고향 마을로 돌아왔다. 쌀 한 되에 3, 4전에 불과했다. 일년이 끝나는 겨울에[108]

---

106) 身 신 : 스스로 의미, 여기서는 당대(當代)로 의역함

107) 鬼魅 귀매 : 도깨비

108) 終歲 종세 : 겨울. 전통시대 중국에서는 봄, 여름은 만물이 성장하는 시기

사형을 집행했는데 겨우 29명이었다.

동쪽으로 바다에 이르고 남쪽으로 오령(五嶺)에 미치기까지 모두 대문[109]을 닫지 않았다. 여행자들은 양식을 싸가지고 다니지 않고 길에서 주는 것을 받았다. 황제가 군신들에게 "이것은 위징이 나에게 인의(仁義)를 행하라고 권해서 효과를 본 것이다. 애석하게도 봉덕이는 그것을 보지 못하는구나"라고 말했다.

○ 황제가 장손무기에게 "정관의 초기에 글을 올린 자들이 모두 말하기를 '군주는 마땅히 홀로 위엄과 권력을 휘둘러야 하고, 신하에게 그것을 맡겨서는 안된다'고 했다. 또 '마땅히 위엄과 무력을 떨쳐서 사방 오랑캐들을 정벌하라'고 했다. 오직 위징만이 짐에게 무를 그치고 문을 닦으라고 권하면서, 중국이 안정되면 오랑캐들이 스스로 복종할 것이라고 했다. 짐이 그 말을 믿었는데, 지금 힐리극한 등이 모두 잡히고, 그 추장들이 모두 칼을 차고 숙위를 서며, 부락에서는 모두 중국의 예의를 익히니[110], 위징의 힘이다"라고 말했다.

위징이 두 번 절하며 감사의 뜻을 표하며 "돌궐을 이기고 멸해서 천하가 강녕해진 것은 모두 폐하의 위엄과 덕 때문입니다. 신이 무슨 힘이 되었겠습니까?"하니, 황제가

라서 사람을 죽이는 게 세상의 이치에 맞지 않는 것이라 생각했다. 가을을 지나 겨울에 사형을 집행했다

109) 外戶 외호 : 밖에 있는 문, 우리로 치면 대문

110) 襲衣冠 습의관 : 중국의 예의를 익혔다는 관용어

"짐이 공을 임명할 수 있었고, 공은 맡은 바를 잘해냈다[111]. 그 힘이 어찌 짐 혼자에게만 있었겠는가?"라고 말했다.

○ 방현령이 아뢰기를 "부중의 무장한 병사[112]들을 사열해보니 수나라보다 훨씬 낫습니다"라고 했다. 황제가 "병사와 군비는 정말로 없어서는 안 된다. 그러나 양제의 병사들이 어찌 부족했겠는가? 끝내는 천하를 잃었다. 만약 공들이 힘을 다해 백성들을 다스려 편안하게 한다면, 이들이 곧 짐의 병사들이다"라고 대답했다.

111) 稱 칭 : 그것에 딱 맞추는 것. 중(中)과 같은 의미

112) 甲兵 갑병 : 무장한 병사, 갑옷과 무기

원 문

卷之三十六

唐紀

太宗皇帝 上 在位二十三年, 壽五十二

丁亥貞觀元年

正月, 上宴羣臣, 奏秦王破陳樂。上曰:「朕昔受委專征, 民間遂有此曲。雖非文德之雍容, 然功業由茲而成, 不敢忘本。」封德彝曰:「陛下以神武平海內, 豈文德之足比。」上曰:「戡亂以武, 守成以文, 文武之用, 各隨其時。卿謂文不及武, 斯言過矣。」德彝頓首謝。

○制:「自今中書門下及三品以上, 入閤議事, 皆命諫官 隨之, 有失輒諫。」

○上命吏部尚書長孫無忌等 與學士 法官, 更議定律 令寬, 絞刑五十條為斷右趾。上猶嫌其慘曰:「肉刑廢已久, 宜有以易之。」裴弘獻請改為加役流, 流三千里, 居作三年。詔從之。

○上以兵部郎中戴胄忠清公直，擢為大理少卿。上以選人，多詐冒資蔭，敕令自首，不首者死。未幾，有詐冒事覺者，上欲殺之。胄奏:「據法應流。」上怒曰:「卿欲守法，而使朕失信乎?」對曰:「敕者，出於一時之喜怒，法者，國家所以布大信於天下也。陛下忿選人之多詐，故欲殺之。而既知其不可，復斷之以法，此乃忍小忿，而存大信也。」上曰:「卿能執法，朕復何憂。」胄前後，犯顏執法，言如湧泉。上皆從之，天下無冤獄。

○上令封德彝舉賢，久無所舉。上詰之，對曰:「非不盡心。但於今，未有奇才耳。」上曰:「君子用人如器，各取所長，古之致治者，豈借才於異代乎?　正患己不能知，安可誣一世之人!」德彝慙而退。

○右驍衛大將軍　長孫順德受人餽絹，事覺。上曰:「順德果能有益國家，朕與之共有府庫耳。何至貪冒如是乎?」猶惜其有功，不之罪，但於殿庭賜絹數十匹。大理少卿胡演曰:「順德枉法受財，罪不可赦，柰何復賜之絹?」上曰:「彼有人性，得絹之辱，甚於受刑，如不知愧，一禽獸耳，殺之何益?」

○初　隋末喪亂，豪傑幷起，擁衆據地，自相雄長。唐興，相帥来歸，上皇為之割置州縣，以寵祿之。由是州縣之數，倍於開皇　大業之間。上以民少吏多，思革其弊。二月　命:大加併省，因山川形便，分為十道。一曰關內，二曰河南，三曰河東，四曰河北，五曰山南，六曰隴右，七曰淮南，八曰江南，九曰劍南，十曰嶺南。

○上謂太子少師蕭瑀曰：「朕少，好弓矢，得良弓十數，自謂無以加。近以示弓工，乃曰：『皆非良材。』朕問其故，工曰：『木心不直則，脉理皆邪，弓雖勁，而發矢不直。』朕始寤曏者辯之未精也。朕以弓矢定四方，識之猶未能盡。況天下之務，其能徧知乎。」乃命京官五品以上，更宿中書內省，數延見，問以民間疾苦及政事得失。

○有上書，請去佞臣者。上問佞臣為誰，對曰：「臣居草澤，不能灼知其人。願陛下與羣臣言，或陽怒以試之。彼執理不屈者，直臣也，畏威順旨者，佞臣也。」上曰：「君源也，臣流也。濁其源而求其流之淸，不可得矣。君自為詐，何以責臣下之直乎？朕方以至誠治天下。見前世帝王，好以權譎小數接其臣下者，常竊恥之。卿策雖善，朕不取也。」

○上與侍臣論周秦修短。蕭瑀對曰：「紂為不道，武王征之。周及六國無罪，始皇滅之。得天下雖同，失人心則異。」上曰：「公知其一，未知其二。周得天下，增修仁義，秦得天下，益尚詐力，此修短之所以殊也。蓋取之，或可以逆得，而守之，不可以不順故也。」瑀謝不及。

○上問公卿，以享國久長之策，蕭瑀曰：「三代，封建而久長，秦孤立而速亡。」上以為然。於是始有封建之議。

○九月，中書令宇文士及罷為殿中監。御史大夫 杜淹參預朝政，他官參預政事，自此始。帝益親魏徵，徵自以為不世遇，乃展盡底蘊。凡二百餘奏，無不剴切　當帝心者。或告徵私其親戚。上使御史大夫溫彦博，按之　無狀。彦博言於上曰:「徵不存形迹，遠避嫌疑。心雖無私，亦有可責。」上令彦博讓徵，　且曰:「自今宜存形迹。」他日徵入見，言於上曰:「臣聞君臣同心，是謂一體。宜相與盡誠。若上下但存形迹　則國之興喪　尚未可知。臣不敢奉詔。」上瞿然曰:「吾已悔之。」徵再拜曰:「臣幸得奉事。　陛下願使臣為良臣，勿為忠臣。」上曰:「忠良有以異乎?」對曰:「稷契　皐陶，君臣協心，俱享尊榮，所謂良臣。龍逄比干，面折廷爭，身誅國亡，所謂忠臣。」上說，賜絹五百匹。

○上神采英毅，群臣進見者，皆失舉措。上知之，每見人奏事，必假以辭色，冀聞規諫。嘗謂公卿曰:「人欲自見其形，必資明鏡，君欲自知其過，必待忠臣。苟其君愎諫自賢，其臣阿諛順旨。君既失國，臣豈能獨全?　如虞世基等諂事煬帝，以保富貴,煬帝既弒，世基等亦誅。公輩宜用此為戒，事有得失，無惜盡言。」

○上謂公卿曰:「昔禹鑿山治水，而民無謗讟者，與人同利故也。秦始皇營宮室，而民怨叛者，病人以利己故也。夫靡麗珍奇　固人之所欲，若縱之不已　則危亡立至。朕欲營一殿財用已具，鑒秦而止。王公已下宜體朕此意。」由是，二十年間，風俗素朴，衣無錦繡，公私富給。

○上謂侍臣曰:「吾聞西域賈胡得美珠，剖身以藏之，有諸?」侍臣曰:「有之。」上曰:「人皆知笑彼之愛珠　而不愛其身也。吏受賕抵法，與帝王徇奢欲　而亡國者，何以異於彼胡之可笑邪?」魏徵曰:「昔魯哀公謂孔子曰:『人有好忘者，徙宅而忘其妻。』孔子曰:『又有甚者，桀紂乃忘其身。』亦猶是也。」上曰:「然。朕與公輩　宜戮力相輔，庶免為人所笑也。」

◯隋世，選人十一月集，至春而罷。人患其期促。至是吏部侍郎劉林甫奏，四時聽選，隨闕注擬，人以為便。唐初士大夫以亂離之後，不樂仕進，官員不充。省符下諸州，差人赴選，州府及詔使　多以赤牒　補官。至是　盡省之勒，赴省選，集者七千餘人。林甫隨才銓序，各得其所。時人稱之。詔以關中米貴，始分人　於洛州選。上謂房玄齡曰:「官在得人，不在員多。」命玄齡，併省，留文武總六百四十三員。

◯鴻臚卿鄭元璹使突厥，還言於上曰:「戎狄興衰，專以羊馬為候。今突厥民飢畜瘦，此將亡之兆也，不過三年。」上然之。群臣多勸上，乘間擊突厥。上曰:「新與人盟而背之不信，利人之災　不仁，乘人之危以取勝　不武。縱使其種落盡叛，六畜無餘，朕終不擊。必待有罪然後　討之。」

戊子

二年　上問魏徵曰:「人主何為而明，何為而暗。」對曰:「兼聽則明，偏信則闇。昔堯清問下民，故有苗之惡　得以上聞。舜明四目，達四聰，故共　鯀　驩　苗不能蔽也。秦二世偏信趙高，以成望夷之禍。梁武帝偏信朱异，以取臺城之辱。隋煬帝偏信虞世基，以致彭城閣之變。是故，人君兼聽廣納 則貴臣不得壅蔽，而下情得以上通也。」上曰善。

○上謂黃門侍郎王珪曰:「開皇十四年 大旱，隋文帝不許賑給，而令百姓，就食山東。比至末年，天下儲積，可供五十年。煬帝恃其富饒，侈心無厭，卒亡天下。但使倉庫之積，足以備凶年。其餘何用哉?」

○上謂侍臣曰:「人言:『天子至尊，無所畏憚。』朕則不然。上畏皇天之鑒臨，下憚羣臣之瞻仰，兢兢業業，猶恐不合天意 未副人望。」魏徵曰:「此誠致治之。要願陛下慎終如始 則善矣。」

○頡利表請入朝。上謂侍臣曰:「曏者，突厥之彊，控弦百萬，憑陵中夏。用是驕恣，以失其民。今自請入朝，非困窮，肯如是乎? 朕聞之，且喜且懼。何則，突厥衰 則邊境安矣。故喜。然朕或失道，他日亦將如突厥，能無懼乎?卿曹宜不惜苦諫，以輔朕之不逮也。」

○太常少卿祖孝孫作唐雅樂。上曰:「禮樂者， 盖聖人緣物以設教耳。治之隆替豈由於此。」御史大夫杜淹曰:「齊之將亡，作伴侶曲，陳之將亡，作玉樹後庭花。其聲哀思，行路聞之，皆悲泣。何得言治之隆替不在樂也。」上曰:「不然。夫樂能感人. 故樂者聞之則喜，憂者聞之則悲，悲喜在人心，非由樂也。將亡之政，民必愁苦，故聞樂而悲耳。今二曲具存，朕為公奏之。公豈悲乎?」右丞魏徵曰:「古人稱

『禮云禮云，玉帛云乎哉。樂云樂云，鐘鼓云乎哉?』樂誠在人和，不在聲音也。」

溫公曰：「禮者，聖人之所履也。樂者，聖人之所樂也。聖人履中正，而樂和平。又思與四海共之，百世傳之。於是乎，作禮樂焉。夫禮樂，有本有文。中和者 本也，容聲者 文也。二者，不可偏廢。先王守禮樂之本，未嘗須臾去於心。行禮樂之文，未嘗須臾遠於身。興於閨門，著於朝廷，被於鄉 遂 比 鄰，達於諸侯，流於四海。自祭祀 軍旅 至於飮食 起居，未嘗不在禮樂之中。如此，數十百年然後，治化周浹， 鳳凰来儀也。太宗遽云:「治之隆替，不由於樂。」何發言之易，而果於非聖人也。夫禮，非威儀之謂也，然無威儀， 則禮不可得而行矣。樂， 非聲音之謂也，然無聲音， 則樂不可得而見矣。故曰: 無本 不立，無文 不行。柰何以齊 陳之音不驗於今世，而謂樂無益於治亂? 何異睹拳石 而輕泰山乎?。

畿內有蝗。上入苑中，見蝗掇數枚，祝之曰:「民以穀為命，而汝食之。寧食吾之肺腸!」舉手欲呑之。左右諫曰:「惡物或成疾。」上曰:「朕為民受災，何疾之避。」遂呑之。是歲 蝗不為災。

◯上謂侍臣曰:「赦者 小人之幸，君子之不幸。一歲再赦，善人喑啞。夫養稂莠者 害嘉穀。赦有罪者 賊良民。故朕卽位以来，不欲數赦。恐小人恃之 輕犯憲章故也。」

◯上曰:「比見羣臣屢上表　賀祥瑞。夫家給人足，而無瑞，不害為堯舜。百姓愁怨，而多瑞，不害為桀紂。後魏之世，吏焚連理木，煑白雉而食之，豈足為至治乎?」嘗有白鵲 構巢於寢殿之上，合歡如腰鼓，左右稱賀。上曰:「我常笑隋帝好祥瑞。瑞在得賢，此何足賀?」命毁其巢，縱鵲於野外。

◯天少雨，李百樂上言:「宮人無用者，尚多，陰氣鬱積，亦足致旱。」上命簡出之，前後所出，三千餘人。

◯突厥寇邊。朝臣或請修古長城，　發民乘堡障。上曰:「突厥災異相仍，頡利不懼而修德，暴虐滋甚，骨肉相攻，亡在朝夕。朕方為公掃清沙漠，安用勞民遠修邊塞乎?」

◯十月，上以瀛州刺史盧祖尚　才兼文武，徵入朝。諭以交趾久不得人，須卿鎮撫。祖尚拜謝而出，既而悔之。辭以疾。上遣杜如晦等諭旨，祖尚固辭。上大怒曰:「我使人不行，何以為政。」命斬於朝堂，尋悔之。他日與侍臣，論齊文宣帝何如人。魏徵對曰:「文宣狂暴。然人與之争，事理屈則從之。」上曰:「然。曏者，盧祖尚雖失人臣之義，朕殺之。以為大暴。由此言之，不如文宣矣。」命復其官蔭。徵容貌不逾中人，而有膽略，善回人主意。每犯顏苦諫，或逢上怒甚，徵神色不移。上亦為之霽威。嘗謁告上，冢，還言於上曰:「人言『陛下欲幸南山，外皆嚴裝已畢，而竟不行。』何也?」上笑曰:「實有此心。畏卿嗔，故中輟耳。」

◯上嘗得佳鷂，自臂之。望見徵来，匿懷中。徵奏事 故久不已，鷂竟死懷中。

◯上曰:「爲朕養民，唯在都督 刺史。朕常疏其名於屏風，坐卧觀之，得其在官善惡之跡，皆注於名下，以備黜陟。縣令猶為親民，不可不擇。」乃命內外，五品以上各舉堪為縣令者，以名聞。

己丑三年

三月，上謂房玄齡 杜如晦曰:「公為僕射，當廣求賢，隨才授任。此宰相之職也。比聞聽受辭訟 日不暇給，安能助朕求賢乎?」因敕尙書，細務屬左右丞，唯大事應奏者，乃關僕射。玄齡明達吏事，輔以文學，夙夜盡心，惟恐一物失。所用法寬平。聞人有善，若己有之，不以求備取人，不以己長格物。與如晦引拔士類，常如不及。至於臺閣規模，皆二人所定。上每與玄齡謀事，必曰:「非如晦不能決。」及如晦至，卒用玄齡之策。盖玄齡善謀，如晦能斷故也。二人深相得同心，徇國。故唐世稱賢相者，推房 杜焉。

◯四月，上御太極殿 謂侍臣曰:「中書門下 機要之司，詔敕有不便者 皆應論執。比来，唯睹順從 不聞違異。若但行文書 則誰不可為? 何必擇才也!」房玄齡等 皆頓首謝。故事，凡軍國大事 則中書舍人 各執所見，雜署其名，謂之五花判事。中書侍郎 中書令省審之，給事中 黄門侍郎 駮正之。上始申明舊制，由是鮮有敗事。

◯茌平馬周客遊長安，舍於中郎將常何之家。六月　以旱，詔文武官，極言得失。何武人不學。不知所言。周代之陳便宜二十餘條。上恠其能，以問何。對曰:「此非臣所能。家客馬周，為臣具草耳。」上卽召之，未至，遣使，督促者，數輩。及謁見，與語甚悅。令直門下省，尋除監察御史，奉使稱旨。上以常何為知人，賜絹三百匹。

◯遣都督李世勣　李靖　柴紹　薛萬徹為行軍總管，衆合十餘萬。皆受李靖節度，分道出擊突厥。

◯十二月，　突利可汗入朝。上謂侍臣曰:「徃者，太上皇以百姓之故，稱臣於突厥，朕常痛心。今單于稽顙，庶幾可雪前恥。」

◯壬午，　靺鞨遣使入貢。上曰:「靺鞨遠来，盖突厥已服之故也。昔人謂禦戎無上策。朕今治安中國，而四夷自服。豈非上策乎?」

◯是時　遠方諸國，来朝貢者甚衆。服裝詭異。中書侍郎顏師古請，圖寫以示後，作王會圖，從之。

庚寅四年

正月，李靖帥驍騎三千，自馬邑進　屯惡陽嶺，夜襲定襄　破之。突厥頡利可汗不意靖猝至，大驚。又為靖破於陰山，靖斬首萬餘級，俘男女十餘萬，斥地，自陰山北至大漠，露布以聞，擒頡利 送京師。漢南之地遂空。

◯三月， 四夷君長詣闕，請上為天可汗。上曰：「我為大唐天子，又下 行可汗事乎?」羣臣及四夷，皆稱萬歲。是後以璽書賜西北君長，皆稱天可汗。

◯突厥頡利可汗至長安。上御順天樓，盛陳文物，引見，詔館於太僕，厚廩食之。上皇聞擒頡利，歎曰：「漢高祖困白登，不能報，今我子能滅突厥，吾付託得人，復何憂哉!」上皇召上與貴臣十餘人 及諸王 妃 主，置酒凌煙閣。酒酣，上皇自彈琵琶，上起舞，公卿迭起為壽，逮夜而罷。

◯突厥既亡，其部落，或北附薛延陁，或西奔西域，其降唐者尚十萬口。詔羣臣，議區處之宜。魏徵以為：「突厥世為寇盜，百姓之讎也。今幸而破亡。陛下以其降附，不忍盡殺，宜縱之，使還故土，不可留之中國。晉初諸胡 與民雜居中國，郭欽 江統皆勸武帝，驅出塞外，以絕亂階，武帝不從。後二十餘年，伊洛之間，遂為氊裘之域。此前事之明鑑也。」彦博曰：「王者之於萬物，天覆地載，靡有所遺。今突厥窮来歸我，柰何棄之 而不受乎? 孔子曰：『有教無類。』若救其死亡，授以生業，教之以禮義，數年之後，悉為吾民。選其酋長，使入宿衛，畏威懷德，何後患之有?」上卒用彦博策。處突厥降衆 東自幽州 西至靈州。分突利所統之地，為四州，分頡利之地，為六州。其餘酋長至者皆拜將軍 中郎將布列。朝廷五品已上 百餘人。殆與朝士相半。

◯林邑獻火珠，有司以其表辭不順，請討之。上曰：「好戰者亡。如隋煬帝 頡利可汗 皆耳目所親見也。小國勝之 不武，况未可必乎。語言之間 何足介意?」

◯六月，發卒，修洛陽宮，以備巡幸。給事中張玄素上書諫:「以為洛陽未有巡幸之期，而預修宮室，非今日之急務。陛下初平洛陽，凡隋氏宮室之宏侈者，皆令毀之。曾未十年，復加營繕。何前日惡之，而今日效之也? 且以今日財力 何如隋世? 陛下役瘡痍之人，襲亡隋之弊，恐又甚於煬帝矣。」上謂玄素曰:「卿謂我不如煬帝，何如桀紂?」對曰:「若此役不息，亦同歸于亂耳。」上歎曰:「吾思之不熟 乃至。」於是 顧謂房玄齡曰:「朕以洛陽土 中，朝貢道均，意欲便民。故使營之，今玄素所言，誠有理，宜卽為之罷役。後日 或以事至洛陽 雖露居亦無傷也。」仍賜玄素綵二百匹。魏徵聞之，歎曰:「張公論事，有回天之力，可謂仁人之言哉!」

◯上問房玄齡 蕭瑀曰:「隋文帝何如主也?」對曰:「文帝勤於為治，每臨朝或至日昃。五品以上 引坐論事，衛士傳餐而食。雖性非仁厚，亦勵精之主也。」上曰:「公得其一 未知其二。文帝不明而喜察。不明則照有不通，喜察則多疑於物。事皆自決 不任羣臣。天下至廣 一日萬機。雖復勞神苦形，豈能一一中理。群臣既知主意，唯取決受成。雖有愆違，莫能諫爭。此所以二世而亡也。朕則不然。擇天下賢才，寘之百官，使思天下之事，關由宰相 審熟，便安，然後奏聞，有功則賞，有罪則刑。誰敢不竭心力以修職業! 何憂天下之不治乎!」因敕有司:「自今詔敕行下，有未便者，皆應執奏，毋得阿從不盡己意。」

◯上讀明堂鍼灸書。云：「人五臟之系咸附於背。」詔：「自今毋得笞囚背。」

◯諸宰相侍宴，上謂王珪曰：「卿識鑒精通，復善談論。玄齡以下，卿宜悉加品藻，且自謂與數子何如。」對曰：「孜孜奉國，知無不為，臣不如房玄齡。才兼文武，出將入相，臣不如李靖。敷奏詳明，出納惟允，臣不如溫彥博。處煩治劇，衆務畢舉，臣不如戴冑。恥君不及堯舜，以諫諍為己任，臣不如魏徵。至於激濁揚清，嫉惡好善，臣於數子 亦有微長。」上深以為然，衆亦服其確論。

◯上之初卽位也，常與群臣語及教化。上曰：「今承大亂之後，恐斯民未易化也。」魏徵對曰：「不然。久安之民驕佚。驕佚則難教。經亂之民愁苦。愁苦則易化。譬猶飢者易為食，渴者易為飲也。」上深然之。封德彝非之曰：「三代以還 人漸澆訛。故秦任法律，漢雜覇道。盖欲化而不能。豈能之而不欲耶。魏徵書生，未識時務。若信其虛論，必敗國家。」徵曰：「五帝三王 不易民而化。行帝道而帝，行王道而王。顧所行如何耳。昔黃帝征蚩尤，顓頊誅九黎，湯放桀，武王伐紂，皆能身致太平，豈非承大亂之後耶?。若謂古人淳樸，漸致澆訛 則至于今日 當悉化為鬼魅矣，人主安得而治之?」上卒從徵言。元年 關中飢，米斗直絹一匹。二年天下蝗，三年大水。上勤而撫之，民雖東西就食，未嘗嗟怨。是歲 天下大稔，流散者，咸歸鄉里。米斗不過三四錢，終歲斷死刑纔二十九人。東至于海，南及五嶺，皆外戶不閉，行旅不齎糧，取給於道路焉。帝謂羣臣曰:「此魏徵勸我 行仁義 旣效矣。惜! 不令封德彝見之。」

○上謂長孫無忌曰:「貞觀之初　上書者皆云:『人主當獨運威權，不可委之臣下。』又云:『宜震耀威武，征討四夷。』唯魏徵勸朕『偃武修文，中國旣安，四夷自服。』朕用其言，今頡利成擒，其酋長幷帶刀宿衛，部落皆襲衣冠，徵之力也。」徵再拜謝曰:「突厥破滅，海內康寧，皆陛下威德，臣何力焉。」上曰:「朕能任公，公能稱所任　則其力，豈獨在朕乎!」

○房玄齡奏:「閱府庫甲兵，遠勝隋世。」上曰:「甲兵武備誠不可闕。然煬帝甲兵，豈不足耶? 卒亡天下! 若公等盡力 使百姓乂安，此 乃朕之甲兵也。」

통감절요 37권

당기(唐紀) 태종황제(太宗皇帝) 중(中)

신묘(辛卯) 정관(貞觀) 5년(서기 631년)

하내(河內)사람 이호덕(李好德)이 가슴의 병을 얻어 함부로 요사스러운 말을 했다. 조서를 내려 조사시켰다. 대리승(大理丞) 장온고(張蘊古)가 "이호덕은 병에 걸렸다는 증거가 있으니, 법으로 처벌할 수 없습니다"라고 상주했다.

치서시어사(治書侍御史) 권만기(權萬紀)가 "장온고는 본관(本貫)이 상주(相州)인데, 이호덕의 형 이후덕(李厚德)이 그 곳 자사입니다. 실제로는 (이후덕에게) 아첨해서 놓아주려는 모습이 있습니다. 일을 조사한 것이 사실이 아닙니다"라고 탄핵했다.

황제가 노해 그를 장터에서 참수하라고 명령했다. 얼마 후 그 일을 후회했다. 그로 인해 "지금부터 죽을 죄가 있어 비록 즉시 처결하라는 명령을 내리더라도, 다시 3번 되풀이

해 아뢰고 형을 시행하라"는 조서를 내렸다.

○ 처음에 황제가 군신들에게 봉건을 의논하게 했다. 위징(魏徵)은 "만약 제후들을 분봉해 나라를 세워주면, 경 대부는 모두 봉록에 의지하게 되니, 반드시 세금을 많이 거두게 될 것입니다"라고 하고, 이백약(李百藥)은 "훈신과 친척 자손에게 모두 백성을 갖게 하고 사직을 갖게 하면, 세대가 바뀐 후에 교만해지고 음란해져서 자기 마음대로 할 것입니다. 공격하고 서로 해칠 것이고, 백성을 해롭게 하는 일이 더욱 심해질 것입니다. 수(守)와 령(令)이 가서 교대로 다스리는 것이 낫습니다"라고 했다.

안사고(顏師古)는 "종실 자제들에게 분봉해 왕을 시키되, 너무 크게 주지 마십시오. 주현(州縣)을 사이사이 끼어 있게 해 서로 유지하고, 각각 그 경계를 지키게 하고, 한마음으로 협력하게 하면 황실에 도움이 될 만합니다"라고 했다.

11월에 "황가 종실 및 공신, 훈신들에게 마땅히 진번부(鎭藩部)를 만들게 하고, 그 자손에게 증여하게 하라. 큰 잘못[1]이 없으면 파면해 내치지[2] 말라. 담당 관리는 명확히 조목조목 조례로 만들고 등급을 정해 아뢰라"는 조서를 내렸다.

○ 황제가 근신들에게 말했다.

---

1) 大故 대고 : 부모의 상사(喪事), 큰 사고, 아주 못된 짓, 대악, 대역(惡逆)
2) 黜免 출면 : 관직을 파면시켜 물리침

"짐은 사형을 지극히 중시한다. 때문에 3번 반복해서 아뢰라고 했는데, 심사숙고하고 싶었기 때문이다. 그러나 유사(有司)가 잠깐 사이에 3번을 아뢰고 끝낸다. 또 옛날에 사형수가 있을 때 군주가 그들을 위해 음악을 거두고 음식을 줄였다. 짐의 조정에는 상설(常設)해 놓은 음악은 없지만, 마땅히 그들을 위해 술과 고기도 먹지 않아야 한다. 다만 법령에는 드러나 있지 않다. 또 유사가 판결할 때 오직 법률 조문만을 근거로 하기 때문에 사정이 불쌍히 여길만한데도 감히 법을 어기지 못함이 있을 것이다. 그 사이에 어찌 원통함이 없을 수 있겠는가?"

정해(丁亥)일에 "죄수에게 사형을 판결하면 2일 안에 5번 반복해서 아뢰고, 여러 주에 명령을 내려 3번 반복해서 아뢰게 하고, 또 형을 집행하는 날에는 상식(尙食)[3]에게 술과 고기를 올리지 말라고 하라. 내교방(內敎坊)과 태상(太常)[4]은 음악을 연주하지 말고, 이런 일은 모두 문하성에서 거듭 감독하게 하라. 법에 의거하면 마땅히 사형인데, 사정이 불쌍히 여길만한 경우[5]가 있으면 정상을 기록해 아뢰어라"고 명령했다.

이 때문에 생명을 보전하는 사람들이 매우 많았다. 5번 반복해 아뢴 경우는 집행 1, 2일 전에 하고, 집행일에 이르

---

3) 尙食 상식 : 천자의 식사를 맡은 관청

4) 內敎坊 太常 내교방 태상 : 내교방(內敎坊)은 여악(女樂)의 일을 맡은 곳. 태상(太常)은 종묘 등의 제사를 맡음

5) 법령 중에 자(者)는 통상적으로 ~할 경우라고 해석된다

러서 또 3번을 반복해 아뢰었다. 그러나 아주 악독한 짓[6]과 반역을 범한 자는 한번 아뢸 뿐이었다.

○ 황제가 집정(執政)에게 "짐은 항상 기쁨과 노여움으로 인해 함부로 상벌을 행하는 것이 두려웠다. 그러므로 공 등이 지극하게 간언하기를 원했다. 공 등 또한 마땅히 남의 간언을 받아야 한다. 자신이 하려고 하는 바를 남이 막는 것을 싫어해서는 안 된다. 스스로 간언을 받을 수 없다면, 어찌 남에게 간언할 수 있겠는가?"라고 말했다.

○ 강국(康國)이 중국의 속국이 되기[7]를 원했다. 황제가 "전대의 황제들은 먼 나라[8]의 사신들을 불러오기 좋아해서, 먼 나라를 복속시켜 명예를 얻으려고 했으나 무익하고 백성들을 피폐하게 하는 것이다. 지금 강국이 신하가 된다면, (그 나라에) 급한 어려움이 있을 때 의리 때문에 도와주지 않으면 안된다. 군대의 행군이 1만 리이니, 어찌 피로하고 수고롭지 않을 수 있겠는가? 백성을 힘들게 해서 헛된 명예를 얻는 일을 짐은 하지 않겠다"라고 하고, 끝내 받아들이지 않았다.

○ 황제가 근신들에게 "나라를 다스리는 것은 병을 다스

---

6) 惡逆 악역 : 옛날 형률의 10악(惡) 중 하나. 조부모, 부모를 구타하거나 살해하려고 모의하는 것. 백모 숙모 고모 형 누나 외조부모 지아비 시조부모 시부모를 살해하는 것을 말하다.

7) 內附 내부 : 들어와 복속함, 속국이 됨

8) 絶域 절역 : 먼 나라

리는 것과 같다. 병이 비록 나아지는 경우에도 더욱 보호해야 한다. 스스로 내버려두고 마음대로 하면 병을 구할 수 없다. 지금 중국은 요행이 편안하고, 사방의 오랑캐가 모두 복종하니, 예부터 바라던 것이었다. 그러나 짐은 날마다 하루하루 삼가한다. 오직 끝마치지 못할까 두렵다. 그러므로 자주 경들의 간쟁을 듣고자 하는 것이다"라고 말했다.

위징이 "내외가 편안하게 다스려지지만, 신은 그것을 기쁨이라고 여기지 않습니다. 오직 기쁜 것은 폐하께서 편안함에 계시면서, 위태로움을 생각하시는 것일 뿐입니다"라고 말했다.

임진(壬辰) 6년(632)

정월에 문무관이 다시 봉선(封禪)[9]을 주청했다. 황제가 말했다.

"경들이 모두 봉선을 제왕의 성대한 행사라고 하지만, 짐의 뜻은 그렇지 않다. 만약 천하가 평안하고 집들이 넉넉하고 사람이 풍족하다면, 비록 봉선을 하지 않더라도 무슨 흠이 되겠는가?

옛날에 진시황은 봉선을 행하고, 한 문제는 봉선을 하지 않았지만, 후세에서 문제의 현명함이 진시황에 미치지 못한다고 했는가? 또 하늘을 섬기고 땅을 깨끗이 해 제사지내면 되는데, 하필이면 태산의 꼭대기에 올라가서 몇 자의 흙

9) 封禪 봉선 : 봉토를 쌓아 하늘 신에 제사지내고, 땅을 깨끗이 쓸고 산천에 제사 지내는 일. 공덕을 갖춘 제왕이 태산에 올라가서 봉선을 한다

을 쌓아놓은 연후에야 그 정성과 공경을 펼 수 있다는 것인가?"

군신들은 그래도 계속 봉선을 청했다. (나중에는) 황제도 그것을 따르고자 했다. 위징이 홀로 불가하다고 했다. 황제가 물었다.

"공이 짐에게 봉선을 못하게 하는데, 나의 공이 아직 높지 않아서인가?"

"높습니다"

"덕이 두텁지 못해서인가?

"두텁습니다"

"중국이 편안하지 않아서 인가?"

"편안합니다"

"사방의 오랑캐가 복종하지 않아서 인가?"

"복종합니다"

"올해 곡식이 풍년들지 않아서 인가?"

"풍년이 들었습니다"

"상서로운 징조들이 이르지 않았기 때문인가?"

"이르렀습니다"

"그런데 어찌 봉선을 하지 말라고 하는가?"

"폐하께서는 비록 이러한 6가지를 다 가지셨습니다만, 수(隋) 말기 대란의 뒤를 이어 호구가 아직 다 회복되지 않았고, 창고는 아직 비어 있습니다. 황제의 어가가 동쪽으로 순행하면, 식사하고 머무는 것을 접대하느라[10] 힘이 들고 비용이 드니, 쉽게 나설 수가 없습니다.

또 폐하께서 봉선하신다면 만국이 모두 모이고, 마땅히

멀리 오랑캐의 군장(君長)들도 모두 호위하며 따를[11] 것입니다. 지금 이수와 낙수 동쪽으로부터 바다와 태산에 이르기까지 밥 짓는 연기[12]가 아직 드물고, 풀이 우거진[13] 곳이 눈에 보입니다. 이것은 곧 오랑캐를 데려다 나라 한가운데 넣어서 그들에게 허약함을 보이는 것입니다.

하물며 상으로 내려주는 것이 헤아릴 수 없이 많아도[14], 멀리서 온 사람들을 만족시키지 못할 겁니다. 해를 이어서 요역을 면제[15]해주어도, 백성들의 수고로움을 보상하지 못할 것입니다. 허명을 숭상하면 실제로는 해를 받게 됩니다. 폐하께서는 그것을 어찌 하려고 하십니까?"

마침 황하의 남북 여러 주에서 큰 홍수가 나서 (이 문제가) 결국 덮어졌다.

○ 황제가 조회를 파하고 화를 내며 "이 시골 늙은이[16]를 반드시 죽이겠다"고 말했다. 황후가 누구냐고 물었다. 황제가 "위징은 매번 조정에서 나를 욕보인다" 라고 했다. 황후가 물러나서 조복을 갖추어 입고 뜰에 섰다. 황제가 놀라 그 까닭을 물으니, 황후가 "첩이 듣기에 임금이 영명하

---

10) 供頓 공돈 : 술상차려 손님을 잘 접대함

11) 扈從 호종 : 호위하여 따르다

12) 煙火 연화 : 밥 짓는 연기

13) 萑莽 추망 : 풀 우거질

14) 不貲 불자 : 너무 많아 헤아릴 수 없는 것

15) 復 복 : 요역의 면제

16) 田舍翁 전사옹 : 시골 늙은이, 촌노인, 전수(田叟)

면, 신하가 강직하다고 했습니다. 지금 위징이 곧은 것은 폐하께서 영명하시기 때문입니다. 첩이 감히 하례드리지 않을 수 있겠습니까?" 하니 황제가 기뻐했다.

○ 3품 이상 관리들과 단소전(丹霄殿)에서 연회를 열었다. 황제가 조용히 말했다.

"중외가 평안함은 모두 공경들의 힘이다. 수양제의 위엄은 오랑캐와 중화에 떨쳤으나, 힐리극한은 북쪽 황무지에 자리 잡았고, 통엽호(統葉護)는 서역에 웅거했다. (그러나) 지금 모두 엎어지고 망했으니, 이는 짐이 공들과 친히 보는 바다. (그렇지만) 강성함을 자랑해 스스로 자만하지 말라"

○ 황제가 단소전에서 근신들과 연회를 열었다. 장손무기가 "왕규와 위징은 옛날에 원수여서 말도 하지 않았는데, 지금은 이 연회를 함께 할 수 있습니다"라고 했다.

황제가 "위징과 왕규는 마음을 다해 섬기기 때문에 내가 그들을 쓰는 것이다. 그런데 위징은 간언할 때 내가 따르지 않으면, 내가 그에게 말을 해도 번번이 대답하지 않는다. 어째서인가?"라고 물었다.

위징이 "일을 불가하다고 여기기 때문에 신이 간언합니다. 만약 폐하께서 따르지 않으시는데 신이 그것에 대답한다면, 일은 곧 시행이 될 것입니다. 그러므로 감히 대답하지 않는 것입니다"라고 대답했다.

황제가 "대답하고서 다시 간언하면, 어찌 무슨 흠이 되겠는가?" 하니, "옛날에 순 임금이 군신들에게 가르치기를, '너희는 앞에서 따르면서 물러나서 뒷말을 하지 말라'고 했습니다. 신이 마음으로 그것이 그르다는 것을 아는데, 입으로만 폐하에게 대답한다면, 이는 앞에서만 순종하는 것[17]입니다. 어찌 직(稷), 설(契)이 순 임금을 섬기던 마음이겠습니까?"라고 말했다.

황제가 크게 웃으며 "사람들이 말하기를 위징의 행동거지는 친하기가 어렵고 오만하다[18]고 하던데, 내가 그를 보기에는 더욱 매력적이고 요염하게[19] 느껴지는 것이 바로 이 때문이다"라고 말했다.

위징이 일어나서 절하며 감사의 뜻을 표하면서 "폐하께서 신하에게 말을 하게끔 열어주셔서 신이 그 어리석음을 다할 수 있었습니다. 만약 폐하께서 거절하고 받지 않으셨다면, 신이 어찌 감히 자주 안색을 범했겠습니까?"라고 말했다.

○ 비서소감(秘書少監) 우세남(虞世南)이 「성덕론(聖德論)」을 올렸다. 황제가 손수 쓴 조서를 내려 칭찬하면서 "경은 (짐을) 너무 높게 평가했다. 짐이 어찌 감히 상고(上古)와 비교되겠는가? 다만 근세에다 비교하면 조금 나을 뿐이다. 그러나 경은 그 시작을 보았지만, 아직 그 끝은 알지 못한다. 만약 짐이 끝까지 삼가해 시작과 같이 할 수 있다면, 이 논리는 전할 만하다. 만약 그렇지 못하다면, 후세

---

17) 面從 면종 : 그 사람이 보는 데서만 복종함

18) 踈慢 소만 : 소(踈) 멀, 가깝지 않음, 친하지 않음. 만(慢) 오만할

19) 嫵媚 무미 : 남의 마음을 끌려고 요염하게 행동함

들이 경을 비웃게 될까봐 걱정되는구나"라고 말했다.

○ 9월 기유(己酉)일에 경선궁(慶善宮)에 행차했다. 황제가 태어날 때의 고택이었다. 그래서 귀한 신하들과 연회를 베풀고 시를 지었다. 기거랑(起居郞) 여재(呂才)가 그것에 관현(管絃)악곡을 입혀 「공성경선악(功成慶善樂)」이라 이름 지었다. 동자에게 「팔일무(八佾舞)」[20]를 추게 하고, 「구공지무(九功之舞)」라 했다. 큰 연회에서 「파진무(破陳舞)」와 함께 뜰에서 연주했다.

동주자사(同州刺史) 울지경덕(尉遲敬德)이 연회에 참여했다. 서열이 그의 윗자리에 있는 자가 있었다. 울지경덕이 "너는 무슨 공으로 나의 위에 있는가?"고 물었다. 임성왕(任城王) 이도종(李道宗)이 그의 아랫자리였는데, 달래서 화해시켜주려고 했다. 울지경덕이 주먹으로 도종을 때려 눈이 거의 뒤집어졌다. 황제가 기꺼워하지 않고 잔치가 끝났다.

황제는 울지경덕에게 "짐이 한 고조가 공신을 주멸하는 것을 보고 마음으로 항상 그것을 잘못되었다고 여겼다. 때문에 경들과 함께 부귀를 보존해 자손들에게도 끊이지 않게 하고자 했다. 그런데 경은 관직에 있으면서 자주 법을 범하는구나. 이제야 한신과 팽월이 저며져서 젓갈[21]이 된

---

20) 八佾舞 팔일무 : 주(註) 행열을 일(佾)이라고 한다. 1열(列)에 8인. 천자는 8일(佾)이라 64인, 제후는 6일(佾), 대부 4일(佾), 사 2일(佾). 가르침이 있는 춤이다

21) 葅醢 저해 : 저(葅) 김치, 염분에 절일. 해(醢) 김치와 육장(肉醬), 살육의 뜻

것이 고조의 죄가 아님을 알겠다. 국가의 기강은 오직 상과 벌로 하는데, 분수에 맞지 않는 은혜는 자주 얻을 수 없다. 힘써서 스스로를 닦고 삼가해 후회가 남지 않도록 하라"고 했다. 울지경덕이 비로소 두려워해 스스로 그쳤다.22)

○ 좌광록대부(左光祿大夫) 진숙달(陳叔達)을 예부상서로 임명했다. 황제가 진숙달에게 "경은 무덕(武德)23) 연간에 좋은 말24)을 했으므로 이 관직으로 보답한다" 하니, "신이 수나라 황실을 보건대, 부자가 서로 해쳐서 혼란함과 멸망을 초래했습니다. 그 날의 말은 폐하를 위한 것이 아니라, 곧 사직을 지킬 계책이었을 뿐이었습니다"라고 대답했다.

황제가 근신들과 편안함과 위태로움의 근본을 논했다. 중서령 온언박이 "엎드려 원하건대, 폐하께서는 항상 정관의 초기처럼 하시면 좋겠습니다" 하니, 황제가 "짐이 근래25)에 정치를 게을리 했는가?"고 물었다. 위징이 "정관의 초기에는 폐하의 뜻이 절약과 근검에 있었고, 간언을 구함에 싫증내지 않았습니다. 근래에는 건축과 수선이 조금 많아져서

---

22) 戢 집 : 거둘, 그칠

23) 武德 무덕 : 당(唐) 고조(高祖)의 연호

24) 讜言 당언 : 주(註) 좋은 말. 곧은 말, 바른 말, 정언(正言). 무덕(武德) 9년에 건성과 원길이 후궁과 함께 세민을 고조에게 참소할 때, 진숙달이 이세민에 대해 좋은 말을 해주었기 때문에 원길이 세민을 죽이자고 청원했을 때 즉각 시행하지 않고 고조가 죄상이 드러나길 기다리자고 했다. 또한 현무문의 변이 일어났을 때 소우(蕭瑀)와 함께 고조를 설득해 이세민을 황태자로 삼게 한 공이 있다.

25) 比來 비래 : 근래(近來)

간언하는 자가 폐하의 뜻에 거역함[26]이 있으니 이것이 다른 것입니다"라고 말했다. 황제가 손뼉을 치며 크게 웃으며 "정말 이런 일이 있었구나"라고 말했다.

○ 황제가 근신들에게 말했다.

"짐이 근래에 일을 결정하는데, 모두 율령대로는 할 수 없었다. 공들은 일이 작다고 생각하고 더는 주장해 아뢰지[27] 않더라. 일이란 작은 것부터 시작해 큰 것에 이르지 않는 것이 없다. 이는 곧 위태로움과 멸망의 실마리이다.

옛날에 관용봉(關龍逢)은 충성스러운 마음으로 간언하다가 죽었다. 짐은 항상 그것을 마음 아파했다. 양제가 교만하고 난폭했기 때문에 망한 것을 공들이 친히 봤다. 공들은 마땅히 항상 짐을 위해 양제가 망한 것을 생각하고, 짐은 항상 공들을 위해 관용봉의 죽음을 생각한다면, 어찌 군신이 서로 보전하지 못함을 걱정하겠는가?"

○ 황제가 위징에게 "관에서 사람을 뽑는 것을 창졸간[28]에 해서는 안 된다. 한 사람의 군자를 쓰면 군자들이 모두 모이게 되고, 한 사람의 소인을 쓰면 소인들이 다투어 벼슬을 한다"고 했다. 위징이 "그렇습니다. 천하가 아직 평정되지 않았다면, 오로지 그 재능만을 취하고, 행실은 고려하지 않습니다. 난리가 평정되고 난 다음에는 재능과 행실이 겸

---

26) 忤旨 오지 : 임금의 뜻을 거역함

27) 執奏 집주 : 천자에게 아룀. 집(執) 쥠, 차지함, 주장, 체포, 맡을

28) 造次 조차 : 잠깐, 창졸간에, 갑자기, 경솔히

비되지 않으면, 써서는 안 됩니다"라고 대답했다.

계사(癸巳) 7년(633년)

정월에 「파진악(破陳樂)」의 명칭을 고쳐 「칠덕무(七德舞)」라 했다. 계사(癸巳)일에 3품 이상의 관리 및 주목(州牧)과 오랑캐의 추장들에게 현무문에서 연회를 베풀고, 「칠덕무(七德舞)」와 「구공무(九功舞)」를 연주했다. 위징은 황제가 무(武)를 그치고 문(文)을 닦게 하고자 해, 황제를 모시고 잔치할 때마다 「칠덕무」를 볼 때는 번번이 머리를 숙여 보지 않았고, 「구공무」를 볼 때는 그것을 살피고 보았다.

○ 지난 해에 황제가 갇혀 있는 죄수의 기록을 직접 보았다. 사형수들을 보고 불쌍히 여겨 그들을 풀어주어 집에 돌아가게 했다가 다음해 가을로 기일을 정해, 돌아와서 사형 당하기로 약속했다. 칙서를 내려 천하의 사형수를 모두 풀어 보냈다가 정한 기일이 되면 경사로 오게 했다.

이해 9월에 지난해 석방해 보냈던 천하의 사형수 총 3백 90명이 감독이나 인솔하는 사람이 없었으나 모두 약속과 같이 스스로 조당[29]에 왔다. 한 사람도 도망하거나 숨은 자가 없었다. 황제가 그들을 모두 사면했다.

○ 11월에 개부(開府)의 의동삼사(儀同三司) 장손무기를

---

29) 朝堂 조당 : 조정(朝廷)

사공(司空)으로 삼았다. 장손무기가 간곡히 사양하며 아뢰기를 "신은 황공하옵게도 외척의 관계입니다. 천하가 폐하를 사사롭다고 할까봐 두렵습니다"라고 했다.

황제가 허락하지 않으면서 "나는 관직을 위해 사람을 택하는데, 재능이 함께 하는가를 생각한다. 만일 재주가 없으면 비록 친척이라도 등용하지 않았으니, 양읍왕(襄邑王) 신부(神符)가 그러한 경우이다. 만일 재능이 있으면 비록 원수라도 버리지 않았으니, 위징 등이 바로 그러한 경우이다. 오늘에 천거한 것은 개인적으로 가깝기 때문이 아니다"고 했다.

○ 12월에 황제가 상황(上皇)을 모시고 옛 한나라 미앙궁에서 주연을 열었다. 상황이 돌궐의 힐리극한에게 명령해 일어나 춤을 추게 하고, 또 오랑캐의 추장인 풍지대(馮智戴)에게 시를 읊게 했다. 조금 있다가 웃으며 "호(胡)와 월(越)이 한 집안이 된 것은 자고로 없던 일이다"고 말했다.

황제가 술잔을 받들어 축수하며 "지금 사방의 오랑캐들이 들어와 신하가 된 것은 모두 폐하께서 가르치신 것이지, 신의 지혜와 힘으로 한 바가 아닙니다. 옛날 한 고조 또한 태상황을 모시고, 이 궁에서 주연을 열었는데, 망령되이 스스로를 자랑함이 컸습니다. 신은 그렇게 하지 않겠습니다"라고 말했다. 상황이 크게 기뻐했다. 궁전에 있던 신하들이 모두 만세를 불렀다.

○ 황제가 좌서자(左庶子) 우지녕(于志寧)과 우서자(右庶子) 두정륜(杜正倫)에게 "짐은 18세까지 민간에 있으면서,

백성들의 병고와 괴로움[疾苦][30]과 깊은 사정[情僞][31]을 알지 못하는 것이 없었다. 그럼에도 황제의 지위에 오르고 나서 오히려 세상 일을 구분해 처리함[32]에서 약간 잘못하는 것이 있었다. 하물며 태자는 깊은 궁궐에서 태어나고 자라 백성들의 어려움을 귀로 듣고 눈으로 보지 못했으니, 교만함과 안일함이 없을 수 있겠는가. 경들이 극력 간언하지 않으면 안된다"고 했다.

태자가 놀고 희롱하기를 좋아해 예법을 어기니, 우지녕과 우서자 공영달이 함께 자주 직간했다. 황제가 이 말을 듣고 가상히 여겨 각각 황금 1근과 비단 5백 필을 하사했다.

○ 황제가 위징에게 "여러 신하들이 올린 글을 보면 채택할 만하다. (그런데) 불러서 대답할 때 보면 대부분 두서가 없다. 어째서인가?"고 물었다. 위징이 "신이 백관들이 일을 아뢰는 것을 보니, 며칠 동안 생각했다가도 상의 앞에서는 3분의 1도 말하지 못합니다. 하물며 간쟁함은 임금의 뜻을 거스르고 꺼리는 일을 건드리는[33] 것입니다. 폐하께서 말씀과 얼굴빛을 빌리지[34] 않으신다면, 어찌 감히 실정을 다 아뢸 수 있겠습니까?"라고 대답했다.

황제가 이 때문에 여러 신하들을 접견할 때 말과 얼굴빛

---

30) 疾苦 질고 : 질병과 괴로움
31) 情僞 정위 : 진실과 거짓, 깊은 사정, 허위
32) 區處 구처 : 구분해 처리함
33) 怫意觸忌 불의촉기 : 임금의 뜻을 거스르고 꺼리는 일을 건드리는 것
34) 借辭色 차사색 : 말과 안색을 빌리다

을 더욱 온화하게 했다. 일찍이 "수 양제는 시기심이 많아 조정에 임해 여러 신하를 대할 때 말하지 않는 일이 많았다. 짐은 그러하지 않겠다. 신하들과 서로 가까워지기를 한 몸과 같이 할 것이다"라고 말했다.

갑오(甲午) 8년(634년)

정월에 황제가 대신들을 출척대사(黜陟大使)로 삼아 여러 도로 나누어 보내고자 했다. 아직 합당한 사람을 얻지 못했는데, 이정이 위징을 추천했다. 황제가 이르기를 "위징은 짐의 과실을 경계하고 바로 잡으니, 하루라도 좌우에서 떠날 수 없다"고 했다.

그리고는 이정에게 명해 태상경 소우 등 13인과 함께 천하를 나누어 순행하게 했다. 지방 관리들의 현명함과 불초함을 살피고, 민간의 병고와 고통을 물으며, 어른을 예우하고 궁핍한 자들을 구휼하며, 선량한 자를 표창하고, 재주가 있는데 오랫동안 침체되어 머물러 있는 자들을 발탁하게 했다. 사자로 하여금 '간 곳마다 짐이 친히 본 것처럼 하라'고 했다.

○ 중모현(中牟縣)의 승(丞) 황보덕삼(皇甫德參)이 상언하기를 "낙양의 궁궐을 수리해 백성들을 수고롭게 하고, 조세를 많이 거두어들입니다. 세속의 풍속이 높게 틀어 올린 상투를 좋아하는데, (이것은) 궁중에서 물든 것입니다"라고 했다.

황제가 노해 방현령 등에게 "황보덕삼은 국가에서 한 사람도 부리지 말고, 한 말의 조세도 거두지 말고, 궁인들은 모두 두발을 없애는 게 그 뜻에 맞다는 것인가?"라고 말했다. 임금을 비방한[35] 죄로 다스리려 했다.

위징이 "가의(賈誼)가 한(漢) 문제 때 올린 상소문에 '통곡할 만한 것이 한 가지이고, 눈물을 흘릴 만한 것이 두 가지입니다'라고 했습니다. 예부터 글을 올릴 때 격절(激切)하지 않으면, 군주의 마음을 감동시킬 수 없습니다. 이른바 미친 사람의 말도 성인은 선택한다는 것입니다. 폐하께서는 분별해 살피소서"라고 간언했다. 황제가 "짐이 이 사람을 죄준다면, 누가 감히 다시 말을 하겠는가"라면서, 황보덕삼에게 비단 20필을 하사했다.

다른날에 위징이 "폐하께서는 근래에 직언을 좋아하지 않으십니다. 억지로[36] 포용하시나, 예전처럼 도량이 넓지 않습니다"라고 간언했다. 황제가 다시 더 우대해 감찰어사를 제수했다.

을미(乙未) 9년(635년)

황제가 위징에게 "북제(北齊)의 후주(後主)와 북주(北周)의 천원(天元)[37]이 모두 백성들에게 세금을 무겁게 거두면서, 자신에게는 후하게 봉양하다가 힘이 다하자 망했다. 비

---

35) 謗訕 방산 : 임금을 비방한 죄

36) 勉强 면강 : 억지로

37) 북제(北齊) 후주(後主)는 고위(高緯)이고, 북주(北周)의 천원은 선제(宣帝) 우문빈(宇文贇)이다

유하면 사람이 스스로 자기 살을 먹다가 살점이 다하면 죽는 것과 같은데, 어찌 그렇게[38] 어리석은가? 두 군주 중에 누가 낫고 못한가?"고 물었다.

(위징은) "북제의 후주는 나약해 많은 가문이 정사를 맡았고, 북주의 천원은 교만하고 포악해도 황제의 위엄과 권력[威福]이 자기에게 있었습니다. 비록 똑같이 나라를 멸망시켰지만 북제의 군주가 더 못합니다"고 대답했다.

○ 4월, 경자일에 상황(上皇)이 죽었다.

○광록대부 소우를 특진(特進)[39]으로 삼고, 다시 정사에 참여케 했다. 황제는 "무덕 6년 이후 고조께서 태자를 폐하고 새로 세울 마음이 있었으나 결정하지 못하셨고, 나는 형제간에 용납 받지 못했는데, 너무 공이 높아 줄 상이 없는 두려움이 있었다. 이 사람은 이익으로 유혹할 수 없고, 죽음으로 위협할 수 없다. 진실로 사직의 신하"라고 말했다. 그로 인해 소우에게 시를 내려 "거센 바람은 굳센 풀을 알고, 혼탁한 세상[40]은 충성스러운 신하를 안다"라고 했다.

---

38) 何其 하기 : 어찌하여 그렇게, 앞의 글을 받아 문세(文勢)를 고르게 하는 경우에 쓰는 말

39) 特進 특진 : 관명(官名). 양한(兩漢)과 남북조시기에는 특진을 관직에 추가로 주는 호칭으로 썼다. 특별 대우한다는 의미가 있는 것으로, 당사자에게는 다른 원래의 직무가 있었다. 당(唐)에 들어오면서 그 제도를 계승해 쓰면서 정2품 품계의 관품을 주었고, 원(元) 명(明)에서는 정1품으로 올렸다. 오직 명대에만 특진이라는 2글자를 광록대부와 영록대부에 붙여서 특진광록대부, 특진영록대부라고 불렀다. 청(淸)대에서는 폐지되었다([淸] 黃本驥 編, 『歷代官職表』, 上海古籍出版社, 1980(1965년판 중쇄본), 114쪽)

또 소우에게 이르기를 "경의 충직함은 옛사람도 넘지 못할 것이다. 그러나 선악이 너무 분명해 때로 잘못할 때가 있다"고 했다. 소우가 다시 절하고 사죄했다.

위징이 "소우가 여러 사람들의 뜻을 어겨 혼자 고립되었는데, 오직 폐하께서 그의 충성과 굳셈을 아십니다. 만일 밝은 지혜가 있는 군주를 만나지 못했다면 (죽음을) 면하고자 하나 벗어나기기 어려웠을 것입니다"라고 아뢰었다.

○ 장손황후(長孫皇后)는 성품이 인자하고 효성스럽고 검소했으며, 독서를 좋아했다. 항상 황제와 조용히 옛 일을 담소하면서 황제에게 착한 말을 해 과실을 바로 잡게 했다.[41] 도움이 크고 많았다. 황제가 혹 죄가 아닌 것으로 궁인들을 견책하고 성내면, 황후 또한 거짓으로 노한 체 하고는 직접 추국할 것을 청해 가두어 두라고 명했다가, 상의 노여움이 그치기를 기다려 천천히 이치를 말했다. 이 때문에 중궁전의 형벌이 억울하거나 남용됨[42]이 없었다.

황후가 병이 위독해져 황제와 결별하게 될 때 방현령은 견책을 당해 집에 돌아가 있었다. 황후가 황제에게 말하기를 "방현령은 폐하를 오랫동안 섬겼는데, 조심하고 삼가고 치밀해서, 특별하고 비밀스러운 계획을 일찍이 드러내고 누설한 적이 없었습니다. 만일 큰 잘못이 아니거든 버리지 마

---

40) 板蕩 판탕 : 정치를 잘못해 나라가 어지러워짐

41) 獻替 헌체 : 헌가체부(獻可替否). 임금에게 착한 말을 해 과실을 바로 잡도록 함

42) 枉濫 왕람 : 왕(枉) 억울한 죄. 남(濫) 남용

소서. 그리고 폐하께서 군자를 가까이 하고 소인을 멀리 하시고, 충언과 간언을 받아들이고, 참소와 간사함을 물리치시며, 부역을 줄이고 유람과 사냥을 그치신다면, 첩은 비록 구천에 묻히더라도 진실로 한이 없겠습니다" 하고는 입정전(立政殿)에서 죽었다.

황후는 일찍이 예부터 내려오는 부인들의 마땅함과 마땅하지 않는 일[得失][43]을 수집해 『여칙(女則)』 30권을 만들었다. 황후가 승하하자 궁사(宮司)가 그것을 아뢰었다. 황제가 이 책을 보고 비통해하며 가까운 신하에게 보여주면서 "황후의 이 책은 충분히 백세(百世)의 규범이 될 만하다. 짐이 천명을 알지 못해 쓸데없이 슬퍼하는 것이 아니라, 궁중에 들어와 다시는 규간하는 말을 들을 수 없게 되었고, 한명의 훌륭한 보좌를 잃었기 때문에 마음에서 잊을 수가 없는 것이다"라고 말했다. 마침내 방현령을 불러 그의 지위를 회복시켜 주었다.

○ 문덕황후(文德皇后)를 소릉(昭陵)에 안장했다. 황제가 황후를 그리워함이 그치지 않았다. 그리하여 동산 안에 층관(層觀)[44]을 지어 소릉을 바라보았다. 일찍이 위징을 데리고 함께 층관에 올라 소릉을 바라보게 했다. 위징이 자세히 보고 아뢰기를 "신은 눈이 침침해서[45] 볼 수가 없습니다"

---

43) 得失 득실 : 얻음과 잃음, 이익과 손해, 성공과 실패, 마땅함과 마땅하지 아니함, 장점과 단점

44) 層觀 층관 : 여러 층으로 높게 지은 망루

45) 昏眊 혼모 : 혼(昏) 날 저물, 잘 보이지 않음. 모(眊) 눈 흐릴

라고 했다.

황제가 손가락으로 가리켜 보여주자, 위징이 아뢰기를 “신은 폐하께서 헌릉(獻陵)을 바라보라고 하신 줄 알았습니다. 소릉 같았다면 신은 확실히 보았습니다”라고 했다. 황제가 눈물을 흘리고, 이 때문에 층관을 부수게 했다.

○ 주구파(朱俱波)와 감당(甘棠)이 사신을 보내 들어와 조공을 바쳤다. 주구파는 총령(葱嶺)의 북쪽에 있었고, 과주(瓜州)와 3천8백 리 떨어져 있었다. 감당은 큰 바다의 남쪽에 있었다. 황제가 말했다. “중국이 안정되면서 사방의 오랑캐들이 스스로 복종했다. 그러나 짐에게 두려움이 없을 수 없다. 진시황은 위세가 호(胡)와 월(越)에 떨쳤으나 2대만에 망했다. 다만 여러 공들에게 내가 미치지 못한 것을 바로잡아주기를 바랄 뿐이다”.

○ 치서시어사(治書侍御史) 권만기(權萬紀)가 상언하기를 “선주(宣州)와 요주(饒州), 두 주의 은(銀)을 많이 채굴하면, 1년에 수백 만 돈꿰미를 얻을 수 있습니다”라고 했다.

황제가 말했다.

“짐은 귀하게 천자가 되었으니 부족한 것은 재물이 아니다. 다만 백성을 이롭게 할 수 있는 아름다운 말이 없음을 한스러워 할 뿐이다. 수백 만 돈꿰미의 은을 많이 얻는 것이 어찌 한 명의 현명한 이와 재주 있는 이를 얻는 것만 하겠는가?

경은 일찍이 한 명의 현자를 추천하거나 불초한 자를 내친 적이 없는데, 오로지 은을 거두는[46] 이익만을 말하는구

나. 옛날 요임금과 순임금은 벽옥을 산에 던지고 구슬을 골짜기에 던졌다. 한나라의 환제와 영제는 돈을 모아 사사로이 창고를 만들었다. 경은 내가 환제와 영제가 되기를 기다리는가?"

이날로 권만기를 파직시켜 집으로 돌아가게 했다.

○ 이 해에 통군(統軍)을 고쳐 절충도위(折衝都尉)라 명명(命名)하고, 별장(別將)을 과의도위(果毅都尉)라고 했다. 10도에 6백34부를 설치했다. 관내(官內)의 2백61부는 모두 여러 위에 소속되었다. 숙위해야 할 자들을 지방에서 뽑아 순서에 따라 경사로 보내[47] 숙위하게 했다. 병부(兵部)가 경사에서 멀고 가까움에 따라 순번을 정해 주었다. 먼 곳은 드물게 하고 가까운 곳은 자주 했고, 모두 한 달이면 교대했다.

정유(丁酉) 11년(637년)

방현령 등이 조서를 받아 율령을 정했는데, 옛날과 비교해 사형을 태반이나 없앴다. 천하가 덕 본다고 칭송했다. 옥사를 판결하는 것이 공평하고 신뢰를 받았다.[48]

○ 3월에 황제가 낙양궁의 서원에서 연회를 열고, 적취지(積翠池)에 배를 띄워[49] 놀았다. 근신들을 돌아보며 "양제

---

46) 稅 세 : 거둘, 구실, 세납, 세

47) 番上 번상 : 군사를 골라 뽑아 차례로 서울의 군영으로 보냄

48) 平允 평윤 : 평(平) 공평. 윤(允) 신용 있을, 미더울

가 이 궁궐과 동산을 만들고 백성들에게 원한을 맺게 했다. 지금 전부 내 것이 되었는데, 이는 바로 우문술 우세기 배온의 무리가 안으로는 아첨하고, 밖으로는 군주의 총명을 가렸기 때문이다. 경계하지 않을 수 있겠는가"라고 말했다.

○ 위징이 상소했다.

"군주 중에 시작을 잘 하는 분은 많지만, 끝까지 잘 마치는 분[50]은 적습니다. 천하는 차지하기 쉬우나, 지키기는 어렵다는 것이 아니겠습니까.[51] 무릇 깊이 걱정하면서[52] 정성을 다해 아랫사람들을 대해야 합니다. 안일하면 교만하고 방자해져 사물을 경시합니다. 아랫사람을 정성을 다해 대하면, 호(胡)와 월(越)이 한 마음이 되지만, 사물을 경시하면 육친도 은혜에서 멀어집니다. 비록 위엄과 노여움으로 누른다 해도, 모두 겉으로만 따르고 마음속으로는 복종하지 않기 때문입니다.

군주가 진실로 욕심낼 만한 것을 보면, 지족(知足)을 생각할 수 있어야 하고, 건물을 새로 짓거나 수리를 하려고 하면, 지지(知止)[53]를 생각할 수 있어야 합니다. 높고 위태로운 곳에 있으면 겸손하게 내려갈 것을 생각할 수 있어야

---

49) 泛 범 : 뜰, 흐를

50) 克終 극종 : 미불유초 선극유종(靡不有初 鮮克有終) 시작하지 않은 사람은 없지만 잘 끝내는 사람은 드물다는 『시경(詩經)』의 문구

51) 豈~乎 기~호 : ~이다 (강조, 단정), 어찌 ~이 아니겠습니까?(반어의문)

52) 殷憂 은우 : 깊은 걱정, 큰 근심

53) 知止 지지 : 그칠 줄을 앎

하고, 가득차고 성대함을 대하면 사양하고 덜어낼[挹損][54] 것을 생각해야 합니다.

안일함과 즐거움을 만나면 제제하고 억누를[撙節][55]것을 생각하고, 안락하고 편안하면 후환을 생각할 수 있어야 합니다. 총명이 가려지는 것을 막으려면 인재와 간언을 받아들이고, 참소와 간사함을 미워하려면 자기 몸을 바르게 하는 것을 생각할 수 있어야 합니다. 상과 작위를 내리려면 기쁨으로 인해 넘치게 주는 것인가를 생각하고, 형벌을 시행하려면 노여움으로 인해 지나친 것은 아닌가를 생각해야 합니다.

이 열 가지 생각을 지니면서, 어진 이를 선발하고 유능한 자에게 맡기면, 아무 일 하지 않고도 잘 다스려질 것입니다. 또 어찌 정신을 피로하게 하고 육체를 괴롭게 해서 백사(百司)의 직임을 대신할 것이 있겠습니까"

○ 5월에 위징이 상소했다.

"폐하께서 선을 따르고자 하는 의지가 옛날에 미치지 못하시고, 허물을 들으면 반드시 고치려는 노력도 다소 예전만 못하십니다. 견책과 형벌이 많이 쌓이고, 위세와 노여움은 조금 더 심해졌습니다. '귀하면 기약 없이 교만해지고, 부유하면 기약 없이 사치스러워진다'는 것이 빈 말이 아님을 알겠습니다.

---

54) 挹損 읍손 : 사양하고 덜어 냄

55) 撙節 준절 : 제제하고 억누름

옛날 수나라가 혼란해지기 전에는 스스로 '반드시 혼란함이 없을 것'이라고 생각했고, 아직 망하기 전에는 스스로 '반드시 망하지 않을 것'이라고 생각했습니다. 그러므로 부역이 끝이 없고, 정벌을 쉬지 않아서 화가 몸에 이르게 되었으나 여전히 깨닫지 못했던 것입니다. 모습을 비춰보는 것은 잔잔한 물이 가장 좋고, 실패를 비춰보는 것은 망한 나라가 가장 낫습니다.

엎드려 바라건대 수나라를 거울삼아 사치를 버리고 검약을 따르시며, 충신을 가까이 하고 간신을 멀리 해서, 지금의 태평무사함에 예전[56]의 공손하고 검소함을 행하신다면, 선과 아름다움이 다 이뤄질 것임은[57] 말할 것도 없습니다.

천하를 차지하기는 진실로 어렵고, 천하를 지키기는 매우 쉽습니다. 폐하께서는 이미 그 어려운 것을 얻으셨는데, 어찌 그 쉬운 것을 보전할 수 없겠습니까?"

○ 위징이 상소했다.

"문자(文子)가 말하기를 '똑같은 말이라도 믿으려면 말하기 전에 믿음이 있어야 하고, 똑같은 명령이라도 행해지려면 충성심이 명령 외로 있어야 한다"고 했습니다. 왕도가 아주 밝게[休明]된 지 10여 년이 되었지만, 덕화(德化)가 아직 두루 미치지 못한 것은, 폐하께서 아랫사람을 대하는 마

---

56) 疇昔 주석 : 전번, 접때

57) 盡善盡美 진선진미 : 인식상의 진(盡), 심미상의 미(美), 윤리상의 선(善), 인생 최고의 목적. 완전무결

음에 정성과 신의를 다하지 않으셨기 때문입니다.

지금 정책을 세워서 잘 다스리려면, 반드시 군자에게 맡기시고, 일의 득실은 소인에게 물으십시오. (그런데, 폐하께서는) 군자를 대할 때 공경하지만 멀리하시고[疏], 소인을 대할 때는 경시하지만 허물이 없으십니다. 허물이 없으면 말을 다하지 않음이 없지만, 멀리하면 진심이 위로 통하지 않습니다.

무릇 중간 정도의 지혜를 가진 사람이라면, 어찌 작은 지혜가 없겠습니까. 그러나 재능은 국가를 다스릴 만하지 못하고 생각은 먼 데까지 미치지 못할 것입니다. 비록 힘을 다하고 정성을 다해도 실패를 면치 못합니다. 하물며 안에 간악함을 품는다면 그 화가 어찌 깊지 않겠습니까. 비록 군자라도 작은 허물이 없을 수 없습니다. (그러나) 진실로 정도(正道)에는 해롭지 않다는 것을 대략 다 알 수 있습니다.

그런데 그를 군자라 칭하고서 다시 그를 의심하고 불신하니, 어찌 곧은 나무를 세워놓고는 그 그림자가 굽었다고 의심하는 것과 다르겠습니까? 폐하께서 진실로 군자를 신중히 선발해서 그들을 예로서 믿고 등용하신다면, 어찌 다스려지지 않음을 근심하겠습니까. 그렇지 않으면 위태롭고 망하는 시기를 보장할 수 없을 것입니다"

황제가 손수 쓴 조서를 내려 아름답다고 칭찬했다.

"옛날 진(晉)나라 무제(武帝)가 오(吳)를 평정한 뒤에 의지가 교만해지고 태만해졌다. 하증(何曾)은 지위가 최고인 태사(台司)였는데도 직간할 수 없었고, 도리어 자손들에게 은밀히 말해 스스로의 밝은 지혜를 자랑했다. 이는 불충함이 큰 것이다. 공의 간언을 얻고서 짐은 나의 잘못을 알았다. 마땅히 이것을 안석과 책상에 두어서 자기 단점을 고치는 활과 부드러운 가죽[弦韋][58]으로 견주겠다"

○ 시어사(侍御史) 마주(馬周)가 상소했다.

"삼대 및 한나라의 역사가 긴 경우가 8백년이었고, 짧은 경우에도 4백년보다 적지 않았습니다. 이는 진실로 은혜가 사람들 마음에 맺혀 사람들이 잊지 못했기 때문입니다. 그 때 이후에는 역사가 긴 경우 60년이었고, 짧은 경우 겨우 20여년이었습니다. 이는 모두 사람들에게 은혜를 베풀지 않아 국가의 근본이 견고하지 못했기 때문입니다.

폐하께서는 마땅히 우왕 탕왕 문왕 무왕의 공업을 높여서 자손을 위해 만대의 기틀을 세우셔야 합니다. 어찌 당대만을 기대할 뿐이겠습니까. 지금의 호구는 수나라의 10분의 1에도 미치지 못하는데, 부역을 하는 자들을 보면, 형이 떠나면 아우가 돌아와서 도로에 서로 이어지고 있습니다. 폐하께서 은혜를 베푸셔서 조서로 부역을 줄여주셨지만[裁損], 건축과 수리가 그치지 않으니 백성들이 어떻게 편안히 쉴 수 있겠습니까.

신이 바라보건대 예부터 백성들이 근심하고 원망하면 모여서 도적이 되었고, 그 나라가 망하지 않은 적이 없었습니

58) 弦韋 현위 : 활시위와 부드러운 가죽. 자신의 결점을 고치는 반성의 자료. 주(註) 서문표(西文豹)는 성질이 급해 위(韋)를 차고 스스로를 느슨하게 했고, 동안우(董安于)는 성질이 느슨해 현(弦)을 차고 스스로를 급하게 했다

다. 무릇 유왕과 여왕은 일찍이 걸왕과 주왕을 비웃었고, 수나라 양제 또한 북주와 북제의 군주를 비웃었습니다. 후대로 하여금 지금 우리를 비웃게 해서 지금의 우리가 양제를 비웃는 것과 같게 해서는 안 됩니다.

정관 초기에 천하에 흉년이 들어 쌀 한 말 가치가 비단 한 필이었는데도, 백성들이 원망하지 않았던 것은 폐하께서 근심하고 생각하고 잊지 않으심을 알았기 때문입니다. 지금은 해마다 풍년이 들어 비단 한 필에 곡식 10여 곡을 얻을 수 있는데도 백성들이 원망하는 것은 폐하께서 더는 그들을 생각하지 않고, 급하지 않은 일을 많이 경영하심을 알기 때문입니다.

예부터 국가의 흥망은 저축의 많고 적음이 아니라, 백성들의 괴로움과 즐거움에 달려 있었습니다. 또 근래의 일을 가지고 증명하건대, 수나라가 낙구창에 곡식을 많이 저축했으나, 이밀(李密)이 이것을 이용했습니다. 낙양에 베와 비단을 많이 쌓아두었으나, 왕세충의 자금이 되었습니다. 장안의 부고(府庫) 또한 국가를 위한 용도인데, 지금까지 아직 다 쓰지 못했습니다. 저축은 있어야 합니다만 백성들에게 여력이 있은 뒤에 거두어야 할 것이요, 강제로 거두어서 도적과 적들을 도와서는 안 될 것입니다.

무릇 절약해 백성들을 쉬게 하는 것은 폐하께서 이미 정관 초기에 몸소 실천하셨으니, 오늘날에 행하시는 것은 어렵지 않습니다. 폐하께서 장구한 계책을 세우고자 하신다면, 굳이 멀리 상고시대에서 찾을 것 없이 정관 초기처럼만 하신다면, 천하가 매우 행복해질 것입니다.

또 잘 다스려져서 백성들이 편안해지는 것은 오직 자사와 현령에게 달려 있습니다. 자사와 현령을 선발 등용할 때 적임자를 얻는다면, 폐하께서는 팔짱을 끼고서 하는 일이 없어도[59] 천하가 잘 다스려질 수 있을 것입니다.

그런데 지금 조정에서는 오직 내관(內官)을 중히 여기고 주현의 선발을 가볍게 여겨서 자사에 대부분 무인들을 등용합니다. 혹 경관이 그 직책에 적합하지 못하면[60] 비로소 외임(外任)을 맡깁니다. 변방의 먼 곳에서는 사람을 등용하는 것을 더 가볍게 여기니, 백성들이 편안하지 않은 것은 거의 이것 때문입니다"

상소를 아뢰자, 황제가 오래 칭찬했다. 근신들에게 이르기를 "자사는 짐이 직접 선발할 것이다. 현령은 경관 5품 이상에게 명해 각각 한 사람씩 천거하게 하라"고 했다.

무술(戊戌) 12년(638년)

2월에 조서를 내려 "수나라의 옛 응격낭장(鷹擊郎將) 요군소(堯君素)는 걸왕의 개가 요임금에게 짖고, 창을 거꾸로 든 어그러짐이 있었다. 질풍은 굳센 풀을 안다. (그는) 진실로 꿋꿋한 절개[61]를 나타냈다. 포주자사(蒲州刺史)에 추

---

59) 端拱無爲 단공무위 : 임금이 팔짱을 끼고 앉아서 하는 일이 없어도 나라가 잘 다스려짐

60) 稱職 칭직 : 그 직에 적합함

61) 歲寒之心 세한지심 : 꿋꿋한 절개. 『논어(論語)』 '세한연후지송백지후조(歲寒然後知松柏之後凋)'

증[62]하고 그 자손을 찾아내어 아뢰라"고 했다.

○ 3월에 저작좌랑(著作左郞) 등세륭(鄧世隆)이 표문을 올려 황제의 문장을 수집해 간행할 것을 청했다. 황제가 이르기를 "짐의 글과 명령 중에 백성들에게 유익한 것은 사관이 모두 기록했으니 충분히 불후의 것이 될 것이다. 만약 그것이 무익하다면 모아서 어디에 쓰겠는가. 양나라 무제 부자, 진나라 후주, 수나라 양제에게 모두 문집이 있었고 세상에 알려졌으나, 나라의 망함을 구원할 수 있었는가. 군주가 되어 덕스런 정사가 없음을 근심해야지, 문장을 어디 쓰겠는가"라면서 허락하지 않았다.

○ 황손이 탄생했다. 5품 이상의 관원에게 동궁에서 연회를 베풀었다. 황제가 이르기를 "정관 이전에 짐을 따라 천하를 경영한 것은 방현령의 공이요, 정관 이후에 잘못을 바로잡고 그릇됨을 규찰한 것은 위징의 공"이라 말하고, 그들에게 모두 패도(佩刀)를 하사했다.

○ 황제가 위징에게 이르기를 "짐의 정사가 지난해에 비하여 어떠한가?" 하니, 위징이 대답하기를 "위엄과 덕이 행해지는 것은 정관 초기에 비해 멀었고, 민심이 기뻐하고 복종하는 것도 미치지 못합니다"라고 했다.

황제가 이르기를 "먼 지방 사람들이 위엄을 두려워하고 덕을 사모하기 때문에 와서 복종하는 것이다. 만일 미치지

---

62) 追贈 추증 : 사후에 조정에서 내린 벼슬

못한다면 어찌 왔겠는가" 하니, 위징이 "폐하께서는 예전에는 나라가 다스려지지 않음을 걱정하셨기 때문에 덕(德)과 의로움이 날로 새로워졌는데, 지금은 이미 다스려졌다고 해 편안히 여기시므로 미치지 못하는 것입니다"라고 대답했다.

황제가 다시 "지금 하는 바가 지난 해와 같은데, 무엇이 다르단 말인가?" 하니, 위징이 대답하기를 "폐하께서는 정관 초기에는 사람들이 간언하지 않을까 두려워 해 항상 사람들을 이끌어서 말을 시켰고, (말의) 중간에 기뻐하면서 따르셨는데, 지금은 그렇지 않습니다. 비록 억지로 따르시나 오히려 꺼려하는 기색이 있으십니다. 이것이 다른 바입니다"라고 했다. 황제가 "그 일을 들려줄 수 없는가?" 하니, 위징이 대답했다.

"폐하께서 옛날에 원율사(元律師)를 죽이려고 하자, 손복가(孫伏伽)가 그것은 법으로 사형에 해당하지 않는다고 했습니다. 폐하께서는 (손복가에게) 난릉공주(蘭陵公主)의 동산을 내리셨는데, 가치가 1백 만이었습니다. 혹자가 상이 너무 크다고 아뢰자, 폐하께서는 '짐이 즉위한 이래 간언하는 자가 없었기 때문에 그에게 상을 준 것이다'라고 하셨습니다. 이는 사람들을 이끌어서 말하게 한 것입니다.

사호(司戶) 유웅(柳雄)이 수나라의 음서(蔭敍)를 거짓으로 알리자, 폐하께서 그를 죽이려고 하시다가 대주(戴冑)의 간언을 받아들여 중지하셨습니다. 이는 기뻐해 따르신 것입니다. 근년에 황보덕삼이 글을 올려 낙양궁 수리하는 것을 간언하자, 폐하께서는 노하셨다가 신의 말 때문에 그치셨습니다. 이는 억지로 따르신 것입니다"

황제가 "공이 아니면 여기에까지 미칠 수가 없다. 사람은 스스로를 알지 못하는 것이 고통이다"라고 말했다.

○ 황제가 근신들에게 "제왕이 창업하는 것과 수성하는 것 중 어느 것이 어려운가?"라고 물었다. 방현령은 "창업 초기에는 여러 영웅들과 함께 일어나서 각자 힘을 겨룬 후에 그들을 신하로 했습니다. 창업하는 것이 어렵습니다"라고 했다. 위징은 "예부터 제왕들이 어려운 과정을 거쳐 천하를 얻지 않은 자가 없었으나, 안일함에서 천하를 잃었습니다. 수성하는 것이 어렵습니다"라고 했다.

황제는 "방현령은 나와 함께 천하를 차지해 백 번 죽을 고비를 넘기고 한 번 살아났다. 그러므로 창업의 어려움을 아는 것이다. 위징은 나와 함께 천하를 편안히 하고, 항상 교만과 사치가 부귀에서 생겨나고, 화란이 소홀히 여기는 데에서 생길까 두려워했다. 그러므로 수성의 어려움을 아는 것이다. 창업의 어려움은 지나갔으니, 수성의 어려움은 현재의 일이다. 마땅히 여러 공들과 함께 삼가야 한다"고 했다. 방현령 등이 절하며 "폐하께서 이 말씀을 하시는 것은 천하의 복입니다"라고 말했다.

○ 급사중 마주를 중서사인으로 삼았다. 마주는 임기응변[63]을 잘했다. 중서시랑 잠문본(岑文本)은 "마군(馬君)은 일을 논하는데, 같은 종류의 일[64]을 인용하고 고금을 비교

---

63) 機辯 기변 : 임기응변의 변설(辨說)

해 생각한다.[65] 요점을 들고 번잡한 것을 삭제해[66] 모아서 문장을 이루는데, 이치에 절실하니 한 글자를 더할 수도 없고 뺄 수도 없다. 그 문장을 들으면 마음이 저절로 휩쓸려서[67] 사람에게 싫증을 잊게 한다"며 항상 칭찬했다.

---

64) 事類 사류 : 일의 비슷한 종류

65) 揚榷古今 양각고금 : =상각고금(商榷古今) 고금을 비교하여 생각함. 양(揚) 드러낼, 나타낼. 각(榷) 인용, 헤아릴,

66) 擧要刪煩 거요산번 : 요점을 들고 번잡함을 삭제하다

67) 靡靡 미미 : 휩쓸려서 따르는 모양, 복종하는 모양

원 문

卷之三十七

唐紀

太宗皇帝 中

辛卯貞觀五年

河內人李好德得心疾, 妄為妖言。詔按其事。大理丞 張蘊古奏:「好德被疾有徵, 法不當坐。」治書侍御史權萬紀劾奏:「蘊古貫在相州, 好德之兄厚德 為其刺史, 情在阿縱。按事不實。」上怒命斬之於市, 既而悔之, 因詔 自今有死罪, 雖令卽決, 仍三覆奏, 乃行刑。

○初 上令群臣 議封建。魏徵議以為:「若封建諸侯 則卿大夫咸資俸祿, 必致厚斂。」李百藥以為:「使勳戚子孫 皆有民有社, 易世之後, 將驕淫自恣, 攻戰相殘, 害民尤深。不若守令之迭居也。」顏師古以為:「不若分王宗子。勿令過大, 間以州縣 雜錯而居, 互相維持, 使各守其境, 協力同心, 足扶京室。」十一月 詔: 皇家宗室及勳賢之臣 宜令作鎮藩部。貽厥子孫非有大故, 無或黜免。所司明為條例, 定等級以聞。

◯上謂侍臣曰:「朕以死刑至重, 故令三覆奏, 盖欲思之詳熟故也。而有司須臾之間, 三覆已訖。又古 刑人 君為之徹樂減膳。朕庭無常設之樂, 然當為之不啖酒肉。但未有著令。又有司斷獄, 唯據律文, 雖情在可矜, 而不敢違法, 其間豈能盡無寃乎?」丁亥, 制決死囚者, 二日中五覆奏, 下諸州者, 三覆奏。行刑之日, 尙食勿進酒肉, 內教坊及太常不擧樂, 皆令門下覆視。有據法, 當死, 而情可矜者, 錄狀以聞。由是, 全活甚衆。其五覆奏者, 以決前 一二日, 至決日 又三覆奏。惟犯惡逆者, 一覆奏而已。

◯上謂執政曰:「朕常恐因喜怒 妄行賞罰。故欲公等極諫。公等亦宜受人諫, 不可以己之所欲惡人違之。苟自不能受諫, 安能諫人?」

◯康國求內附。上曰:「前代帝王好招来絶域, 以求服遠之名。無益於用, 而靡弊百姓。今康國內附, 儻有急難, 於義不得不救, 師行萬里, 豈不疲勞。勞百姓以取虛名, 朕不為也。」遂不受。

◯上謂侍臣曰:「治國如治病。病雖愈, 尤宜將護。儻遽自放縱, 病復作, 則不可救矣。今中國幸安, 四夷俱服, 誠自古所希。然朕日愼一日, 唯懼不終, 故欲數聞卿輩諫争也。」魏徵曰:「內外治安, 臣不以為喜, 唯喜陛下居安思危耳。」

壬辰六年

正月, 文武官復請封禪。上曰:「卿輩皆以封禪為帝王盛事, 朕意不然。若天下乂安, 家給人足, 雖不封禪, 庸何傷乎? 昔秦始皇封禪, 而漢文帝不封禪。後世豈以文帝之賢不及始皇邪? 且事天掃地而祭, 何必登泰山之顛, 封數尺之土, 然後可以展其誠敬乎?」群臣猶請之不已。上亦欲從之。魏徵獨以為:「不可。」上曰:「公不欲朕封禪者, 以功未高耶?」曰:「高矣。」「德未厚耶?」曰:「厚矣。」「中國未安耶?」曰:「安矣。」「四夷未服耶?」曰:「服矣。」「年穀未豐耶?」曰:「豐矣。」「符瑞未至耶?」曰:「至矣。」「然則, 何為不可封禪?」對曰:「陛下雖有此六者, 然承隋末大亂之後, 戶口未復, 倉廩尚虛。而車駕東巡, 其供頓勞費, 未易任也。且陛下封禪 則萬國咸集, 遠夷君長皆當扈從,自今伊洛以東 至于海岱, 煙火尚希, 萑莽極目。此乃引戎狄 入腹中, 示之以虛弱也。況賞賚不貲, 未厭遠人之望。給復連年, 不償百姓之勞。崇虛名而受實害, 陛下將焉用之?」會河南北數州大水, 事遂寢。

◯上嘗罷朝, 怒曰:「會須殺此田舍翁。」后問為誰, 上曰:「魏徵。每廷辱我。」后退具朝服 立于庭。上驚, 問其故。后曰:「妾聞主明臣直。今魏徵直, 由陛下之明故也。妾敢不賀。」上乃悅。

◯宴三品以上於丹霄殿。上從容言曰:「中外乂安, 皆公卿之力。然隋煬帝威加夷夏, 頡利跨有北荒, 統葉護雄據西域。今皆覆亡, 此乃朕與公等所親見。勿矜彊盛以自滿也。」

◯上宴近臣於丹霄殿。長孫無忌曰:「王珪 魏徵 昔為仇讎不謂，今日得同此宴。」上曰:「徵 珪盡心所事， 故我用之。然徵每諫， 我不從，我與之言，輙不應，何也?」魏徵對曰:「臣以事為不可，故諫。若陛下不從，而臣應之 則事遂施行。故不敢應。」上曰:「且應，而復諫，庸何傷?」對曰:「昔舜戒羣臣，爾無面從 退有後言。臣心知其非，而口應，陛下乃面從也，豈稷契事舜之意邪?」上大笑曰:「人言:『魏徵舉止踈慢。』我視之，更覺娬媚，正為此耳。」徵起拜謝曰:「陛下開臣使言， 故臣得盡其愚。若陛下拒而不受，臣何敢數犯顏色乎?」

◯秘書少監虞世南上聖德論。上賜手詔稱:「卿論太高，朕何敢擬上古。但比近世，差勝耳。然卿適覩其始，未知其終。若朕能慎終如始，則此論可傳，如或不然，恐徒使後世笑卿也。」

◯九月 己酉，幸慶善宮。上生時故宅也。因與貴臣宴。賦詩，起居郎吕才被之管絃，命曰， 功成慶善樂。使童子八佾，為九功之舞。大宴會 與破陳舞 皆奏於庭。同州刺史尉遲敬德預宴，有班在其上者。敬德怒曰:「汝何功，在我上?」任城王道宗次其下，諭解之，敬德拳歐道宗目，幾眇。上不懌而罷。謂敬德曰:「朕見漢高祖誅滅功臣，意常尤之，故欲與卿等 共保富貴 令子孫不絕。然卿居官，數犯法，乃知韓彭爼醢，非高祖之罪也。國家綱紀 唯賞與罰，

非分之恩 不可數得。勉自修飭 無貽後悔。」敬德由是，始懼而自戢。

◯以左光祿大夫陳叔達 為禮部尙書。帝謂叔達曰：「卿武德中，有讜言， 故以此官相報。」對曰：「臣見隋室，父子相殘 以取亂亡。當日之言 非為陛下。乃社稷之計耳。」帝與侍臣 論安危之本。中書令溫彦博曰：「伏願陛下，常如貞觀初 則善矣。」帝曰：「朕比来怠於為政乎?」魏徵曰：「貞觀之初，陛下志在節儉，求諫不倦。比来營繕微多，諫者頗有忤旨，此其所以異耳。」帝拊掌大笑曰：「誠有是事!」

◯上謂侍臣曰：「朕比来決事，或不能皆如律令，公輩以為事小不復執奏。夫事無不由小以致大。此乃危亡之端也。昔關龍逄忠諫而死，朕每痛之。煬帝驕暴而亡， 公輩所親見也。公輩常宜為朕 思煬帝之亡，朕常為公輩 念關龍逄之死，何患君臣不相守乎!」

◯上謂魏徵曰：「為官擇人，不可造次。用一君子 則君子皆至，用一小人 則小人競進矣。」對曰：「然天下未定 則專取其才，不考其行。喪亂既平則非才行兼備，不可用也。」

癸巳七年

正月，更名破陳樂，曰七德舞。癸巳 宴三品以上及州牧蠻夷酋長於玄武門，奏七德 九功之舞。魏徵欲上偃武修文，每侍宴，見七德舞，輒俛首不視，見九功舞，則諦觀之。

◯去歲，帝親錄繫囚，見應死者閔之，縱使歸家，期以来秋，来就死。仍勅天下，死囚皆縱遣，至期来詣京師。至是九月，去歲所縱天下死囚　凡三百九十人，無人督帥，皆如期　自詣朝堂。無一人亡匿者。上皆赦之。

○十一月，以開府儀同三司，長孫無忌為司空。無忌固辭曰:「臣忝預外戚，恐天下謂陛下為私。」上不許曰:「吾為官擇人，惟才是與。苟或不才，雖親不用。襄邑王神符是也。如其有才，雖讎不棄。魏徵等是也。今日之舉非私親也。」

○十二月，帝從上皇　置酒故漢未央宮。上皇命突厥　頡利可汗起舞。又命南蠻酋長馮智戴詠詩。既而笑曰:「胡越一家，自古未有也。」帝奉觴上壽曰:「今四夷入臣，皆陛下教誨，非臣智力所及。昔漢高祖亦從太上皇，置酒此宮，妄自矜大。臣所不取也。」上皇大悅。殿上皆呼萬歲。

○帝謂左庶子　于志寧　右庶子　杜正倫曰:「朕年十八猶在民間，民之疾苦情僞，無不知之。及居大位　區處世務，猶有差失。况太子生長深宮，百姓艱難　耳目所未涉，能無驕逸乎。卿等不可不極諫。」太子好嬉戲，頗虧禮法。志寧與右庶子孔穎達數直諫，上聞而嘉之，各賜金一斤，帛五百匹。

○上問魏徵曰:「群臣上書可采，及召對多失次，何也?」對曰:「臣觀百司奏事，常數日思之，及至上前，三分不能道一。况諫者怫意觸忌，非陛下借之辭色，豈敢盡其情哉?」上由是接群臣，辭色愈温。嘗曰:「煬帝多猜忌，臨朝對群臣，多不語。朕則不然。與群臣相親如一體耳。」

甲午八年

正月，上欲分遣太臣，為諸道黜陟大使，未得其人。李靖薦魏徵。上曰:「徵箴規朕失，不可一日離左右。」乃命:「靖與太常卿蕭瑀等凡十三人，分行天下，察長吏賢不肖，問民間疾苦，禮高年，賑窮乏，褒善良，起淹滯，俾使者所至，如朕親覩。」

◯中牟丞皇甫德參上言:「修洛陽宫勞人，收地租厚斂。俗好高髻，盖宫中所化。」上怒謂房玄齡等曰:「德參欲國家不役一人，不收斗租，宫人皆無髮，乃可其意耶?」欲治其謗訕之罪，魏徵諫曰:「賈誼當漢文帝時，上書云:『可為痛哭者一，可為流涕者二。』自古上書不激切，不能動人主之心。所謂狂夫之言，聖人擇焉，惟陛下裁察!」上曰:「朕罪斯人則誰敢復言?」乃賜絹二十匹。他日徵奏言:「陛下近日不好直言。雖勉強含容，非曩時之豁如。」上乃更加優賜，拜監察御史。

乙未九年

上謂魏徵曰:「齊後主 周天元 皆重斂百姓，厚自奉養，力竭而亡。譬如饞人自噉其肉，肉盡而斃，何其愚也! 然二主孰為優劣?」對曰:「齊後主懦弱，政出多門，周天元驕暴，威福在己，雖同為亡國，齊主尤劣也。」

◯四月，庚子 上皇崩。

◯以光禄大夫蕭瑀為特進，復令參預政事。上曰:「武德六年以後，高祖有廢立之心，而未定，我不為兄弟所容。實有功高，不賞之懼。斯人也，不可以利誘，不可以死脅，真社稷臣也。」因賜瑀詩曰：「疾風知勁草，板蕩識誠臣。」又謂瑀曰：「卿之忠直古人不過，然善惡大明亦有時而失。」瑀再拜謝。魏徵曰：「瑀違衆孤立，唯陛下知其忠勁。曏不遇聖明，求免難矣。」

◯長孫皇后性仁孝儉素，好讀書。常與上從容商略古事，因而獻替，裨益弘多。上或以非罪，譴怒宮人，后亦陽怒，請自推鞫，因命囚繫，俟上怒息，徐為申理。由是宮壼之中，刑無枉濫。及疾篤與上訣時，房玄齡以譴，歸第。后言於上曰：「玄齡事陛下久，小心慎密。奇謀秘計 未嘗宣泄。苟無大故，願勿棄之。仍願陛下 親君子 遠小人，納忠諫，屏讒慝，省徭役，止遊畋，妾雖沒於九泉，誠無所恨。」崩于立政殿。后嘗采自古婦人得失事，為女則三十卷。及崩，宮司奏之。上覽之悲慟，以示近臣曰：「皇后此書足以為範百世。朕非不知天命，而為無益之悲，但入宮不復聞規諫之言，失一良佐故不能忘懷耳。」乃召房玄齡，使復其位。

◯葬文德皇后於昭陵。上念后不已，乃於苑中，作層觀以望昭陵。嘗引魏徵同登，使視之，徵熟視之曰：「臣昏眊，不能見。」上指示之，徵曰：「臣以為陛下望獻陵。若昭陵則臣固見之矣。」上泣，為之毀觀。

◯朱俱波　甘棠，遣使入貢。朱俱波在葱嶺之北，去瓜州三千八百里。甘棠在大海南。上曰：「中國既安，四夷自服。

然朕不能無懼者。秦始皇威振胡越，二世而亡。惟諸公匡其不逮耳。」

○治書侍御史權萬紀，上言：「宣　饒二州，銀大發，采之，歲可得數百萬緡。」上曰：「朕貴為天子，所乏者非財也。但恨無嘉言可以利民耳。與其多得數百萬緡，何如得一賢才。卿未嘗進一賢　退不肖，而專言稅銀之利。昔堯舜抵璧於山，投珠於谷。漢之桓　靈，乃聚錢為私藏。卿欲以桓靈俟我耶?」是日，黜萬紀使還家。

○是歲更命統軍，為折衝都尉，別將為果毅都尉。凡十道置府六百三十四，而關內二百六十一，皆隸諸衛。凡當宿衛者番上，兵部以遠近，給番，遠疎 近數，皆一月而更。

丁酉十一年

房玄齡等受詔，定律令。比古死刑　除其太半。天下稱賴。由是 斷獄平允。

○三月，上宴洛陽宮　西苑，泛積翠池。顧謂侍臣曰：「煬帝作此宮苑，結怨於民，今悉為我有。正由宇文述 虞世基 裴蘊之徒 內為諂諛 外蔽聰明故也。可不戒哉!」

○魏徵上疏以為：「人主善始者多，克終者寡。豈取之易，而守之難乎。蓋以殷憂則竭誠以盡下，安逸則驕恣而輕物。盡下則胡越同心，輕物則六親離德。雖震之以威怒，亦皆貌從而心不服故也。人主誠能見可欲則思知足，將興繕則思知止，處高危則思謙降，臨滿盈則思挹損，遇逸樂則思撙節，在宴安則思後患，防壅蔽則思延納，疾讒邪則思正己，行賞爵則思因喜而僭，施刑罰則思因怒而濫。兼是十思而選賢任能，固可以無為而治。又何必勞神苦體，以代百司之任哉!」

◯五月， 魏徵上疏以為:「陛下欲善之志，不及於昔時，聞過必改，少虧於曩日。譴罰積多，威怒微厲。乃知 貴不期驕 富不期侈 非虛言也。昔隋之未亂也，自謂必無亂。其未亡也，自謂必無亡。故賦役無窮，征伐不息，以至禍將及身，而尚未之寤也。夫鑒形莫如止水，鑒敗莫如亡國。伏願取鑒於隋，去奢從約，親忠遠佞。以當今之無事，行疇昔之恭儉則盡善盡美，固無得而稱焉。夫取之實難，守之甚易。陛下能得其所難，豈不能保其所易乎?」

◯魏徵上疏以為:「文子曰:『同言而信，信在言前，同令而行，誠在令外。』自王道休明十有餘年，然而德化未洽者，由待下之情 未盡誠信故也。今立政致治，必委之君子，事有得失，或訪之小人。其待君子也，敬而疏，遇小人也，輕而狎。狎則言無不盡，疏則情不上通。夫中智之人 豈無小慧。然才非經國 慮不及遠，雖竭力盡誠，猶未免有敗。況內懷姦宄，其禍豈不深乎! 夫雖君子不能無小過，苟不害於正道，斯可略矣。既謂之君子，而復疑其不信，何異立直木而疑其影之曲乎。陛下誠能慎選君子，以禮信用之，何憂不治。不然，危亡之期，未可保也。」上賜手詔褒美曰:「昔晉武帝平吳之後，志意驕怠。何曾位極臺司，不能直諫，乃私語子孫自矜明智。此不忠之大者。得公之諫，朕知過矣。

當置之几案，以比弦韋。」

◯侍御史馬周上疏以為:「三代及漢 歷年多者八百，少者不減四百，良以恩結人心，人不能忘故也。自是以降多者六十年，少者纔二十餘年，皆無恩於人，本根不固故也。陛下當隆禹 湯 文 武之業，為子孫立萬代之基。豈得但恃當年而已? 今之戶口，不及隋之什一，而給役者，兄去弟還，道路相繼。陛下雖加恩，詔使之裁損，然營繕不休，民安得息? 臣觀自古以來，百姓愁怨，聚為盜賊，其國未有不亡者。盖幽厲嘗笑桀紂矣，煬帝亦笑周齊矣。不可使後之笑今如今之笑煬帝也。貞觀之初，天下飢歉，斗米直匹絹，而百姓不怨者，知陛下憂念不忘故也。今比年豐穰，匹絹，得粟十餘斛，而百姓怨咨者，知陛下不復念之，多營不急之務故也。自古以來，國之興亡，不以畜積多少，在於百姓苦樂。且以近事驗之，隋貯洛口倉，而李密因之。東都積布帛，而世充資之。西京府庫，亦為國家之用，至今未盡。夫畜積固不可無。要當人有餘力， 然後收之。不可彊斂 以資寇敵也。夫儉以息人，陛下已於貞觀之初 親所履行，在於今日為之，固不難也。陛下必欲為長久之計，不必遠求上古，但如貞觀之初 則天下幸甚。又百姓所以治安，唯在刺史縣令。苟選用得人則陛下可以端拱無為。今朝廷唯重內官，而輕州縣之選，刺史多用武人。或京官不稱職，始補外任 邊遠之處。用人更輕，所以百姓未安，殆由如此。」疏奏，上稱善久之。謂侍臣曰:「刺史朕當自選。縣令宜詔， 京官五品以上各舉一人。」

戊戌十二年

二月，詔曰:「隋故擊鷹郎將 堯君素 雖桀犬吠堯，有乖倒戈之志，而疾風勁草，實表歲寒之心。可贈蒲州刺史，仍訪其子孫以聞。」

◯三月，著作佐郎鄧 世隆表，請集上文章。上曰:「朕之辭令，有益於民者，史皆書之，足為不朽。若其無益，集之何用。梁武帝父子 陳後主 隋煬帝 皆有文集 行於世，何救於亡，為人主患無德政，文章何為。」遂不許。

◯皇孫生，宴五品以上於東宮。上曰:「貞觀之前，從朕經營天下，玄齡之功也，貞觀以来，繩愆糾繆，魏徵之功也。」皆賜之佩刀。

◯上謂徵 曰:「朕政事何如徃年?」對曰:「威德所加，比貞觀之初則遠矣，人悅服則不逮也。」上曰:「遠方畏威慕德故来服。若其不逮，何以致之?」對曰:「陛下徃以未治為憂故德義日新，今以既治為安 故不逮。」上曰:「今所為猶徃年也，何以異?」對曰:「陛下貞觀之初 恐人不諫，常導之使言，中間悅，而從之。今則不然。雖勉從之，猶有難色，所以異也。」上曰:「其事可聞歟?」對曰:「陛下昔欲殺元律師，孫伏伽以為法不當死。陛下賜以蘭陵公主園，直百萬。或云:『賞太厚。』陛下云:『朕卽位以来，未有諫者故賞之。』此導之使言也。司戶柳雄妄訴隋資，陛下欲誅之，納戴冑之諫而止。是悅而從之也。近皇甫德参上書 諫修洛陽宮，陛下恚之。雖以臣言而罷，勉從之也。」上曰:

「非公不能及此。人苦不自知耳。」

○上問侍臣:「帝王創業與守成 孰難?」房玄齡曰:「草昧之初，與群雄並起，角力而後臣之，創業難矣。」魏徵曰:「自古，帝王莫不得之於艱難，失之於安逸。守成難矣。」上曰:「玄齡與吾共取天下，出百死得一生， 故知創業之難。魏徵與吾共安天下，常恐驕奢生於富貴，禍亂生於所忽 故 知守成之難。然 創業之難 既已徃矣，守成之難 方當。與諸公慎之!」玄齡等拜曰:「陛下及此言，四海之福也。」

○以給事中馬周 為中書舍人。周有機辯。中書侍郎岑文本常稱:「馬君論事，援引事類，揚搉古今，舉要刪煩，會文切理，一字不可增亦不可减，聽之靡靡令人忘倦。」

통감절요 38권

당기(唐紀) 태종황제(太宗皇帝) 하(下)

기해(己亥) 13년(서기 639년)

정월에 좌복야(左僕射) 방현령(房玄齡)을 태자소사(太子少師)로 삼았다. 방현령은 탁지(度支) 직책이 천하의 이해에 관계된다고 생각했다. 일찍이 자리가 비자 그 적임자를 찾았으나 얻지 못하자 마침내 스스로가 맡았다.

○ 황제가 조서를 내려 종실과 여러 신하의 자손들에게 자사(刺史)직을 세습하게 했다. 좌서자(左庶子) 우지녕(于志寧)이 '옛날과 지금은 사정이 다르니 오래도록 안정시킬 수 있는 방도가 못되므로 걱정된다'고 상소해 이를 막았다. 시어사(侍御史) 마주(馬周) 또한 상소했다.

"요와 순임금같은[1] 아버지에게도 단주(丹朱)와 상균(商均)같은 아들이 있었습니다. 혹시라도 어린아이가 직을 승계해 만에 하나라도 교만하고 어리석으면, 많은 백성들[2]이 그 재앙을 입고, 국가 또한 이 때문에 낭패를 겪게 될 것입니다. 곧바로 그것을 끊어내 버리고자 한다면, 자문(子文)의 정치가 아직 남아 있고, 만일 남겨 두고자 하면 난암(欒黶)의 죄악이 이미 밝혀졌습니다.[3] 현재 살아 있는 백성들에게 해독을 끼치는 것보다는 차라리 이미 죽은 한 신하와 은혜를 끊는 것이 나을 것입니다. 그런 즉 그들을 아낀다는 것은 단지 그들을 해치는 것이 될 뿐입니다"[4]

마침 장손무기(長孫無忌) 등이 모두 봉국으로 가기를 원하지 않아 표문을 올려 간곡히 사양했다. 황제가 "땅을 떼어서 공신을 봉하는 것은 고금의 공통된 도리이다. 마음으로는 공의 후대 자손들이 짐의 자손을 보필해 함께 영구히

---

1) 之 지 : ~ 같은, ~다운의 뜻으로 쓰임

2) 兆庶 조서 : 조민(兆民), 많은 백성

3) 주(註) 『좌전(左傳)』에 진(晉) 사앙(士鞅)이 "난암(欒黶)의 포학함이 매우 심한데도 그래도 면죄되었으니, 그것은 영(盈)에게서 드러날 것입니다. 난암이 죽으면 무자(武子)가 베푼 것은 없어질 것이니, 난암에 대한 원한은 그때에 드러날 것입니다"라고 말했다. 후에 영(盈)은 축출당했다

4) 비교선택, 비교의문의 조동사
   1.여기(與其) a 영사(寧使) b , 여기(與其) a 불여(不如) b : a하느니 차라리 b하는 것이 낫다
   2.여기(與其) a 숙약(孰若) b : (與其 a 孰與 b) a과 b와는 비교하여 어느 쪽이 낫겠는가?(b가 낫다는 전제가 있음)
   3.여기(與其) a 기약(豈若) b호(乎) : a하는 것이 어찌 b만 같겠는가?
   4.여기(與其) a (豈) b : a하는 것보다는 b하는 것이 어떻겠는가?
   5.그밖에 하여(何如), 하여(何與), 숙약(孰若), 숙여(孰與, 비교해서 어떤가?), 불여(不如, 寧), 막여(莫如), 불약(不若), 막(莫)~여(如), 여(與), 어(於)가 비교로 쓰여진다

전하고자 한 것인데, 공들이 도리어 거듭 원망하는 말을 하니, 짐이 어찌 공들에게 봉국에 가서 사직(社稷)을 세우도록[5] 강요하겠는가"라고 말하고, 조서를 내려 대대로 자사 세습을 그치도록 했다.

○ 5월에 가뭄이 들었다. 조서를 내려 5품 이상의 관원에게 밀봉한 글을[6] 올리게 했는데, 위징(魏徵)이 상소해 "폐하의 뜻과 공적이 정관(貞觀) 초기에 비해 끝이 처음과 같지 못할 조짐이 모두 열 조항입니다"라고 했다. 황제가 깊이 감탄하고 표창해 황금 10근과 말 10필[7]을 내렸다.

신당서(新唐書) 「위징전(魏徵傳)」에 다음의 내용이 있다.

위징이 상소해 지극한 마음으로 간언했다.

"신이 내정[8]에서 받들어 모신지 10여 년입니다. 폐하께서 신에게 인의의 도를 지켜 잃지 말고, 검약하고 소박함을 시종 변치 말도록 허락하셨습니다. 덕스러운 말씀이 귀에 쟁쟁해 감히 잊을 수가 없습니다. 근자 이후로 점점 끝까지 잘해내지 못할 (조짐이 있어서), 삼가 조목조목 아뢰어 만분의 일이나마 도움이 되도록 하겠습니다.

---

5) 茅土 모토 : 분봉건국(分封建國)을 말함. 주(註) 옛날에 천자가 오색 흙으로 단을 만들어 제후를 봉했는데, 각각 그 방면의 흙을 가져다 흰 띠 풀로 싸서 그것을 주고, 봉국(封國)에 가서 사직(社稷, 토지신과 곡신, 정부를 말함)을 세우게 했다

6) 封事 봉사 : 남에게 누설되지 않도록 밀봉해 천자에게 바치는 서장(書狀)

7) 疋 필 : 짝

8) 幃幄 위악 : 휘장, 내정(內廷), 궁정 안

폐하께서 정관 초기에는 청렴하고 욕심이 적어서, 교화가 이역의 땅[方外][9]에까지 미쳤습니다. 지금은 만 리에 사신을 보내 준마를 찾아서 사오시고, 아울러 진귀하고 괴이한 물건을 찾고 계십니다. 옛날 한(漢) 문제는 천리마를 물리쳤고, 진(晉) 무제는 치두구(雉頭裘)[10]를 불태웠습니다. 폐하의 평소 의론은 멀리 요, 순임금과 견주셨는데, 지금 행하시는 것은 한나라 문제와 진나라 무제 아래에 처하기를 더 원하시는 것이 아닙니까? 이것이 끝까지 잘해내지 못할 첫 번째 조짐[11]입니다.

폐하께서 정관 초기에는 백성들의 수고로움을 돕기 위해 자식같이 사랑하시고[12], 토목공사를 가볍게 하지 않으셨는데, 근래에는 이미 사치하고 방자해져서 백성들의 힘을 쓸 것을 생각하고 '백성들은 일이 없으면 교만해지고, 힘들게 부역하면 부리기가 쉽다'고 말씀하셨습니다. 예로부터 백성들이 편안하고 즐거워하는데, 나라가 기울어 패망한 적은 없었습니다. 어찌 거꾸로 교만해질 것을 두려워해 노역을 시킨단 말입니까? 이것이 끝까지 잘해내지 못할 두 번째 조짐입니다.

폐하께서 정관 초기에는 자신을 수고롭게 해 남을 이롭게 하셨는데, 근래에는 마음대로 욕심을 부려 백성들을 수

---

9) 方外 방외 : 지경(地境) 밖, 이역(異域), 이적(夷狄)의 땅
10) 雉頭裘 치두구 : 꿩머리의 예쁜 털로 장식한 털옷
11) 漸 점 : 점점, 조짐, 징조
12) 呴 후 : 사랑할, 꾸짖을, 말 공손히 할

고롭게 합니다. 비록 백성을 걱정하는 말씀이 입에서 끊이지 않으나, 자신을 즐겁게 하는 일이 실로 마음에 간절하십니다. 이것이 끝까지 잘해내지 못할 세 번째 조짐입니다.

정관 초기에는 군자를 가까이 하고 소인을 배척하셨는데, 근래에는 소인들을 가볍게 여겨 허물없이 친하시고[13], 군자는 예우해 중히 여깁니다. 군자를 중히 여긴다는 것은 공경하지만 멀리 한다는 것입니다. 소인을 가볍게 여긴다는 것은 친하게 여겨 가까이 한다는 것입니다. 가까이 하면 그의 잘못을 보지 못하고, 멀리하면 그의 옳음을 보지 못하게 됩니다. 그의 옳음을 보지 못하면 시간을 기다릴 것 없이 (바로) 소원해지고, 그의 잘못을 보지 못하면 때때로 가까워질[14] 수 있습니다. 이것이 끝까지 잘해내지 못할 네 번째 조짐입니다.

정관 초기에는 기이한 물건을 귀하게 여기지 않으시고 무익한 일을 하지 않으셨는데, 지금은 얻기 어려운 보화가 함께 섞여서 이것저것 진상되고, 애완용의 제작을 시도때도 없이 늘리십니다. 이것이 시작처럼 끝까지 해내지 못할 다섯 번째 조짐입니다.

정관 초기에는 목마를 때 물을 구하듯 인재를 구하고, 현자가 천거되면 곧바로 믿고 맡겨서 항상 그 장점을 얻어내지 못할까 걱정하셨습니다. 근래에는 마음을 따라 좋아하고 싫어해서[15], 여러 현자들의 천거로 등용하셨다가 한 사람의

---

13) 褻 설 : 허물없을, 친할

14) 昵 닐 : 가깝게 할

비방 때문에 버리십니다. 비록 여러해 동안 맡기고 믿었더라도 하루아침에 의심하고 배척해, 참소하는 자와 간사한 자로 하여금 뜻을 펼 수 있게 하고, 도를 지키는 자는 소원하고 틈이 벌어지게 하십니다. 이것이 시작처럼 끝내지 못할 여섯 번째 조짐입니다.

정관 초기에는 높은 곳에서 팔짱을 끼고 계셨고, 사냥[田獵]과 그물과 주살16)을 좋아하는 일이 없으셨는데, 그 뜻이 이겨내고 견고하지 못해, 수년 뒤에는 사냥하는 매와 개의 공납이 멀리 사방 오랑캐에까지 미쳤습니다. 아침에 나갔다가 저녁에 돌아오고, 말을 달리는 것을 즐거움으로 삼으십니다. 변란이 예측하지 못한 데서 일어난다면 구원할 수 있겠습니까? 이것이 시작처럼 끝내지 못할 일곱번째 조짐입니다.

정관 초기에는 아랫사람을 대우함에 예가 있어서 여러 사람들의 의견이 임금께 도달했는데, 지금은 지방관들이 일을 아뢸 때 상의 안색을 대면하지 못합니다. 간혹 단점 때문에 작은 잘못을 질책하시니, 비록 충성과 정성이 있으나 펼 수 없게 하십니다. 이것이 시작처럼 끝내지 못할 여덟번째 조짐입니다.

정관 초기에는 부지런히 힘 써서 정치를 하시고 항상 부족한 것 같이 하셨는데, 근래에는 큰 공적과 지혜와 명석함을 믿고, 오만함이 길러져서 함부로 욕심 부립니다. 일이

---

15) 由心好惡 유심호오 : 마음에서 좋아하고 싫어하는 것

16) 畢弋 필익 : 필(畢) 짐승잡는 그물. 익(弋) 주살

없는데도 군대를 일으켜 먼 변방의 나라에 죄를 묻고자 하시니, 이것이 시작처럼 끝내지 못할 아홉번째 조짐입니다.

정관 초기에는 서리가 자주 내리고 가뭄이 들어 경기(京畿)의 호구(戶口)가 모두 관외(關外)로 옮겨갔는데, 노인을 부축하고 어린아이를 끌고 몇년 동안 오고 갔으나 끝내 한 호구도 도망가 버린 자가 없었습니다. 이는 폐하께서 찬찬히 길러주시고 어루만지시고 편안히 해주셨으므로 죽어도 사이가 틀어지지[17] 않은 것입니다.

그런데 근래에는 요역에 시달리고, 관중의 백성들은 힘들고 피폐함이 더욱 심합니다. 가령 한번이라도 곡식을 수확하지 못하는 일이 있다면, 백성들의 마음이 예전처럼 안정되고 편안하지[18] 못할까 두렵습니다. 이것이 시작처럼 끝내지 못할 열번째 조짐입니다.

무릇 화와 복은 문이 없습니다. 오직 사람이 부르는 것입니다. 사람에게 틈이 없으면 요망함이 함부로 움직이지 않습니다. 지금 가뭄으로 땅이 마르는[19] 재앙이 군국(郡國)을 덥고, 흉측하고 추한 재앙들이 임금의 슬하[20]에서 일어나고 있습니다. 이는 하늘이 경계를 보인 것입니다. 폐하께서 두려워하고 근심해 부지런히 힘쓰셔야 할 때입니다. 천년 만에 있는 좋은 때[21]입니다. 그 시기를 다시 얻기 어렵습니

---

17) 攜貳 휴이 : 사이가 나쁨, 사이가 나빠짐, 사이가 틀어짐

18) 帖泰 첩태 : 안정되고 평안함

19) 旱熯 한한 : 한(旱) 가뭄. 한(熯) 불 이글이글 할, 태울, 마를

20) 轂下 곡하 : 속 바퀴, 임금의 밑, 슬하

다. 폐하께서는 할 수 있으신 데도 하지 않으시니, 신이 이 때문에 가슴이 답답해 길게 탄식하는 것입니다"

상소문을 아뢰자, 황제가 이르기를 "짐이 이제 잘못을 들었으니, 바라건대 잘못을 고쳐 선도(善道)로 끝마치겠다. 이 말을 어긴다면 어떻게 얼굴을 들고 공(公)과 서로 볼 수 있겠는가"라고 했다. 그리하여 올린 상소문을 열거해 병풍으로 만들어서 거의 아침저녁으로 그것을 보았다. 아울러 사관에게 기록에 붙이게 해[22] 후대로 하여금 군신간의 도리를 알도록 하게 했다.

경자(更子) 14년(640년)

2월에 황제가 국자감에 행차해 석전제(釋奠祭)[23]를 보고는 제주(祭酒) 공영달(孔穎達)에게 명해 『효경(孝經)』을 강론하게 했다. 제주 이하 여러 유생 중 성적이 우수한 자[24]에게까지 차등을 두어 비단을 내렸다.

이 때 황제가 천하의 이름난 유학자를 크게 불러 학관(學官)으로 삼고, 자주 국자감에 행차해 그들로 하여금 경학을 강론하게 했다. 학생 중에 대경(大經)[25] 한 가지 이상을 통

---

21) 休期 휴기 : 좋은 때

22) 錄付 녹부 : 기록에 붙임

23) 釋尊祭 석전제 : 음력 2월과 8월 상정일(上丁日)에 문묘에서 선성(先聖) 선사(先師)에게 지내는 큰 제사. 공자를 비롯한 유가의 현성(顯聖)을 제사함

24) 高第 고제 : 고과(高科), 과거의 성적이 우등임

25) 大經 대경 : 큰 도리. 『예기(禮記)』 『춘추좌씨전(春秋左氏傳)』을 일컬음. 『당령습유(唐令拾遺)』「학령(學令) 5조, 개원(開元) 7년 령(年 令)」에 "무릇

달하면 모두 학관을 돕도록 했다. 학사 1천2백 칸을 증축했으며, 학생 3천2백60명을 증원했다.

군영에 주둔하고 있는 비기(飛騎)[26]에게도 또한 박사를 보내 그들에게 경전을 가르치게 했고, 그 중에 경전을 통달할 수 있는 자가 있으면 주군(州郡)에서 추천을 할 수 있도록 허락했다.[27] 이리하여 사방의 배우는 자들이 경사로 구름처럼 모여들었다.

곧 고구려(高句麗) 백제(百濟) 신라(新羅) 고창(高昌) 토번(吐蕃)에 이르기까지 여러 추장들 또한 자제를 보내 국학에 들어갈 것을 청했다. 강연 자리[28]에 오른 자가 8천여 명에 이르렀다.

황제는 스승의 학설이 여러 학파의 것이기에 글의 장(章)과 구(句)[29]가 번잡하므로, 공영달에게 명해 여러 학자들과 오경의 주석[30]을 편찬 정리하게 했다. 이를 일러 『정의(正

『예기』 『춘추좌씨전』을 대경(大經)이라 하고, 『모시』 『주례』 『의례』를 중경(中經)이라 하고, 『주역』 『상서』 『춘추공양전』 『춘추곡량전』을 소경(小經)이라 한다. 2경에 달했다고 함은 대경 1개, 소경 1개에 통달하거나 중경 2개에 통달한 것이다. 3경에 통달했다고 함은 대경, 소경, 중경 각 한 개씩을 통달한 것이고, 5경에 통달했다고 함은 대경은 다 통달해야 하고, 거기에 『효경』과 『논어』는 반드시 겸해서 익혀야 한다. 대 중 소를 나누는 기준은 확실하지 않으나 텍스트의 양과 난이도를 고려해 분류한 것이라는 설이 유력하다

26) 飛騎 비기 : 질주하는 기병

27) 貢擧 공거 : 주군(州郡)에서 준수한 자제를 선발해 추천하는 일

28) 講筵 강연 : 강연하는 자리. 연(筵) 자리, 좌석, 주연

29) 章句 장구 : 글의 장(章)과 구(句). 문장의 구(句), 장(章)을 나누고 구(句)를 가르는 일

義)』라 하고, 배우는 자들로 하여금 이것을 익히게 했다.

○ 후군집(侯君集)이 고창(高昌)을 멸망시키고, 그 땅을 서주(西州)로 했다. 이리하여 당나라 땅은 동쪽으로는 바다에, 서쪽으로 언기(焉耆)에 이르렀다. 남쪽으로 임읍(林邑) 끝까지 이어지고, 북쪽으로는 큰 사막에 이르렀다. 모두 주현을 만드니, 동서가 9천5백10리, 남북이 1만9백18리였다.

신축(辛丑) 15년(641년)

정월에 황제가 궁전 지붕을 가리키면서 곁의 신하에게 말했다.

"천하를 다스림은 이 지붕을 세우는 것과 같다. 건축물의 구조가 이루어지면 자주 고치거나 옮기지 말아야 한다. 만약 한 개의 서까래[31]를 바꾸고, 한 장의 기와를 바로잡으려고 밟고[32] 움직인다면[33], 반드시 손실이 있게 된다. 특별한 공을 흠모해 마음대로 법도를 바꾸고 그 덕을 항구적으로[34] 하지 않는다면, 수고와 동요가 실로 많아질 것이다"

○ 황제가 근신들에게 말했다.

"짐에게는 두 가지 기쁜 일과 하나의 두려운 일이 있다.

---

30) 疏 소 : 주석
31) 榱 최(체) : 서까래
32) 踐履 천이 : 밟다
33) 動搖 동요 : 움직이다
34) 恒 항 : 항구함, 영구, 항상

근년에 풍년이 들어 장안의 곡식 한 말 값이 3, 4전이다. 이것이 첫 번째 기쁜 일이다. 북쪽의 오랑캐들이 오랫동안 복종해 변방에 근심이 없다. 이것이 두 번째 기쁜 일이다. 나라가 다스려지고 편안해지면 교만함과 사치함이 쉽게 생겨난다. 교만해지고 사치스러워지면, 위태로움과 멸망이 곧 이를 것이다. 이것이 한 가지 두려운 일이다"

○ 병주대도독 장사(幷州大都督 長史) 이세적(李世勣)이 16년 동안 (그곳에) 있으면서 명령은 행해지고 금한 것은 그쳐지니, 오랑캐 백성들이 마음으로 복종했다. 황제가 이르기를 "수나라 양제는 백성을 수고롭게 해 장성을 쌓아 돌궐을 방비했으나, 끝내는 유익한 바가 없었다. 짐은 오직 이세적을 진양에 두었을 뿐인데 변방에 오랑캐의 노략질이 없었다.[35] 그가 장성이 되었으니, 어찌 장대하지 않은가"라고 했다. 이세적을 병부상서로 삼았다.

○ 황제가 위징에게 "근래에 조정의 신하들이 어찌 일을 논하지 않는가?"라고 물었다. 위징은 "폐하께서 마음을 비우고 신하들의 말을 받아들이신다면, 반드시 말하는 자가 있을 것입니다. 무릇 신하들이란 국가를 위해 희생하려는 자는 적고 자기 몸을 아끼는 자가 많습니다. 저들이 죄를 범할까 두려워하기 때문에 간언하지 않는 것입니다"라고 대답했다.

---

35) 邊塵不驚 변진불경 : 변방에 먼지가 일어 놀라는 일이 없었다. 노략질이나 전쟁이 일어나지 않음

황제가 "그렇다. 신하가 입을 열고 말하다가 군주의 뜻을 어기면 자못[36] 형벌과 죽음에 이른다. 끓는 물과 불을 밟고, 날카로운 칼날을 무릅쓰는 것과 무엇이 다르겠는가. 우임금이 옳은 말[37]에 절하신 것은 참으로 이것 때문이다"라고 말했다.

○ 황제가 일찍이 조정에 가서 근신들에게 이르기를 "짐은 군주이지만 항상 장상(將相)의 일을 겸해서 행했다"고 했다. 급사중 장행성(張行成)이 물러가 글을 올려 "우임금은 자신의 재능과 공로를 자랑하지 않았으나, 천하에 우임금에게 재능과 공로를 다툴 자가 없었습니다. 폐하께서는 난리를 평정해 질서를 회복하셨고[38], 여러 신하들이 진실로 맑은 풍채[淸光][39]를 우러러볼 수도 없습니다. 그러나 조회에서 그것을 말씀하셔서 황제의 존귀함으로 여러 신하들과 공을 비교하고 능력을 다툴 필요는 없습니다. 신은 폐하께서 그래서는 안된다고 생각합니다"라고 했다. 황제가 그의 말을 매우 좋게 여겼다.

○ 황제가 근세에 음양 잡서가 거짓됨[40]이 특히 많으므

36) 動 동 : 자못

37) 昌言 창언 : 옳은 말, 착한 말

38) 撥亂反正 발란반정 : 난리를 평정해 질서 있는 세상을 회복함. 발(撥) 다스릴, 덜

39) 淸光 청광 : 맑은 빛, 귀인의 맑은 풍채

40) 訛僞 와위 : 거짓

로 태상박사(太常博士) 여재(呂才)에게 명해 그것을 정리 간행해 올리게 했다. 여재가 그일을 했는데, 경서와 사서를 바탕으로 증험[41]해 서술했다.

「택경(宅經)」의 서문에 "근세에 남녀 무당들이 함부로 다섯 개의 성(姓)을 나누는데, 장씨와 왕씨를 상(商)이라 하고, 무씨와 유(庾)씨를 우(羽)라 했다. 운(韻)에 어울린 것을 취한 듯한데, 유(柳)씨를 궁(宮)이라 하고, 조씨를 각(角)이라 함에 이르러서는 다시 또 유사하지 않다. 혹은 똑같이 하나의 성에서 나왔는데도 나누어서 궁과 상에 속하게 하고, 혹은 복성(複姓)의 몇 글자는 치(徵)에 속하는지 우(羽)에 속하는지 구별이 안 된다. 이러한 것들은 일이 옛 도리를 비교해 연구하지 않아서[42], 이치가 치우치고 어그러졌기 때문이다"라고 했다.

「녹명(祿命)」[43]의 서술에서는 "녹명[팔자]에 관한 책은 말을 많이 해 어쩌다 맞을 때가 있으므로 사람들이 그것을 믿는다. 그러나 장평(長平)에 매장 당한 병사[44]들이 모두 삼형(三刑)[45]을 범했다는 말을 듣지 못했다. 남양의 귀한

---

41) 質 질 : 바탕, 문서, 증험할

42) 稽 계 : 헤아릴, 상고(上考)할

43) 祿命 녹명 : 팔자, 운

44) 주(註) 진(秦)의 장수 백기(白起)가 조(趙)나라와 전쟁할 때, 조나라 군사가 장평(長平)에 주둔하고 있었는데, 진나라가 복병으로 그 퇴로를 차단하고 공격해 장수 조괄(趙括)을 죽이고, 그 항복한 사졸 40만 명을 속여서 묻어 죽이고, 연소자 240명 만 돌려보냈다.

45) 三刑 삼형 : 12지(支)에 자(子)는 묘(卯)를 형살(刑殺)하고 묘(卯)는 자(子)를 형살하고 인(寅)은 사(巳)를 형살하고 사(巳)는 신(申)을 형살한다. 태세(太

선비들이 반드시 모두가 육합(六合)[46]의 운명에 해당되겠는가. 금 또한 같은 나이에 팔자가 같은 데도 귀천이 아주 다르고[47], 같은 운명으로 같이 태어났는데도 일찍 죽고, 오래 사는 것이 더욱 다르다. 이는 모두 팔자라는 것이 증명되지 못함을 드러내서 분명하게 한 것이다"라고 했다.

「장(葬)」에서 이렇게 서술했다.

"옛날에 장지를 점치는 것은 무릇 도회지[48]의 변천, 샘과 돌이 서로 침식하는 것을 미리 알 수 없으므로 거북껍데기와 산가지로 점쳤었다. 근래에는 혹 장례일을 선택하거나 혹은 장지를 점치는데, 곤궁함, 출세, 장수, 요절이 모두 장례일과 장지의 점 때문에 이루어진다고 한다.

「예(禮)」를 살펴보면 천자와 제후와 대부의 장례는 모두 정해진 월수가 있었다. 이는 옛사람들은 연월을 가리지 않은 것이다. 『춘추(春秋)』에 '9월 정사일에 정공을 장례하려는데, 비가 내려 장례할 수가 없었다. 무오일에 해가 기울어서야 비로소 장례했다'고 했다. 이는 날짜를 가리지 않

歲)가 만약 생월(生月)과 서로 형살이 들면 비명횡사한다. 또 무은살(無恩殺)과 무례살(無禮殺)과 시세살(恃勢殺)이 있는데, 『오행정기(五行精記)』에 축(丑) 미(未) 술(戌)의 형살(刑殺)을 시세라 하고, 인(寅) 신(申) 사(巳)는 무은(無恩)이며, 자(子)와 묘(卯)의 형살(刑殺)을 무례(無禮)라 한다. 진(辰) 오(午) 유(酉) 해(亥)는 스스로 형살한다.

46) 六合 육합 : 천지와 사방, 천하, 우주. 월건(月建)과 일진(日辰)의 지지(地支)가 서로 합하는 것을 길일(吉日)이라 한다. 즉 자(子)는 축(丑)과, 인(寅)은 해(亥)와, 묘(卯)는 술(戌)과, 진(辰)은 유(酉)와, 사(巳)는 신(申)과, 오(午)는 미(未)와 합이 든다고 해 총칭 육합(六合)이라고 한다.

47) 懸殊 현수 : 현격하게 다름

48) 朝市 조시 : 도회지

은 것이다.

정나라 간공(簡公)을 장례하는데, 묘를 관장하는 집이 길을 막고 있어서 이 집을 헐면 아침에 하관[49]할 수 있었고, 헐지 않으면 정오에 하관할 수 있었다. 자산(子産)이 헐지 않았는데, 이는 때를 가리지 않은 것이다. 옛날에 장례하는 자들은 모두 도성의 북쪽에 매장해 공동묘지[50]가 항상 그 자리에 있었는데, 이는 땅을 가리지 않은 것이다.

지금은 요망한 무당이 망령된 말로, 마침내 가슴을 치고 발을 구를[51] 때에 땅을 가리고 시간을 선택해 부귀를 바라게 한다. 혹은 신일(辰日)에 곡하고 울어서는 안 된다고 하니, 빙그레 웃는 얼굴로[52] 조문객을 대한다. 혹은 같은 띠[53]는 묘 자리[54]에 가는 것을 꺼린다 해 마침내 길복(吉服)을 입고 그 어버이 구천 가시는 길에 전송하지 못하니, 교화가 어그러지고 예가 무너짐이 이보다 심한 것이 없다"

식자들은 확실한 말이라고 했다.

임인(壬寅) 16年(642년)

황제가 간의대부(諫議大夫) 저수량(褚遂良)에게 "경이 아

---

49) 窆 폄 : 하관함, 혈(穴)

50) 兆域 조역 : 무덤이 있는 지역

51) 擗踊 벽용 : 몹시 슬퍼서 가슴을 치며 슬퍼함

52) 莞爾 완이 : 빙그레 웃는 얼굴

53) 同屬 동속 : 같은 띠

54) 壙 광 : 하관하는 구덩이

직도 기거주(起居注)[55]를 맡고 있는데, 기록한 내용을 볼 수 없겠는가?"고 물었다. 저수량이 "사관이 군주의 말씀과 행동을 기록해서 잘한 것과 못한 것을 갖추어 기록하는 것은 군주가 감히 그른 일을 하지 못하게 하려고 해서인데, 스스로 가져다가 보았다는 말은 듣지 못했습니다"라고 대답했다.

황제가 "짐이 잘못한 것이 있으면 경 또한 기록했는가?"고 묻자, "신은 직책이 붓으로 기록하는 일을 맡았습니다. 감히 기록하지 않을 수 없습니다"라고 대답했다. 황문시랑 유계(劉洎)가 "설령 저수량이 기록하지 않는다 하더라도 천하가 또한 모두를 기억할 것입니다"라고 아뢰었다.

황제가 이르기를 "짐의 행실은 세 가지가 있다. 첫 번째는 전대를 거울삼아 귀감[56]으로 삼는 것이요, 두 번째는 선인(善人)을 등용해 함께 정치의 도를 이루는 것이요, 세 번째는 여러 소인들을 멀리 배척해 참소하는 말을 받아들이지 않는 것이다. 짐이 지키려는 것은 사관들에게 나의 잘못을 쓰지 않도록 하는 것이다"라고 했다.

○ 특진 위징이 병이 나자, 황제가 손수 쓴 조서를 내려 그를 위문하면서 "여러 날 못 봤더니, 짐의 과실이 많아졌도다. 지금 내가 직접 가고 싶으나 그대를 더욱 수고롭게 할까 걱정스럽다. 만약 듣고 본 일이 있으면 밀봉한 장계를

---

55) 起居注 기거주 : 중국에서 사관이 천자의 언행을 기록한 글

56) 元龜 원귀 : 근원, 으뜸, 귀감. 귀(龜) 고대에 신령한 동물로 여김

올려 보내도록 하라"고 했다.

위징이 상언하기를 "폐하께서 조회에 임해서는 항상 지극히 공정한 말씀을 하시나, 물러나서 그것을 실행하실 때에는 사사로우며 편벽됨을 면치 못하십니다. 혹은 사람들이 알까 두려워해 멋대로 위엄과 노여움을 가해 더욱 드러난[彌彰] 것을 덮고자[盖] 하시는데 무슨 유익함이 있겠습니까"라고 했다.

위징의 집에는 마루가 없었다. 황제가 작은 궁전의 재목을 거두어다가 그것을 짜게 했는데, 5일 만에 완성되었다. 또 흰 병풍, 흰 요, 안석과 지팡이 등을 하사해 그가 숭상했던 것을 이루어 주었다.

○ 8월에 황제가 "지금 국가에 무슨 일이 가장 급한가?" 하고 물으니, 간의대부 저수량이 "지금 사방에 근심이 없습니다. 오직 태자와 여러 왕들에게 직분을 정해주는 것이 가장 급합니다"라고 아뢰었다. 상이 "그 말이 맞다"고 했다.

○ 서돌궐이 군대를 보내 이주(伊州)를 침략했다. 처음에 고창이 평정되고 해마다 천여 명을 징발해 그 땅을 지키게 했다. 저수량이 상소해 간언했으나 황제가 따르지 않았다. 서돌궐이 쳐들어와 노략질하자, 황제가 뉘우치며 이르기를 "위징과 저수량이 나에게 권해 고창의 왕을 다시 세우라고 했으나 내가 그 말을 따르지 않았다. 지금 이 일을 겪는 것은 스스로의 허물일 뿐이다"라고 했다.

○ 10월에 우문사급(宇文士及)이 죽었다. 황제가 일찍이

나무 아래 멈춰서 나무를 아끼자, 우문사급이 따라서 나무를 칭찬하고 그치지 않았다. 상이 정색하고 이르기를 "위징이 일찍이 나에게 권해 아첨하는 사람을 멀리 하라 했다. 나는 아첨하는 사람이 누구인지를 알지 못했는데, 속으로 네가 아닐까 의심했다. 지금 과연 틀리지 않았다"고 말했다. 우문사급이 머리를 조아리며 사죄했다.

○ 황제가 근신들에게 "설연타가 사막 북쪽에서 일어나 강성하다. 지금 그들을 막는데 다만 두 가지 계책이 있다. 출병해 이들을 섬멸하는 것과 그들과 혼인해 그들을 어루만지는 것뿐이다. 두 가지 중에 무엇을 따라야 하는가?"고 물었다. 방현령이 "중국이 새로 안정되었는데, 병기는 흉하고 전쟁은 위험합니다. 신은 화친이 편리하다고 생각됩니다"고 대답했다.

황제가 이르기를 "그렇다. 짐은 백성들의 부모가 되어 만일 백성을 이롭게 할 수 있다면, 어찌 딸 하나를 아끼겠는가"하고는 신흥공주(新興公主)를 그에게 시집보냈다.

○ 황제가 이르기를 "짐은 만백성의 주인이 되어 그들 모두를 부귀하게 해주고 싶다. 만약 예의를 가르쳐서 그들로 하여금 젊은이가 어른을 공경하게 하고, 부인이 남편을 공경하게 한다면, 모두가 귀해질 것이다. 요역을 가볍게 하고, 부세를 적게 거두어, 그들로 하여금 각각 생업을 잘 다스리게 한다면, 모두 부유해질 것이다. 만약 집안이 넉넉하고 사람이 풍족하다면, 짐은 비록 음악을 듣지 않더라도 즐거움이 그 안에 있을 것이다"라고 했다.

계묘(癸卯) 17년(643년)

정월에 위징의 병이 심해졌다. 황제가 사자를 보내 계속 안부를 묻고 약과 음식[57]을 내리니, 사자들이 길에 이어졌다. 또 중랑장 이안엄(李安儼)을 보내 위징의 집에 유숙하면서 동정을 알리게 했다. 황제가 다시 태자와 같이 그의 집에 가서 형산공주(衡山公主)를 가리키며, 그의 아들 위숙옥(魏叔玉)에게 시집보내겠다고 했다.

무신(戊申)일에 위징이 죽었다. 황제가 직접 비문을 짓고, 아울러 그 비문을 돌에 썼다.

황제가 위징 생각을 그치지 않았다. 근신들에게 "사람이 구리로 거울을 삼으면 의관을 단정하게 할 수 있고, 옛것으로 거울을 삼으면 흥망성쇠를 알 수 있으며, 사람으로 거울을 삼으면 자신의 옳고 그름을 알 수 있다. 짐은 일찍이 이 세 거울을 보유해 그것으로 자신의 잘못을 막았다. 지금 위징이 죽었으니, 짐은 하나의 거울을 잃었다"고 했다.

○ 2월에 황제가 간의대부 저수량에게 묻기를 "순임금이 칠기(漆器)를 만들었는데, 이를 간언하는 자가 10여 명이었다. 이것이 어찌 간언할 만한 것인가?" 하니, 저수량이 "사치라는 것은 나라의 위태로움과 멸망의 근본입니다. 칠기에 그치지 않으면, 금옥으로 그것을 만들 것입니다. 충신은 군주를 사랑함에 반드시 그 조짐을 막습니다. 화란이 일어난 다음에는 더는 간언할 수 없게 됩니다"라고 대답했다.

---

57) 藥餌 약이 : 약과 음식

황제가 이르기를 "그렇다. 짐에게 과실이 있거든 경은 또한 마땅히 그 조짐을 간언하라. 짐에게 전대의 제왕 중에 간언을 거절한 자들을 보면, 대부분 말하기를 '이미 했다' 하거나 혹은 '이미 허락했다' 해 끝내 과실을 고치지 않았다. 이와 같이 한다면 위기와 멸망이 없고자 하나 될 수 있겠는가" 라고 했다.

○ 황제가 이르기를 "군주에게는 오직 한 마음이 있다. 그런데 그 마음을 공격하는 자는 매우 많다. 혹은 용기와 힘으로, 혹은 말재주로, 혹은 아첨으로, 혹은 간사함으로, 혹은 기호와 욕심[58]으로 바퀴살이 바퀴통에 모이는 것같이 모여들어[59] 각각 스스로 팔리기를 구해 은총과 복록을 가지려 한다. 군주가 조금 해이해져 하나라도 받아들인다면, 국가에 위태로움과 멸망함이 뒤따를 것이다. 이것이 어려운 바이다"라고 했다.

○ 상이 명령을 내려 공신인 조공(趙公) 장손무기, 조군원왕(趙君元王) 이효공(李孝恭), 채성공(菜成公) 두여회, 정문정공(鄭文貞公) 위징, 양공(梁公) 방현령, 신공(申公) 고사렴, 악공(鄂公) 울지경덕, 위공(衛公) 이정, 송공(宋公) 소우, 포충장공(褒忠蔣公) 단지현(段志玄), 기공(夔公) 유홍기(劉弘基), 장충공(蔣忠公) 굴돌통, 운절공(鄖節公) 은개산, 초양

---

58) 嗜慾 기욕 : 기호하고자 하는 욕심

59) 輻湊 폭주 : 바퀴살이 바퀴통에 모이는 것 같이 사물이 한 곳으로 많이 모임

공(譙襄公) 자소(紫紹), 비양공(邳襄公) 장손순덕, 운공(鄖公) 장량(張亮), 진공(陳公) 후군집, 담양공(郯襄公) 장공근, 노공(盧公) 정지절(程知節), 영흥문의공(永興文懿公) 우세남, 유양공(渝襄公) 유정회(劉政會), 거공(莒公) 당검(唐儉), 영공(英公) 이세적, 호장공(胡壯公) 진숙보(秦叔寶) 등을 능연각에 그리도록 했다.

○ 처음에 태자 이승건(李承乾)은 음악과 여색, 사냥을 좋아하고, 하는 짓이 사치스러웠다. 위왕(魏王) 이태(李泰)는 기예와 재능이 많아 상에게 총애를 받자, 적장자의 자리를 빼앗으려는 마음을 몰래 품었다. 상의 뜻이 점점 기꺼워하지 않자, 태자 또한 그것을 알고는 은밀히 자객 흘간승기(紇干承基) 등 및 장사 1백여 명을 길러 위왕 이태를 죽이려고 모의했다.

마침 흘간승기가 사건에 연루되어 옥에 갇혔는데, 태자의 모반을 조정에 고변했다. 황제가 중서문하성에 칙령을 내려 참여해 추국하게 했다. 모반의 형상이 이미 갖춰져서 (태자를) 폐해 서인으로 하고, 후군집 등은 모두 죽임을 당했다.

이건승이 벌을 받자, 위왕 이태가 날마다 들어가 모시고 받들었다. 상이 면전에서 (그를) 세워 태자로 삼을 것을 허락했다. 잠문본(岑文本)과 유게(劉洎) 또한 그것을 권했으나, 장손무기는 간곡히 진왕(晉王) 이치(李治)를 세울 것을 청했다.

황제가 양의전(兩儀殿)에 갔는데, 여러 신하들이 모두 나가고 오직 장손무기, 방현령, 이세적, 저수량만 남게 했다.

"나의 세 아들과 한 아우의 행동이 이와 같으니, 내 마음이 진실로 의지할 곳이 없다" 면서 스스로 침상에 몸을 던지자, 장손무기 등이 다투어 나아가 부축했다. 황제가 또 패도를 뽑아 스스로 목을 찌르려고 하니, 저수량이 칼을 빼앗아서 진왕 이치에게 주었다.

장손무기 등이 황제가 원하는 바를 여쭈었다. 황제가 이르기를 "나는 진왕을 세우고자 한다"고 했다. 장손무기가 아뢰기를 "삼가 명령을 받들겠습니다" 하니, 황제가 기뻐하고는 진왕 이치를 세워 황태자로 삼았다.

상이 근신들에게 "내가 만약 위왕 이태를 세운다면, 이는 태자의 자리가 방침을 정해서 노력하면[60] 얻을 수 있는 것이 된다. 지금부터는 태자가 도를 잃거나, 번왕이 넘보는 경우에는 모두 둘 다 버리겠다. 여러 자손들에게 그것을 전해 영원히 후세의 법칙으로 삼게 하라"고 말했다.

○ 조서를 내려 장손무기를 태자태사로 삼고, 방현령을 태자태부로 삼았다. 소우를 태자태보로 삼고, 이세적을 태자첨사로 삼았다. 소우와 이세적이 함께 동중서문하삼품(同中書門下三品)이 되었다. 동중서문하삼품이 이로부터 시작되었다.

○ 이세적이 갑작스럽게 병에 걸렸다. 약방문에 '수염을 태워 재를 만들어 먹으면 치료할 수 있다'고 했다. 황제가

60) 經營 경영 : 방침을 정해서 일을 하다

직접 수염을 잘라 그를 위해 약에 탔다[61]. 이세적이 피가 나도록 머리를 조아리며 울면서 감사했다. 상이 "사직을 위한 것이다. 경을 위한 것이 아니다. 어찌 감사할 것이 있겠는가"고 했다.

이세적이 일찍이[62] 연회에서 상을 모셨다. 상이 조용히 이르기를 "짐이 여러 신하 중에 어린 고아를 의탁할 만한 자를 찾아보니 공보다 나은 자가 없다. 공은 지난번에 이밀(李密)을 저버리지 않았는데, 어찌 짐을 저버리겠는가"라고 했다. 이세적이 눈물을 흘리며 감사하고는 손가락을 깨물어 피를 내어 맹세했다. 그리고서 술을 마시고 크게 취했다. 상이 어복을 벗어서 그를 덮어주었다.

○ 황제가 근신들에게 말했다.

"짐은 태자를 세우고부터 일을 만나면 가르친다. 태자가 밥 먹는 것을 보면 '네가 농사의 어려움을 알면 항상 이 밥이 있을 것이다'라고 가르친다. 말 타는 것을 보면 '네가 말의 수고로움을 알아서 말의 힘을 다 고갈시키지 않는다면 항상 말을 탈 수 있을 것이다'라고 가르친다.

배 타는 것을 보면 '물은 배를 띄우는 것이지만 또한 배를 뒤엎기도 한다. 백성은 물과 같고 임금은 배와 같다'고 가르친다. 나무 아래에서 쉬는 것을 보면 '나무는 묶는 끈을 따라서 바르게 되고, 군주는 간언을 따르면 성군이 된

---

61) 和 화 : 배합

62) 常 상 : 상(嘗)과 통용되어 쓰이기도 한다

다’라고 가르친다”

○ 위징이 일찍이 두정륜(杜正倫) 및 후군집(侯君集)을 재상의 재주가 있다고 천거했고, 또 후군집을 복야로 삼을 것을 청했다. 두정륜이 죄로 쫓겨나고 후군집이 모반해 죽임을 당하게 되자, 황제가 비로소 위징의 아당(阿黨)[63]을 의심했다. 또 위징이 전후로 간쟁한 말을 스스로 기록해 기거랑 저수량에게 보여주었다고 말하는 자가 있었다. 더욱 기쁘지 않았다. 그래서 위징의 아들 위숙옥과 공주가 혼인하려던[64] 일을 그만두게 하고, 직접 지은 위징의 묘비를 쓰러뜨렸다.[65]

○ 처음에 상이 감수국사(監修國史) 방현령에게 “전대에 사관들이 기록한 내용을 군주에게 모두 보지 못하게 했는데, 어째서인가?”하니, 방현령은 “사관은 헛되이 꾸미지 않고 잘못을 숨기지 않습니다. 만일 군주가 이것을 보게 된다면 반드시 노여워할 것이므로 감히 바치지 못하는 것입니다”라고 대답했다.

황제는 “짐의 마음은 전대와 다르다. 제왕이 스스로 국사를 보고자 하는 것은 전일의 잘못을 알아 후일의 경계로 삼기 위해서이다. 공은 편찬한 다음에 아뢰라”고 했다.

방현령이 이에 급사중 허경종(許敬宗) 등과 『고조실록

---

63) 阿黨 아당 : 아첨해 서로 결합한 무리, 당여(黨與)

64) 尙 상 : 공주에게 장가들

65) 踣 부 : 쓰러뜨릴

(高祖實錄)』과 『금상실록(今上實錄)』을 교정해[66] 책을 만들고 완성되자 올렸다. 황제가 「무덕 9년, 6월 4일」의 일을 기록한 것을 보니, 말이 드러나지 않고 숨긴 것[67]이 많았다.

방현령에게 "옛날에 주공(周公)은 관숙(管叔)과 채숙(蔡叔)을 죽여 주나라를 안정시켰고, 계우(季友)는 숙아(叔牙)에게 짐독을 먹여 노나라를 보존했다. 짐이 행한 것 또한 이와 같거늘 사관은 어찌하여 숨겼는가?" 하고 즉시 명을 내려 성실하지 않은 언사[68]를 삭제하고, 있는 그대로 그 일을 쓰도록 했다.

○ 9월에 신라(新羅)가 사신을 보내, 백제가 고구려와 군대를 연합해 신라가 입조하는 길을 끊으려 모의한다고 했다. 군대로 구원해 줄 것을 청했다.

갑신(甲申) 18年(644년)

황제가 "연개소문(淵蓋蘇文)이 군주를 시해하고 백성을 잔인하게 학대했는데, 지금 또다시 나의 명을 어기니 토벌하지 않을 수 없다"고 했다. 저수량이 "폐하께서 지휘하시면 중국이 깨끗이 평안해지고[69], 돌아보시면[70] 사방 오랑캐

---

66) 刪 산 : 깎다, 줄이고 교정하다로 의역함. 『백화자치통감』에는 삭개(刪改)로 나와 있음

67) 微隱 미은 : 드러내지 않고 숨김

68) 浮辭 부사 : 성실하지 않은 언사, 무근(無根)한 언사

69) 淸晏 청안 : 청평안녕(淸平安寧), 깨끗하고 평안한 것

들이 두려워하고 복종하니 위엄과 명망이 큽니다. 그런데 지금 바다 건너 멀리 있는 작은 오랑캐를 정벌하시다 만에 하나 차질이 있게 되면, 위엄과 명망이 손상될 것입니다. 더욱이 분한 마음으로 군대를 일으키신다면[71], 국가의 안위를 측정하기 어려울 것입니다"고 했다.

이세적은 황제에게 정벌할 것을 권하니, 황제가 직접 고구려를 정벌하고자 했다. 저수량이 상소해 간언했으나 황제가 듣지 않았다.

○ 황제가 일찍이 근신들에게 "지금 명장은 오직 이세적(李世勣) 이도종(李道宗) 설만철(薛萬徹), 세 사람 뿐이다. 이세적과 이도종은 크게 이기지도 못하고 또한 크게 패하지도 않지만, 설만철은 크게 이기지 않으면 크게 패한다"고 했다.

○ 황제가 문학을 좋아하며, 말을 잘하고 기민했다. 여러 신하 중에 일을 아뢰는 자들을 상이 고금의 일을 끌어다가 꺾으니 대답할 수 없는 자가 많았다. 유계가 글을 올려 간언했다.

"제왕은 많은 서민에 대해[72], 성인과 철인은 용렬하고 어

---

70) 顧盻 고혜 : 고(顧) 돌아볼. 혜(盻) 돌아볼

71) 忿兵 분병 : 『한서(漢書)』「위상병길전魏相丙吉傳」에 나오는 위상의 상소문에서 인용한 것. 이 글의 논리에 의하면, 분병은 작은 일 때문에 다투다 분노를 참지 못해 일으키는 전쟁이며, 그런 전쟁은 반드시 패한다고 했다. 그래서 저수량이 안위를 예측하지 못한다고 말한 것이다.

72) 之與 지여 : 지어(之於) ~에 있어서

리석은 자에 대해, 위아래로 현격히 (사이가) 떨어집니다.[73] 이로써 지극히 어리석은 자가 지극히 성스러운 분을 대하고, 지극히 비천한 자가 지극히 존귀한 자를 대하면, 스스로 강해지고 싶지만 할 수 없음을 알게 됩니다.

폐하께서 은혜로운 뜻을 내리시고, 안색을 온화하게 꾸미시며[74], 면류관을 단정하게 하고서[75] 그들의 말을 경청하시며, 흉금(胸襟)을 비우고서 그들의 말을 받아들이시더라도,[76] 아랫사람들이 감히 황제에게 제대로 응대[77]하지 못할까 두렵습니다.

하물며 신기를 부리고, 타고나신 뛰어난 언변[78]을 마음대로 부려서, 말을 꾸미고 그 논리를 꺾으시고, 옛것을 끌어다가 그 의견을 배척하시니, 서민들로 하여금 어느 단계에서 응답하게 하고자 하십니까? 또 기억을 많이 하면 마음을 손상시키고, 말을 많이 하면 기운을 손상시킵니다. 마음과 기운이 안에서 손상되고, 몸과 정신이 밖에서 수고로우면, 처음에는 비록 깨닫지 못하나, 뒤에는 반드시 피로하게 될 것입니다"

---

73) 懸絶 현절 : 현격히 떨어지다

74) 假 가 : 거짓의 뜻, 꾸미다, 가장하다

75) 凝旒 응류 : 면류관을 단정히 (모을, 바르게) 하다

76) 虛襟 허금 : 주(註) 허금은 그 마음에 품은 것을 비우고 자만하거나 가장하지 않는 것이다

77) 對敭 대양 : 주(註) 양(敭)은 대답이다. 양(敭)은 양(揚)과 통용해 쓴다. 대답인데, 천자의 명을 받아서 대답하기 때문에 양(揚)이라 한다

78) 天辯 천변 : 타고난 말솜씨

황제가 비백체(飛白體)[79]로 답하기를 "생각하지 않으면 아랫사람을 대할 수 없고, 말하지 않으면 생각을 펼 수 없다. 근래에 담론이 있었는데, 결국 번다하게 되자, 사물을 경시하고 남들에게 교만했다. 이 도리 때문일까 두렵다. 몸, 정신, 마음, 기질이 이런 일로 수고로워지는 것은 아니나, 지금 그대의 바른 말[80]을 들었으니 짐이 마음을 비우고 고치겠다"고 했다.

○ 8월에 황제가 장손무기 등에게 "사람은 스스로 허물을 알지 못함을 괴로워 한다. 경은 짐을 위해 분명히 말하라"고 하니, 대답하기를 "폐하의 무공과 문덕을 신 등이 받들어 따르기에도 겨를이 없는데, 또 무슨 허물을 말씀드릴 수 있겠습니까"라고 했다.

황제가 "짐이 공에게 나의 허물을 물었는데, 공 등은 마침내 뜻을 왜곡해 아첨해 기쁘게 하는구나.[81] 짐이 공 등의 득실을 면전에서 열거해 서로 경계해 고치고자 하는데 어떠한가?" 하자, 모두 절하고 사례했다.

황제가 말했다.

---

79) 飛白 비백 : 글씨체, 먹을 적게 묻혀 흰 줄이 보이게 쓰는 글씨체이다. 주(註) 비백(飛白)은 서체로 십체(十體)의 하나. 후한 때 채옹(蔡邕)이 만든 서체. 팔분(八分)과 비슷하지만 획을 나는 듯이 그어 그림처럼 쓴 서체이다. 십체는 10가지의 한자 서체로, 고문(古文) 대전(大篆) 주문(籒文) 소전(小篆) 팔분(八分) 예서(隷書) 장초(章草) 행서(行書) 비백(飛白) 초서(草書)를 이름

80) 讜言 당언 : 바른 말, 옳은 말, 곧은 말, 직언

81) 諛說 유설 : 아첨하는 말

“장손무기는 혐의를 잘 피하며, 사물에 대응하기를 민첩하고 신속히 하며, 사리를 결단함은 옛사람이 그보다 잘할 수 없다. 그러나 군대를 총괄해 공격하고 전쟁함은 그의 장점이 아니다. 고사렴(高士廉)은 고금의 서적을 섭렵해 마음이 밝고 통달하며, 위태로움과 어려움에 임해서도 절개를 변치 않고, 관직을 맡아도 붕당이 없다. 부족한 점은 강직함[82]으로 규간하는 것일 뿐이다.

당검(唐儉)은 언사가 뛰어나고 민첩하며 사람들과 잘 어울린다. 그러나 짐을 섬긴 30년 동안 끝내 착한 일을 하도록 권하고 악한 일을 하지 않도록[獻可替否][83] 말한 것이 없었다. 양사도(楊師道)는 성품과 행실이 순수하고 온화해 스스로는 허물과 잘못이 없었으나, 속마음[84]은 실로 겁이 많고 나약해서 급할 때[85]에 힘이 되지 못했다.

잠문본은 성질이 돈후하고 문장이 화려하고 넉넉하며[86], 지론이 항상 떳떳하고 원대함[87]을 근거로 하지만, 당면한 일을 책임지지는 못한다. 유계는 성품이 가장 꿋꿋하고 곧아서 유익함이 있으나, 항상 승락을 (잘)하고[88] 친구에게는

82) 骨鯁 골경 : 동물 뼈와 생선 뼈, 강직함을 말함

83) 獻替 헌체 : 헌가체부(獻可替否), 착한 일을 하도록 권하고 악한 일을 하지 않도록 함

84) 情實 정실 : 사정의 실체, 진상, 참된 마음, 성심, 사사로운 사정

85) 緩急 완급 : 급할 때, 완(緩)은 뜻 없이 붙어 다니는 글자

86) 華贍 화섬 : 화려하고 넉넉함

87) 經遠 경원 : 경(經) 떳떳할. 원(遠) 원대할

88) 然諾 연락 : 승낙한 바. 연(然) 그럴. 락(諾) 대답할

사사롭다.

마주는 일을 봄에 민첩하고 신속하며, 성품이 가장 곧고 바르다. 인물을 품평할 때 가슴 속의 생각을 그대로 드러낸다. 짐이 근래에 일을 맡겼는데, 내 뜻을 많이 맞출 수 있었다. 저수량은 학문이 다소 뛰어나고, 성품 또한 꿋꿋하고 바르다. 매번 충성을 다 쏟아 짐을 친근히 따르니, 비유하면 나는 새가 사람에 의지하면 사람이 절로 사랑하게 되는 것과 같다"

○ 12월에 군에 명령을 내려 길을 나누어 고구려를 공격하게 했다.

을사(乙巳) 19年(645년)

정월에 상이 직접 여러 군대를 거느리고 낙양을 출발했다.

○ 2월에 상이 업(鄴)에 이르러 직접 제문을 지어 위(魏) 태조[89]에게 제사를 지냈다. (황제는) "위기에서는 제압해 변통하고, 적을 헤아려 기이한 계책을 세웠다. 한 장군의 지혜로는 남음이 있었으나, 천자의 재량으로는 부족했다"고 했다.

○ 3월에 어가가 정주(定州)에 도착했다. 이세적과 강하왕(江夏王) 이도종이 고구려의 개모성(盖牟城)을 공격해 함

89) 魏 太祖 위 태조 : 조조(曹操)

락시켰다. 이세적이 진격해 요동성 아래에서 고구려 군대를 대패시켰다. 상이 직접 수백 기병을 거느리고 요동성 아래에 도착했다. 사졸들이 흙을 져다 해자[塹][90]를 메꾸는 것을 보고, 상이 그 중 가장 무거운 것을 나누어 말 위에 실어다 주었다. 고구려를 이기자 그 성을 요주(遼州)라 했다.

○ 백암성(白巖城)으로 진군했는데, 대장군 이사마(李思摩)가 쇠뇌[弩][91]로 발사한 화살을 맞았다. 상이 직접 그를 위해 피를 빨아주었다. 장수와 군사들이 이 얘기를 듣고 감동하지 않은 자가 없었다.

○ 정미(丁未)일에 어가가 요동을 출발해 병신(丙申)일에 안시성(安市城)에 이르렀다. 진군해 공격했다. 고구려 북부의 고연수(高延壽)와 고혜진(高惠眞)이 군대 15만을 거느리고 안시성을 구원했다. 상이 여러 군대에 명령을 내려 모두 출동해 분발해서 공격하게 했다. 유사에게 명해 항복을 받는 장막[92]을 조당 곁에 설치하게 했다.

여러 군대가 북을 울리고 함성을 지르며 함께 전진했다. 마침 용문사람 설인귀(薛仁貴)라는 자가 있었는데, 크게 함성을 지르며 적진으로 뛰어드니[陷], 향하는 곳마다 대적할 자가 없었다. 고구려 군대가 흩어지자[93] 대군이 승세를 탔

---

90) 塹 참 : 해자, 성을 두른 못

91) 弩 노 : 쇠뇌, 여러 개의 화살이나 돌을 잇달아 쏘는 큰 활

92) 受降幕 수항막 : 항복받는 장막

93) 披靡 피미 : 바람에 흔들려서 쓰러짐, 남의 위력에 눌리어 굴복함

다. 고구려 군대가 크게 무너졌다.

기미일에 고연수와 고혜진이 병력 3만6천8백 명을 거느리고 항복했다. 고구려 온 나라가 크게 놀랐다. 후황성(後黃城)과 은성(銀城)이 스스로 군영을 거두어 도망치니, 수백리에 다시는 사람과 연기가 없었다.

상이 파발을 띄워 태자에게 승전을 알렸다. 또 고사렴 등에게 "짐이 장수가 되어 이와 같이 했다. 어떠한가?"라는 편지를 보냈다. 행차한 산의 이름을 주필산(駐蹕山)이라고 바꾸었다.

○ 황제가 요좌(요동)는 날씨가 일찍 추워져 초목이 말라 죽고 물이 얼어 군사와 말이 오래 머물기 어렵다고 생각했다. 또 식량이 다 떨어지려 했다. 칙령을 내려 회군하라고 명령했다. 황제가 설인귀에게 "짐의 제장들이 다 늙어서 신진(新進)의 날래고 용감한 자를 얻어 장수로 할 것을 생각했다. 경만한 자가 없었다. 짐은 요동을 얻은 것이 기쁘지 않고, 경을 얻은 것이 기쁘다"고 치하했다.

○ 황제가 요동에서 공을 이룰 수 없었으므로, 깊이 후회하며 "위징이 살아 있었다면 짐으로 하여금 이번 출정을 못하게 했을 것이다"라고 한탄했다. 그리고는 파발을 보내 양을 제물[94]로 해 위징을 제사지내게 하고, 제작했던 비석을 다시 세우게 했다.

---

94) 小牢 소뢰 : 양과 돼지의 두 희생을 갖춘 제사. 또는 그 음식. 태뢰(太牢 소, 양,돼지)의 대(對)

병오(丙午) 20년(646년)

3월 기사(己巳)일에 어가가 경사로 돌아왔다. 강하왕(江夏王) 도종과 설만철 등이 사신을 보내 철륵[95]의 여러 부족들을 불러 타일렀다. 그 추장들이 모두 기뻐하고 머리를 조아리며 입조할 것을 청했다. 황제가 크게 기뻐하며 조서를 내렸다.

"오랑캐들은 천지와 함께 태어나서 상황(上皇)[96] 때에도 있었다. 재앙이 널리 퍼지고 화가 된 것은 개국 초기[97]부터였다. 짐이 한 쪽의 군대[98]에 명해 힐리극한을 사로잡고, 처음으로 조정에서 큰 계략을 세워 설연타를 멸망시켰다.

철륵의 1백여만 호가 사막 북쪽에 흩어져 살았는데, 멀리서 사신을 보내 몸을 맡겨 우리에게 복속해왔다. 청하기를 우리의 호구에 편성시켜 함께 주군(州郡)을 만들어주기를 청했다. 천지개벽[99] 이래 자못 전대미문한 일이다. 마땅히 예를 갖추어 종묘에 고하고, 천하[100]에 반포하라"

○ 9월에 어가가 영주(靈州)에 행차했다. 철륵의 여러 부족들이 서로 연달아 영주에 오는 자가 수천명이었다. 상이

95) 勅勒 칙륵 : =철륵(鐵勒), 오랑캐 이름

96) 上皇 상황 : 복희씨(伏羲氏)

97) 運初 운초 : 운(運) 종묘, 운초(運初)는 당(唐)의 국운(國運) 초기(初期)

98) 偏師 편사 : 편사(偏師)는 주력군 이외 한쪽의 군대. 편(偏) 치우칠, 한쪽 편, 무리. 사(師) 군사

99) 混元 혼원 : 천지개벽의, 처음, 태고

100) 普天 보천 : 넓은 땅, 하늘 밑

시를 지어 "치욕을 씻어 백왕(百王)에게 보답했고, 흉적을 제거해 천고(千古)에 보답했다"고 그 일을 서술했다. 공경들이 영주에 비석을 새길 것을 청하자 (황제가) 따랐다.

○ 소우(蕭瑀)는 성품이 고집이 세고 꼿꼿해서, 동료들과 화합하지 못하는[101] 경우가 많았다. 일찍이 상에게 "방현령이 중서문하성의 여러 신하들과 붕당을 지어 불충하며, 권력이 견고한데도 폐하께서 자세히 알지 못하십니다. 단지 모반하지 않았을 뿐입니다"하고 아뢰었다.

상이 "경의 말이 너무 심하지 않은가. 군주가 현명하고 재능 있는 사람을 뽑아서 수족[102]과 심복[103]으로 삼았다면, 마땅히 성심으로 그에게 맡겨야 한다. 사람에게 완비되기를 요구해서는 안된다. 반드시 그 단점을 버리고 그 장점을 취해야 한다. 짐이 비록 총명하지는 못하지만, 어찌 선과 악[104]을 갑자기 판단 못해[105] 그 지경에까지 이르렀겠는가"라고 말했다.

○ 황제가 장손무기 등에게 "금일은 나의 생일이다. 세속에서는 모두 즐거워하나 짐에게는 도리어[106] 서글픈 감정

---

101) 狷介 견개 : 고집이 세서 남과 화합할 줄 모르고 절개가 굳음
102) 股肱 고굉 : 팔 다리. 고굉지신(股肱之臣) 임금이 가장 믿는 신하
103) 心膂 심려 : 가슴과 등골뼈, 가장 중요한 신하
104) 臧否 장부 : 선악, 또는 선인과 악인
105) 頓迷 돈미 : 돈(頓) 머리 숙여 절할, 넘어질, 갑자기. 미(迷) 헤맬
106) 翻 번 : 번득일, 엎치락뒤치락

이 생기는구나. 지금 온 천하에 군림하고, 천하를 차지해 부유하지만, 어버이 슬하에서 받들며 기쁘게 해드리는 일[107]을 영원히 할 수가 없구나. 이는 자로(子路)가 어버이를 위해 쌀을 지고 가고자 하나 할 수 없음을 한스러워하는 것[108]과 같다. 『시경』에서 '슬프고 슬프다. 부모여. 나를 낳으시고 기르시느라고 수고하셨다'고 했다. 어찌 자식 낳아 기르고 수고한[109] 날에 다시 잔치해 즐거워하지 않을 수 있겠는가"라고 말했다.

○ 방현령이 일찍이 작은 허물로 견책을 받아 집에 돌아가 있었다. 저수량이 상소해 "방현령은 의로운 깃발을 들었던 초기부터 폐하의 공을 도왔습니다. 무덕 말년에는 죽음을 무릅쓰고 계책을 결행했으며, 정관 초기에는 현명한 자를 선발해서 정사를 확립했습니다. 신하로서 근면한 것은 방현령이 으뜸입니다. 멀리 버려서는 안됩니다. 폐하께서 만약 그가 노쇠했다고 여기신다면, 마땅히 슬며시 나무라는 뜻을 붙여 가르치고 타이르시고[110], 그로 하여금 나이 때문

---

107) 承歡 승환 : 임금 또는 부모의 기쁜 마음을 받아 도와줌, 남의 기분에 맞도록 함, 알랑거림

108) 주(註) 자로(子路)가 말하기를 "옛날에 내가 양친을 섬길 때, 가난해서 항상 명아주 잎과 콩잎, 향초(藜藿여곽=악식惡食) 열매를 먹었고, 어버이를 위해 백리 밖에서 쌀을 져왔다. 어버이가 돌아가신 뒤에는 남쪽으로 가 초나라에서 벼슬을 했는데, 뒤따르는 수레가 1백 대가 되고, 쌓인 곡식이 만종(萬鍾)이나 되었다. 이제 비록 명아주와 콩잎을 먹고 부모를 위해 쌀을 져오고자 하나, 다시는 할 수가 없구나"라고 했다

109) 劬勞 구로 : 병들어 고생함, 힘들어 수고함, 자식 낳아 기르고 수고함

110) 諷諭 풍유 : 슬며시 나무라는 뜻을 붙여 가르쳐서 타이름

에 벼슬을 사양하게[致仕][111]하고, 예로 물러나게 해야 할 것입니다. 작은 과실로 수십년의 공훈이 있는 신하를 버려서는 안 됩니다"라고 했다. 황제가 급히 불러 나오게 했는데, 얼마 후 방현령이 다시 자리를 피해 집으로 돌아갔다.

오래 있다가 상이 부용원(芙蓉園)에 행차했다. 방현령이 자제들을 시켜[112] 문과 뜰에 물을 뿌리고 청소하게 하면서 "폐하의 수레가 올 것이다"라고 말했다. 얼마 후 황제가 과연 그의 집에 행차했다. 그리고 방현령을 수레에 태워 궁으로 돌아왔다.

정미(丁未) 21년(647년)

상이 취미궁(翠微宮)에 행차했다. 기주(冀州)의 진사였던 장창령(張昌齡)이 취미궁송(翠微宮頌)을 바치자, 상이 그의 문장을 좋아했다. 통사사인이공(通事舍人裏公)으로 봉직하도록 명했다. 처음에 장창령이 진사 왕공근(王公謹)과 함께 모두 글을 잘 지어서[113] 명성이 경사에 떨쳤다. 고공원외랑(考工員外郎) 왕사단(王師旦)이 공거(貢擧)를 맡아서[114] 그를 떨어뜨렸다.[115] 온 조정이 그 이유를 알지 못했다.

순서를 아뢰자, 황제가 두 사람의 이름이 없는 것을 괴이

---

111) 致仕 치사 : 늙어서 벼슬을 사양함, 치사(致事)

112) 勅 칙 : 시킬

113) 屬文 속문 : 글을 지음

114) 貢擧 공거 : 주현에서 준수한 자제를 선발해 추천하는 일

115) 黜 출 : 떨어뜨릴

하게 여기고 그를 꾸짖었다. 왕사단은 "두 사람의 문장은 비록 화려하지만, 문체가 경박해 끝내 훌륭한 그릇[116]이 되지는 못할 것입니다. 만약 이들을 높은 등급으로 올린다면, 후진들이 이를 본받아 폐하의 바른 길[117]을 해칠까 두렵습니다"라고 대답했다. 상이 그의 말을 좋게 여겼다.

○ 황제가 취미전(翠微殿)에 가서 근신들에게 "예로부터 제왕들은 중하(中夏)를 평정했으나 오랑캐를 복종시키지는 못했다. 짐은 재주가 옛사람에 미치지 못하면서도, 이룬 공업은 그들을 넘는다. 스스로도 그 이유를 깨닫지 못한다. 여러 공들은 각각 뜻에 따라 사실을 말하라"고 물었다.

여러 신하들이 모두 "폐하의 공덕은 하늘이 만물을 낳는 것과 같아서 마땅히 이름하여 말할 수 없습니다"라고 칭송했다. 황제가 말했다.

"그렇지 않다. 짐이 이러한 경지에 미칠 수 있었던 까닭은 다만 다섯 가지 이유에 그칠 뿐이다.

예로부터 제왕들은 자기보다 나은 자를 대부분 싫어했으나, 짐은 남의 선을 보면 내가 그것을 가진 것처럼 했다. 사람의 행실과 능력은 겸비할 수 없는데, 짐은 항상 사람들의 부족한 점을 버리고 장점을 취했다. 군주가 자주 현명한 자를 등용해 품안에 두고자 하고, 불초한 자는 물리쳐서 골짜기에 빠뜨리고자 한다. 짐은 현명한 자를 보면 공경하고,

---

116) 令器 영기 : 좋은 그릇, 훌륭한 그릇

117) 雅道 아도 : 바른 길

불초한 자를 보면 가엾게 여겨서 현명한 자나 불초한 자나 각각 자기 자리를 갖게 했다.

군주는 대부분이 정직한 자를 미워해 은밀히 죽이고 드러내서 죽였다. 그런 일이 없었던 시대가 없는데, 짐은 임금의 자리에 오른[118] 이래로 정직한 선비가 조정에서 어깨를 나란히[119] 했으나, 일찍이 한 사람도 물리쳐서 견책하지[120]않았다.

예로부터 모두 중화를 귀하게 여기고 오랑캐를 천하게 여겼으나, 짐은 혼자 중화와 오랑캐를 하나같이 사랑했으므로 그 종족과 부락들이 모두 짐을 부모와 같이 의지했다. 이 다섯 가지가 짐이 금일의 공을 이루게 된 이유이다"

저수량을 돌아보고 "공은 일찍이 사관이었다. 짐의 말이 사실이라고 할 수 있는가?"라고 물었다. (저수량은) "폐하의 성대한 덕을 이루 다 쓸 수가 없습니다. 다만 이 다섯 가지 만을 세시니[121], 무릇 겸손하고 겸손하신 뜻입니다"라고 대답했다.

○ 골리간(骨利幹)이 사신을 보내 조공을 바쳤다. 골리간은 철륵의 여러 부족 중에서 중국과 가장 멀었다. 낮이 길고 밤이 짧았으며, 해가 진 뒤에도 하늘빛이 어스름 했

---

118) 踐阼 천조 : 임금의 자리에 오름. 등극(登極) 천극(踐極) 천조(踐祚)

119) 比肩 비견 : 어깨를 나란히 함

120) 黜責 출책 : 물리쳐 견책함

121) 與 여 : 더불어, 및, 허락할, 셀, 줄, 도울, 편들, 셀, 위할, 보다

고[122], 양의 어깨쭉지를 삶아서 알맞게 익을 때면 해가 이미 다시 떠올랐다.

○ 제주(齊州) 사람 단지충(段志沖)이 밀봉한 글[123]을 올려 황제에게 태자에게 정사를 물려줄 것을 청했다. 태자가 이 말을 듣고 얼굴에 수심이 가득했고, 발언하면서 눈물을 흘렸다. 장손무기 등이 단지충을 죽일 것을 청하자, 상이 손수 쓴 조서를 내려 말했다.

"오악(五岳)은 하늘 높이 솟아 있고[124], 사해(四海)는 땅 끝에 뻗쳐 있다.[125] 더러운 것을 받아들이고 나쁜 것을 감추더라도, 산과 바다의 높고 깊음에 손상이 없다. 단지충이 필부로 천자의 직위를 해임하고자 했다. 짐이 만약 죄가 있다면 이는 그가 정직한 것이고, 짐이 만약 죄가 없다면 이는 그가 미친 것이다. 비유하면 한 자의 안개가 하늘을 가린다고 하늘의 크기가 어찌 쭈그러들겠으며, 한 치의 구름이 해를 가린다고 해의 밝기가 어찌 덜어지겠는가?"

무신(戊申) 22년(648년)

정월에 상이 『제범(帝範)』 12편을 지어 태자에게 내렸다. 「군례(君禮)」 「건친(建親)」 「구현(求賢)」 「심관(審官)」 「납

---

122) 天色正曛 천색정훈 : 하늘빛이 어스름함. 훈(曛) 어두컴컴한 땅거미

123) 封事 봉사 : 밀봉한 글

124) 五嶽陵霄 오악능소 : 5악(五嶽-태산泰山 화산華山 형산衡山 항산恒山 숭산嵩山). 능소(陵霄) 하늘까지 올라감

125) 亘 긍 : 뻗칠

간(納諫)」「거참(去讒)」「계영(戒盈)」「숭검(崇儉)」「상벌(賞罰)」「무농(務農)」「열무(閱武)」「숭문(崇文)」이다. 또 "몸을 닦고 나라를 다스림은 이 가운데에 갖추어져 있다. 하루아침에 죽으면[126] 더는 말할 수 없다"고 했다. 또 말했다.

"너는 마땅히 다시 옛날의 명철한 왕을 구해 스승으로 삼아야 한다. 나 같은 사람은 본 받을만 하지 못하다. 상(上)에서 모범을 취하면 겨우 중(中)을 얻고, 중에서 모범을 취하면 하(下)가 됨을 면치 못한다.

내가 제위에 있은 이래로 잘못한 일이 많았다. 수를 놓은 비단과 주옥이 앞에 끊이질 않고, 궁실과 누각이나 정자[127]를 여러 번 지었다. 개와 말과 새매[128]를 멀어도 가져오지 않음이 없었다. 사방을 돌아다녀, 머무는 손님을 잘 대접하느라[129] 백성들이 번거롭고 수고했다. 이는 모두 나의 깊은 허물이니, 이것을 옳다고 여겨 본받지 말라.

다만 내가 창생들을 크게 구제해 그들에게 유익함이 많고, 천하[130]를 처음으로 만들어서[131] 그 공이 컸다. 유익한 일이 많고 해로운 일이 적었으므로 백성들이 원망하지 않

---

126) 不諱 불휘 : 불가휘(不可諱) 사람의 죽음을 이름. 죽음은 사람으로서 피할 수 없다는 뜻

127) 臺榭 대사 : 누각(樓閣)과 정자

128) 鷹隼 응준 : 송골매, 새매

129) 供頓 공돈 : 머무는 손님을 잘 대접함

130) 區夏 구하 : 천하

131) 肇造 조조 : 처음으로 만듦

고, 공로가 크고 허물이 적었으므로 공업이 훼손되지[132] 않은 것이다. 그러나 완전무결함에 비교한다면 참으로 부끄러움이 많다.

너는 나와 같은 공과 부지런함도 없으면서 나의 부귀를 이었다. 힘을 다해 선을 행한다면, 국가가 편안할 것이다. 교만하고 게으르고 사치하고 방종하면, 몸 하나도 보전하지 못할 것이다. 또 성공은 더디고 실패하기는 빠른 것이 국가(의 경영)이다. 잃기는 쉽고 얻기는 어려운 것은 지위이다. 애석하지 않을 수 있겠는가, 삼가지 않을 수 있겠는가"

○ 결골(結骨)의 나라 사람들은 신체가 모두 장대했으며, 머리털이 붉고 눈동자가 푸른색이었다. 예로부터 중국과 통하지 않았는데, 이때에 입조했다. 상이 근신들에게 "한 무제는 30여 년 동안 무력을 다 써서 중국을 피폐하게 했으나 얻은 것은 얼마 되지 않았다. 어찌 오늘날 덕으로 그들을 편안하게 해주고 복종시켜[133] 불모의 땅[134]을 다 우리의 호구로 편성하게 한 것 같겠는가"라고 말했다.

○ 황제가 옥화궁(玉華宮)을 짓는데, 검약에 힘써서 오직 거처하는 궁전만 기와를 덮게 하고, 나머지는 모두 띠 풀로 지붕을 덮게 했다.

---

132) 墮 타 : 타(墮) 티 떨어질, 떨어뜨릴, 무너뜨릴

133) 綏 수 : 편안하게 해 복종시키다

134) 窮髮之地 궁발지지 : 주(註) 땅은 초목이 모발. 북방은 너무 추워 초목이 살지 못한다는 뜻. 불모지

서혜(徐惠)는 황제가 동쪽으로 고구려를 정벌하고, 서쪽으로는 구자(龜兹)를 토벌하며, 취미궁과 옥화궁을 짓고 수리하는 일이 계속 이어지고, 또 복식과 완구가 자못 화려하다며, 상소해 간언했다.

그 대략은 "끝이 있는 농부의 공으로 끝없는 큰 물길[135]을 메우려 하고, 아직 얻지 못한 다른 무리들을 얻으려고 하다가, 이미 얻어진 우리의 군대를 잃었습니다. 옛날 진시황은 6국을 병탄했으나 도리어 속히 나라가 위태로워지고 멸망하게 될 토대[136]가 되었고, 진(晉)나라 무제는 바로 위 촉 오 삼국을 차지했으나 도리어 실패하고 멸망할 기초가 되었습니다. 이는 어찌 공적을 자랑하고 강대함을 믿으며, 덕을 버리고 나라를 경시하며, 이익을 도모하여 위태로움을 잊으며, 자기마음대로 욕심을 부린 탓이 아니겠습니까"라는 것이었다.

또 아뢰기를 "진귀한 노리개와 기교는 바로 나라를 망하게 하는 도끼이고, 주옥과 수를 놓은 비단은 실로 마음을 혼미하게 하는 짐독입니다"라면서, "검소함으로 법칙을 만들어도[137] 오히려 사치스럽게 될까 걱정스러운데, 사치스러움을 법칙으로 만든다면 어떻게 후세를 제재하겠습니까"라고 간언했다. 상이 그 말을 좋게 여겨 매우 예우하고 중히 여겼다.

---

135) 巨浪 거랑 : 큰 물결
136) 基 기 : 터, 토대, 터전, 근본, 기본
137) 作法 작법 : 글 같은 것을 만듦, 법칙을 만듦

○ 처음에 좌무위장군(左武衛將軍) 이군선(李君羨)이 현무문(玄武門)에서 숙직했는데, 이때 태백성(太白星)이 자주 낮에 나타났다. 태사(太史)가 점을 쳐서 "여주(女主)가 창성할 것이다"라고 말했다. 또 민간에 전하는 『비기(秘記)』에 "당나라는 3대가 지난 뒤에, 여주(女主) 무왕(武王)이 이어서 천하를 차지할 것이다"라고 했다. 상이 이를 싫어했다.

마침 여러 무신들과 궁중에서 연회를 열었다. 주령(酒令)을 행해 각각 자신의 어렸을 적 이름을 말하게 하니, 이군선이 스스로 자신의 이름이 오랑(五娘)이었다고 말했다. 황제가 놀라고서 웃으며 말하기를 "무슨 놈의 여자가 곧 너와 같이 용맹하고 건장한가"라고 말했다. 또 이군선의 관의 명칭과 봉읍에 모두 '무(武)'자가 있다 해서 그를 심히 미워했다.

후에 (이군선이) 화주자사가 되어 나갔다. 평민인 원도신(員道信)이라는 자가 있었는데, 곡기를 끊을 수 있으며, 불법을 깨달았다고 스스로 말했다. 이군선이 그를 깊이 존경해 믿고 자주 서로 어울렸고, 사람을 물리치고 말을 나누곤 했다. 어사가 '이군선이 요망한 자와 왕래하면서, 법에 어긋나는 일[138]을 도모한다'고 상주했다. 이군선이 죄로 멸족당했다.

○ 황제가 태사령 이순풍(李淳風)에게 "『비기』에서 말하는 것을 믿을 수 있는가?"라고 은밀히 물었다. 대답하기를

---

138) 不軌 불궤 : 불법, 법칙에 어긋남, 정도가 아님

"신이 위로 천상(天象)을 헤아리고[139], 아래로 운수[140]를 살펴보니, 그 사람은 이미 폐하의 궁중에 있고, 폐하의 친족이 되었습니다. 지금부터 30년이 지나지 않아서 천하의 황제가 되어 당나라 자손들을 거의 다 죽일 것입니다. 그 조짐이 이미 생겼습니다"라고 했다.

황제가 "의심스러운 자를 다 죽이는 것은 어떠한가?" 하니, "하늘이 명한 바는 사람이 어길 수 없습니다. 왕은 죽지 않고, 다만 죄 없는 자만 많이 죽일 것입니다. 또 지금부터 30년이 지나면 그 사람도 이미 늙을 것이니, 거의 자못 자애로운 마음이 생겨서 화를 끼침이 혹 적을 수도 있습니다. 지금 가령 그를 잡아 죽인다면, 하늘이 혹 건강한 자를 내어 원망의 독기를 부리게 한다면, 폐하의 자손은 살아남은 무리[141]가 없게 될 것입니다"고 대답했다. 상이 그래서 그만 두었다.

○ 방현령이 병이 위독해지자, 여러 아들들에게 "나는 주상께 큰 은혜를 받았다. 지금 천하에 일이 없는데, 오직 동쪽 정벌이 아직 끝나지 않았다. 여러 신하들 중 누구도 감히 간언하는 이가 없다. 내가 이것이 그르다는 것을 알면서도 말하지 않는다면, 죽어서도 남은 책임이 있는 것이다"라고 말했다. 마침내 표문을 올려 간언했다.

---

139) 稽 계 : 헤아리다, 상고(上考 곰곰이 생각)하다
140) 曆數 역수 : 운명, 운수, 책력
141) 遺類 유류 : 살아남은 무리

"폐하께서 매번 중죄인 한 명을 집행할 때마다 반드시 세번 심의하고 다섯 번 아뢰게 하고, 변변치 못한 음식[142]을 올리게 하고, 음악을 그치게 하셨습니다. 인명(人命)을 중히 여기기 때문입니다. 그런데 지금 죄 없는 사졸들을 내몰아 그들을 적의 칼날 아래에 버리시니, 참살 당해 간과 뇌장[腦漿]이 땅에 흩어지고, 시체는 그냥 방치되고[143] 있습니다. 오직 불쌍히 여길만 하지 않습니까.

옛날에 가령 고구려가 신하의 예절을 잃거나 어겼다면, 그들을 주벌하는 것이 옳습니다. 백성들을 침략해 어지럽혔다면, 그들을 없애는 것이 옳습니다. 다른 날에 중국의 후환이 될 수 있다면, 그들을 제거하는 것이 옳습니다.

지금 이 세 가지가 없는데도 중국을 연좌시켜서[144] 번거롭게 해, 안으로는 전 왕조[수隋]의 치욕을 씻어주고, 밖으로는 신라를 위해 원수를 갚아주려고 하십니다. 어찌 보존되는 것은 적고, 손해되는 것이 크지 않겠습니까. 원컨대 폐하께서는 고구려가 스스로 새로워지도록 허락하소서. 만약 이 기록을 받아들여 주신다면[145], 신은 죽어도 또한 잊지 않을 것입니다"

황제가 직접 가서 보고는 손을 잡고 방현령과 이별하면

---

142) 素膳 소선 : 변변치 못한 음식

143) 肝腦塗地 간뇌도지 : 참살 당해 간과 뇌장(腦漿)이 땅에 흩어지고 시체는 그냥 방치됨

144) 坐 좌 : 죄 입을, 남의 죄에 걸려듦

145) 蒙 몽 : 입을, 받을, 주는 것을 가짐

서, 슬픔을 스스로 이겨내지 못했다. 방현령이 죽었다.

기유(己酉) 23년(649년)

여름 4월에 황제가 병이 들었다. 태자에게 "이세적은 재주와 지모는 충분하나 네가 그에게 준 은혜가 없으니, 품어서 복종시키지 못할까 걱정스럽다. 내가 지금 그를 내칠 것이니, 만약 그가 즉시 떠나거든 내가 죽기를 기다려 네가 후에 등용하라. 복야로 삼고서 가까이 하고 신임하라. 만약 배회하고 관망하거든, 당장 그를 죽여야 할 뿐이다"라고 일렀다.

5월에 동중서문하삼품이었던 이세적을 첩주도독(疊州都督)으로 삼았다. 이세적이 조서를 받고서 집에 가지 않고 곧바로 떠났다.

○ 황제가 이질을 앓았고 병이 더욱 심해졌다. 태자가 밤낮으로 곁을 떠나지 않았다. 어느 때는 여러날 동안 먹지 못했고 머리털이 희게 변했다. 상이 눈물을 흘리며 "네가 나에게 효도하고 사랑함이 이와 같은데, 내 죽어도 무슨 한이 있겠는가"고 말했다.

정묘(丁卯)일에 병이 위독해지자, 장손무기와 저수량에게 조서를 내려 침실로 들어오게 하였다. 그들에게 이르기를 "태자가 인자하고 효성스러움은 공들이 아는 바이니, 잘 보좌해 인도하라"고 말했다. 태자에게는 "장손무기와 저수량이 있으니, 너는 천하를 근심하지 말라"고 했다. 또 저수량에게 "장손무기는 나에게 충성을 다했다. 내가 천하를 차지한 것은 많이 그의 힘 때문이었다. 내가 죽거든 참소하는 사람이 그를 이간질하지 못하게 하라"고 했다. 그리고는 저수량으로 하여금 유조를 쓰게 했다. 얼마 후 황제가 죽었다.

6월에 태자가 즉위해, 요동 정벌 및 여러 토목공사를 중지시켰다.[146]

○ 9월에 이적을 좌복야로 삼았다.

146) 罷 파 : 그만 둠, 폐지, 그칠, 중지함

원 문

卷之三十八

唐紀

太宗皇帝 下

己亥十三年

正月，加左僕射房玄齡太子少師。玄齡以度支繫天下利害，嘗有闕，求其人未得，乃自領之。

◯上既詔宗室 群臣，襲封刺史。左庶子于志寧以為 古今事殊， 恐非久安之道，上疏爭之。侍御史馬周亦上疏，以為「堯舜之父，猶有朱均之子，儻有孩童嗣職，萬一驕愚，兆庶被其殃，而國家受其敗。正欲絕之也，則子文之治猶在，正欲留之也，而欒黶之惡日彰，與其毒害於見存之百姓，則寧使割恩於已亡之一臣。然則，向所謂愛之者，乃適所以傷之也。」會長孫無忌等，皆不願之國，上表固讓。上曰:「割地以封功臣，古今通義。意欲公之後嗣 輔朕子孫 共傳永久。而公等 乃復發言怨望，朕豈彊公等，以茅土邪?」詔停世封刺史。

○五月，旱。
詔：　五品以上上封事。魏徵上疏以為：「陛下志業比貞觀初，漸不克終者，凡十條。」上深加獎歎，賜黃金十斤　廄馬十匹。

本傳曰：徵上疏極言曰：「臣奉侍幃幄 十餘年。陛下許臣以仁義之道，守而勿失，儉約朴素，終始弗渝。德音在耳，　不敢忘也。頃年以来，寖不克終。謹用條陳，裨萬分一。陛下在貞觀初，清靜寡欲，化被方外。今萬里遣使，市索駿馬，幷訪珍怪。昔漢文帝却千里馬，晉武帝焚雉頭裘。陛下居常議論　遠輩堯舜，今所為　更欲處漢文　晉武下乎。此不克終　一漸也。陛下在貞觀初，護民之勞，呴之如子，不輕營為。頃既奢肆，思用人力，乃曰：『百姓無事，則易驕，勞役，則易使。』自古未有百姓逸樂，而致傾敗者。何有逆畏其驕，而為勞役哉！　此不克終　二漸也。陛下在貞觀初，役己以利物。比来，縱欲以勞人，雖憂人之言　不絕於口，而樂身之事　實切諸心。此不克終　三漸也。在貞觀初，親君子　斥小人。比来　輕褻小人，禮重君子。重君子也　恭而遠之，輕小人也　狎而近之。近之，莫見其非，遠之，莫見其是。莫見其是 則不待，間而疎，莫見其非,則有時而昵。此不克終四漸也。在貞觀初，不貴異物，不作無益。而今難得之貨　雜然幷進，玩好之作　無時而息。此不克終　五漸也。貞觀之初，求士如渴，賢者所舉　　卽信而任之，取其所長，常恐不及。比来，　由心好惡，以衆賢舉而用，以一人毀而棄。雖積年任而信，或一朝疑而斥，使讒佞得行，守道疏間。此不克終　六漸也。在貞觀初，高居深拱，無田獵畢弋之好。數年之後，志不克固，鷹犬之貢遠及四夷，晨出夕返，馳騁為樂。變起不測，　其及救乎。此不克終　七漸也。在貞觀初，遇下有禮，羣情上達。今外官奏事，顏色不接，間因所短，詰其細過，雖有忠欵，而不得伸。此不克終　八漸也。在貞觀初，孜孜治道，常若不足。比，恃功業之大，負聖智之明，長傲，縱欲，無事興兵，問罪遠裔。此不克終　九漸也。貞觀初，頻年霜旱，畿內户口並就關外，携老扶幼，来往數年，卒無一户亡去。此由陛下徐育撫寧，　故死不攜貳也。比者，疲於徭役。關中之人　勞弊尤甚。脫有一穀不收，百姓之心，恐不如前日之帖泰。此不克終　十漸也。夫禍福無門，　惟人所召。人無釁焉，妖不妄作。今旱熯之災　遠被郡國，凶醜之孽　起於轂下，此上天示戒，乃陛下恐懼，憂勤之日也。千載休期，時難再得，明主可為而不為，臣所以鬱結　長嘆者也。」疏奏，帝曰:「朕今聞過矣，願改之　以終善道。有違此言，當何施顏面與公相見哉。」乃以所上疏，列為屛幛，庶朝夕見之。兼錄付史官，使萬世知君臣之義。

庚子十四年

二月，上幸國子監觀釋奠。命祭酒孔穎達　講孝經，賜祭酒以下至諸生高第帛有差。是時，上大徵天下名儒，為學官，數幸國子監，使之講論，學生能明一大經已上　皆得補官。

增築學舍千二百間，增學生，滿三千二百六十員。自屯營飛騎亦給博士，使授以經。有能通經者 聽得貢舉。於是 四方學者 雲集京師。乃至高麗 百濟 新羅 高昌 吐蕃諸酋長，亦遣子弟，請入國學。升講筵者至八千餘人。上以師說多門章句繁雜，命孔穎達與諸儒撰定五經疏，謂之正義。令學者習之。

◯侯君集滅高昌，以其地為西州。於是唐地東極于海，西至焉耆，南盡林邑，北抵大漠。皆為州縣，東西九千五百一十里，南北一萬九百一十八里。

辛丑十五年

正月，上指殿屋謂侍臣 曰:「治天下如建此屋。營構既成，勿數改移。苟易一榱，正一瓦，踐履動搖，必有所損。若慕奇功 變法度，不恒其德，勞擾實多。」

◯上謂侍臣曰:「朕有二喜一懼。比年豐稔，長安斗粟 直三四錢，一喜也。北虜久服，邊鄙無虞，二喜也。治安，則驕侈易生，驕侈則危亡立至，此一懼也。」

◯幷州大都督長史李世勣，在州十六年。令行禁止，民夷懷服。上曰:「隋煬帝勞百姓，築長城，以備突厥，卒無所益。朕唯置李世勣於晉陽，而邊塵不驚，其為長城，豈不壯哉。」乃以世勣，為兵部尚書。

◯上問魏徵:「比来朝臣何殊不論事?」對曰:「陛下虛心采納，必有言者。凡臣徇國者寡，愛身者多，彼畏罪，　故不言。」上曰:「然。人臣開說忤旨，動及刑誅。與夫蹈湯火冒白刃者 亦何異哉。是以 禹拜昌言，良為此也。」

◯上嘗臨朝謂侍臣曰:「朕為人主，常兼行將相之事。」給事中 張行成退而上書，以為:「禹不矜伐而天下莫與之争。陛下撥亂反正，群臣誠不足望清光。然不必臨朝言之。以萬乘之尊，乃與群臣校功争能，臣竊為陛下不取!」上甚善之

◯上以近世陰陽雜書訛偽尤多，命太常博士吕才，刋定上之。才皆為之敘質以經史。其敘宅經曰:「近世巫覡，妄分五姓，如張王為商，武庚為羽，似取諧韻。至於以柳為宮，以趙為角，又復不類。或同出一姓 分屬宮商，或複姓數字莫辯徵羽。此則事不稽古義， 理乖僻者也。」叙祿命曰:「祿命之書，多言或中，人乃信之。然長平坑卒未聞共犯三刑。南陽貴士何必俱當六合? 今亦有同年同禄而貴賤懸殊，共命共胎而夭壽更異。此皆祿命不驗之著明者也。」其敘葬曰:「古者卜葬，盖以朝市遷變，泉石交侵，不可前知，故謀之龜筮。近代或選年月，或相墓田，以爲窮達壽夭，皆因卜葬所致。按禮:『天子 諸侯 大夫葬皆有月數。是古人不擇年月也。』春秋:『九月 丁巳，葬定公，雨不克葬。戊午，日下昃，乃克葬。』是不擇日也。鄭葬簡公，司墓之室當路，毁之則朝而窆，不毁則日中而窆，子產不毁。是不擇時也。古之葬者，皆於國都之北，兆域有常處。是不擇地也。今以妖巫妄言，遂於擗踊之際，擇地擇時，以希富貴。或云，辰日不可哭泣，遂莞爾而對弔客。或云，同屬忌於臨壙，遂吉服不送其親。傷教敗禮莫斯爲甚。」識者以為確

論。

壬寅十六年

上謂諫議大夫褚遂良曰:「卿猶知起居注，所書可得觀乎?」對曰:「史官書人君言動，備記善惡，庶幾　人君不敢為非，未聞自取而觀之也。」上曰:「朕有不善，卿亦記之邪?」對曰:「臣職當載筆。不敢不記。」黄門侍郎劉洎曰:「借使遂良不記，天下亦皆記之。」上曰:「朕行有三。一,監前代以為元龜。二,進善人共成政道。三,斥遠群小不受讒言。朕能守而勿失，亦欲史氏不能書吾惡也。」

○特進魏徵有疾，上手詔問之，且言:「不見數日，朕過多矣。今欲自往，恐益為勞，若有聞見，可對狀進来。」徵上言:「陛下臨朝　嘗以至公為言，退而行之未免私僻。或畏人知，横加威怒，欲盖彌彰，竟有何益。」徵宅無堂，上命輟小殿之材以構之，五日而成。仍賜以素屏風素褥几杖等，以遂其所尚。

○八月，　上曰:「當今國家何事最急?」諫議大夫褚遂良曰:「今四方無虞，惟太子諸王宜有定分，最急。」上曰:「此言是也。」

○西突厥遣兵，寇伊州。初高昌既平，歲發千餘人，戍守其地。褚遂良上疏諫，上弗聽。及西突厥入寇，上悔之曰:「魏徵　　褚遂良，勸我復立高昌，吾不用其言，今方自咎耳。」

○十月，宇文士及卒。上嘗止樹下 愛之，士及從而譽之不已。上正色曰:「魏徵嘗勸我遠侫人，我不知侫人為誰，意疑是汝，今果不謬。」士及叩頭謝。

○上謂侍臣曰:「薛延陁屈彊漠北。今御之止 有二策。苟非發兵殄滅之，則與之婚姻 以撫之耳。二者何從?」房玄齡對曰:「中國新定，兵凶戰危，臣以為和親便。」上曰:「然! 朕為民父母，苟可利之，何愛一女?」以新興公主妻之。

○上曰:「朕為兆民之主，皆欲使之富貴。若教以禮義，使之少敬長，婦敬夫 則皆貴矣。輕徭薄賦，使之各治生業 則皆富矣。若家給人足，朕雖不聽管絃，樂在其中矣。」

癸卯十七年

正月，魏徵寢疾。上遣使者問訊，賜以藥餌，相望於道。又遣中郎將李安儼，宿其第，動靜以聞。上復與太子 同至其第，指衡山公主，欲以妻其子叔玉。戊辰 徵薨。上自製碑文，并為書石。上思徵不已，謂侍臣曰:「人以銅為鑑 可正衣冠，以古為鑑 可知興替，以人為鑑 可明得失。朕嘗保此三鑑，以防己過。今魏徵沒，朕亡一鑑矣。」

○二月， 上問諫議大夫褚遂良曰:「舜造漆器，諫者十餘人。此何足諫?」對曰:「奢侈者 危亡之本。漆器不已，將以金玉為之。忠臣愛君，必防其漸。若禍亂已成，無所復諫矣。」上曰:「然! 朕有過，卿亦當諫其漸。朕見前世帝王，拒諫者多， 云:『業已為之』。或云:『業已許之。』終不為改。如此 欲無危亡 得乎?」

◯上曰:「人主惟有一心，而攻之者甚衆。或以勇力，或以辯口，或以諂諛，或以奸詐，或以嗜慾，輻湊攻之，各求自售，以取寵祿。人主少懈 而受其一，則危亡隨之。此其所以難也。」

◯上命圖畫功臣。 趙公長孫無忌，趙郡元王孝恭，萊成公杜如晦，鄭文貞公魏徵，梁公房玄齡，申公高士廉，鄂公尉遲敬德，衛公李靖，宋公蕭瑀，褒忠壯公段志玄，□公劉弘基，蔣忠公 屈突通，鄖節公殷開山，譙襄公柴紹，邳襄公長孫順德，鄖公張亮，陳公侯君集，郯襄公張公謹，盧公程知節，永興文懿公虞世南，渝襄公劉政會，莒公唐儉，英公李世勣，胡壯公秦叔寶等 於凌烟閣。

◯初 太子承乾喜聲色及畋獵，所為奢靡。魏王泰多藝能，有寵於上，潛有奪嫡之志。上意浸不懌，太子亦知之，陰養刺客紇于承基等及壯士百餘人，謀殺魏王泰。會承基坐事繫獄，上變告太子謀反。敕中書門下，參鞫之。反形已具，廢為庶人。侯君集等皆伏誅。承乾既獲罪，魏王泰日入侍奉，上面許立為太子。岑文本 劉洎亦勸之。長孫無忌固請立晉王治。上御兩儀殿，群臣俱出，獨留長孫無忌 房玄齡 李世勣 褚遂良， 謂曰:「我三子一弟，所為如是。我心誠無聊賴。」因自投于牀。無忌等爭前扶抱。上又抽佩刀，欲自刺，遂良奪刀，以授晉王治。無忌等請上所欲。上曰:「我欲立晉王。」無忌曰:「謹奉詔。」上悅。立晉王治為皇太子。上謂侍臣曰:「我若立泰則是太子之位,可經營而得。自今太子失道,藩王窺伺者,皆兩棄之。傳諸子孫永為後法。」

◯詔: 以長孫無忌為太子太師,房玄齡為太傅,蕭瑀為太保,李世勣為詹事。瑀 世勣幷同中書門下三品。同中書門下三品,自此始。

◯李世勣嘗得暴疾。方云:「鬚灰可療。」上自翦鬚,為之和藥。世勣頓首出血泣謝。上曰:「為社稷,非為卿也。何謝之有。」世勣常侍宴,上從容謂曰:「朕求羣臣可託幼孤者,無以踰公。公往不負李密,豈負朕哉。」世勣流涕辭謝,齧指出血。因飮沈醉,上解御服 以覆之。

◯上謂侍臣曰:「朕自立太子,遇物則誨之。見其飯則曰:『汝知稼穡之艱難 則常有斯飯矣。』見其乘馬 則曰:『汝知其勞,不竭其力 則常得乘之矣。』見其乘舟 則曰:『水所以載舟,亦所以覆舟。民猶水也,君猶舟也。』見其息於木下 則曰:『木從繩則正,君從諫則聖。』」

◯初 魏徵嘗薦杜正倫及侯君集,有宰相材,請以君集為僕射。及正倫以罪黜,君集謀反誅,上始疑徵阿黨。又有言徵自錄前後諫辭,以示起居郎褚遂良者。上愈不悅。乃罷叔玉尚主,而踣所撰碑。

◯初 上謂監修國史房玄齡曰:「前世史官所記,皆不令人主見之,何也?」對曰:「史官不虛美,不隱惡。若人主見之,

必怒 故不敢獻也。」上曰:「朕之為心，異於前世。帝王欲自觀國史，知前日之惡，為後来之戒。公可撰次以聞。」玄齡乃與給事中許敬宗等 刪為高祖 今上實錄，書成 上之。上見書六月　四日事，語多微隱。謂玄齡曰:「昔周公誅管蔡 以安周。季友鴆叔牙 以存魯。朕之所為 亦類是矣。史官何諱焉?」卽命削去浮辭 直書其事。

○九月，　新羅遣使，言百濟與高麗連兵，謀絕新羅入朝之路，乞兵救援。

甲辰十八年

上曰:「蓋蘇文殺其君，殘虐其民，今又違詔命，不可不討。」褚遂良曰:「陛下指麾 則中原清晏，顧眄 則四夷讋服，威望大矣。今乃渡海，遠征小夷，萬一蹉跌，傷威損望，更興忿兵則安危難測矣。」李世勣勸上伐之。上欲自征高麗。褚遂良上疏諫，上不聽。

○上嘗謂侍臣曰:「於今名將，惟世勣　道宗　萬徹　三人而已。世勣　道宗不能大勝，亦不大敗。萬徹非大勝　則大敗矣。」

○上好文學而辯敏。群臣言事者，上引古今以折之，多不能對。劉洎上書諫曰:「帝王之與凡庶，聖哲之與庸愚，上下懸絕。是知以至愚而對至聖，以極卑而對極尊，　徒思自彊不可得也。陛下降恩旨，假慈顏，凝旒 以聽其言，虛襟 以納其說，猶恐 羣下未敢對敭。況動神機 縱天辯，飾辭 以折其理，引古 以排其議，欲令凡庶 何階應答。且多記則損心，多語則損氣，心氣內損，形神外勞，初雖不覺，後必為累。」上飛白答之曰:「非慮無以臨下，非言無以述慮。比有談論，遂致煩多，輕物驕人，恐由茲道。形神心氣，非此為勞，今聞讜言，虛懷以改。」

○八月，上謂長孫無忌等 曰:「人苦不自知其過。卿可為朕明言之。」對曰:「陛下武功文德，臣等將順之不暇， 又何過之可言。」上曰:「朕問公以己過，公等乃曲相諛說。朕欲面舉公等得失，以相戒而改之。何如?」皆拜謝。上曰:「長孫無忌善避嫌疑，應物敏速，決斷事理 古人不過，而總兵攻戰，非其所長。高士廉涉獵古今，心稍明達，臨難不改節，當官無朋黨。所乏者，骨鯁規諫耳。唐檢言辭辯捷，善和解人。事朕三十年， 遂無言及於獻替。楊師道性行純和，自無愆違，而情實怯懦。緩急不可得力。岑文本性質敦厚，文章華贍，而持論恆據經遠，自當不負於物。劉垍性最堅貞，有利益，然其意尚然諾，私於朋友。馬周見事敏速，性甚貞正，論量人物 直道而言。朕比任使，多能稱意。褚遂良學問稍長，性亦堅正，每寫忠誠，親附於朕。譬如飛鳥依人，人自憐之。」

○十二月，詔:諸軍，分道繫高麗。

乙巳十九年

正月，上自將諸軍，發洛陽。

○二月，　上至鄴。自為文，祭魏太祖曰：「臨危制變，料敵設奇，一將之智有餘，萬乘之才不足。」

○三月，　車駕至定州。李世勣　江夏王道宗攻高麗，盖牟城，拔之。世勣進至遼東城下，高麗大敗。上自將數百騎，至遼東城下，見士卒負土填塹，上分其尤重者，於馬上持之。及克高麗，以其城為遼州。

○進軍白巖城。大將軍李思摩，中弩矢，上親為之吮血。將士聞之，莫不感動。

○丁未，車駕發遼東。丙辰，至安市城，進兵攻之。高麗北部　延壽惠真帥兵十五萬，救安市。上敕諸軍，齊出奮擊。因命有司，張受降幕於朝堂之側。諸軍鼓譟幷進。會有龍門人薛仁貴者，　大呼陷陳，所向無敵。高麗兵披靡，大軍乘之。高麗兵大潰。己未，延壽惠真，帥其衆三萬六千八百人降。高麗擧國大駭。後黄城　銀城皆自拔遁去，數百里無復人煙。上驛書報太子。仍與高士廉等書曰：「朕為將如此，何如?」更名所幸山 曰：駐蹕山。

○上以遼左早寒草枯水凍，士馬難久留。且粮食將盡，敕班師。上謂薛仁貴曰：「朕諸將皆老，思得新進驍勇者將之，無如卿者。朕不喜得遼東，喜得卿也。」

○上以遼左不能成功，深悔之。歎曰：「魏徵若在，不使朕有是行也。」乃馳驛，祀徵以少牢，復立所製碑。

丙午二十年

三月 己巳，車駕還京師。江夏王道宗 薛萬徹等招諭 敕勒諸部，其首長皆喜，頓首請入朝。上大喜，詔：「以戎狄與天地俱生。上皇幷列，流殃構禍。乃自運初 朕聊命偏師，遂擒頡利。始弘廟略，已滅延陁，鐵勒百餘萬户散處北漠。遠遣使人，委身內屬，請同編列 幷為州郡。混元以降，殊未前聞。宜備禮告廟，仍頒示普天。」

◯九月，車駕幸靈州。敕勒諸部 相繼詣靈州者 數千人。上為詩，序其事曰：「雪恥酬百王，除兇報千古。」公卿請勒石於靈州，從之。

◯蕭瑀性狷介，與同僚多不合。嘗言於上曰：「房玄齡與中書門下 衆臣朋黨，不忠， 執權膠固，陛下不詳知。但未反耳。」上曰：「卿言得無太甚？ 人君選賢才 以為股肱心膂，當推誠任之。人不可以求備。必捨其所短，取其所長。朕雖不能聰明，何至頓迷臧否，乃至如是？」

◯上謂長孫無忌等曰：「今日吾生日。世俗皆為樂， 在朕翻成傷感。今君臨天下，富有四海，而承歡膝下，永不可得。此子路所以有負米之恨也。詩云：『哀哀父母！ 生我劬勞。』柰何以劬勞之日，更為宴樂乎？」

◯房玄齡嘗以微譴歸第。褚遂良上疏以為：「玄齡自義旗之始，翼賛聖功。武德之季 冒死決策，貞觀之初 選賢立政，人臣之勤玄齡為最。不可遐棄。陛下若以其衰老，亦當諷諭， 使之致仕，退之以禮。不可以淺鮮之過 棄數十年之勳舊。」上遽召出之。頃之，玄齡復避位，還家。久之，上幸芙蓉園。玄齡敕子弟 汎掃門庭曰:「乘輿且至。」有頃，上果幸其第。因載玄齡還宮。

丁未二十一年

上幸翠微宮。冀州進士張昌齡獻翠微宮頌。上愛其文，命於通事舍人裏供奉。初昌齡與進士王公瑾，皆善屬文，名振京師。考功員外郎王師旦知貢舉，黜之。舉朝莫曉其故。及奏第，上怪無二人名，詰之。師旦對曰:「二人雖有辭華，然其體輕薄，終不成令器。若置之高第，恐後進效之，傷陛下雅道。」上善其言。

◯上御翠微殿，問侍臣曰:「自古，帝王雖平定中夏，不能服戎狄。朕才不逮古人，而成功過之，自不諭其故。諸公各帥意，以實言之。」羣臣皆稱:「陛下功德 如天生萬物，不得而名言。」上曰:「不然， 朕所以能及此者，止由五事耳。自古帝王多疾勝己者，朕見人之善，若己有之。人之行能不能兼備，朕常棄其所短，取其所長。人主往往進賢，則欲寘諸懷，退不肖，則欲墜諸壑。朕見賢者則敬之，不肖者則憐之，賢不肖各得其所。人主多惡正直，陰誅顯戮，無代無之。朕踐祚以来，正直之士比肩於朝，未嘗黜責一人。自古 皆貴中華 賤夷狄，朕獨愛之如一故，其種落皆依朕如父母。此五者 朕所以成今日之功也。」顧謂褚遂良曰:「公嘗為史官，如朕言得其實乎?」對曰:「陛下盛德 不可勝載。獨以此五者自與，盖謙謙之志耳。」

○骨利幹遣使入貢。骨利幹於鐵勒諸部，為最遠。晝長夜短，日沒後，天色正曛。煑羊胛適熟，日已復出矣。

○齊州人叚志冲上封事，請上致政於皇太子。太子聞之，憂形於色，發言流涕。長孫無忌等請誅志冲。上手詔曰：「五岳陵霄，四海亘地，納汙藏疾，無損高深。志冲欲以匹夫解位天子，朕若有罪，是其直也。若其無罪，是其狂也。譬如尺霧障天，不虧於大，寸雲點日，何損於明。」

戊申二十二年

正月，上作帝範十二篇，以賜太子曰：「君體 建親 求賢 審官 納諫 去讒 戒盈 崇儉 賞罰 務農 閱武 崇文。」且曰：「修身治國　備在其中。一旦不諱，更無所言矣。」又曰：「汝當更求古之哲王，以為師。如吾不足法也。夫取法於上，僅得其中。取法於中，不免為下。吾居位以来，不善多矣。錦繡珠玉 不絕於前，宮室臺榭 屢有興作，大馬鷹隼無遠不致。行遊四方供頓煩勞。此皆吾之深過，勿以為是而法之。顧我弘濟蒼生，其益多，肇造區夏，其功大。益多損少 故人不怨，功大過微 故業不墮。然比之盡美盡善 固多愧矣。汝無我之功勤，而承我之富貴。竭力為善 則國家僅安，驕惰奢縱 則一身不保。且成遲敗速者 國也，失易得難者 位也。可不惜哉，可不慎哉。」

○結骨其國人皆長大。赤髮綠睛。自古未通中國，至是入朝。上謂侍臣曰：「漢武帝窮兵三十餘年，疲弊中國，所獲無幾。豈如今日 綏之以德，使窮髮之地 盡為編户乎。」

○上營玉華宮，務令儉約，惟所居殿覆以瓦，餘皆茅茨。徐惠以上東征高麗 西討龜茲，翠微 玉華營繕相繼，又服玩頗華靡，上疏諫。其略曰：「以有盡之農功 填無窮之巨浪，圖未獲之他衆 喪已成之我軍。昔秦皇并呑六國，反速危亡之基。晉武奄有三方，翻成覆敗之業。豈非矜功恃大 棄德輕邦 圖利忘危 肆情縱欲之所致乎?」又曰：「珍玩技巧 乃喪國之斧斤，珠玉錦繡 實迷心之酖毒!」又曰：「作法於儉 猶恐其奢，作法於奢 何以制後。」上善其言，甚禮重之。

○初 左武衛將軍李君羨直玄武門。時太白屢晝見。太史占云：「女主昌。」民間又傳秘記云：「唐三世之後，女主武王代有天下。」上惡之。會與諸武臣宴宮中，行酒令，使各言小名。君羨自言名五娘，上愕然，笑曰：「何物女子 乃爾勇健。」又以君羨官稱封邑皆有武字，深惡之。後出為華州刺史。有布衣負道信，自言能絕粒，曉佛法。君羨深敬信之。數相從，屏人語。御史奏：「君羨與妖人交通，謀不軌，」君羨坐誅。

○上密問太史令李淳風 ：「祕記所云 信有之乎。」對曰：「臣仰稽天象，俯察曆數，其人已在陛下宮中，為親屬。自今不過三十年，當王天下，殺唐子孫殆盡。其兆既成矣。」上曰：「疑似者 盡殺之，何如?」對曰：「天之所命 人不能違也。王者不死，徒多殺無辜。且自今以往三十年，其人已老，庶幾頗有慈心，為禍或淺。今借使得而殺之，天或生壯者，肆其怨毒。陛下子孫 無遺類矣。」上乃止。

○房玄齡疾篤。謂諸子曰:「吾受主上厚恩, 今天下無事。惟東征未已, 群臣莫敢諫。吾知而不言, 死有餘責。」乃上表, 諫以為:「陛下每決一重囚, 必令三覆五奏, 進素膳, 止音樂者, 重人命也。今驅無罪之士卒, 委之鋒刃之下, 使肝腦塗地, 獨不足愍乎。向使高麗違失臣節, 誅之 可也, 侵擾百姓, 滅之 可也, 他日能為中國患, 除之 可也。今無此三條, 而坐煩中國, 內為前代雪恥, 外為新羅報讎。豈非所存者小, 所損者大乎? 願陛下許高麗自新。儻蒙錄此, 死且不朽。」上自臨視, 握手與訣, 悲不自勝。薨。

己酉二十三年

夏 四月, 上有疾。謂太子曰:「李世勣才智有餘。然汝與之無恩, 恐不能懷服。我今黜之, 若其卽行, 俟我死, 汝於後用, 為僕射, 親任之。若徘徊顧望, 當殺之耳。」五月, 以同中書門下三品李世勣為疊州都督。世勣受詔, 不至家而去。

○上苦利增劇, 太子晝夜不離側, 或累日不食, 髮有變白者。上泣曰:「汝能孝愛如此, 吾死何恨。」丁卯, 疾篤, 詔: 長孫無忌 褚遂良, 入卧內。謂之曰:「太子仁孝, 公輩所知, 善輔導之。」謂太子曰:「無忌在, 汝勿憂天下。」又謂遂良曰:「無忌盡忠於我, 我有天下, 多其力也。我死, 勿令讒人間之。」仍令遂良草遺詔。有頃上崩。六月, 太子卽位, 罷遼東之役及諸土木之功。

○九月, 以李勣為左僕射。

통감절요 39권

당기(唐紀) 고종(高宗)

재위 34년, 수(壽) 56

경술(庚戌) 영휘(永徽) 원년(서기 650년)

정월에 황제가 조집사[1]를 불러 "짐이 처음 즉위했으니, (하는) 일 중에 백성에게 불편한 것이 있으면 모두 마땅한 진술을 하라. 다하지 못한 자는 다시 밀봉한 글로 상주하라"고 지시했다. 이 날부터 자사(刺史) 10인을 불러 내각에 들이고, 백성의 어려움과 고통 및 그 정치를 물었다.

낙양인 이홍태(李弘泰)라는 사람이 장손무기(長孫無忌)가 모반을 한다고 무고를 했다. 황제가 즉시 그(상주한 사람)

---

1) 朝集使 조집사 : 주(註) 밖에서 조정에 들어와 함께 조회의 반열에 서는 자를 조집사라 한다

를 참수하라 명령했다. 무기와 저수량(褚遂良)이 한마음으로 정치를 보좌했다. 황제 역시 두 사람을 존중하고 예로 대하고, 스스로 공경해 그들의 말을 따르니, 그 때문에 영휘(永徽)의 정치는 백성이 크게 편안하고, 정관(貞觀)의 유풍이 있었다.

갑인(甲寅) 5년(654년)

황제가 태자였을 때 궁에 들어와 태종을 모셨는데, 재인[2] 무씨(武氏)를 보고 그를 사랑[3]했다. 태종이 죽자 무씨는 비구니가 되었다. 태종의 기일에 황제가 절에 분향하러 갔는데, 그를 만났다. 후궁으로 들이고 소의(昭儀)로 임명했다. 황후와 숙비에 대한 총애가 모두 쇠퇴해지고, 이때부터 폐위시킬 뜻을 가졌다.

○ 황제가 하루는 조회를 마치고 장손무기, 이적(李勣), 우지녕(宇志寧), 저수량을 내전으로 불렀다. 저수량은 "금일 부르시는 것은 거의 중궁(中宮) 때문일 것이다. 황제의 뜻은 이미 결정되었으니, 그것을 거스르면 반드시 죽을 것이다. 태위는 외삼촌이고, 사공은 공신이니, 황제에게 외삼촌과 공신을 죽였다는 오명을 갖게 해서는 안 된다. 나는 초야(미천한 집)에서 일어나 전쟁에서 싸운 공로[4]도 없이 지

2) 才人 재인 : 당(唐)에서는 수(隋)의 제도를 이어 재인(才人)이 다섯 명이었고, 정오품(正五品)이었다

3) 悅 열 : 기뻐하다, 사랑하다

4) 汗馬之勞 한마지로 : 전쟁에서 말 타고 싸운 공로

위가 여기에 이르렀고, 또 선황제의 고명[5]을 받았다. 죽음으로 막지 않는다면, 어떻게 지하에서 선제를 알현하겠는가?"라고 말했다. 이적[6]은 병을 핑계대고 들어가지 않았다.

장손무기 등이 내전에 이르자 황제가 장손무기에게 "황후는 아들이 없고, 무소의에게는 아들이 있으니, 지금 소의를 황후로 삼고자 한다. 어떠한가?"고 물었다.

저수량은 "황후는 명문가이고, 선제께서 폐하에게 아내로 맞이해주었습니다. 선제가 임종하실 때 폐하의 손을 잡으시고 신들에게 말하기를 '짐의 아름다운 아들과 아름다운 며느리를 지금 경들에게 맡긴다'라고 하셨습니다. 이것은 폐하께서도 들으신 것으로, 말씀이 귀에 들리는 것같습니다. 황후에게 과오가 있다는 것을 아직 듣지 못했는데, 어찌 가볍게 폐위할 수 있겠습니까?"라고 대답했다. 황제가 좋아하지 않고 끝냈다.

다음날 또 그것을 말하니 저수량은 다시 "폐하께서 황후를 바꾸고자 하신다면, 엎드려 청하건대 천하의 명문가에서 잘 골라 뽑아야지[7], 하필 무씨입니까? 무씨가 선제를 모신 적이 있는 것은 사람들이 다 아는 일입니다. 천하의 이목을 어찌 가릴 수 있겠습니까? 폐하께서 돌아가신 후에 사람들이 폐하가 어찌했다고 하겠습니까? 원컨대 보류하시고 세 번 생각하소서. 신이 지금 폐하의 뜻을 거슬렀으니 마땅히

---

5) 顧託 고탁 : 고명(顧命), 임금이 임종 때 후사를 부탁함

6) 주(註) 태위 이세적이다. 이세민의 세(世)자를 피휘해 이적으로 부른다

7) 妙擇 묘택 : 잘 골라 뽑음, 인선을 잘 함

죽어야 합니다"라고 대답했다.

그리고는 홀(笏)[8]을 내전의 계단에 놓고 두건[巾]을 풀고 머리를 찧으니 피가 흘렀다. "폐하께 홀을 돌려드리겠습니다. 시골로 돌아가게 해주십시오"라고 말했다. 황제가 크게 노해 끌고 나가라고 명령했다. 소의가 발을 치고 있었다. 소의는 "어찌 이 서남오랑캐[9]를 때려죽이지 않습니까?"라고 크게 소리쳤다.

무기는 "저수량은 선왕의 고명을 받았으니, 죄가 있어도 형벌을 줄 수 없습니다"라고 말했다. 우지녕은 감히 말하지 못했다. 한원(韓瑗)이 틈을 타서 일을 아뢰며 울면서 지극하게 간언을 했다. 황제가 모두 받아들이지 않았다.

다른 날 이적이 들어와 황제를 알현하니 그에게 "짐이 무소의를 황후로 세우려고 하는데, 저수량이 불가하다고 고집을 부린다. 저수량은 고명대신이니 일을 그만둬야만 할 것인가?"라고 물었다. 이적은 "이는 폐하의 집안 일입니다. 왜 반드시 남에게 더 물어야 합니까?"라고 대답했다. 황제의 뜻이 드디어 결정되었다.

허경종(許敬宗)이 조정에서 "농촌 노인도 10곡[10]의 보리를 더 거두면 처를 바꾸고 싶어 하는데, 하물며 천자가 황후 한 명 세우는데, 어찌 여러 사람을 일에 참여시켜서 망령되이 다른 의견을 일으킵니까?"라고 선언했다.

---

8) 笏 홀 : 수판(手板), 허리띠, 상어 뼈로 임금의 말씀을 적음

9) 獠 료 : 주(註) 서남오랑캐, 저수량은 항주사람이다

10) 斛 곡 : 10말

소의가 좌우로 하여금 (이것을) 보고하게 하고 저수량을 좌천시켜 담주도독(潭州都督)으로 삼았다. 10월에 조서를 내려 왕황후(王皇后)와 소숙비(蕭淑妃)를 폐위시켜 서인으로 하고, 사공 이적에게 명해 인장과 끈을 주어[11] 황후 무씨를 책봉했다.

○ 이의부(李義府)는 참지정사(參知政事)였다. 의부는 용모가 온화하고 공손해 남과 이야기하면 반드시 기쁘게 미소를 지었다. 그러나 교활하고 음험했고, 남을 시기하고 지지 않으려고 했다.[12] 당시 사람들이 이의부를 가리켜 '이의부의 웃음 속에는 칼이 있다'고 했다. 또 그 부드러움이 사물에 해를 끼치니 그를 이고양이[李猫]라고 불렀다.

병진(丙辰) 현경(顯慶) 원년(656년)

황제가 모시는 신하에게 "짐이 인재를 기르는 방법을 생각했는데, 그 요점을 알지 못하겠다. 공들이 짐을 위해 그것을 말해보라"고 말했다. 내제(來濟)가 대답했다.

"옛날에 제 환공(齊 桓公)이 밖에 나갔는데, 늙고 굶주리고 추워하는 자를 보고, 그에게 먹을 것을 주라고 명령했습니다. 노인은 '원컨대 온 나라의 굶주린 자에게 내려주소서'라고 말했습니다. 그에게 옷을 내리니 노인은 '원하건대 온 나라의 추워하는 자에게 내려주소서'라고 했습니다.

---

11) 賴 뢰 : 줄

12) 忌克 기극 : 남의 재능을 시기해 그보다 나으려고 함

공이 말하기를 '과인의 창고가 어찌 온 나라의 굶주림과 추위를 두루 구할 수 있겠는가?'라고 하니, 노인은 '임금이 농사의 시기를 빼앗지 않으면 나라의 사람들에게 모두 먹을 것이 남을 것이고, 양잠할 중요한 대목을 빼앗지 않으면, 나라 사람들이 모두 입을 것이 남을 것입니다'라고 했습니다. 고로 임금이 인재를 기르는 것은 그 정벌과 부역을 줄이는 데 있을 뿐입니다"

정사(丁巳) 2년(657년)

허경종(許敬宗), 이의부가 저수량, 한원(韓瑗)이 몰래 반역을 모의한다고 무고해 아뢰니, 모두 죄로 좌천시켰다.

무오(戊午) 3년(658년)

허경종이 장손무기가 모반한다고 무고해 아뢰니, 조서를 내려 검주(黔州)에 안치시켰다가, 조금 있다 죽였다.

경신(庚申) 5년(660년)

황제가 예전에 간질병으로 고생했는데, 눈이 보이지가 않았다. 백관들이 일을 아뢰면 황제가 어떤 일은 황후에게 처리하도록 시켰다. 황후의 성품은 밝고 민첩했고, 문학과 역사를 섭렵했다. 일을 처리하는데, 모두 황제의 마음에 들었다. 이 때문에 정사를 맡기기 시작해 권세가 황제와 같아졌다.13)

갑자(甲子) 인덕(麟德) 원년(664년)

처음에 무후는 몸을 굽히고 굴욕을 참았다. 마침내 황제의 뜻을 받들어 따를 수 있었다. 황제가 군신의 의론을 배척하고 그를 황후로 세웠다. 뜻을 이루자 군주만이 내리는 상벌[14]을 오로지 해 황제가 하고자 하는 것이 있어도 황후에게 제제 당했다.

이때부터 황제가 정사를 볼 때마다 황후가 뒤에서 발을 내리고, 정사의 큰 일 작은 일 모두 듣고 관여했다. 천하의 대권이 모두 중궁으로 귀속되고, 승진 강등과 살리고 죽이는 일이 그 입에서 결정되었다. 천자는 팔짱을 끼고 있을 뿐이었다. 중외에서는 그것을 두고 두 명의 천자라고 불렀다.

무진(戊辰) 총장(總章) 원년(668년)

이적 등이 고구려를 공격했다. 설인귀(薛仁貴)가 선봉이 되어 고구려와 싸워서 크게 이겼다. 진군해 압록책(鴨綠柵)[15]에 이르러서 또 이겼다. 드디어 평양을 포위한지 한 달 남짓에 고구려왕 장(藏)이 항복했다. 고구려가 다 평정되었다.

---

13) 侔 모 : 같을

14) 作威福 작위복 : 군주만이 내리는 상과 벌을 말한다

15) 柵 책 : 울짱, 목책, 작은 성

기사(己巳) 2년(669년)

수장(壽張)사람 장공예(張公藝)는 9대가 한집에 살았다. 제(齊)나라와 수, 당에서 모두 그 가문을 표창했다.[16] 황제가 수장을 지나다가 그 집에 행차했다. 함께 살 수 있는 이유를 물으니, 공예가 '인(忍)'자를 1백여 개 써서 바쳤다. 황제가 좋아하고 합사비단[17]을 하사했다.

○ 옹주장사(雍州長史) 노승경(盧承慶)이 사형태상백(司刑太常伯)이 되었다. 노승경이 일찍이 내외관을 평가했는데,[18] 조운(漕運)을 감독하는 어느 관리가 바람을 만나 쌀을 잃었다. 승경이 그를 평가하기를 "조운의 수송을 감독하다가 식량을 잃었으니 평가는 중하(中下)이다"라고 했다.

그 사람은 얼굴색이 태연자약했는데, 말없이 물러났다. 승경이 큰 도량을 높이 여겨서 "힘이 못 미치는 일이므로, 중중(中中)으로 평가한다"고 기록[19]을 고쳤다. 그리고 난 다음에도 기뻐하는 모습도 없고, 또한 부끄러워하는 말도 없었다. 또 고쳤다. "칭찬이나 욕먹는 것에 놀라지 않으니, 평가는 중상(中上)이다".

○ 이적의 병이 점점 심해지자 자제들이 그를 위해 의원

---

16) 旌表 정표 : 기치, 선행을 표창함

17) 縑帛 겸백 : 합사비단, 비단의 한 종류. 상으로 많이 하사했고, 화폐로 통용. 글을 기록

18) 考 고 : 상고할, 관리등용의 성적 조사

19) 註 주 : 기록, 주석

을 모셔오려는데, 모두 허락하지 않으면서 "나는 본래 산동의 농부였는데, 현명한 황제를 만나 삼공의 지위에 올랐다. 나이가 곧 있으면 팔십인데, 어찌 운명이 아니겠는가? (수명의) 길고 짧음에 정한 기한이 있는 것이니 어찌 또 의원에게 가서 살기를 구하겠는가?"라고 말했다.

어느 날 갑자기 그 아우 필(弼)에게 "내가 방현령과 두여회[房杜]를 보니, 평소에 부지런히 힘써서 일가를 세울 수 있었음에도, 못난 아들을 만나 탕진하고 뒤집혀서 남은 것이 없다. 나에게도 이렇게 자손이 있으니 다만 그들을 살펴봐주게. 뜻과 기세가 바르지 않고, 사람 같지 않은 자를 사귀는 자가 있으면, 모두 먼저 쳐죽이고 나서 알려주게"라고 말했다.

이후로 더는 말을 하지 않고 12월에 죽었다. 무덤을 음산, 철산, 오덕건산의 모양을 따서 만들었다. 그가 돌궐과 설연타를 이긴 공을 표창[20]한 것이다.

○ 이적이 장수일 때 지모가 있고 결단하기를 좋아했다. 남과 함께 일을 의논하매 선(善)을 따르는 것이 물 흐르듯 했다. 전쟁에서 승리하면 아랫사람에게 공을 돌리고, 얻은 금과 비단은 모두 장수와 병사들에게 나누어 주었다. 사람들이 목숨을 바치고 싶어 했고, 향하는 곳마다 이기고 승리했다.

일에 임해 장수를 선발할 때는 반드시 관상을 보고[21], 넉

---

20) 旌 정 : 기. 나타낼, 밝힐, 표창할

녁하고 후덕한 자를 보냈다. 혹자가 그 이유를 묻자, 적은 "운명이 각박한 사람과 함께 공명을 이룰 수가 없다"고 대답했다.

가정은 화목[22]했으며 엄했다. 그 누이가 일찍이 병에 걸렸는데, 이적이 복야가 된 이후였다. 친히 그를 위해 죽을 끓이는데[23], 바람이 바뀌어 그 수염과 구레나룻를 그을렸다. 누이가 "내가 복이 많구나. 어찌 스스로 이렇게 고생하는가?"라고 말하니, 이적이 "시킬 사람이 없는 것은 아니나, 다만 누이도 늙고 나 또한 늙었으니, 오랫동안 누이를 위해 죽을 끓여주고자 해도 할 수 있겠습니까?"라고 대답했다.

이적이 일찍이 사람들에게 말하기를 "나는 12~13세 때는 무뢰한 도적이어서 사람을 만나면 곧 죽였다. 14~15세 때에는 당해내기 어려운 도적이 되었다. 뜻에 맞지 않으면 곧 죽였다. 17~18세 때에는 아름다운 도적이 되어 적의 진영에 가서 사람을 죽였다. 20세 때는 대장이 되어 군을 이끌고 사람을 구했다"고 했다.

○ 승평(昇平)의 시기가 오래되니, 사람을 선발함이 더욱 많아졌다. 이해에 사형소상백(司形少常伯) 배행검(裵行儉)이 처음으로 원외랑(員外郞) 장인의(張仁禕)와 함께 성명과 이

---

21) 訾相 자상 : 자(訾) 관상 볼. 상(相) 관상 볼

22) 雍睦 옹목 : 친목, 화목

23) 煮 자 : 끓일

력이 적힌 긴 게시판[榜]을 설치하고, 관리를 등용하고 과거시험 보는 법[銓注之法]을 이끌어 냈다. 또 주현의 승진과 강등, 관리 신분의 높고 낮음을 규정하니, 그 후로 항구적인 제도가 되어 그것을 바꿀 수 있는 자가 없었다.

대략 당(唐)의 선거법(관리등용법)은 사람의 신(身) 언(言) 서(書) 판(判)을 보고, 자질(신분)과 공로를 헤아려 관직에 맞춘다[擬]. 처음 모이게 해 시험을 보는데, 그 서(書, 해법楷法이 고르고 아름다운가)와 판(判, 문장文章의 조리가 우수한가)을 본다. 시험이 끝나면 (다시) 가려서 뽑는데[銓][24], 그 신(身, 그 풍채와 용모가 넉넉하고 위엄 있는가)과 언(言, 그 말이 분명하고 바른가)을 살핀다.

가려서 뽑고 나면 배정하는데(注)[25], (어디로 가는 것이) 그에게 편리한지 묻는다. 배정하고 난 다음에 호명하고, 사람들을 모아놓고 그것을 고지하고, 각각 부신[26]을 주는데 그것을 고신(告身)이라고 한다.

임오(壬午) (682년)

영순(永淳) 원년(682) 예부상서 배행검이 죽었다. 배행검은 인재를 감별할 수 있었다. 예전에 이부시랑이었을 때 전진사(前進士) 왕거(王勮)와 함양위(咸陽尉) 소미도(蘇味道)가 모두 이름이 알려지지 않았었다. 배행검이 한번보고 그

---

24) 銓 전 : 재능을 저울질해 뽑음, 가려 등용함

25) 注 주 : 뜻 둘, 마음 둘, 물댈, 매길, 사용할, 기록할

26) 符信 부신 : 신표

들에게 "두 사람은 후에 반드시 서로 차례로 전형(銓衡)을 담당할 것이오. 내게 약한 자식이 있으니, 원컨대 그를 맡기고 싶소"라고 말했다.

이때 거(勮)의 동생 발(勃)과 화음(華陰)사람 양형(楊炯), 범양(範陽)사람 노조린(盧照鄰), 의오(義烏)사람 낙빈왕(駱賓王)이 모두 문장으로 명성이 자자했다. 이경현(李敬玄)이 더욱 그들을 중히 여기고, 반드시 출세할 것이라고 했다.

배행검은 "선비는 먼 길을 가는 자이니, 마땅히 그릇과 식견을 먼저 갖추고 난 다음에 재주와 기예입니다. 발(勃) 등은 비록 문장이 화려하기는 하나 경박하고 깊이가 없습니다. 어찌 작위와 녹봉을 향유할 그릇이겠습니까? 양자(楊子)는 조금 침착하니 지방장관[令長]은 되겠지만, 나머지는 좋게 죽을 수[27] 있으면 다행입니다"라고 말했다.

조금 후에 발은 바다를 건너다 물에 빠졌고, 양형은 영천령에서 마쳤다. 노조린은 악질이 낫지 않아 물로 뛰어들었고, 낙빈왕은 모반으로 죽임을 당했다. 왕거와 소미도는 모두 인재 선발을 담당해 행검의 말과 같이 되었다.

○ 황제가 태산에서 봉선하고, 오악[28]에서 두루 봉선하고 싶어 했다. 감찰어사이행(監察御史裏行) 이선감(李善感)이 "수년 동안 콩과 조[粟]가 여물지 않아 굶어 죽는[29] 자가

---

27) 令終 영종 : 좋게 끝남, 좋게 죽음

28) 五岳 오악 : 주(註) 오악(五岳)은 동악(東岳) 태산(泰山), 남악(南岳) 형산(衡山), 서악(西岳) 화산(華山), 북악(北岳) 상산(常山), 중악(中岳) 숭산(嵩山)

29) 殍 표 : 굶어죽을

서로 이어지고, 사방의 오랑캐가 자주 침범해 군용수레로 병사를 해마다 실어갑니다. 폐하께서는 마땅히 공손히 침묵하시며, 방법을 생각하시고, 재해로 보낸 (하늘의) 견책에 대해 기도하셔야[30] 합니다. 그런데 또 궁실을 넓히고 세우고 노역이 끊이지 않으니, 천하에 실망하지 않는 자가 없습니다"라고 간언했다.

황제가 비록 받아들이지는 않았으나 그것을 너그러이 용납했다. 저수량, 한원이 죽은 뒤부터 안팎으로 말하기를 꺼려하고 감히 뜻을 거스르는 직간을 하지 못했는데, 거의 20년 만에 이선감이 비로소 간언을 하자 천하가 모두 기뻐했다. 그를 가리켜 '봉새가 산의 동쪽에서 우네'[31]라고 했다.

이 해에 돌궐(突厥)의 남은 무리들이 병주(幷州)에 들어와 노략질을 했다. 설인귀가 병사를 이끌고 공격했다. 오랑캐가 당나라의 대장이 누구냐고 물으니, 설인귀라고 대답했다. 오랑캐가 "내가 듣기에 설인귀는 상주(象州)에 유배 가서 죽은 지 오래다. 어찌 우리를 속이는가?"라고 말하자, 설인귀가 투구를 벗고 그들에게 얼굴을 보여주었다. 오랑캐가 서로 돌아보며 아연실색하고, 말에 내려 열을 지어 절을 하고, 점차 부대를 이끌고 떠났다. 설인귀가 분발해 공격해 크게 이겼다.

---

30) 禳 양 : 기도할, 푸닥거리 할

31) 鳳鳴朝陽 봉명조양 : 천하가 태평할 길조라는 뜻. 주(註) 『시경(詩經)』 「권아(卷阿)」에 '봉황이 우네, 저 고강에서! 오동이 났네 저 조양에서!'

계미(癸未) 홍도(弘道) 원년(683년)

12월, 황제의 병이 심해져 밤에 배염(裵炎)을 부르니 들어와 유조를 받았다. 그리고 죽었다. 유조에 태자를 즉위시키라고 해 중종이 즉위했다. 천후를 높여서 황태후로 삼으니, 정사가 모두 (황태후에게서) 결정되었다.

중종(中宗) 재위 27년, 수(壽) 55

- 측천순성황후를 부기함[附 則天順聖皇后]

갑신(甲申) 사성(嗣星) 원년(684년)

정월에 비(妃) 위씨(韋氏)를 황후로 삼았다. 황후의 아버지 위현정(韋玄貞)을 발탁해 예주자사로 삼았다.

○ 중종이 위현정을 시중으로 삼고자 했는데, 배염이 강하게 막았다. 중종이 노해 "내가 천하를 위현정과 함께 하고자 하는데 무엇이 안된다고 시중 자리를 아끼겠는가?"라고 말했다. 배염이 이를 두려워해 태후에게 아뢰고 몰래 폐위를 도모했다.

2월 무오(戊午)일에 태후가 중종을 폐위시켜 여릉왕(廬陵王)으로 삼고 다른 곳에 유폐했다. 예왕 단(旦)을 세워 황제로 삼았다. 정사가 태후에게서 결정되었다. 예종을 별전(別殿)에 있게 하고, 관여할 수 없게 했다.

○ 9월 갑인(甲寅)일에 천하에 사면을 하고 연호를 고쳤다. 기치는 모두 금색을 따랐다.

○ 이때 여러 무씨들이 요직에서 권력을 장악했다. 당(唐) 종실(宗室)은 스스로 위태로워하고, 사람들은 마음으로 분개하고 한탄[32]했다. 마침 미주자사(眉州刺史) 영공(英公) 이경업(李敬業)[33]과 동생 이경유(李敬猷), 당지기(唐之奇), 낙빈왕, 두구인(杜求仁), 위사온(魏思溫)이 각자 일에 연좌되어 좌천되어 모두 양주(楊洲)에 모였다. 각각 스스로 실직한 것 때문에 원망하고 있었다.[34]

이에 난을 일으켰다. 바로잡아 여릉왕을 복위시킨다는 것을 구실로 했다. 위사온이 그 일의 주모자가 되었다. 그리하여 죄인과 장인(匠人) 수백을 몰아다 무기를 주고, 모든 주(州)의 병사를 징발하고, 연호를 사성 원년(嗣聖 元年)[35]이라 다시 칭하고 3부[36]를 열었다. 열흘 사이에 관군과 싸

32) 憤惋 분완 : 분해서 성내고 탄식함

33) 주(註) 영공(英公)은 영국공(英國公)으로, 이적(李勣)의 훈작(勳爵)이다. 그것을 이적의 아들 진(震)이 계승하고, 그의 아들 경업(敬業)이 세습했다. 경업과 경유는 이적의 손자들이다

34) 주(註) 경업은 이세적의 아들로 영국공(英國公)을 세습하고 미주자사(眉州刺史)가 되었는데, 사성 원년(嗣聖 元年)에 뇌물을 받은 죄에 걸려 유주사마(柳州司馬)로 좌천되었다. 급사중(給事中) 당지기(唐之奇)는 괄창령(括蒼令)으로 좌천되었고, 첨사부 사직(詹事府 司直) 두구인(杜求仁)은 유령(黝令)으로 좌천되었다. 장안 주부(長安 主簿) 낙빈왕(駱賓王)은 임해승(臨海丞)으로 좌천되었고, 경유(敬猷)는 주질령(盩厔令)으로 있을 때 일에 연루되어 면직당했다. 마침 모두 객으로 양주(揚州)에 있게 되었고, 실직 때문에 앙심을 품고 있었다(『신당서(新唐書)』「이적경업사문열전(李勣敬業思文列傳)」)

35) 주(註) 중종(中宗) 재위(在位) 시기의 연호이다

36) 주(註) "삼부(三府)를 열었다. 첫째는 광복부(匡復府), 둘째는 영공부(英公府), 셋째는 양주대도독부(揚州大都督府)이다. 경업(敬業)이 스스로 광복부 상장(匡復府 上將)을 칭하고, 양주대도독(揚州大都督)이 되었다. 지기(之奇)와 구인(求仁)을 좌우장사(左右長史)로 삼고, 종신(宗臣)과 중장(仲璋)은 좌우사마

울 수 있는 병사[37] 10여 만을 얻었다.

격문을 주현에 보냈는데, 대략적으로 요약해보면 "거짓 섭정 무씨는 모반하려고 하는 마음을 싸서 깊이 품고[38], 몰래 제위[39]를 엿보아 임금의 사랑하는 아들을 별궁에 유폐시키고, 도적 종족의 맹주로서[40] 그들 종족에게 중임을 맡겼다", "(고종의 능의) 한줌의 흙도 아직 마르지도 않았는데, 어린 고아들은 어디 있는가?", "시험 삼아 오늘의 나라를 보자! 결국 이것이 어느 집안의 천하인가?" 등이었다.

태후가 격문을 보고 "누가 만든 것인가?"를 물었다. 누군가가 "낙빈왕입니다"라고 대답하니, 태후는 "재상의 과오이다. 사람에게 이와 같은 재능이 있는데, 그를 유랑케[41]해 만나지 못하게 했구나"[42]라고 말했다.

○ 갑신(甲申)일에 대장군 이효일(李孝逸)을 보내 병사 20만을 이끌고 이경업을 토벌하게 해 그를 패배시켰다. 그의 장수 왕나상(王那相)이 이경업, 이경유 및 낙반왕의 머

(左右司馬)로 삼고, 사온(思溫)은 군사(軍師)가 되고, 빈왕(賓王)은 기실(記室)이 되었다. 열흘간에 승병(勝兵) 10여만을 얻었다"(『자치통감(自治通鑑)』 권203 「당기(唐記)」 '측천무후(則天武后) 광택 원년(光宅 元年)')

37) 勝兵 승병 : 싸워서 적을 격파할 수 있는 병사, 작전에 바로 투입할 수 있는 병사

38) 包藏禍心 포장화심 : 남을 해치려고 하는, 또는 모반하려는 마음을 싸서 마음속에 깊이 간직함

39) 神器 신기 : 승통(承統)의 표시로 하는 기물, 옥새 같은 것, 제위

40) 宗盟 종맹 : 종묘 앞에서 맺는 맹세, 앞뒤의 문맥상 종족의 맹주

41) 流落 유락 : 유랑(流浪)함

42) 不偶 불우 : 주(註) 불우(不偶)는 불우(不遇)

리를 베고 와서 항복했다.

병술(丙戌) 3년[43](686년)

봄 정월에 황제는 방주(房州)에 있었다.

○ 3월에 태후가 동(銅)을 주조해 상자[44]를 만들라고 명령하고, 그것을 조당(朝堂)에 두어서 천하의 표문과 상소를 받았다.[45]

○ 태후가 서경업[46]의 반란 때부터 천하에 자신을 도모하려는 자가 많다고 의심을 했고, 또 오랫동안 국사를 전담했기 때문에 내부적으로 부정이 행해진다고 여겼다. 또 종실과 대신들이 자신을 원망하고 마음으로 복종하지 않음을 알게 됐다. (반대파들을) 대대적으로 주살해 그들에게 위엄을 보이고자 했다.

이에 밀고[47]의 문을 크게 열었다. 밀고하는 자의 말이 황제의 뜻에 맞으면 차례를 뛰어넘어 관직을 제수하고, 사실이 아닌 것도 책임을 묻지 않았다. 그리하여 사방에서 밀고

43) 주(註) 태후 수공 3년은 수공 2년의 오기(誤記)이다

44) 匭 궤 : 상자

45) 주(註) 조당에 4개의 궤가 있는데 사방의 색으로 칠했다. 청색은 연은(延恩)이라 해 동쪽에 두고, 붉은 색은 초간(招諫)이라 해 남쪽에 두고, 백색은 신원(伸寃)이라 해 서쪽에 두고, 검은 색은 통현(通玄)이라 해 북쪽에 두었다

46) 주(註) 이적의 원래 이름이 서씨인데, 태조가 이씨를 하사했다. 손자들이 반란을 일으켜 이씨에서 서씨로 다시 되돌린 것이다

47) 告密 고밀 : 밀고함

하는 자가 벌떼처럼 일어나니, 사람들이 신중하게 행동하고 숨을 죽였다.[48]

호인(胡人) 색원례(索元禮)가 태후의 뜻을 알았다. 밀고 일로 인해 불려가서 알현하니 발탁해 유격장군으로 삼고, 황제의 옥사를 처리하게 했다. 색원례는 성품이 잔인해 한 사람을 추국해 반드시 수십, 백인을 끌어들이게 했다.

그리하여 주흥(周興), 내준신(來俊臣)의 무리가 그것을 본받아 분분히 이어서 일어났다. 내준신은 만국준(萬國俊)과 함께 「나직경(羅織經)」[49] 수천 언을 찬술했다. 그 무리들에게 무고 당한 자를 모두 그물로 쓸어 담듯이 남김없이 법망에 걸려들게 하는[50] 법, 반란의 죄상을 짜 만드는 법, 얽어 만들고 맞추는[51] 법을 가르쳤는데, 모두 이유와 곡절[52]이 있게 했다.

태후가 음모의 고발이 들어오면 곧 색원례 등으로 하여금 그것을 캐내게 하니, 서로 다투어 죄수들을 가혹한 법으로 신문했다. 큰 칼을 만들었고, '정백맥(定百脈)' '돌지후(突地吼)' '사저수(死豬愁)' '구파가(求破家)' '반시실(反是實)' 등의 이름도 있었다.[53] 대궐 안팎에서 이 몇 명을 호랑이나

48) 重足屛息 중족병식 : 발을 포개고 숨을 죽이다

49) 羅織經 나직경 : 밀고에 관련된 사람들의 명부 및 그 고문 방법

50) 網羅 망라 : 그물로 쓸어담듯이 남김없이 휘몰아침

51) 構造 구조 : 얽어 만듦

52) 支節 지절 : 뼈마디와 골절

53) 주(註) 형구 중에는 가시 철갈고리를 죄인의 항문에 넣어 창자를 끌어내는 것도 있었다. 정백맥(定百脈)은 주리를 틀어 온몸의 맥을 바꿔놓는 것이고,

승냥이보다 더 무서워했다.

무자(戊子) 5년(688년)

봄 정월에 황제는 방주에 있었다.

○ 태후가 몰래 천명(天命)을 바꾸려고[54] 도모해 점점 종실을 제거하고 한왕(韓王) 노왕(魯王) 등 여러 왕을 다 죽였다.

경인(庚寅) 7년[55](690년)

봄 정월에 황제는 방주에 있었다.

○ 11월에 태후가 만상신궁(萬象神宮)에서 제사를 지내고 천하에 사면하고, 처음으로 주(周)의 정삭[56]을 사용했다. 영창 원년(永昌 元年) 11월을 고쳐 재초 원년(載初 元年) 정월로 했다.[57]

돌지후(突地吼)는 고문받는 죄인이 땅에서 일어나 고함지르는 것이고, 사저수(死豬愁)는 죽어가는 돼지가 내는 소리를 죄인이 내는 것이고, 구파가(求破家)는 집안을 파멸시키는 글을 적는 것이고, 반시실(反是實)은 사실과 완전히 반대되는 것을 자백하게 하는 것으로 죄인을 가혹하게 고문하는 내용이다.

54) 革命 혁명 : 천명을 바꾸다

55) 주(註) 주(周) 무후 천수 원년(天授 元年)이다

56) 주(註) "하정(夏正)은 정월(正月)이고, 은정(殷正)은 12월, 주정(周正)은 11월이다(『사기(史記)』 '역서 제4(曆書 第四)')

57) 주(註) "처음 주정(周正)을 사용해 영창 원년(永昌 元年) 11월을 고쳐서 재초 원년(載初 元年) 정월(正月)로 삼고, 11월을 납월(臘月)로 삼고, 하 정월(夏 正月)을 1월로 삼았다"고 되어 있다(『자치통감』 권203 「당기(唐記)」 '측

○ 이때 후사정(侯思正), 왕의홍(王義弘)[58]이 새로 등용되어 옥에 들어가는 자는 죽어서가 아니면 내보내지 않았다.

조정은 사람마다 스스로 위태롭다고 생각해 서로 보고도 감히 말을 나누지 못하고 길에서 눈으로 말했다. 어떤 경우는 입조했을 때 은밀히 체포를 당하니 매번 조회에 갈 때마다 집안사람들과 "다시 서로 볼 수 있을지 없을지 모르겠다"고 이별했다.

이 때 법관들이 서로 경쟁적으로 심하고 가혹하게 대했는데, 오직 사형승(司刑丞 대리승) 서유공(徐有功)과 두경검(杜景儉) 만이 공평하고 관대했다. 밀고당한 자들이 모두 말하기를 "후사정과 왕의홍을 만나면 반드시 죽고, 서유공과 두경검을 만나면 반드시 산다"고 했다.

서유공은 예전에 포주사법(蒲州司法)이었는데, 관대함으로 다스리고 회초리와 매질[59]을 하지 않았다. 관리들은 "범죄를 저질러 서사법이 매질하게 하는 자는 모두가 함께 배척하자"고 서로 약속했다. 관직의 기한이 다 될 때까지 한 사람도 장을 맞지 않았고, 공무 또한 잘 다스려졌다. 여러 차례 승진해 사형승이 되었다.

혹리가 무고하게 엮은 것을 서유공이 모두 바로잡아 전

천무후(則天武后) 천수원년(天授元年)')

58) 『자치통감』, 『구당서』, 『신당서』에는 후사정(侯思正), 왕의홍(王義弘)의 이름이 후사지(侯思止), 왕홍의(王弘義)로 되어 있고, 『당회요』에는 후사정(侯思正), 왕굉의(王宏義)로 되어있다. 후사정(侯思正), 왕의홍(王義弘)는 후사지(侯思止), 왕홍의(王弘義)의 오기이다

59) 敲扑 고복 : 고(敲) 두드릴, 칠. 복(扑) 칠

후로 살려준 것이 수십 수백 가문이었다. 사형승 이일지(李日知) 역시 공평하고 관대한 것을 숭상했다. 소경[司刑小卿] 호원례(胡元禮)가 한 죄수를 죽이려고 했는데, 이일지가 안 된다고 생각했다. 서너 번 왕복하다가 색원례가 노해 “호원례는 형조를 떠나지 않을 것이니, 이 죄수는 끝내 살 방법이 없을 것이다”라고 말했다. 이일지는 “이일지도 형조를 떠나지 않을 것이니, 이 죄수는 끝내 죽일 수 없을 것이다”라고 말했다. 결국 두 보고서가 나란히 올라가니, 이일지가 과연 바르게 했다.

○ 9월에 시어사 부유예(傅遊藝)가 관중의 백성을 이끌고 궐에 와서 표문을 올렸다. 국호를 ‘주(周)’로 고치고 황제에게 ‘무’성을 하사하라고 청하니, 태후가 이를 허락했다. 이에 측천루에 가서 천하에 사면을 내리고, 당(唐)을 주(周)로 고치고, 연호를 고치고, 존호를 올려 성신황제(聖神皇帝)라고 하고, 예왕 단(豫王 旦)을 황제의 후계자로 삼고, 무씨 성을 하사했다.

무씨의 7묘를 신도(神都)에 세우고, 부유예를 좌옥령위 대장군으로 삼았다. 부유예가 1년 안에 청색, 녹색, 적색, 자색의 옷[60]을 거쳐가니 이때 사람들이 그를 ‘사시사환(四時仕宦)’이라고 했다.

---

60) 靑綠朱紫 청록주자 : 청(靑)은 8, 9품. 녹(綠) 6, 7품. 주(朱) 4, 5품. 자(紫) 3품관

신묘(辛卯) 8년(691년)
봄 정월에 황제가 방주에 있었다.

○ 어떤 자가 문창우승 주흥(周興)이 구신적(丘神勣)과 모반을 꾀했다고 고하니, 태후가 내준신에게 명해 국문하게 했다. 내준신이 주흥과 일을 미루어 놓고 마주하고 식사를 하면서 흥에게 “죄수에 승복하지 않는 자가 많은데, 어떤 방법을 써야 합니까?”라고 물었다.

주흥이 “매우 쉬운 일입니다. 큰 항아리를 가져다가 사방에 숯을 두르고 그것을 불에 달군 후 죄수로 하여금 그 안에 들어가게 하면 무슨 일인들 승복하지 않겠습니까?”라고 대답했다.

내준신이 큰 항아리를 구해다 불로 둘러 주홍의 방법처럼 했다. 그리고 일어나서 주홍에게 말했다. “내부의 고발장이 있어서 형을 추국[61]해야 하니, 형께서는 이 항아리에 들어가시오”라고 말했다. 주홍이 두려워서 머리를 조아리고 죄를 승복했다. 법으로 사형에 해당했는데, 태후가 그를 용서했다. 2월 주홍이 영남으로 유배 갔는데, 길에서 원수의 가문에게 죽임을 당했다.

주흥은 색원례, 내준신과 함께 포학과 각박을 경쟁했다. 주흥과 색원례가 죽인 것이 각각 수천 인이고, 내준신은 수천 가를 파멸시켰다. 색원례는 잔혹하기가 더욱 심해 태후 역시 그를 죽여 사람들의 마음을 위로했다.

---

61) 推 추 : 옮을, 밀, 밀어올림, 연유를 캠

임진(壬辰) 9년(692년)
봄 정월에 황제가 방주에 있었다.

○ 태후가 존무사(存撫使)에게 추천받은 사람들을 데려다 만나본 뒤, 능력이 있고 없고를 불문하고 모두 뽑아서 등용했다. 높은 자는 임시봉각사인[試鳳閣舍人], 임시급사중[試給事中]이 되었고, 다음은 임시원외랑[試員外郞], 임시시어사[試侍御史], 임시보궐[試補闕], 임시습유[試拾遺], 임시교서랑[試校書郎]이 되었다. 임시관[試官]이 이때부터 시작되었다.

사람들이 그것을 말하기를 "보궐은 연이어서 수레로 실어오고, 습유는 저울에 달고 되로 헤아린다. 시어사는 갈고리[62]로 긁고, 교서랑은 틀에서 찍어내는구나[63]"하니, 거인(擧人)[64] 심전교(沈全交)가 이어서 말하기를 "마음을 풀로 붙인 존무사, 눈에 뭐가 낀 성신황"이라고 했다.

○ 태후가 수공 연간 이후 혹리를 임용해 먼저 당의 종실귀척 수백명을 죽이고, 다음으로 대신 수백 가를 손봤다. 자사 낭장 이하는 너무 많아서 셀 수가 없다. 한 명의 관리가 임명될 때마다 궁의 문을 지키는 시녀들이 "귀신의 재

---

62) 欋槌 구추 : 구(欋) 쇠스랑. 추(槌) 칠. 주(註) 구(欋)는 제(齊) 노(魯)에서 쓰는 이빨이 4개인 고무래. 구추(欋槌)는 구추(欋推)

63) 盌脫 완탈 : 형에 맞춘 그릇처럼 사람이 닮은 것. 주(註) 완(盌)은 작은 주발, 탈은 모양을 만드는 틀

64) 擧人 거인 : 향시(鄕試)에 급제하고, 다시 회시(會試)를 보는 사람

목[65]이 또 왔다"고 서로 수근 댔다. 1개월이 안되어서 갑자기 체포를 당해 일족이 죽임을 당하고는 했다.

감찰어사 엄선사(嚴善思)는 공평하고 곧고, 감히 바른 말을 하는 사람이었다. 이때 밀고자가 셀 수 없이 많았고, 태후 역시 그 번거로움을 싫어했다. 엄선사에게 명해 조사하게 했다. 허위로 죄를 자복한 자를 찾아내니 8백50여 명이었다. 죄를 조작한 무리가 그 때문에 위세를 떨치지 못했다.

계사(癸巳) 10년(693년)

봄 정월, 황제가 방주에 있었다.

○ 누사덕(婁師德)을 동평장사로 삼았다. 누사덕은 관후하며 청렴하고 신중했다. 남이 건드려도 상관하지 않았다. 그의 동생이 대주자사를 제수받아 떠나려고 하는데, 누사덕이 "내가 재상의 지위에 있는데, 네가 또 주(州)의 목민관이 되었다. 영예와 총애가 지나치게 크면 남들이 질투를 한다. 앞으로 어떻게 스스로 벗어날 것인가?"고 말했다.

동생이 허리를 편 자세로 무릎을 꿇고 앉으며 "지금부터 어떤 사람이 얼굴에 침을 뱉더라도, 나는 그것을 닦기만 하겠습니다. 형의 근심이 되지 않도록 하겠습니다"라고 대답했다.

누사덕이 안색이 변하면서[66] "이것이 내 근심이 되는 것

---

65) 鬼朴 귀박 : 주(註) 그 몸이 반드시 죽임을 당해 귀신이 될 것임을 말하는 것

이다. 남이 너의 얼굴에 침을 뱉는 것은 너에게 노했기 때문이다. 네가 그것을 닦으면, 곧 그의 뜻을 거스른 것이다. 그들의 노여움을 무겁게 여기는 방법은 무릇 침을 닦지 말고, 자연히 말리고 웃으며 그것을 받아야 한다"고 말했다.

○ 누군가 황사(皇嗣)가 몰래 다른 모의를 하고 있다고 고발했다. 태후가 내준신에게 명해 그 측근들을 국문하니, 태상공인[67] 안금장(安金藏)이 내준신에게 크게 소리쳤다. "공이 이미 나의 말을 믿지 않으니, 청컨대 심장을 갈라서 황사께서 모반하지 않았음을 밝히겠소" 하고는 허리에 찬 칼로 스스로 가슴을 찌르니, 오장이 모두 나오고 피가 흘러 땅을 덮었다. 태후가 그 소식을 듣고 즉시 내준신에게 추국을 멈추라고 명했다. 예종이 이 때문에 모면할 수 있었다.

갑오(甲午) 11년(694년)
봄 정월에 황제가 방주에 있었다.

○ 9월에 태후가 배꽃 가지 하나를 꺼내서 재상들에게 보였다. 재상들이 상서롭다 생각했는데, 두경검이 홀로 말했다. "지금 초목이 누렇게 떨어졌는데, 이것은 다시 꽃이 피니[68], 음양의 때에 맞지 않습니다. 허물이 저희들에게 있

---

66) 愀然 초연 : 근심할, 수심에 잠겨 안색이 변함

67) 太常工人 태상공인 : 태상시(太常寺)의 악공, 태상시는 나라의 예악(禮樂), 교묘(郊廟), 사직(社稷)의 일을 관장한다

68) 榮 영 : 꽃, 풀꽃 필, 성할, 무성할

습니다" 하고는 절하고 사죄하니, 태후가 "경이 진짜 재상이다"라고 말했다.

병신(丙申) 13년(696년)
봄 정월 황제는 방주에 있었다.

○ 태후는 서유공이 법을 공평하게 적용한다고 생각해 발탁했다. 좌대 전중시어사로 임명했다. 원근에서 들은 자마다 서로 축하했다.

정유(丁酉) 14년(697년)
봄 정월 황제가 방주에 있었다.

○ 내준신이 기시형에 처해지니, 원수 집안에서 다투어 그 고기를 씹었다. 잠깐 동안69)에 다 없어졌다. 태후가 천하가 그를 미워함을 알고 이에 조서를 내려 그 죄악을 조목조목 세었다. 또 "마땅히 멸족시키는 벌을 가해 백성들의 분노를 씻을 것이다"라고 했다. 사대부와 백성들이 모두 길에서 서로 축하하며 "지금부터 잠 잘 때 자리에서 등을 편하게 펴고 자겠네"70)라고 말했다.

---

69) 斯須 사수 : 잠깐동안

70) 帖 첩 : 주(註) 첩(帖)은 편안함이다

무술(戊戌) 15년(698년)

봄 3월 황제가 동도[71]로 돌아왔다.

○ 무승사(武承嗣)와 삼사(三思)가 태자가 되려고 힘썼다[72]. 태후의 뜻이 아직 결정되지 않았는데, 적인걸(狄仁傑)이 매번 조용히 태후에게 말하기를 "문황제께서 바람으로 빗질하고 비로 목욕하고[73] 친히 칼과 화살을 무릅쓰고 천하를 평정해 자손들에게 물려주었습니다. 대제(大帝)께서는 아들 두 명을 폐하께 맡기셨는데, 지금 그것을 다른 종족에게 옮기시려고 하시니, 정녕[74] 이는 하늘의 뜻이 아닙니다. 또 고모 조카와 모자간을 비교하면 누가 가깝겠습니까? 폐하께서 아들을 세우면 돌아가신 후에 태묘에 배향되고 제사가 무궁하게 이어질 것이나, 조카를 세우면 조카가 천자가 되어 종묘에서 고모를 합제사[75] 지낸다는 말은 들은 적이 없습니다"라고 했다.

또 태후에게 권해 여릉왕을 돌아오게 했다. 태후가 스스로 점차 깨달아서 서언백(徐彦伯)을 보내 여릉왕을 불러 행재(行在)[76]에 오게 했다. 9월에 여릉왕을 황태자로 삼았다.

---

71) 東都 동도 : 낙양궁

72) 營求 영구 : 꾀해 구함, 구하려고 힘씀

73) 櫛風沐雨 즐풍목우 : 바람으로 머리 빗고 비로 목욕한다는 뜻. 즉 외지를 분주히 다님. 간난신고(艱難辛苦)

74) 無乃 무내 : 차라리, 어찌, 정녕

75) 祔 부 : 합제사

76) 行在(所) 행재 : 거동 때 임금이 머무는 곳

○ 천관시랑(天官侍郎) 소미도(蘇味道)를 봉각시랑 동평장사(鳳閣侍郎 同平章事)로 삼았다. 소미도는 전후로 몇 년간 재상의 자리에 있었는데, 아첨해 인정을 받았다. 일찍이 사람들에게 말하기를 "일을 할 때 정확하게 하려 하지 말고, 애매하게 해 가부를 결정하지 말고[77] 양 끝을 잡으면 괜찮다"고 했다. 이때 사람들이 그를 소모릉(蘇摸稜)이라고 불렀다.

기해(己亥) 16년(699년)

봄 정월 황제가 동궁에 있었다.

○ 누사덕이 죽었다. 누사덕은 성품이 침착하고 후덕하고 관대했다. 적인걸이 입조해 재상이 된 것은, 사실 누사덕이 그를 추천했기 때문이었다. 적인걸은 이를 알지 못했다. 속으로 누사덕을 가볍게 여겨 자주 그를 밖으로 밀어냈다.

태후가 그것을 알고 적인걸에게 "누사덕이 사람을 알아보는가?"라고 물었다. 적인걸이 "신이 일찍이 (그의) 동료였는데, 그가 사람을 알아본다는 말은 듣지 못했습니다"고 대답하니, 태후가 "짐이 알기로는 경은 누사덕이 추천한 사람이다. 사람을 알아본다 할 수 있다"라고 말했다. 적인걸

77) 摸稜 모릉 : 모릉(莫稜), 결정을 짓지 못하고 가부(可否)가 없음
주(註) 모릉(莫稜) 모거(摸據)는 더듬는 것이다. 사방이 평평한 나무를 더듬으면 왼쪽인지 오른쪽인지 모른다. 검재가 말하기를 미도가 재상을 할 때 누군가가 변화의 도를 물어보자, 대답하지 않고 다만 손으로 상(床)의 모서리를 더듬었다고 한다

이 나온 후에 "누공의 덕이 가득하구나. 내가 그에게 포용된 지 오래인데, 내가 그 속[78]을 엿볼 수 없었구나"라고 한탄했다.

당시 무고하게 죄를 연루시키는 일이 많았는데, 누사덕이 장수와 재상을 오래했어도 죽을 때까지 공로와 명예를 유지할 수 있었다. 사람들이 이것을 높이 여겼다.

경자(庚子) 17년(700년)

봄 정월에 황제가 동궁에 있었다.

○ 태후가 양 문혜공(梁 文惠公) 적인걸을 신뢰하고 중용했는데, 여러 신하들이 그의 신뢰를 따라갈 수 없었다. 항상 그를 국로(國老)라 하고 이름으로 부르지 않았다. 적인걸은 면전에서 조정의 간쟁을 이끌어내는 것을 좋아했다. 태후가 매번 뜻을 굽혀서 그를 따랐다.

태후가 적인걸에게 "짐이 한 명의 훌륭한 선비를 쓰려고 하는데, 누가 괜찮은가?" 하고 물었다. 적인걸이 "폐하께서 어느 곳에 쓰고자 하시는 지를 살피지 못하겠습니다"라고 하니, 태후가 "등용해 장상을 삼고자 한다"고 말했다.

적인걸은 "학문이 있고 마음이 넓고 온화한[79] 자로는 소미도와 이교가 선택할만 합니다. 뛰어나고[80] 특별한 재목을

78) 際 제 : 사물의 중간

79) 醞藉 온자 : 마음이 넓고 온화함

80) 卓犖 탁락 : 뛰어날, 분명한, 초절(超絕)

얻고자 하시면, 형주장사 장간지(張柬之)가 있습니다. 그는 비록 늙었지만 재상의 재목입니다"라고 대답했다. 태후가 장간지를 발탁해 낙주사마로 삼았다.

수일 뒤에 또 적인걸에게 같은 질문을 했다. 적인걸은 "전에 추천한 장간지가 아직 등용되지 않았습니다"라고 했다. 태후가 "이미 승진시켰다"고 하자, 인걸은 "신이 추천한 것은 재상이지, 사마가 아닙니다"라고 했다. 이에 추관시랑으로 승진시키고, 한참 후에 그를 재상으로 삼았다.

적인걸이 또 요원숭(姚元崇), 감찰어사 환언범(桓彦範), 태주자사 경휘(敬暉) 등 수십인을 천거했는데, 대체로 명신이 되었다. 누군가가 적인걸에게 "천하의 천거 받은 사람들[81]이 다 공의 문하에 있구려" 하고 말하니, 적인걸은 "현자를 천거하는 것은 나라를 위함이지, 나를 위함이 아닙니다"라고 대답했다.

신축(辛丑) 18년(701년)

봄 정월, 황제는 동궁에 있었다.

○ 무읍사람 소안항(蘇安恒)이 "폐하께서 선황제의 유촉을 받으시고[82], 후계자의 양위를 받아들이셔서, 하늘의 뜻을 받들고 인심이 원하는 바에 따라서 등극하신지 20년입

---

81) 桃李 도리 : 복숭아나무와 오얏나무, 자기가 천거한 현사(賢士), 자기가 시험에서 채용한 문인

82) 欽 흠 : 존경할, 칙명을 나타내는 접두사

니다. 지금 태자께서 효성스럽고 옳고 잘하십니다. 나이가 이미 장성했으니 만약 천자의 보위[83]에서 통치하고 다스리게 하신다면, 폐하의 몸과 무엇이 다르겠습니까? 폐하께서는 어찌 동궁에 선위하고 스스로 몸을 편안하게 하시지 않습니까?"라는 상소를 올렸다. 글을 아뢰자, 태후가 위로하고 타일러서 보냈다.

임인(壬寅) 19년(702년)

봄 정월, 황제가 동궁에 있었다.

○ 5월에 소안항이 다시 상소를 올렸다.

"신이 알기로 천하란 태조[84]와 태종[85]의 천하입니다. 폐하께서 비록 정통에 계시나, 사실은 당씨(唐氏)의 옛 터에 계시는 것입니다. 지금 태자가 뒤를 이어 돌아왔는데[86], 나이와 덕망이 모두 왕성합니다. 폐하께서 그 보위를 탐하셔서 모자의 깊은 은혜를 잊는다면, 앞으로 무슨 면목으로 당가(唐家)의 종묘를 알현하시고, 어떤 고명[87]을 받았다고 대제의 묘를 참배하겠습니까?

폐하께서는 무슨 이유로 밤낮으로 근심을 쌓고, 여생이

---

83) 宸極 신극 : 임금의 처소, 제왕의 위, 군위, 황위

84) 神堯 신요 : 고조 이연

85) 文武 문무 : 태종 이세민

86) 追廻 추회 : 뒤를 이어 돌아봄

87) 誥命 고명 : 임금이 신하에게 내리는 명령, 봉건시대에 봉토를 받은 부녀(婦女), 5품관 이상의 관리에게 토지나 지위를 내리는 사령

얼마 남지 않았음[88]을 알지 못하십니까? 어리석은 신이 생각하건대 하늘의 뜻과 사람의 일은 이씨에게 돌아가고 있습니다. 폐하께서 비록 보위에 계신 것이 편안하실지라도, 사물은 끝이 되면 돌아가고, 그릇은 가득차면 기울어진다는 것을 모르고 계십니다. 신이 어찌 하루아침 같은 목숨이 아까워서 만승의 나라를 안정시키려고 하지 않겠습니까?"

태후가 역시 그에게 죄를 묻지 않았다.

계묘(癸卯) 20년(703년)

봄 정월, 황제가 동궁에 있었다.

○ 9월에 위원충(魏元忠)이 재상이 되었다. 일찍이 태후의 면전에서 "신은 선제 이래로 깊은 은혜를 입었습니다. 지금 재상 자리가 비어서 맡게 되어, 충성을 다하고 절개를 지켜 죽을 수 없게 되었습니다. (폐하께서) 소인(小人)을 곁에 있게 하셨으니 신의 허물입니다"라고 아뢰었다. 태후가 기뻐하지 않았다. 이 때문에 여러 장씨들이 그를 깊이 원망했다.

마침 태후가 병[89]이 나자, 장창종(張昌宗)은 태후가 갑자기 죽으면[90] 위원충에게 죽임을 당할까 두려워했다. 마침내 참소하기를 "위원충이 고전(高戩)과 은밀히 의논해 '태후가

88) 鐘鳴漏盡 종명루진 : 때를 알리는 종이 울리고 물시계의 물이 다 떨어짐. 여생이 얼마 남지 않았음

89) 不豫 불예 : 임금의 병환

90) 晏駕 안가 : 임금이 돌아가심, 붕어

늙었으니 태자를 끼고 장구함을 도모하는 것이 낫다'고 했습니다"라고 했다. 태후가 노해 위원충과 고전을 하옥시키고, 그들과 장창종에게 진실을 조정에서 밝히게[91] 하려고 했다.

장창종이 봉각사인(鳳閣舍人) 장설(張說)을 은밀히 끌어들여 좋은 관직을 준다고 매수해 거짓으로 위원충을 증언하게 했다. 장설이 이를 허락했다. 다음 날 태후가 태자 및 상왕(相王)과 여러 재상들을 불러 위원충과 장창종을 대질하게 했다. 말이 오고 갔으나 결론이 나지 않았다. 장창종이 말하기를 "장설이 위원충의 말을 들었습니다. 청컨대 불러서 물어보십시오"라고 했다. 태후가 장설을 불렀다.

장설이 들어가려는데, 송경(宋璟)이 장설에게 "명분과 의리는 지극히 중하다. 귀신을 속이기 어렵다. 간사한 자와 한 패거리가 되어 올바른 사람을 함정에 빠뜨리고[92], 구차하게 화를 면하려고 해서는 안 된다. 만약 이로 인해 죄를 얻어서 멀리 유배[93]를 간다 해도 영화가 많을 것이요, 만약 뜻밖의 일이 일어나게 된다면, 내가 마땅히 침전에서 머리를 조아리고 힘써 간쟁해 그대와 같이 죽을 것이다. 힘써서 그 일을 해라. 만대에 우러름을 받는 것이 이번 일에 달려 있다"라고 말했다. 좌사(左史) 유지기(劉知幾)도 "청사(靑

91) 辨 변 : 구별해 나눔, 판별, 식별, 밝힐, 쟁론할

92) 黨邪陷正 당사함정 : 사악한 자와 한패거리가 되어 올바른 사람을 함정에 빠뜨리다

93) 流竄 유찬 : 유배

史)를 더럽혀서 자손에게 누가 되지 말라"고 말했다.

장설이 들어가자 태후가 그에게 물었다. 장설이 대답하지 않았는데, 장창종이 곁에서 재촉해 빨리 말하게 했다. 장설이 말하기를 "폐하께서 보소서. 폐하 앞에서도 신을 이렇게 핍박하는데, 하물며 밖에서는 어떻겠습니까. 신은 진실로 위원충이 이런 말을 하는 것을 듣지 못했고, 다만 장창종이 신을 핍박해 거짓으로 증언하게 했을 뿐입니다"라고 했다.

태후가 말하기를 "장설은 말을 이렇게 했다 저렇게 했다 하는 소인이구나. 마땅히 함께 체포해 죄를 다스리라"고 지시했다. 다른 날에 다시 끌어내어 물었는데, 장설의 대답이 전과 같았다. 마침내 위원충을 좌천시켜 고요현(高要縣)의 위(尉)를 하게 하고, 고전과 장설은 모두 영표(嶺表)로 유배 보냈다.

○ 태후가 조정의 신하들을 잔치에 모이게 했다. 장역지(張易之) 형제는 모두 지위가 송경(宋璟)의 위에 있었으나, 장역지가 평소 송경을 꺼려해 그의 마음을 기쁘게 하고자 했다. 자리를 비워놓고 송경에게 읍하며 말하기를 "공은 바야흐로 지금 제1인자인데, 어찌하여 이렇게 아래에 앉으신단 말입니까?"라고 했다. 송경이 말하기를 "재주가 용렬하고 지위가 낮은데, 장경이 나를 제1인자라고 하니 어째서입니까?"라고 했다.

이때에 무삼사 이하가 모두 장역지 형제를 섬겼는데, 송경 혼자서 그를 예우하지 않았다. 여러 장씨들의 노여움이 쌓여서 항상 그를 헐뜯었지만, 태후가 그 사실을 알고 있었으므로, 화를 면할 수 있었다.

갑진(甲辰) 21년(704년)

봄 정월에 황제가 동궁에 있었다.

○ 7월에 양재사(楊再思)를 내사(內史)로 삼았다. 양재사가 재상이 되면서 아첨하는 것으로 인정을 받았다.

사예소경(司禮少卿) 장동휴(張同休)는 장역지의 형이었다. 일찍이 공경들을 불러 잔치했는데, 술에 취해 장동휴가 양재사에게 "양재사의 얼굴이 고구려[인]와 같다"고 놀렸다. 양재사가 기뻐하며 즉시 종이를 오려 두건에 붙이고는 자주색 도포를 뒤집어 입고 고구려 춤을 추자, 온 좌중의 사람들이 크게 웃었다. 이때 어떤 사람이 장창종의 아름다움을 칭찬하기를 "육랑(六郎)의 얼굴이 연꽃과 같다"고 했는데, 양재사가 이르기를 "그렇지 않다. 바로 연꽃이 육랑과 닮았을 뿐이다"라고 했다.

○ 겨울 10월에 추관시랑 장간지를 동평장사로 삼았다. 이때 나이 80세였다.

을사(乙巳) 신룡(神龍) 원년(705년)

봄 정월, 태후의 병이 심해졌다. 장역지와 장창종이 궁중[禁中]에서 요직을 받아 권력을 좌지우지했다. 장간지와 최현위(崔玄暐)가 중대우승(中臺右丞) 경휘(敬暉), 사형소경(司刑少卿) 환언범(桓彥範), 상왕부사마(相王府司馬) 원서기(袁恕己)와 함께 그들을 죽일 것을 모의했다.

(장간지가) 우우림위대장군(右羽林衛大將軍) 이다조(李多祚)에게 "장군, 오늘의 부귀는 누가 이루어준 것인가?" 하니, 이다조가 눈물을 흘리며 "대제[고종]이십니다"라고 말했다. 장간지가 "지금 대제의 아들이 두 젊은 놈들에게 위해를 받고 있는데, 장군은 대제의 은덕에 보답하고 싶지 않습니까?"고 물었다. 이다조가 "진실로 국가에 이롭다면, 오직 공을 도와서 일을 처리하겠습니다"라고 했다. 마침내 함께 계획을 정했다.

장간지가 환언범, 경휘, 우산기시랑(右散騎侍郎) 이담(李湛)을 등용해 모두 좌, 우우림위장군으로 삼고 근위병[禁兵]을 이들에게 맡겼다. 얼마 있다가 요원지(姚元之)가 영무현(靈武縣)에서 도성에 이르자, 장간지와 환언범이 서로 이르기를 "일이 되었다" 하고는 마침내 그들의 계획을 요원지에게 말했다. 이때 태자가 북문에서 기거했는데, 환언범과 경휘가 (태자를) 알현하고, 은밀히 그들의 계책을 진술했다. 태자가 그 계책을 허락했다.

계묘(癸卯)일에 장간지, 최현위, 환언범이 좌위위장군(左威衛將軍) 설사행(薛思行) 등과 함께 좌, 우 우림군 5백여 명을 거느리고 현무문에 이르렀다. 이다조, 이담, 왕동교(王同皎)들을 보내 동궁에 가서 태자를 맞이하게 했다. 왕동교가 태자를 부축해 안아서 말에 오르게 하고, (태자를) 따라 현무문에 이르러 문을 지키던 병사를 죽이고 들어왔다.

태후는 영선궁(迎仙宮)에 있었다. 장간지 등이 대전의 낭하[94]에서 장역지와 장창종을 목 베었다. 태후가 놀라 일어나서 묻기를 "난을 일으킨 자가 누구인가?" 하니 "장역지와 장창종이 모반했으므로 신 등이 태자의 명령을 받들어 죽였습니다"라고 대답했다. 태후가 태자를 보고 "바로 너였느냐? 역적이 이미 죽었으니 동궁으로 돌아가라"고 했다.

환언범이 나서서 "태자가 어찌 다시 돌아갈 수 있겠습니까. 옛날에 천황께서 사랑하는 아들을 폐하에게 부탁하셨는데, 지금 이미 장성한 나이인데도 오랫동안 동궁에 계셨습니다. 하늘의 뜻과 사람들의 마음이 이씨를 생각한 지가 오래되었고, 여러 신하들이 태종과 천황의 은덕을 잊지 못하고 있으므로 태자를 받들어 역적들을 죽인 것입니다. 원컨대 태자에게 전위해 하늘과 사람의 바람을 따르소서"라고 말했다.

갑진(甲辰)일에 (태후가) 명령을 내려 태자에게 섭정을 하게 하고, 을사(乙巳)일에 태후가 태자에게 전위했다. 병오(丙午)일에 중종이 즉위했다. 정미(丁未)일에 태후가 상양궁(上陽宮)으로 옮겼다. 황제가 백관을 거느리고, 태후의 존호를 올려 측천대성황제(則天大聖皇帝)라고 했다.

○ 3월에 국호를 회복해 당(唐)이라 했다.

○ 비(妃) 위씨(韋氏)를 다시 세워 황후로 삼았다. 황제가 방릉(房陵)에 있을 때 황후와 같이 유폐되었었다. 일찍이 어려움과 위기를 겪어서 애정이 매우 돈독했다. 황제가 일찍이 황후에게 은밀히 맹세하기를 "다른 날, 다행히 다시

---

94) 廡下 무하 : 문간방, 낭하(廊下, 복도, 행랑)

하늘의 해를 보게 된다면 마땅히 그대가 하고 싶은 대로 하게 할 것이다. 금하거나 막지 않겠다"고 했다. 다시 황후가 되자, 마침내 조정의 정사에 간섭하고 참여하기를[95] 측천무후가 고종 시대에 했었던 것과 똑같이 했다.

○ 두 장씨가 죽자, 낙주장사(洛州長史) 설계창(薛季昶)이 장간지와 경휘에게 "두 흉악한 놈이 죽었으나, 여산(呂産)과 여록(呂祿=여산과 여록은 한(漢) 고조의 비 여태후呂太后의 친정 조카. 군을 장악했음)이 아직 남아 있습니다. 풀을 제거함에 뿌리를 제거하지 않으면 끝내 다시 살아날 것입니다"라고 하니, 두 사람이 말하기를 "대사가 이미 결정되었으니 저들은 도끼 받침 위의 고기[96]와 같을 뿐이다. 무슨 일을 할 수 있겠는가. 주벌된 자가 이미 많으니 더할 수가 없다"고 했다. 설계창이 탄식하며 말하기를 "내가 죽을 곳을 알지 못하겠다"고 했다.

조읍현(朝邑縣)의 위(尉) 유유구(劉幽求)도 환언범과 경휘에게 이르기를 "무삼사가 아직 살아있으니, 공들은 결국 장사 지낼 곳이 없게 될 것입니다. 만약 일찍 도모하지 않는다면 그때는 일이 잘못되어도 할 수 없을 것입니다"[97]라고

---

95) 干與 간여 : 간섭하고 참여함

96) 机(椹) 궤(침) : 도끼 받침(椹)

97) 噬臍不及 서제불급 : 사람에게 쫓겨 궁지에 빠진 노루가 쫓기는 원인이 배꼽의 향내 때문이라고 원망해 배꼽을 물음. 일이 잘못된 후에는 어쩔 수 없다는 말

했다.

○ 황제의 딸 안락공주가 무삼사의 아들 무숭훈(武崇訓)에게 시집갔다.

상관완아(上官婉兒)[98]는 말을 잘하고 총명하며 글을 잘 지었다. 관리의 일에 밝고 익숙했다. 측천무후가 그를 아껴 성력(聖曆) 연간부터 백관들이 표문을 아뢰면 참여해 결정하게 했다. 상이 즉위하자, 또 그녀에게 조서를 기초하는 일을 전담하게 하는 등[99] 더욱 일을 위임했다.

첩여(婕妤)로 임명되니, 궁중 안에서 요로에 있으면서 권력을 장악했다. 무삼사가 그녀와 간통했으므로 무씨와 한편이 되었다. (그녀가) 또 위후(韋后)에게 추천했다. 황제가 위후와 무삼사에게 주사위 놀이[100]를 하게하고, 자신은 옆에서 그들을 위해 점수를 세고 계산했다.[101] 무삼사가 마침내 황후와 간통했다. 이로 말미암아 무씨의 세력이 다시 떨쳤다. 장간지 등이 자주 상에게 무씨들을 죽일 것을 권했으나 상이 듣지 않았다.

○ 무삼사와 위후가 밤낮으로 경휘 등을 참소했다. "공을 믿고 권력을 오로지 하니 사직에 이롭지 못할 것입니다. 경휘 등을 왕으로 봉해 그들이 정사를 그만두게 하는 것이

---

98) 婉兒 완아 : 여자궁녀의 관명

99) 專掌制命 전장제명 : 조서를 기초하는 일을 전담함

100) 雙陸 쌍육 : 놀이 이름

101) 點籌 점주 : 세고 계산하다. 말을 옮겨주다

낫습니다. 밖으로는 공신을 높이고 총애함을 잃지 않으면서 안으로는 실제 그들의 권력을 빼앗는 것입니다" 하니, 상이 옳다고 여겼다.

경휘를 평양왕(平陽王)으로, 환언범을 부양왕(扶陽王)으로, 장간지를 한양왕(漢陽王)으로, 원서기를 남양왕(南陽王)으로, 최현위를 박릉왕(博陵王)으로 삼고서, 맡고 있던 정사를 그만두게 했다.

무삼사가 백관들로 하여금 측천황후의 정사를 닦게 할 것을 꾀하고 무씨를 따르지 않는 자들을 배척하고, 다섯 왕[五王]에게 쫓겨났던 자들을 회복시켰다. 대권이 다 무삼사에게 돌아갔다.

병오(丙午) 2년(706년)

무삼사가 정음(鄭愔)을 시켜 다섯 왕이 모반했다고 고발하게 했다. 여러 주의 사마로 좌천시켰다가, 얼마 후 그들을 죽였다.

정미(丁未) 경룡 원년(景龍 元年, 707년)

태자 이중준(李中俊)이 좌우림위대장군 이다조 등과 황제의 명령을 사칭하고 우림위의 1천 명의 병사[千騎]를 징발해 무삼사와 무숭훈을 그 사저에서 죽였다. 군대를 이끌고 문을 지키던 병사를 목 베고 숙장문(肅章門)으로 들어갔다. 상이 난간을 잡고 말했다. "너희들은 모두 짐을 숙위하는 군사들인데, 어찌하여 이다조를 따라 모반하는가?"하니, 병사들이 이다조를 목 베었고, 태자는 달아나다가 좌우의 측근에게 죽임을 당했다.

기유(己酉) 3년(709년)

안락공주와 장녕공주(長寧公主) 및 위황후의 여동생 성국부인(郕國夫人)과 상관첩여 등이 모두 권세를 이용해 요로에서 권력을 장악했다. 청탁을 받고[102] 뇌물을 받는데, 비록 백정과 술장수, 노비[103]라도 돈 30만을 (뇌물로) 쓰면 모두 별도로 묵칙(墨勅)[104]을 내려 벼슬을 제수했다. 비스듬히 봉한 사령서를 써서 중서성에 주었는데, 당시 사람들이 그들을 사봉관[斜封官][105]이라 했다.

돈 3만을 쓰면 도첩[106]을 발급해주어 승려와 여승이 되었다. 원외(員外), 동정(同正), 시(試), 섭(攝), 검교(檢校), 판(判), 지(知)가 무릇 수천 명이었다. 장안과 낙양에 각각 두 명의 이부시랑을 두어 4명의 전형(四銓)[107]이라 했다. 선발된 자가 한 해에 수만 명이었다.

---

102) 請謁 청알 : 뵙기를 청함, 청탁

103) 屠沽臧獲 도고장획 : 도(屠) 백정. 고(沽) 술장수. 장(臧) 남자노예. 획(獲) 여자 노비

104) 墨勅 묵칙 : 궁중에서 직접 발포하는 칙서, 찍은 옥새(玉璽)의 색이 검정색

105) 斜封官 사봉관 : 당(唐)나라 중종 때 청알(請謁)에 의해 제수된 벼슬

106) 度 도 : 도첩

107) 銓 전 : 가릴, 인물의 재능을 저울질해 뽑음. 전형(銓衡) 인재를 등용하는 벼슬

예종(睿宗) 재위 2년, 수(壽) 55

경술(庚戌) 4년(710년)

여름 4월에 상이 근신들에게 연회를 베풀었다. 국자제주 축흠명(祝欽明)이 스스로 팔풍무(八風舞)를 출 것을 청했다. 머리를 흔들고 눈을 굴리며 여러 추태를 다부리니 상이 웃었다. 축흠명이 평소 유학으로 세상에 이름이 알려졌으므로, 이부시랑 노장용(盧藏用)이 사사롭게 여러 학사들에게 이르기를 "축공의 오경(五經)이 땅을 다 쓸었다"고 했다.

○ 안락공주는 위후가 조정에서 정사를 직접 다스리고, 스스로는 황태녀가 되려고 했다. 서로 모의해 드시는 떡속[108]에 독을 넣었다. 6월 임오(壬午)에 중종이 죽었다. 태평공주가 상관소용(上官昭容)과 모의해 유조를 기초했다. 온왕(溫王) 이중무(李重茂)를 세워 황태자로 삼고, 황후가 조정에서 섭정하게 했다. 상제(殤帝)가 즉위하니 이때 나이가 16세였다.

○ 상왕(相王)의 아들 임치왕 이융기(李隆基)가 사직을 바로잡아 회복할 것을 도모했다. 변장하고[109] 유유구(劉幽求) 등과 동산 가운데에 들어갔는데, 2경이 될 무렵[110] 하

---

108) 餠餤 병담 : 병(餠) 떡. 담(餤) 나아갈, 더할, 먹일, 먹을

109) 微服 미복 : 변장, 또는 변장을 함

110) 向二鼓 향이고 : 2경으로 향하고 있을 때. 이 당시 밤에 북을 한번 치면 1경이 지난 것

늘의 별이 흩어지고 떨어짐이 눈이 내리는 것과 같았다. 유유구가 말하기를 "하늘의 뜻이 이와 같으니 때를 놓쳐서는 안 됩니다"라고 했다. 마침내 백수문(白獸門)을 공격해 문을 지키던 병사를 죽이고 들어갔다.

위후가 당혹스럽고 두려워서 달아나 비기(飛騎)111) 군영으로 들어갔다. 비기들이 그의 머리를 베어 이융기에게 바쳤다. 안락공주는 거울을 보며 눈썹을 그리고 있었는데, 군사가 목을 베었다. 새벽이 되자 내외가 모두 평정되었다.

이 날 천하에 사면령을 내리고, 임치왕 이융기를 평왕(平王)으로 삼았다. 갑신(甲辰)에 소제가 조서를 내려 상왕에게 전위하니, 예종이 즉위했다.

○ 황제가 태자를 세우려 하는데, 송왕 이성기(李成器)는 적장자이고, 평왕 이융기는 큰 공이 있으므로 주저하며 결정할 수 없었다. 이성기가 사양하기를 "국가가 편안하면 적장자를 우선으로 하고, 국가가 위태로우면 공이 있는 자를 우선으로 해야 합니다. 진실로 그 마땅함을 잃는다면 천하가 실망할 것입니다. 신은 죽어도 감히 평왕의 위에 있을 수 없습니다"라고 했다. 며칠동안 눈물을 흘리며 간곡히 청했다. 대신들 또한 "평왕의 공이 크니 마땅히 (태자로) 세워야 합니다"라고 많이 말했다.

유유구가 아뢰기를 "신이 듣건대, 천하의 화를 제거한 자는 마땅히 천하의 복을 누려야 한다 했습니다. 평왕이 사직

---

111) 飛騎 비기 : 근위병

의 위태로움을 건져내고, 군주와 어버이의 어려움을 구원했으니, 공을 논하면 그보다 큰 것이 없고, 덕을 말하면 가장 현명합니다. 주저할 것이 없습니다"라고 했다. 황제가 그 말을 따라 평왕 이융기를 세워 태자로 삼았다.

태평공주는 침착하고 민첩하며 권모술수가 많아 태자와 함께 위씨를 주살했다. 큰 공을 세우고 (지위가) 더욱 높아지고 해졌다. 상이 항상 그녀와 큰 정사를 도모하고 의논했다.

○ 허주자사 요원지(許州刺史 姚元之)를 병부상서로 삼고, 낙주장사 송경(洛州長史 宋璟)을 검교이부상서 · 동중서문하삼품으로 삼았다. 송경이 요원지와 마음을 합해 중종의 잘못된 정사를 고쳤고, 충성스럽고 현명한 자를 등용했으며, 불초한 자를 물리쳤다. 상벌이 모두 공정했고, 청탁이 행해지지 아니했으며, 기강이 닦여지고 시행되었다. 당시 (사람들이) 모두 마음을 합해[112] 정관(貞觀) 영휘(永徽) 연간의 풍속이 회복될 것이라고 여겼다.

---

112) 翕然 흡연 : 모이는 모양, 일치하는 모양

원 문

卷之三十九

唐紀

高宗皇帝 在位三十四年, 壽五十六

庚戌永徽元年

正月, 上召朝集使謂曰:「朕初卽位, 事有不便於百姓者 悉宜陳。不盡者 更封奏。」自是日引刺史十人入閣, 問以百姓疾苦及其政治。有洛陽人李弘泰誣告長孫無忌謀反, 上立命斬之。無忌與褚遂良同心輔政。上亦尊禮二人, 恭己以聽之, 故永徽之政, 百姓阜安, 有貞觀之遺風。

甲寅五年

上之為太子也, 入侍太宗。見才人武氏而悅之。太宗崩, 武氏為尼。忌日上詣寺 行香, 見之, 納之後宮, 拜為昭儀。后及淑妃寵皆衰, 由是有廢立之志。

◯上一日退朝, 召長孫無忌 李勣 于志寧 褚遂良於內殿。

遂良曰:「今日之召 多為中宮。上意既決, 逆之, 必死。太尉元舅, 司空功臣, 不可使上有殺元舅及功臣之名。遂良起於草茅, 無汗馬之勞, 致位至此。且受顧託, 不以死爭之, 何以下見先帝?」勣稱疾, 不入。無忌等至內殿, 上顧謂無忌曰:「皇后無子, 武昭儀有子, 今欲立昭儀為后, 何如?」遂良對曰:「皇后名家, 先帝為陛下所娶。先帝臨崩, 執陛下手, 謂臣曰:『朕佳兒佳婦今以付卿。』此陛下所聞, 言猶在耳。皇后未聞有過, 豈可輕廢?」上不悅而罷。明日又言之, 遂良曰:「陛下必欲易皇后, 伏請妙擇天下令族, 何必武氏? 武氏經事先帝, 衆所共知, 天下耳目 安可蔽也? 萬代之後謂陛下為如何? 願留三思! 臣今忤陛下意, 罪當死。」因置笏於殿階, 解巾叩頭流血曰:「還陛下笏, 乞放歸田里。」上大怒, 命引出。昭儀在簾中, 大言曰:「何不撲殺此獠?」無忌曰:「遂良受先朝顧命, 有罪不可加刑。」于志寧不敢言, 韓瑗因間奏事, 泣涕極諫。上皆不納。他日李勣入見, 上問之曰:「朕欲立武昭儀為后, 遂良固執 以為不可。遂良既顧命大臣, 事當且已乎?」對曰:「此陛下家事, 何必更問外人。」上意遂決。許敬宗宣言於朝曰:「田舍翁多收十斛麥 尚欲易婦, 天子立一后, 何預諸人, 事而妄生異議乎。」昭儀令左右以聞。貶遂良為潭州都督。十月下詔, 廢王皇后 蕭淑妃為庶人, 命司空李勣齎璽綬, 冊皇后武氏。

○李義府參知政事。義府容貌温恭, 與人語必嬉怡微笑, 而狡險, 忌克。故時人謂義府笑中有刀。又以其柔而害物, 謂之李猫。

丙辰顯慶元年

上謂侍臣曰:「朕思養人之道，未得其要。公等為朕陳之。来濟對曰:「昔齊桓公出遊，見老而飢寒者，命賜之食。老人曰:『願賜一國之飢者。』賜之衣，老人曰:『願賜一國之寒者。』公曰:「寡人之廩府 安足以周一國之飢寒者。」老人曰:『君不奪農時，則國人皆有餘食矣。不奪蠶桑，則國人皆有餘衣矣。』故人君養人，在省其征役而已。」

丁巳二年

許敬宗 李義府誣奏褚遂良 韓瑗，潛謀不軌，皆坐貶。

戊午三年

許敬宗誣奏 無忌謀反。詔黔州安置，尋殺之。

庚申五年

上初苦風眩，目不能視。百司奏事 上或使皇后 決之。后性明敏，涉獵文史，處事皆稱旨。由是 始委以政事，權與人主侔矣。

甲子麟德元年

初 武后能屈身忍辱，奉順上意，故上排羣議，而立之。及得志，專作威福。上欲有所為 動為后所制。自是上每視事，則后垂簾於後，政無大小，皆預聞之。天下大權 悉歸中宮，黜陟生殺決於其口。天子拱手而已。中外謂之二聖。

戊辰總章元年
李勣等擊高麗。薛仁貴為前鋒，與高麗戰，大破之。進至鴨綠柵，又破之。遂圍平壤，月餘。高麗王藏降，高麗悉平。

己巳二年
壽張人張公藝九世同居。齊 隋 唐皆旌表其門。上過壽張，幸其宅，問所以能共居之故。公藝書忍字百餘，以進。上善之。賜之縑帛。

○以雍州長史盧承慶為司刑太常伯。承慶嘗考內外官。有一官督運，遭風失米。承慶考之曰:「監運損粮，考中下。」其人，容色自若，無言而退。承慶重其雅量，改注曰:「非力所及，考中中。」既無喜容亦無愧詞。又改曰:「不驚，考中上。」

○李勣寢疾。子弟為之迎醫，皆不聽曰:「吾本山東田夫，遭值聖明，致位三公。年將八十 豈非命耶? 修短有期，豈能復就醫工求活?」一旦 忽謂其弟弼曰:「我見房 杜，平生勤苦，僅能立門戶，遭不肖子，蕩覆無餘。吾有此子孫，謹察視之! 其有志氣不倫，交遊非類者皆先撾殺， 然後以聞。」自是，不復更言。十二月，薨。起冢象陰山鐵山烏德鞬山，以旌其破突厥薛延陀之功。

○勣為將，有謀善斷，與人議事，從善如流。戰勝則歸功於下，所得金帛悉散之將士。故人思致死，所向克捷。臨事選將，必訾相，其狀貌豐厚者， 遣之。或問其故，勣曰：「薄命之人 不足與成功名。」閨門雍睦而嚴。其姊嘗病，勣已為僕射，親為之煑粥，風回爇其鬚。姊曰：「僕妾幸多，何自苦如是?」勣曰：「非為無人使令也，顧姊老，勣亦老，雖欲久為姊煑粥，其可得乎?」勣嘗謂人：「我十二三時，為無賴賊，逢人則殺。十四五 為難當賊，有不愜意則殺之。十七八 為佳賊，臨陳乃殺人。三十 為大將，用兵以救人。」

◯時 承平既久，選人益多。是歲 司刑少常伯裵行儉 始與員外郎張仁禕 設長名姓歷榜，引銓注之法。又定州縣升降官資高下。其後 遂為永制，無能革之者。大略唐之選法 取人，以身言書判，計資量勞而擬官。始集而試，觀其書判，已試而銓，察其身言。已銓而注，詢其便利。已注而唱，集衆告之，各給以符，謂之告身。

壬午永淳元年

禮部尚書裵行儉薨。行儉有知人之鑒。初 為吏部侍郎。前進士王勮 咸陽尉蘇味道 皆未知名。行儉一見，謂之曰：「二君 後當相次掌銓衡。僕有弱息，願以為托。」是時 勮弟勃 與華陰陽烱 範陽盧照鄰 義烏駱賓王 皆以文章 有盛名，李敬玄尤重之，以為必顯達。行儉曰：「士之致遠者 當先器識，而後才藝。勃等雖有文華，而浮躁淺露，豈享爵祿之器耶? 楊子稍沈靜， 應至令長，餘得令終 幸矣。」既而，勃渡海墮水，烱終於盈川令，照鄰惡疾不愈 赴水死，賓王反誅。勮 味道 皆典選，如行儉言。

◯上既封泰山，欲遍封五岳。監察御史裹行李善感諫曰:「數年以来　菽粟不稔，餓殍相望，四夷交侵，兵車歲駕。陛下宜恭默思道，以禳災譴。乃更廣營官室，勞役不休，天下莫不失望。」上雖不納，亦優容之。自褚遂良　韓瑗之死，中外以言為諱，無敢逆意直諫，幾二十年。及善感始諫，天下皆喜，謂之鳳鳴朝陽。

◯是歲突厥餘黨入寇并州，薛仁貴將兵擊之。虜問:「唐大將為誰?」應之曰:「薛仁貴。」虜曰:「吾聞仁貴流象州，死久矣。何以給我?」仁貴免胄　示之面，虜相顧失色，下馬列拜，稍稍引去。仁貴因奮擊，大破之。

癸未弘道元年

十一月，　上疾甚。夜召裴炎入，受遺詔而崩。遺詔太子卽位。中宗卽位，尊天后為皇太后，政事咸取決焉。

中宗 在位二十七年，壽五十五。附則天順聖皇后。

◯甲申，嗣聖元年正月　立妃韋氏為皇后。擢后父玄貞為豫州刺史。

◯中宗欲以韋玄貞，為侍中，裴炎固爭。中宗怒曰:「我以天下與韋玄貞，何不可，而惜侍中耶。」炎懼白太后。密謀廢立。二月戊午　太后廢中宗，為廬陵王，幽於別所。立豫王旦，為皇帝，政事決於太后。居睿宗於別殿，不得有所預。

○九月 甲寅，赦天下，改元。旗幟皆從金色。

○時 諸武用事。唐宗室，人人自危，衆心憤惋。會 眉州刺史英公李敬業 及弟敬猷 唐之奇 駱賓王 杜求仁 魏思温 各坐事遭貶。皆會於揚州，各自以失職怨望，乃謀作亂，以匡復廬陵王為辭。思温為之謀主。於是 驅囚徒 工匠數百，授以甲。遂起一州之兵，復稱嗣聖元年，開三府。旬日間 得勝兵十餘萬。移檄州縣，略曰:「偽臨朝武氏者 包藏禍心 竊窺神器， 君之愛子 幽之於別宮， 賊之宗盟 委之以重任。」又曰:「一抔之土未乾，六尺之孤 何在?」又曰:「試觀今日之域中，竟是誰家之天下?」太后見檄，問曰:「誰所為?」或對曰:「駱賓王。」太后曰:「宰相之過也。人有如此才，而使之流落 不偶乎!」

○甲申， 遣大將軍李孝逸，將兵三十萬，以討李敬業，敗之。其將王那相 斬敬業 敬猷 及駱賓王首，来降。

丙戌三年
春 正月，帝在房州。

○三月，太后命鑄銅為匭，置之朝堂，以受天下奏疏。

○太后自徐敬業之反，疑天下人多圖己。又自以久專國事 內行不正，知宗室大臣 怨望心不服，欲大誅殺以威之。乃盛開告密之門。有告密者言 或稱旨 則不次除官，無實者不問。於是四方告密者　蜂起，人皆重足屏息。有胡人索元禮知太后意，因告密。召見，擢為游擊將軍，令按制獄。元禮性殘忍，推一人必令引數十百人。於是 周興 来俊臣之徒效之，紛紛繼起。俊臣與萬國俊　　共撰羅織經數千言。教其徒，綢羅無辜，織成反狀，構造布置，皆有支節。太后得告密者，輒令元禮等推之，競為訊囚酷法，作大枷。有定百脉突地孔 死豬愁 求破家 反是實等名號。中外畏此数人，甚於虎狼。

戊子五年
春 正月，帝在房州。

◯太后潛謀革命，稍除宗室，悉誅韓魯等諸王。

庚寅七年
春 正月，帝在房州。

◯十一月，太后享萬象神宮，赦天下。始用周正，改永昌元年十一月 為載初元年正月。

◯時侯思正王義弘新進，入獄者非死，不出。朝廷，人人自危，相見莫敢交言，道路以目。或因入朝　密遭掩捕。每朝輒與家人訣曰:「未知復相見否。」時　法官競為深酷。惟司刑丞徐有工　　杜景儉獨存平恕。被告者皆曰:「遇来侯　　必死，遇徐杜　必生。」有功初為蒲州司法，以寬為治，不施敲朴。吏相約，有犯徐司法杖者，衆共斥之。迨官滿，不杖一人。職事亦修，累遷司刑丞。酷吏所誣構者，有功皆為直之，前後所活數千百家。司刑丞李日知　亦尚平恕。少卿胡元禮欲殺一囚，日知以為不可，往復數四。元禮怒曰:「元禮不離刑曹，此囚終無生理。」日知曰:「日知不離刑曹，此囚終無死法。」竟以兩狀列上，日知果直。

◯九月，侍御史傅遊藝帥關中百姓，詣闕上表，請改國號曰周，賜皇帝姓武氏。太后可之。乃御則天樓，赦天下，以唐為周。改元。上尊號曰聖神皇帝。以豫王旦為皇嗣，賜姓武氏，立武氏七廟于神都。以傅遊藝為左玉鈐衛大將軍。遊藝期年之中 歷衣青 綠 朱 紫。時人謂之四時仕宦。

辛卯八年
春 正月，帝在房州。

◯或告文昌右丞周興　　與丘神勣通謀，太后命来俊臣，鞫之。俊臣與興　　方推事。對食謂興曰:「囚多不承，當為何法?」興曰:「此甚易爾。取大甕，以炭四周　炙之，令囚入中，何事不承。」俊臣乃索大甕，火圍，如興法，因起謂興曰:「有內狀　推兄，請兄入此甕。」興惶恐，叩頭服罪。法當死，太后原之，二月，流興嶺南，在道，為仇家所殺。興與索元禮 来俊臣 競為暴刻。興　元禮所殺 各數千人。俊臣所破千餘家。元禮殘酷尤甚，太后亦殺之，以慰人望。

壬辰九年
春 正月，帝在房州。

○太后引見存撫使所擧人，無問賢愚，悉加擢用。高者 試鳳閣舍人 給事中，次 試員外郎 侍御史 補闕 拾遺 校書郎。試官 自此始。時人為之語曰：「補闕連車載，拾遺平斗量，欋椎侍御史，盌脫校書郎。」有擧人沈全交續之曰：「□心存撫使，眯目聖神皇。」

○太后自垂拱以来，任用酷吏，先誅唐宗室貴戚數百人。次及大臣數百家，其刺史 郎將以下 不可勝數。每除一官，戶婢竊相謂曰：「鬼朴又来矣。」不旬月，輒遭掩捕族誅。監察御史嚴善思公直敢言。時告密者不可勝數，太后亦厭其煩，命善思按問，引虛伏罪者，八百五十餘人。羅織之黨為之不振。

癸巳十年
春 正月，帝在房州。

○以婁師德同平章事。師德寬厚清慎，犯而不校。其弟除代州刺史，將行，師德謂曰：「吾備位宰相，汝復為州牧，榮寵過盛。人所嫉也，將何以自免。」弟長跪曰：「自今 雖有人唾某面，某拭之而已。庶不為兄憂。」師德愀然曰：「此所以為吾憂也。人唾汝面，怒汝也。汝拭之，乃逆其意，所以重其怒。夫唾，不拭，自乾，當笑而受之。」

○有告皇嗣潛有異謀者，太后命来俊臣，鞫其左右。太常工人安金蔵 大呼謂俊臣曰：「公既不信金蔵之言，請剖心，以明皇嗣不反。」卽引佩刀，自剖其胷，五臟皆出，流血被地。太后聞之，卽命俊臣停推，睿宗由是得免。

甲午十一年
春 正月，帝在房州。

○九月，太后出梨花一枝，以示宰相。宰相以為瑞。杜景儉獨曰：「今草木黃落，而此更發榮，陰陽不時，　　　咎在臣等。」因拜謝。太后曰：「卿真宰相也。」

丙申十三年
春 正月，帝在房州。

○太后思徐有功　用法平，擢拜左臺殿中侍御史。遠近聞者無不相賀。

丁酉十四年
春 正月，帝在房放言州。

○来俊臣棄市，仇家爭噉其肉，斯須而盡。太后知天下惡之，乃下制，數其罪惡。且曰：「宜加赤族之誅，以雪蒼生之憤。」士民皆相賀於路曰：「自今眠者 背始帖席矣。」

戊戌十五年
春 三月，帝還東都。

○武承嗣　三思，營求為太子，太后意未決。狄仁傑每從容言於太后曰：「文皇帝櫛風沐雨，親冒鋒鏑，以定天下，傳之子孫。大帝以二子托陛下，今乃欲移之他族，無乃非天意乎。且姑姪之與母子，孰親? 陛下立子，則千秋萬歲後 配食太廟，承繼無窮。立姪，則未聞姪為天子 而祔姑於廟者也。」又勸太后，召還廬陵王。太后意稍寤。由是 遣徐彦伯，召廬陵王詣行在。九月，立廬陵王為皇太子。

◯以天官侍郎蘇味道 為鳳閣侍郎 同平章事。味道前後在相位數歲，依阿取容。嘗謂人曰:「處事不欲明白，但摸稜 持兩端 可矣。」時人謂之蘇摸稜。

己亥十六年
春 正月，帝在東宮。

◯婁師德薨。師德性沈厚寬恕。狄仁傑之入相也，師德實薦之，而仁傑不知，意頗輕師德，數擠之於外。太后覺之，嘗問仁傑曰:「師德知人乎?」對曰:「臣嘗同僚，未聞其知人也。」太后曰:「朕之知卿，乃師德所薦也，亦可謂知人矣。」仁傑既出，嘆曰:「婁公盛德，我為其所包容久矣，吾不得窺其際也。」是時羅織紛紜，師德久為將相，獨能以功名終，人以是重之。

庚子十七年
春 正月，帝在東宮。

◯太后信重梁文惠公狄仁傑。羣臣莫能及。常謂之國老，而不名。仁傑好面引廷爭，太后每屈意從之。太后嘗問仁傑:

「朕欲得一佳士用之，誰可者?」仁傑曰:「未審陛下欲何所用之。」太后曰:「欲用為將相。」仁傑對曰:「文學醞藉則蘇味道 李嶠固其選矣。必欲取卓犖奇材 則有荊州長史張柬之。其人雖老，宰相材也。」太后擢柬之為洛州司馬。數日又問仁傑，對曰:「前薦柬之，尙未用也。」太后曰:「已遷矣。」對曰:「臣所薦者宰相，非司馬也。」乃遷秋官侍郎。久之卒用為相。仁傑又嘗薦夏官 侍郎姚元崇，監察御史桓彦範，大州刺史敬暉等數十人，率為名臣。或謂仁傑曰:「天下桃李悉在公門矣。」仁傑曰:「薦賢為國，非為私也。」

辛丑十八年
春 正月，帝在東宮。

○武邑人蘇安恒上疏曰:「陛下欽先聖之顧託，受嗣子之推讓，敬天順人 二十年矣。今太子孝敬是崇，春秋既壯。若使統臨宸極，何異陛下之身。陛下何不禪位東宮自怡聖體。」書奏，太后慰諭，而遣之。

壬寅十九年
春 正月，帝在東宮。

○五月，蘇安恒復上疏曰:「臣聞，天下者 神堯文武之天下也。陛下雖居正統，實因唐氏舊基。當今，太子追廻，年德俱盛，陛下貪其寶位，而忘母子深恩。將何聖顏 以見唐家宗廟? 將何誥命 以謁大帝墳陵? 陛下何故 日夜積憂 不知鐘鳴漏盡? 臣愚以為，天意人事 還歸李家。陛下雖安天位，殊不知物極則反 器滿則傾。臣何惜一朝之命 而不安萬乘之國哉!」太后亦不之罪。

癸卯二十年
春 正月，帝在東宮。

◯九月，　魏元忠為相。嘗面奏:「臣自先帝以來，蒙被恩渥。今承乏宰相，不能盡忠死節，使小人在側，臣之罪也。」太后不悅。由是 諸張深怨之。會 太后不豫。張昌宗恐太后一日晏駕，為元忠所誅。乃譖:「元忠與高戩私議云:『太后老矣，不若挾太子 為久長。』」太后怒，下元忠 戩獄。將使與昌宗　廷辯之。昌宗密引鳳閣舍人張說　賂以美官，使證元忠。說許之。明日　太后召太子相王及諸宰相，使元忠與昌宗參對，往復不決。昌宗曰:「張說聞元忠言，請召問之。」太后召說。說將入，宋璟謂說曰:「名義至重，鬼神難欺。不可黨邪陷正　以求苟免。若獲罪流竄，其榮多矣。若事有不測，璟當叩閤力爭，與子同死，努力為之。萬代瞻仰　在此舉也。」左史劉知幾曰:「無汙青史　為子孫累!」及入，太后問之，說未對。昌宗從旁迫趣說，使速言。說曰:「陛下視之。在陛下前，猶逼臣如是，況在外乎? 臣實不聞元忠有是言，但昌宗逼臣　使誣證之爾。」太后曰:「張說反覆小人。宜并繫治之。」他日　更引問說，對如前。遂貶元忠為高要尉，戩 說皆流嶺表。

◯太后嘗命朝貴　宴集，張易之兄弟，皆位在宋璟上。易之素憚璟，欲悅其意，虛位 揖之曰：「公方今第一人，何乃下坐?」璟曰：「才劣位卑。張卿以為第一，何也?」時武三思以下，皆謹事易之兄弟，璟獨不為之禮，諸張積怒，常欲中傷之。太后知之，故得免。

甲辰二十一年
春 正月，帝在東宮。

◯七月，以楊再思為內史。再思為相，專以諂媚取容。司禮少卿 張同休，易之之兄也。嘗召公卿 宴集。酒酣，戲再思曰：「楊內史面似高麗。」再思欣然，卽剪紙帖巾，反披紫袍，為高麗舞。擧坐大笑。時人或譽張昌宗之美曰：「六郎面似蓮花。」再思曰：「不然。乃蓮花似六郎爾。」

◯冬 十月，以秋官侍郎張柬之 同平章事，時年且八十矣。

乙巳神龍元年
春 正月，太后疾甚。張易之 張昌宗居中用事。張柬之 崔玄暐 與中臺右丞敬暉 司刑少卿桓彥範，相王府司馬袁恕己謀誅之。謂右羽林衛大將軍李多祚曰：「將軍今日富貴，誰所致也?」多祚泣曰：「大帝也。」柬之曰：「今大帝之子 為二豎所危! 將軍不思報大帝之德乎?」多祚曰：「苟利國家，惟相公處分。」遂與定謀。柬之又用彥範 暉 及右散騎侍郎李湛 皆為左右羽林將軍，委以禁兵。俄而 姚元之自靈武至都，柬之 彥範，相謂曰：「事濟矣。」遂以其謀 告之。時太子於北門起居。彥範 暉謁見，密陳其策，太子許之。癸

卯 東之 玄暐 彦範 與左威衛將軍薛思行等 帥左右羽林兵五百餘人，至玄武門。遣多祚 湛 及王同皎 詣東宮 迎太子。同皎扶抱太子上馬，從至玄武門，斬關而入。太后在迎仙宮。東之等斬易之 昌宗於廡下。太后驚起，問曰：「亂者誰耶?」對曰：「張易之 昌宗謀反，臣等奉太子令誅之。」太后見太子曰：「乃 汝耶? 小子既誅，可還東宮!」彦範進曰：「太子安得更歸? 昔天皇以愛子託陛下，今年齒已長，久居東宮。天意人心久思李氏，群臣不忘太宗天皇之德，故奉太子，誅賊臣。願傳位太子，以順天人之望!」甲辰，制太子監國。乙巳，太后傳位於太子。丙午，中宗卽位。丁未，太后徙居上陽宮，帝帥百官，上太后尊號曰：「則天大聖皇帝。」

○三月，復國號曰：唐。

○復立妃韋氏為皇后。上在房陵，與后同幽閉。備嘗艱危，情愛甚篤。上嘗與后私誓曰：「異時 幸復見天日，當惟卿所欲，不相禁禦。」及再為皇后，遂干預朝政，如武后在高宗之世。

○二張之誅也，洛州長史薛季昶 謂張東之 敬暉曰：「二凶雖誅，產祿猶在，去草不去根，終當復生。」二人曰：「大事已定。彼猶机上肉爾。夫何能為。所誅已多，不可復益也。」季昶歎曰：「吾不知死所矣。」朝邑尉劉幽求 亦謂桓彦範 敬暉曰：「武三思尚存，公輩終無葬地。若不早圖，噬臍無及。」不從。

◯上女安樂公主適三思子崇訓。上官婉兒者辯慧 善屬文，明習吏事，則天愛之。自聖曆以後，百司表奏 多令參決。及上卽位，又使專掌制命，益委任之， 拜為婕妤，用事於中。三思通焉， 故黨於武氏，又薦三思於韋后。上使韋后與三思雙陸，而自居傍，為之點籌。三思遂與后通。由是武氏之勢復振。張柬之等數勸上，誅諸武，上不聽。

◯三思與韋后日夜譖暉等云:「恃功專權，將不利於社稷。不若封暉等為王 罷其政事。外不失尊寵功臣，內實奪之權。」上以為然。以敬暉為平陽王，桓彦範為扶陽王，張柬之為漢陽王，袁恕己為南陽王，崔玄暐為博陵王，罷知政事。三思令百官謀修則天之政，不附武氏者斥之。為五王所逐者復之。大權盡歸三思矣。

丙午二年
三思使鄭愔告五王反，貶諸州司馬，尋殺之。

丁未景龍元年
太子重俊與左羽林大將軍李多祚等矯制，發羽林千騎，殺武三思 武崇訓于其第，引兵自肅章門，斬關而入。上據檻曰:「汝輩皆朕宿衛之士，何為從多祚反?」於是 千騎斬多祚。太子走，為左右所殺。

己酉三年。
安樂 長寧公主 及皇后妹郕國夫人 上官婕妤等 皆依勢用

事，請謁受賕。雖屠沽臧獲，用錢三十萬 則別降墨敕，除官斜封付中書。時人謂之斜封官。錢三萬則度為僧尼。其負外 同正 試 攝 檢校 判 知 凡數千人。西京 東都，各置兩吏部侍郎，為四銓，選者歲數萬人。

睿宗皇帝 在位二年，壽五十五

庚戌四年

夏 四月，上宴近臣。國子祭酒祝欽明 自請作八風舞。搖頭轉目，備諸醜態，上笑。欽明素以儒學著名，吏部侍郎盧藏用 私謂諸學士曰:「祝公五經，掃地盡矣。」

◯安樂公主欲韋后臨朝，自為皇太女。乃相與合謀，於餅餤中，進毒。六月任午 中宗崩。太平公主 與上官昭容謀，草遺制，立溫王重茂 為皇太子，皇后臨朝攝政。殤帝卽位，時年十六。

◯相王子臨淄王隆基謀匡復社稷。微服，與劉幽求等入苑中。向二皷，天星散落如雪。幽求曰:「天意如此，時不可失。」乃攻白獸門，斬關而入。韋后惶惑，走入飛騎營，有飛騎斬其首，獻於隆基。安樂公主方照鏡畫眉，軍士斬之。比曉內外皆定。是日赦天下，以臨淄王隆基為平王。甲辰，少帝制 傳位相王，睿宗卽位。

◯上將立太子，以宋王成器嫡長，而平王隆基有大功。疑不能決。成器辭曰:「國家安則先嫡長，國家危則先有功。苟違其宜，四海失望。臣死不敢居平王之上。」涕泣固請者累日。大臣亦多言：「平王功大，宜立。」劉幽求曰：「臣聞，除天下之禍者 當享天下之福。平王拯社稷之危，救君親之難，論功莫大，語德最賢，無可疑者。」上從之，立平王隆基為太子。太平公主沈敏 多權略，與太子共誅韋氏，卽立大功，益尊重。上常與之，圖議大政。

◯以許州刺史姚元之 為兵部尚書，洛州長史宋璟 檢校吏部尚書 同中書門下三品。璟與姚元之恊心，革中宗弊政，進忠良，退不肖，賞罰盡公，請託不行，綱紀修舉。當時翕然，以為復有貞觀 永徽之風。

통감절요 40권

당기(唐紀) 현종 명황제(玄宗 明皇帝) 상(上)

재위 44년, 수(壽) 78

임자(壬子) 태극(太極) 원년(서기 712년)

임진(壬辰)일에 황제가 태자에게 전위하니, 태자가 표문을 올려 간곡히 사양했다. 태평공주가 황제에게 "비록 전위하더라도 그래도 마땅히 큰 정사는 직접 총괄해야 합니다"라고 권유했다.

○ 8월 경자(庚子)일에 태자 현종(玄宗)이 즉위했다. 예종(睿宗)을 높여 태상황(太上皇)이라 하고, 3품 이상 관원의 임명 및 큰 형벌과 정사[刑政]는 상황에게 결재 받았다.

계축(癸丑) 개원(開元) 원년(713년)

태평공주(太平公主)가 상황(上皇)의 세력을 믿고 권력을 마음대로 좌지우지하니, 황제와 틈이 생겼다. 재상 7명 중 5명이 태평공주의 문하에서 나왔고, 문무 대신 중 태반이 그녀와 한편이 되었다. (태평공주가) 두회정(竇懷貞) 잠희(岑羲) 소지충(蕭至忠) 등과 황제의 폐립을 도모했다.

가을 7월에 위지고(魏知古)가 "태평공주가 이달 4일에 난을 일으키려고 합니다"라고 고변했다. 황제가 마침내 계획을 세우고, 그들을 주벌했다. 소지충과 잠희를 조당에서 잡아 모두 참수하고, 태평공주는 집에서 사사(賜死)했다.

○ 고력사(高力史)를 우감문장군(右監門將軍)으로 삼아 내시성(內侍省)의 일을 맡겼다.[1] 처음에 태종이 제도를 정했는데, 내시성에 3품의 관원을 두지 않고, 황색의 관복을 입고 창고 음식, 궁문 수비, 명령 전달을 하게 할 뿐이었다. 측천황후는 비록 여주(女主)였으나, 환관들이 요로에서 권력을 좌지우지 하지 않았다. 중종 때에는 총애를 받는 환관들이 매우 많아서[2], 7품 이상의 환관이 1천여 명에 이르렀으나, 붉은색 관복[3] 을 입은 자는 아직 적었다.

황제가 번저(藩邸)에 있을 때 고력사가 마음을 다해 그를 받들었다. 태자가 되자, 아뢰어 (그를) 내급사(內給史)로 삼

---

1) 知 지 : 맡을

2) 猥多 외다 : 대단히 많음

3) 緋 비 : 붉을, 4, 5품 이상의 관리가 입는 관복 색

았다. 이때에 이르러 소지충과 잠희를 주벌한 공으로 그에게 상을 내렸다. 이후로 환관이 점점 늘어나 3천여 명에 이르렀다. 3품의 장군에 제수된 자가 점점 많아지고, 붉은색과 자주색 관복[4]을 입은 자가 1천여 명에 이르렀다. 환관의 융성이 이로부터 시작되었다.

○ 황제가 신풍(新豐)에 행차해 여산(驪山) 아래에서 무예를 연습[5]했다.

○ 동주자사(同州刺史) 요숭(姚崇, 요원지姚元之)를 병부상서 동중서문하삼품(兵部尙書 同中書門下三品)으로 삼았다. 황제가 즉위한 뒤 분발해 정신을 쏟아[6] 정치를 했다. 매사를 요원지에게 물으면, 요원지의 응답함이 메아리와 같았다. 동료들은 모두 "네, 네" 할 뿐이었다. 그러므로 황제가 오로지 그에게 위임했다. 요원지가 청해 '권력 있고 총애 받는 자를 억제하고, 관작과 상을 아끼며, 간쟁을 받아들이고, 공물로 바치는 것을 물리치며, 여러 신하들과 함부로 가까이 지내지 말라'[7]고 했다. 상이 모두 받아들였다.

〈本傳〉

"상이 신풍에서 무예를 연습할 때 요원지가 동주자사로

---

4) 緋紫 비자 : 붉은 색(4, 5품)과 자주색(3품)관복
5) 講武 강무 : 무예를 연습
6) 勵精 려정 : 분발해 정신을 쏟아서 힘씀
7) 褻狎 설압 : 허물없이 함부로 가까이 지냄

있었다. 부름을 받고 행재소로 오자, 황제가 매우 기뻐하며 천하의 일을 물었다. 성의껏 설명하면서[8] 피곤한 줄을 몰랐다. 황제가 이르기를 '경은 마땅히 마치고 짐을 돕도록 하라'고 했다.

요숭은 황제에게 큰 도량이 있고, 정치에 마음을 집중하고[9] 있다는 것을 알고, 이에 먼저 일을 설정해 황제의 뜻을 견고히 했다. 그래서 무릎을 꿇고 아뢰기를 '신이 열 가지 일을 아뢰기를 원합니다. 폐하께서 헤아려보시고 행할 수 없으시면, 신은 감히 사양하겠습니다' 하니, 황제가 '시험 삼아 짐을 위해 말해보라'고 했다. 요숭이 말했다.

'수공(垂拱)[10] 이래로 준엄한 법으로 아랫사람들을 다스렸습니다. 신은 원컨대 어짐과 용서를 정사에서 우선으로 하려는데, 가능하시겠습니까? 조정은 청해(靑海)에서 군대가 전복되었으면서도 이끌고 돌아와서 회복시키려는[11] 뉘우침이 없습니다. 신은 원컨대 변방에서 공을 세우는 것을 요행으로 하지 않으려는데, 가능하시겠습니까?

근래에 아첨하는 자들[12]이 법과 기강을 범하거나 저촉하고도 모두 은총으로 스스로 풀려납니다. 신은 원컨대 가까운 신하부터 법을 행하려는데, 가능하시겠습니까? 황후, 태

---

8) 袞袞 곤곤 : 성의껏 설명하는 모양, 바쁜 모양

9) 銳 예 : 날카로울, 마음을 집중함, 설정

10) 垂拱 수공 : 무후시대

11) 牽復 견복 : 견(牽) 끌, 강제함, 이끌, 거리낌. 복(復) 회복

12) 壬佞 임영 : 임(壬) 맡길, 마음대로 할, 아첨할. 영(佞) 재주 있을, 구변이 있을, 아첨할

후가 조정에 와서 정사를 맡으니[13], 재상[14]이 환관의 입에서 나옵니다. 신은 원컨대 환관들이 정사에 참여하지 않게 하려는데, 가능하시겠습니까?

상의 외척들[15]이 공물을 바쳐서 스스로 상에게 아첨하자, 중앙의 관리와 지방의 관리들[16]도 점점 또한 그렇게 합니다. 신은 원컨대 조세 외에는 일체 그것을 끊으려 하는데, 가능하시겠습니까? 외척과 귀한 공주들이 번갈아 서로 도와 권력을 장악해 지위의 순서[17]가 황당하게 섞였습니다. 신은 원컨대 외척들이 내각[18]을 맡지 못하게 하려는데, 가능하시겠습니까?

선조(先朝)는 대신과 함부로 친하게 지내서 군신간의 위엄을 훼손했습니다. 신은 원컨대 폐하께서 예로 그들을 대하셔야 하는데, 가능하시겠습니까? 연흠융(燕欽融)과 위월장(韋月將)이 충성을 다하다가 죄를 얻었습니다. 이로부터 간쟁하는 신하들이 꺾이고 막혔습니다.[19] 신은 원컨대 여러 신하들이 모두 (상의) 역린(逆鱗)[20]을 치고, 꺼리고 싫어하

---

13) 臨朝 임조 : 조정에 와서 정사를 맡다

14) 喉舌之任 후설지임 : 목구멍과 혀. 중요한 정무에 비유됨, 전(轉)하여 정무에 참여하는 재상

15) 戚里 척리 : 장안(長安)에 있던 마을 이름. 한(漢)나라 때 천자의 인척이 살던 마을, 전(轉)하여 임금의 외척

16) 方鎭 방진 : 한 지방을 진수(鎭守)하는 벼슬, 당(唐)의 절도사

17) 班序 반서 : 반차(班次). 지위 계급 등의 차례

18) 臺省 대성 : 대각(臺閣), 상서성(尙書省). 전(轉)하여 내각(內閣)

19) 沮折 저절 : 막히고 꺽임

20) 逆鱗 역린 : 용의 턱 밑에 거슬려서 난 비늘이 있는데, 이것을 건드리면 건

는[21]것을 범하게 하려고 하는데, 가능하시겠습니까?

무후가 복선사(福先寺)를 짓고, 상황이 금선(金仙)과 옥진(玉眞) 두 망루를 짓느라 수백만금을 허비했습니다. 신은 원컨대 도교의 도관과 불교의 사찰을 짓지 않으려는데, 가능하시겠습니까? 한(漢)나라는 여록(呂祿), 왕망(王莽), 염현(閻顯), 양기(梁冀)[22] 때문에 천하 국가가 심히 혼란해졌는데, 신은 원컨대 이러한 것을 경계해 만대의 법으로 삼으려는데, 가능하시겠습니까?'

황제가 대답하기를 '짐이 그것을 행할 수 있다'고 했다. 요숭이 마침내 머리를 조아려 사례했다"

요원지가 일찍이 순서대로 낭리(郎吏)를 추천해 아뢰었는데, 황제가 궁전의 지붕을 바라보고는 대답하지 않았다. 요원지가 두세 번 그것을 아뢰었으나, 황제가 끝내 응하지 않았다. 요원지가 두려워하며 종종걸음으로 나갔다. 조회가 끝나자, 고력사가 "폐하께서 새로 여러 가지 중요한 정사를 총괄하시는데, 재상이 일을 아뢰면, 마땅히 면전에서 가부(可否)를 정하셔야 하는데, 어찌하여 한 번도 살펴보지 않으십니까?"하고 간언했다.

드린 자를 죽인다

21) 忌諱 기휘 : 꺼리어 싫어함

22) 주(註) 여록은 한(漢) 고조 여후(呂后)의 조카였으며, 왕망은 서한 원제 왕황후의 조카였다. 염현은 동한 안제의 염 황후의 오빠였으며, 양기는 두 누이가 동한의 순제, 환제의 황후였다

황제는 "짐이 요원지에게 여러 정사를 맡겼다. 큰일은 마땅히 아뢰어 들려주고 함께 그것을 의논해야 하나, 낭리는 낮은 품계이다. 그런데 하나하나 짐을 번거롭게 한단 말인가"라고 말했다.

마침 고력사가 일을 공표하러 상서성에 이르러 요원지에게 황제의 말씀을 전했다. 요원지가 기뻐했고, (이 얘기를) 들은 자들 모두가 황제가 군주의 격식을 안다고 탄복했다.

좌습유 곡강(曲江) 장구령(張九齡)은 요원지에게 큰 명망이 있고, 황제에게 신임을 받고 있었으므로 글로 아뢰어, 아첨하고 조급한 자를 멀리하고, 순수하고 후덕한 자를 등용하라고 권했다. 요원지가 그 말을 기꺼이 받아들였다.

○ 12월에 상서 좌 · 우복야를 고쳐 좌승상과 우승상이라 했다. 중서성을 자미성(紫微省)이라 하고, 문하성을 황문성(黃門省)이라 했다. 시중을 감(監)이라 했다.

○ 임인(壬寅)에 요원지가 개원 존호(開元 尊號)를 피해 고쳐서 숭(崇)이라 이름 했다.

갑인(甲寅) 2년(714년)

봄 정월에 조령으로, 경관(京官) 중에 재능과 식견이 있는 자를 뽑아 도독과 자사에 제수하고, 도독과 자사 중에 정치의 공적이 있는 자를 경관에 제수했다. (외직으로) 나가고 (내직으로) 들어옴을 항상 균등하게 해 영원히 변치 않는 법식으로 삼았다.

○ 옛 제도에 아악(雅樂) 속악(俗樂)[23]은 모두 태상(太常)에 속해 있었다. 황제가 음률에 정통했다.[24] 태상은 예악을 맡은 관서로 창우(倡優)와 잡기(雜伎)를 맡아서는 안된다고 해, 마침내 좌·우 교방(敎坊)을 별도로 설치해 속악을 가르쳤다. 또 악공 수백명을 뽑아 직접 이원(梨園)에서 법곡(法曲)[25]을 가르쳤다. 그들을 일러 '황제이원제자(皇帝梨園弟子)'라 했다.

○ 황제는 평소 (형제간의) 우애로서는 근세의 제왕 중에 따를 수 있는 자가 없었다. 처음에 즉위했을 때 긴 베개와 큰 이불을 만들어 형제들과 함께 자고, 대궐 안에 다섯 개의 장막을 세우고 여러 왕들과 번갈아 그곳에서 살았다. 그것을 일러 오왕장(五王帳)이라 했다.

설왕(薛王) 이업(李業)이 병을 앓자, 상이 친히 약을 달였는데, 불에 회오리바람[26]이 불어와 잘못되어 상의 수염을 태웠다. 좌우가 놀라서 불을 끄자, 황제가 이르기를 "단지 왕이 이 약을 마셔서 병이 낫게 된다면, 수염이야 어찌 아

---

23) 雅樂 俗樂 아악 속악 : 아악(雅樂) 바른 음악. 속악(俗樂) 속된 음악, 일반에서 널리 부르는 노래

24) 精曉 정효 : 정통하다

25) 法曲 법곡 : 법(法) 모범, 본보기, 준칙, 도의. 주(註) 수(隋)에 법곡(法曲)이 있었는데, 그 소리가 맑아서 아악(雅樂)에 가까웠다. 명 황제가 그것을 좋아해, 자제(子弟) 3백인을 뽑아 이원(梨園)에서 가르쳤다. 황제이원제자(皇帝梨園弟子)라고 불렸다. 궁녀 수백을 역시 이원제자(梨園弟子)로 해 이춘북원(宜春北園)에 살게 했다

26) 回飆 회표 : 회오리바람

깝겠는가?"라고 말했다.

○ 황제는 풍속이 사치스럽다며, 가을 7월에 "승여(乘輿) 복식 금은으로 만든 기물과 완구를 유사(有司)가 부수거나 녹여서 군국의 비용으로 공급해야 할 것이다. 주옥과 비단은 궁전 앞에서 불태우고, 후비 이하는 모두 주옥과 비단을 걸치지 말라. 천하는 다시 주옥을 채취하지 말고, 비단 등의 물품을 짜지 말라. 장안과 낙양의 직금방(織錦坊)을 없애라"고 명령했다.

온공(溫公)이 말했다.

"명황이 처음에는 정치를 하고자 해 스스로 노력하고 근검절약함이 이와 같았으나, 말년에는 오히려 사치와 패륜이 심했다. 사치란 사람을 쉽게 빠지게 한다. 『시경(詩經)』에 '시작을 하지 않은 자 없으나, 끝을 잘 마치는 자 드물다'고 했다. 삼가지 않을 수 있겠는가"

송왕 이성기(宋王 李成器) 등이 흥경방(興慶坊)의 집을 바쳐 이궁(離宮)을 만들 것을 청했다. 황제가 조령으로 이를 허락했다. 처음 흥경궁을 짓고서, 이성기 등에게 각각 집을 하사해 흥경궁 옆을 둘러싸게 하였다. 또 궁궐의 서남쪽에 누대를 세워서 그 서쪽 것은 '화악상휘지루(花萼相輝之樓)'라 하고, 그 남쪽 것은 '근정무본지루(勤政務本之樓)'라 했다.

황제가 어느 때 누대에 올라가서 여러 왕들이 (자기 집에서) 음악을 연주하는 소리를 들으면, 그들을 불러서 누대에 오르게 해 함께 연회를 벌였다. 혹은 그들이 사는 집에 행차해 극히 즐거워하면서 상을 내리고 두터운 은혜를 베풀었다.27)

을묘(乙卯) 3년(715년)

봄 정월에 노회신(盧懷愼)을 검교이부상서 겸 황문감으로 삼았다. 노회신은 청렴하고 부지런하며 검소해 재산을 모으려고 힘쓰지 않았다.28) 비록 귀해져서 경상(卿相)이 되었으나 받은 봉록과 하사품을 그때마다 친구들에게 나누어 주니, 처자식이 굶주림과 추위를 면하지 못했고, 사는 곳은 비바람을 막지 못했다.

요숭이 일찍이 아들의 상(喪)이 있어 10여 일 동안 휴가를 청하자29), 일이 맡겨져서 쌓였는데30), 노회신이 결정할 수 없었다. 당황하고 두려워해 들어가 황제에게 사죄했다. 황제는 "짐이 천하의 일은 요숭에게 맡겼고, 경은 앉아서 아름다운 풍속(風俗)을 다스리게 했을 뿐"이라고 말했다.

요숭이 나오고서 잠깐 사이에 쌓였던 일을 다 결재하고는 자못 자랑스러워하는 기색이 있었다. 자미사인(紫微舍人) 제한(齊澣)을 돌아보면서 "내가 재상 일하는 것을 어떤

27) 優渥 우악 : 은혜가 두터움

28) 不營貲産 불영자산 : 재산을 모으려고 힘쓰지 않음

29) 謁告 알고 : 휴가를 청함

30) 委積 위적 : 맡겨져서 쌓임

사람에 견줄 수 있겠는가?"고 물었다. 제한이 미처 대답하기도 전에 요숭이 "관중, 안영과 비교해 어떠한가?"라고 말했다.

제한은 "관중, 안영의 법이 후세에 시행되지는 못했으나, 그래도 그들이 죽을 때까지는 시행될 수 있었습니다. 공께서 만드신 법은 수시로 다시 고치니, (두 사람에게) 미치지 못하는 것 같습니다"라고 대답했다. 요숭이 "그렇다면 끝내 어떠하단 말인가?"고 물었다. 제한은 "공은 이 시대를 구원할 재상이라고 이를만합니다"라고 대답했다. 요숭이 기뻐하면서, 붓을 던지며 "이 시대를 구원하는 재상을 어찌 쉽게 얻을 수 있겠는가"라고 말했다.

노회신이 요숭과 함께 재상 일을 하면서, 스스로 재주가 요숭에게 미치지 못한다 해 매사를 그에게 미루었다. 당시 사람들이 그를 일러 반식재상[31]이라 불렀다.

○ 산동 지방에 메뚜기 떼의 피해가 컸다. 사람들이 혹 밭 옆에서 향을 태우고 오랑캐들이 하는 절을 하며[32] 제사를 지내고, 감히 죽이지 못했다. 요숭이 아뢰어서 어사 도독을 주현에 보내 메뚜기 떼를 잡아 묻게 하자고 했다. (그런데) "메뚜기 떼가 너무 많아 제거할 수 없습니다"는 의견이 있었다. 황제 또한 그것을 주저했다.

요숭이 "지금 산동지방에 메뚜기 떼가 꽉 차서, 하남과

---

31) 伴食宰相 반식재상 : 무능한 재상, 주빈을 모시고 (끼어서) 음식을 대접 받음
32) 膜拜 막(모)배 : 주(註) 호인(胡人)이 하는 절

하북의 백성들이 거의 다 떠돌아다니고 있습니다. 어찌 (메뚜기 떼가) 싹을 먹는 것을 좌시하고, 빨리 구원하지 않는단 말입니까. 가령 메뚜기 떼를 다 제거하지 못한다 하더라도 메뚜기 떼를 길러서 재앙이 되는 것보다는 낫습니다"[33] 고 하니, 황제가 마침내 그의 말을 따랐다.

노회신이 "메뚜기 떼를 너무 많이 죽이면 화기(和氣)를 해칠까 두렵습니다"라고 말했다. 요숭이 "옛날 초나라 장왕은 거머리를 삼켰으나 병이 나았고,[34] 손숙방은 뱀을 죽였으나 복이 왔습니다.[35] 메뚜기 떼는 차마 죽이지 못하면서 어찌하여 사람을 굶어 죽게 하는 것은 참는다는 것입니까. 만약 메뚜기 떼를 죽여 화를 받게 된다면, 제가 청컨대 그 화를 감당하겠습니다"라고 말했다.

○ 어떤 사람이 "안찰사(按察使)는 단지 공사(公私)를 번거롭게 하고 어지럽힙니다. 청컨대 자사와 현령을 정밀하게

---

33) 猶勝 유승 : 유(猶) 오히려. 승(勝) 낫다

34) 주(註) 가의(賈誼)의 『신어(新語)』에 의하면 초(楚) 장왕이 날 채소를 먹다가 거머리가 나왔다. 좌우의 신하들이 이것을 보면 '음식을 감독한 자를 처형하지 않으면 이 법이 폐지될 것'이라고 말할까봐 걱정되었다. (그래서) 그것을 삼켰다. 영윤이 하례하며 "왕에게 인덕이 있으니 하늘이 도우실 것입니다"라고 말했다. 그날 밤에 구토를 했다. 거머리가 나왔고, 오래 앓던 병이 나았다.

35) 주(註) 손숙오(孫叔敖)가 어렸을 적에 머리가 둘 달린 뱀을 보고 죽여서 묻고는 집에 돌아와 울었다. 어머니가 그 이유를 물었다. 숙오가 말하기를 "듣건대 머리가 둘 달린 뱀을 보면 죽는다고 해서 남들이 또 볼까봐 죽여서 묻었습니다"라고 대답했다. 어머니가 말하기를 "내가 듣기에 음덕(陰德)이 있는 사람은 하늘이 복으로 보답한다고 했다. 너는 죽지 않으리라"고 했다. 장성하여 초나라의 영윤이 되었다.

가리시고, 안찰사는 없애소서"라고 건의했다. 황제가 상서성 관원을 불러 그 일을 의논하도록 명령했다. 요숭은 "지금 열 명의 안찰사를 선발하려 해도, 오히려 적임자를 다 얻지 못할까 걱정입니다. 천하는 3백여 주이고, 현은 몇 배 많습니다. 자사와 현령이 모두 그 직책에 걸맞을 수 있겠습니까"라고 아뢰었다. 이에 (일을) 중지했다.

병진(丙辰) 4년(716년)

2월에 상서우승(尙書右丞) 예약수(倪若水)를 변주자사(汴州刺史) 겸 하남채방사(河南采訪使)로 삼았다. 상이 비록 도독과 자사를 중시해 경관 중에 재능과 명망이 있는 자를 뽑아 그 직을 임명하고자 했으나, 당시의 사대부들이 여전히 외임을 경시했다.

양주채방사 반경천(班景倩)이 들어가 대리소경(大理少卿)이 되었다. 대량(大梁)을 지나는데, 예약수가 그를 보내면서 그 행렬의 먼지를 서서 바라보았다. 오래 있다가 비로소 돌아와 관속들에게 "반경천의 이 행렬은 어찌 신선의 경지에 오르는 것과 다르겠는가"라고 말했다.

○ 산동 지방에 메뚜기 떼의 피해가 다시 커졌다. 요숭이 또 그것들을 잡으라고 명령했다. 예약수가 "메뚜기 떼는 바로 하늘의 재앙이고, 인력으로 미칠 수 있는 것이 아닙니다. 마땅히 덕을 닦아서 그들을 물리쳐야[36] 합니다. 유총

---

36) 禳 양 : 물리칠

(劉聰)의 시기에 항상 메뚜기 떼를 잡아 묻었으나 폐해가 더욱 심했습니다"며, 어사(御使)를 막고 그 명을 따르지 않았다.

요숭이 예약수에게 서찰로[37] "유총은 가짜 군주라 덕이 요망함을 이기지 못했다. 금일에는 성군이 조정에 계시니, 요망함이 덕을 이기지 못한다. 옛날 좋은 수령이 다스리는 곳에는 메뚜기 떼가 그 경내에 들어가지 않았다. 만약 덕을 닦아야 면할 수 있다면, 그것은(메뚜기떼의 재앙), 그대가 덕이 없어서[無德] 와서 그러한 것이 아니겠는가?"[38]라고 말했다. 이에 예약수가 감히 어기지 못했다. 이로부터 해를 이어 메뚜기 떼의 재앙이 있었으나 큰 기근에는 이르지 않았다.

○ 어떤 사람이 황제에게 "금년에 관원을 선발해 서용한 것이 너무 넘쳐, 현령이 적임자가 아닙니다"라고 아뢰었다. (새로 임명된 관원이) 조정에 들어와 사례할 때, 황제가 현령들을 선정전(宣政殿) 뜰로 모두 불러 사람들을 다스리는 정책을 시험했다. 오직 견성령(鄄城令) 위제(韋濟)의 말과 이치가 제일이므로, 발탁해 예천령(醴泉令)으로 삼았다. 나머지 2백여 명은 순서에 들어가지 못했으나, 그들에게도 관직을 맡겼다. 45명은 고향으로 돌아가 학문을 닦게 했다.

---

37) 牒 첩 : 서찰, 문서, 송사, 증서, 장부

38) 豈~致然 기~ 치연 : 그대가 무덕(無德)하므로 와서 그러한 것이 아니겠는가?(豈 表示估計、推測. 相當於也許、莫非). 치(致) 이를, 부를. 연(然) 그러할

○ 6월 계해(癸亥)에 상황(上皇)이 사망했다.

○ 12월에 요숭과 원건요(源乾曜)를 파면하고, 형부상서 송경(宋璟)과 소정(蘇頲)을 동평장사로 삼았다. 송경이 재상이 되자, 인재를 가려 뽑는 데에 힘쓰고, 재목에 따라 임무를 맡겨서, 백관들로 하여금 각각 그 직책에 걸맞게 했다. 형벌과 상에 사사로움이 없었으며, 황제가 노해 얼굴색이 바뀌어도 감히 바르게 간언했다. 황제가 그를 매우 공경하고 조심해서 대했다. 비록 자신의 뜻에 맞지 않더라도 (스스로를) 굽혀서 그의 뜻을 따랐다.

돌궐의 묵철(默啜)은 측천 시기부터 중국의 걱정거리였다. 조정에서 천자가 정무에 바빠 밤늦게 밥을 먹으며[39] 천하의 힘을 기울였으나 이길 수 없었다. (이런 때에) 혁영전(郝靈荃)이 묵철의 수급을 가져왔다. 스스로 세상에 없는 공이라고[40] 여겼다.

송경은 "황제가 무공을 좋아하시므로, 일 만들기를 좋아하는 자들이 다투어 요행을 바라는 마음을 가질까 두렵다"고 하고는, 그의 상을 강력히 억제했다.[41] 해를 넘기고서야 낭장(郎將)에 제수했다. 혁영전이 통곡[42]하다 죽었다.

○ 요숭과 송경이 서로 이어서 재상이 되었는데, 요숭은

---

39) 旰食 간식 : 천자 또는 제후가 정무에 바빠 밤늦게 식사

40) 不世之功 불세지공 : 세상에 없는 큰 공

41) 痛抑 통억 : 강력히 억제하다

42) 慟哭 통곡 : 서러워서 곡하다

임기응변을 잘해 일을 수행했고, 송경은 법을 잘 지켜 정도(正道)를 지켰다. 두 사람이 뜻과 절개는 같지 않았으나 합심해 보좌해서 부역이 관대하고 공평해졌으며, 형벌이 투명하고 줄어들게 되었다. 백성들이 부유해졌다.

당나라 때의 현명한 재상으로 전대에는 방현령과 두여회를 말하고, 후대에는 요숭과 송경을 말하는데, 다른 사람은 견줄 수 없었다. 두 사람이 매번 나아가 알현할 때마다 황제가 번번이 그들을 위해 일어났으며, (그들이) 나가면 처마 밑에까지[43] 나가 그들을 전송했다.

이림보(李林甫)가 재상이 되었다. 비록 요숭과 송경보다 더 총애하고 신임했지만, 자못 낮고 박하게 예우했다.

정사(丁巳) 5년(717년)

봄 정월 계묘(癸卯)일에 태묘(太廟)의 네 집이 무너졌다. 상이 소복을 입고 정전으로 피했다. 이때 상은 낙양으로 행차하려 했었다. 송경과 소정(蘇頲)에게 물으니 "재이(災異)로 경계한 것입니다. 원컨대 우선 어가를 멈추소서"라고 대답했다.

또 요숭에게 묻자 "태묘의 지붕 재목은 모두 부견 때의 것입니다. 세월이 오래 되어 썩어서 부패해 무너진 것입니다. 마침 행차할 기일과 서로 맞은 것인데, 어찌 특이하다고 할 수 있겠습니까"라고 대답했다. 상이 크게 기뻐해 그

43) 軒 헌 : 초헌, 처마, 집, 난간

의 말을 따랐다.

○ 정관(貞觀)의 제도에 중서성과 문하성 및 3품의 관원이 들어와 일을 아뢸 때에는 반드시 간관이 그를 따르게 해, 잘못이 있으면 (간관이) 이를 바로잡게 하고, 좋은 일과 나쁜 일을 반드시 기록하게 했다. 여러 관리들이 모두 정식 관청[44](의 직분으로) 일을 아뢰고, 어사가 백관을 탄핵할 때에는 해치의 가죽으로 만든 치관[45]을 쓰고, 황제의 의장을 마주하고[46] 탄핵하는 글을 읽었다. 그러므로 대신들은 군주를 오로지 할 수 없었고, 소신들은 참소하거나 나쁜 짓을 할 수 없었다.

허경종(許敬宗)과 이의부(李義府)가 요로에서 권력을 좌지우지하자, 정사가 많이 사사로워지고 편벽되게 되었다. 일을 아뢸 때에도 자주 의장대가 나가기를 기다린 뒤에, 어좌 앞에서 좌우를 물리치고 은밀히 아뢰었다. 감주어사(監奏御史)와 및 대제관(待制官)들은 멀리 서서 관원이 물러나오기를 기다렸다. 간관과 사관들은 모두 의장대를 따라 나가버렸으니 의장대가 나간 뒤에 일어난 일은 더는 참여해 듣지 못했다.

무후(武后)는 법으로 아랫사람들을 제재했다. 간관과 어사가 풍문에 근거해 일을 아뢸 수 있었고, 어사대부로부터

---

44) 正衙 정아 : 정식의 관청

45) 豸冠 치관 : 해치의 가죽으로 만든 관. 치(豸) 부정한 사람을 보면 뿔로 받는다는 신수(神獸)

46) 對仗 대장 : 대(對) 대할. 장(仗) 병장기, 임금의 호위, 지팡이

감찰에 이르기까지 서로 탄핵해 아뢸 수 있었다. 대체로 음흉하고 교활하게[47] 서로를 깎아내리고 눌러서 뒤집었다.[48] 송경이 재상이 되자, 정관의 정치를 회복하고자 했다. "지금부터는 일이 절실하게[49] 비밀리에 해야 할 것이 아니면, 모두 의장대를 마주보고 아뢰어 알리게 하고, 사관은 스스로 고사를 따르라"는 명령을 내렸다.

신유(辛酉) 9년(721년)

봄에 감찰어사 우문융(宇文融)이 "천하의 호구 중에 도망치고 옮기며, 교묘하게 허위로 꾸민 자들이 매우 많습니다. 청컨대 조사해 단속하게[50] 하소서"라고 청했다. 2월에 유사에게 명해 유랑하고 옮겨간 자들을 불러 모이게 하고, 교묘하게 허위로 꾸민 자들을 조사해 꾸짖는 법을 의논해서 알리게 했다.

○ 황제가 "주현에서 도망한 호구는 1백 일 동안 자수하도록 기다릴 것이다. 있는 곳에서 호적에 올리거나, 관부에서 공문을 내어주고 고향으로 돌아가거나를 각각 하고 싶은 데로 하게 하라. 기한을 넘겨도 자수하지 않으면 즉시 조사하고 단속해서 변방 주로 옮기고[51], 공사(公私)에서 감

---

47) 險詖 험피 : 험(險) 음험함. 피(詖) 치우칠, 교활한, 비뚤어진

48) 傾覆 경복 : 기울어져 뒤집힘, 또는 기울여 뒤집어 버림

49) 的 적 : 과녁, 목표, 참으로, 확실히, 절실하게

50) 檢括 검괄 : 조사하고 단속함

51) 謫徙 적사 : 득죄하여 원지(遠地)로 옮겨감, 적천(謫遷)

히 용납하거나 비호하는 자는 죄의 경중에 따라 벌을 주어라"[52]고 명령했다.

우문융을 사자(使者)에 충원해 도망하고 이주한 호구 및 장부 외의 토지를 조사하게 했다. 교묘하게 허위로 꾸민 것을 적발해낸 것이 매우 많았다. (우문융을) 병부원외랑 겸 시어사로 승진시켰다.

우문융이 아뢰어 권농판관(勸農判官) 10명을 두었다. 모두 어사의 직무를 대행하게 해 천하를 나누어 순행하게 하되, 새로 붙인 객호(客戶)는 6년 동안 부세와 조세를 면하게 했다. 사자들이 다투어 각박하게 재촉했다. 주현에서는 그 분위기에 맞춰 수고롭게 소란을 피웠다. 백성들이 그것을 괴로워했다.

주현에서는 윗사람의 뜻에 맞추어(도망간 호구를) 많이 적발하는데 힘써서 그 수를 허위로 부풀렸다. 혹은 실호(實戶)를 객호라 하기도 했다. 무릇 찾아낸 호구가 8십여 만이었으며, 토지 또한 이에 맞춰졌다.

○ 포주자사(蒲州刺史) 육상선(陸象先)이 정치를 하면서 너그럽고 간략함을 숭상해 관리와 백성에게 죄가 있으면 깨우쳐서 돌려보내준 자가 많았다. 일찍이 사람들에게 "천하는 본래 일이 없는데, 다만 용렬한 사람[53]이 혼란스럽게 할 뿐이다. 그 근원을 깨끗하게 한다면 어찌 다스려지지 않

---

52) 抵罪 저죄 : 죄의 경중에 따라 상당한 형벌을 받음

53) 庸人 용인 : 용렬한 사람, 평범한 사람. 용(庸) 범상할, 어리석을

음을 근심하겠는가"라고 말했다.

○ 저작랑(著作郎) 오긍(吳兢)이 『측천실록(則天實錄)』을 찬술할 때 송경이 장설을 부추겨[54] 그로 하여금 위원충을 증명하게 한 일을 말했다. 장설이 역사를 편수하다가 이것을 보고는 오긍에게 몇 글자를 고쳐줄 것을 은밀히 청했다. 오긍이 끝내 허락하지 않으면서 "만약 공의 청을 따른다면, 이 역사는 사실 그대로의 글이 되지 못할 것입니다. 어찌 후세에 신임을 얻겠습니까?" 라고 말했다.

임술(壬戌) 10년(722년)

처음에 여러 위(衛)의 부병이 정장[55]으로부터 종군해 60세에 이르러서야 병역을 면제받았다. 그들의 집안 또한 각종 잡역에서 벗어나지 못해 점점 빈약해지니, 대략 다 도망쳤다. 백성들이 그것을 괴롭게 여겼다. 장설이 "청컨대 장사를 불러 모집해 숙위에 충당하고, 각종 명목의 요역[56]을 부담하지 않게 하고 우대해, 그것을 제도로 만든다면 죄짓고 도망간 자[57]들이 반드시 다투어 나와 모집에 응할 것입니다"라고 건의했다.

황제가 그의 말을 따랐다. 열 달 동안에 13만의 병력을

---

54) 激 격 : 격려, 분발, 부딪칠

55) 成丁 성정 : 정년(丁年)이 된 남자

56) 色役 색역 : 각종 명목의 요역

57) 逋逃 포도 : 죄 짓고 도망한 자

얻어 여러 위(衛)에 나누어 예속시키고, 상하로 순번[58]을 나누어 교대하게 했다. 병농(兵農)의 구분이 이로부터 시작되었다.

계해(癸亥) 11년(724년)

가을 8월에 황제가 조칙을 내려 "전에 도망한 사람을 조사하고 검속하게 했는데, 번거롭고 혼란스러웠을까 우려된다. 천하가 대동(大同)이 되었으니 마땅히 각각 즐거워하는 바를 따라야 한다. 있는 주현에서 편안히 살게 하면서 생업을 이루게 하라"고 했다.

○ 상서좌승(尙書左丞) 소숭(蕭嵩)에게 명해 경조와 포주, 동주, 기주, 화주의 장관(長官)과 함께 부병 및 일반 백성[59] 12만 명을 선발하게 했다. 그들을 일러 장종숙위(長從宿衛)라 했다. 1년에 두 차례 임무를 맡게 했다. 주현이 이들을 잡역에 부리지 못하게 했다.

○ 이해에 장설이 아뢰어 정사당(政事堂)을 고쳐 중서문하라 하고, 5방을 그 뒤에 두어 여러 정무를 나누어 관장하게 했다.

---

58) 番 번 : 순서, 순번, 차례로 임무를 맡는 일

59) 白丁 백정 : 무위무관의 평민, 백민(白民), 백도(白徒), 소 돼지를 잡는 사람

갑자(甲子) 12년(724년)

6월에 황제가 명령을 내려 "도망한 호구의 자수를 받아들여 그들이 거주하는 곳의 한전(閑田)을 개간하도록 허락한다. 마땅함에 따라 세금을 거두어라. 세금과 부역을 징발하거나 할당하지[60]말고 조용(租庸)을 일체 면제하라[61]"고 했다. 그리하여 우문융을 권농사(勸農使)로 삼아 주현을 순행하며 관리와 백성들과 함께 부역을 의논해 정하게 했다.

우문융이 역마를 타고 천하를 두루 돌아다녔다. 여러 주에서는 일의 크고 작음을 막론하고 먼저 권농사에게 문서를 올린 뒤에 중서성에 보고했다. 관청도 우문융의 지휘를 기다린 연후에 처결했다.

이때 상이 크게 사방 오랑캐들을 물리치려 해 비용이 급했다. 주현에서는 우문융을 두려워해 대부분 허수를 부풀리니, 객호를 얻은 것이 80여 만이었다. 토지 또한 이에 맞춰졌다. 연말에 돈꿰미 수백만이 늘어나자 모두 바쳐 궁에 들였다. (우문융이) 이로부터 총애를 받았다.

대부분의 의견들이 번거로우며 혼란스럽고, 백성들에게 이롭지 않다고 말하므로, 상이 백관들을 상서성에 소집해 그 일을 의논하게 했다. 공경 이하가 모두 우문융의 위세를 두려워해 모두 감히 다른 의견을 내세울 수 없었다. 오직 호부시랑 양창(楊瑒)만이 홀로 "객호를 검속해 조세를 면해주는 것은 본래 거주하는 자에게는 불리한 것이고, 장부 외

---

60) 差科 차과 : 차(差) 세금을 징발하다, 차출하다. 과(科) 할당하다

61) 蠲免 견면 : 견제(蠲除), 조세를 덜어 징수하지 아니함

의 토지에서 세금을 징수하는 것은 백성들을 곤궁하게 하고 피폐하게 하는 것입니다. 얻은 것이 잃은 것을 보충하지는 못합니다"라고 주장했다. 조금 있다가 양창이 나가 화주자사(華州刺史)가 되었다.

을축(乙丑) 13년(725년)

2월에 어사중승 우문융에게 호부시랑을 겸하게 했다. 그는 "징수한 객호의 세금으로 있는 곳의 상평창의 본전을 채우라. 또 권농사를 관청[使司]에 위임해 주현과 의논해 권농사(勸農社)를 만들어서 가난한 자와 부유한 자들로 하여금 서로 구휼하게 하고, 밭 갈고 김매는 것을 때[62]를 맞추게 하라"고 명령했다.

○ 장종숙위(長從宿衛)를 하는 병사의 이름을 고쳐 확기(彍騎)[63]라 했다. 나누어 12위에 예속시키니 모두 12만 명이었다. 여섯 순번으로 나누어 임무를 맡게 했다.[64]

---

62) 是 시 : 시야(時也)

63) 彍騎 확기 : 주(註) 확은 쇠뇌를 가득 당기는 것이다. 확기는 활쏘는 기사이다. 그 법은 10인을 화(火)라하고 5화를 단(團)이라 한다. 모두 수장이 있다. 또 재능있고 용감한 자를 선발하여 번두(番頭)라 하고, 쇠뇌 쏘기를 연습시켰다.

64) 註 당(唐)의 백관지(百官志)에 팔위(八衛)에는 좌우가 있어 좌우위(左右衛)라고 한다. 요위(驍衛), 무위(武衛), 위위(威衛), 영군(領軍), 금오(金吾), 감군(監門), 금위(禁衛), 천우(千牛), 모두 16위이다. 좌우위부터 영군은 궁금숙위(宮禁宿衛)를 맡았고, 금오는 궁중과 경성을 경비하고, 감문은 여러 문과 금위(禁衛)를 맡고, 천우는 시위(侍衛)를 맡았다. 무릇 5부 외에 관부에서 교대로 올라오는 자는 10중 2를 위(衛)로 하고, 그 명부를 받고 직무를 배정한다. 감문을 제외하고, 천우는 좌우 4위인데, 대기하지 않기 때문에 12위이다. 매

○ 장설이 봉선의(封禪儀)를 기초해 올렸다.

○ 11월 경인(庚寅)일에 상이 태산의 꼭대기에서 하늘[昊天]과 상제를 제사지내고, 여러 신하들은 태산 아래의 단에서 오제(五帝)와 백신(百神)을 제사지냈다. 그 나머지는 건봉(乾封)[65]의 옛 일을 모방했다.

○ 수(隋)나라 말기에 국가의 말이 모두 도적 및 오랑캐에게 노략질 당했다. 당나라 초기에 겨우 암수[66] 3천 필을 적안택(赤岸澤)에서 얻어 농우(隴右)로 옮기고, 태복 장만세(張萬歲)에게 명해 관장하게 했다. 장만세가 그 직임을 잘 수행해 정관 연간부터 인덕(麟德) 연간에 이르기까지 말이 번식해 70만 필에 이르렀다.

(말을) 8방(坊) 48감(監)에 나누고, 각각 사(使)를 두어 맡게 했다. 이때 천하는 비단 한 필로 말 한 마리를 바꾸었는데, 수공[67] 연간 이후로 절반 이상[68]이 점차 감소했다.[69]

황제가 처음 즉위했을 때 기르는 말이 24만 필이었는데, 태복경 왕모중(王毛仲)을 내외한구사(內外閑廐使)로 삼고,

---

위(衛)는 만인이고, 6으로 나누어 교대한다. 번(番)이란 교대하여 숙위한다는 것이다.

65) 乾封 건봉 : 고종(高宗)의 연호

66) 牝牡 빈모 : 암수, 암컷과 수컷, 음양, 금성이 남쪽에 있고, 복성에 북쪽에 있는 경우의 위치

67) 垂拱 수공 : 무후시대의 연호

68) 太半 태반 : 절반(반수) 이상

69) 耗 모 : 벼, 덜, 없앨

소경 장경순(張景順)을 보좌관으로 삼았다. 이때에 이르러 말 43만 필이 있었으며, 소와 양도 이와 맞춰졌다. 상이 동쪽으로 태산에 가서 봉선할 때에 기른 말 수만 필을 데리고 갔다. 색깔로 구별해 무리를 만들었는데, 그것을 바라보면 구름 비단과 같았다. 상이 왕모중의 공을 가상히 여겨 왕모중에게 개부(開府) 의동삼사(儀同三司) 직을 내렸다.

○ 상이 돌아오다가 송주(宋州)에 이르러 수행한 관원들에게 누대 위에서 연회를 베풀었다. 송주자사 구자(寇泚)가 연회에 참여했다. 술이 거나하게 취하자, 상이 장설에게 "예전에 내가 사신을 자주 파견해서 여러 도를 나누어 순행하게 해 관리의 잘하고 못함을 살피게 했다. 지금 봉선 때문에 여러 주를 지나면서, 이제야 사신들이 나를 속인 것이 많았음을 알겠다"라고 말했다.

무진(戊辰) 16년(728년)

확기(彍騎)를 다시 좌우우림군비기(左右羽林軍飛騎)라 했다.

기사(己巳) 17년(729년)

우문융은 성품이 학식이 많고 재주가 있었다.[70] 응대할 때 말을 잘 했다. 재정과 부세를 잘 다스려 상에게 총애를 얻게 되자, 비로소 널리 여러 사(使)[71]를 두고 다투어 가렴

---

70) 精敏 정민 : 사리에 정통하고 재지가 예민함. 학식이 많고 재주가 있음

주구를 했다. 이로부터 백관들이 점점 그 직분을 잃고, 상의 마음은 더욱 사치스러워졌다. 백성들이 모두 그것을 원망하고 고통스러워했다.

우문융은 사람됨이 거칠고 조급하고[72] 말이 많았으며, 스스로 공을 자랑하기를 좋아했다. 재상의 지위에 있으면서 사람에게 말하기를 "가령 내가 이 자리를 몇 달만 맡으면 천하에 일이 없을 것"이라고 했는데, 재상이 된 지 1백 일 만에 파면되었다. 이후로 재리를 말해 귀한 벼슬을 차지한 자는 모두 우문융을 시조로 한다.

경오(庚午) 18년(730년)

4월에 배광정(裵光庭)에게 이부상서를 겸하게 했다. 이전에는 관리를 뽑아서 관직을 주는데[73], 오직 그 사람의 능력 여부를 살펴보았다. 혹자는 관작의 차례를 뛰어 넘어 승진하기도 하고, 혹자는 늙을 때까지 낮은 지위에 있었으며, 벼슬에 나간 지 20여 년이 되도록 녹봉을 받지 못한 자도 있었다. 또 주현 또한 등급이 없어 큰 고을에서 작은 고을로 가기도 했고, 처음에는 (도성에서) 가까운 곳의 관리였다가 뒤에는 먼 곳의 관리가 되기도 했다. 모두 일정한 제도가 없었다.

배광정이 "신분과 품격[74]에 따라서 기용하고", "높은 관

---

71) 括田使 괄전사 : 이때 괄전 등을 세웠는데, 사(使)는 29인이었다

72) 疎躁 소조 : 疎 소홀, 거칠. 躁 성급, 조급, 떠들다. 시끄럽다

73) 選司注官 선사주관 : 관리를 뽑아서 관직을 주다

직 낮은 관직을 각각(各各) 그만 두면[罷官][75] 약간을 뽑아서 모이게 해 전형하도록 하고", "관직이 높은 자는 적게 뽑고, 낮은 자는 많이 뽑고", "능력의 여부는 묻지 말고", (재직자 중의 승직은) "만기에 뽑아서 배정하는데", "연도를 한정해 등급을 채우게 하고, 등급을 뛰어넘지 못하게 하고", "견책을 받은 자가 아니면 모두 승진은 있고 강등은 없도록"할 것을 아뢰었다.

용렬하고 어리석으며 침체된 자들이 모두 기뻐해 그것을 일러 '성스러운 문장'이라 했다. 재능이 있고 뛰어난 선비들 중 원망하고 한탄하지 않는 자가 없었다. 송경이 이것을 간쟁했으나 막을 수 없었다.

○ 이 해에 천하에서 사형죄를 아뢴 것이 24명에 그쳤다.

○ 이때에 상이 환관들을 총애하고 신임해 자주 3품 장군으로 삼았고, (그들은) 문에 비단으로 싼 창[76]을 두었다. 이들이 사명을 받들고 여러 주를 지나는데, 관리들이 그들을 받들며 오직 미치지 못할까 두려워했다. (이들이) 얻은 뇌물이 적더라도 돈 1천 꿰미[緡]를 내려가지 않았다. 이리하니 도성의 저택과 도성 주위의 전원은 태반이 모두 환관

---

74) 資格 자격 : 신분 지위, 어떤 신분이나 지위를 얻기 위해서 필요한 조건

75) 各各 각각 : 주(註) 각(各)은 높은 관직, 낮은 관직이다. 피관[罷劇], 그만둔다는 것이다. 약간은 정하지 않은 수를 말한다. 얼마인가에 구애받지 않고, 한번 뽑아서 모이게 해 전형 배정한다

76) 棨戟 기(계)극 : 창. 적흑색의 비단으로 싼 나무창으로 군주의 전구자(前驅者)가 가짐

의 것이었다.

양사욱(楊思勗)과 고력사가 더욱 귀하게 대우받고 총애받았다. 양사욱은 여러 번 군대를 거느리고 정벌했다. 고력사는 항상 황제의 옆[77]에 있으면서 황제를 모시고 지켰다. 사방에서 표문과 아뢰는 글을 모두 먼저 고력사에게 바친 뒤에 황제에게 아뢰었으며, 일 중에 작은 것은 고력사가 즉시 그것을 결정했다. 권세가 내외를 기울게 했다. 그러나 고력사는 조심하며 공손하고 삼갔으므로 상이 끝내 그를 가까이하고 신임했다.

신미(辛未) 19년(731년)

3월에 처음 낙양과 장안, 여러 주로 하여금 각각 태공(太公)의 사당을 설치하게 하고, 장량(張良)을 배향하게 했다. 옛날 명장을 뽑고 10명의 뛰어난 자들을 갖추어 매년 2월과 8월의 첫 번째 무일(戊日)에 제사를 지내게 했는데, 공자에게 올리는 예와 같았다.

온공(溫公)이 말했다.

"천지를 계획하고 다스리는 것[78]을 문(文)이라 하고, 화란(禍亂)을 이기고 평정하는 것[79]을 무(武)라 이른다. 예로

---

77) 居中 거중 : 금중(禁中)

78) 經緯 경위 : 계획해 다스리는 것[規劃治理]. 직물의 날과 씨. 전(轉)하여 가로 세로, 남북과 동서, 경선(經線)과 위선(緯線), 종(縱)과 횡(橫)

79) 勘 감 : 주(註) 승(勝)과 같음

부터 이 두 가지를 겸비하지 않고 성인이라 일컬어진 경우는 없었다. 그러므로 황제 요 순 우 탕 문왕 무왕 이윤 주공 중에 정벌의 공이 없는 사람이 없다.

공자는 비록 (당시에) 쓰이지 못했으나, 오히려 내이(萊夷)를 공격할 수 있었고, 비인(費人)을 물리치고 말씀하시기를 '나는 싸우면 이긴다'고 했다. 어찌 공자는 오로지 문(文)만하고, 태공은 오로지 무(武)만 했겠는가? 공자를 학궁(學宮)에서 제사 지내는 까닭은 예(禮)에는 선성(先聖)과 선사(先師)가 있기 때문이다. 백성이 생긴 이래로 공자와 같은 분은 없었다. 어찌 태공(太公)이 공자와 맞설[80]수 있겠는가?

옛날에 (군대의) 징발이 있으면, (군주가) 대사도(大司徒)에게 명령해 군사들에게 갑옷 입는 의식과 병거 타는 법을 가르치게 했다. (군사들은) 다리와 팔뚝을 드러내고[81], 활쏘고 말 타는 것으로 승부를 결정했고, 전쟁에서 승리하면[受成], 적의 왼쪽 귀를 바쳤다.[82] (이러한 것들이) 모두 배움에 있었던 것이다.

그렇게 한 까닭은, 예의를 먼저 하고, 용력을 뒤로 두고자 했기 때문이다. 군자에게 용력만 있고 의리가 없으면 난을 일으키고, 소인에게 용력만 있고 의리가 없으면 도둑질

---

80) 抗衡 항형 : 서로 대항해 지지 아니함

81) 羸股肱 나고굉 : 팔 다리를 맨살로 드러내다

82) 受成獻馘 수성헌괵 : 수성(受成) 이루어진 사업을 이어받다, 계획을 세우다. 성공하게 되다. 헌괵(獻馘) 적의 왼쪽 귀를 바치다

을 한다. 만약 그들에게 오로지 용맹과 힘만 가르치고, 예의를 알지 못하게 한다면, 어찌 못할 바 있겠는가?

손무(孫武)와 오기(吳起) 이래로 모두 용맹과 힘으로 서로를 이겼으며, 기회를 틈타 속임수[83]로 서로를 높였다. 어찌 성현의 집[門]이라고 하고, 숫자[數]에 넣고, 그것을 일러 무(武)라 할 수 있는가? 그리고 다시 속여 끌어다가 십철이라는 항목[84]에 짝을 맞추어 후세 학자들의 모범[師]이 되게 했으니, 가령 태공이 영혼이 있다면 반드시 그들과 같이 제사를 받는 것을 부끄럽게 여길 것이다"

계유(癸酉) 21년(733년)

3월 갑인(甲寅)일에 한휴(韓休)를 황문시랑 동평장사로 삼았다. 한휴는 사람됨이 강직해[85] 영화와 이익을 추구하지 않았다. 재상이 되자, 당시의 인망에 합당했다. 소숭은 처음 한휴가 조용하고 부드러워[86] 그를 제재하기 쉬울 것이라 여겨서, 그를 데려다가 함께 일을 했다. 한휴가 정도를 지키고 아첨하지 않으니, 소숭이 점점 그를 미워했다. 송경이 감탄하기를 "한휴가 이와 같을 수 있다는 것을 몰랐었다"고 했다.

황제가 혹 궁중에서 연회를 열어 즐기고, 후원에서 놀며

---

83) 狙詐 저사 : 기회를 틈타 속임

84) 目 목 : 항목

85) 峭直 초직 : 강직

86) 恬和 염화 : 조용하고 부드럽다

사냥할 때 조금이라도 잘못이 있으면, 곧 좌우에게 "한휴가 이 사실을 아는가?"라고 물었다. 이 말이 끝나자, (한휴의) 간언하는 상소가 이미 도착해 있었다.

상이 일찍이 거울을 보고는 아무 말도 하지 않고 즐거워하지도 않았다. 좌우가 "한휴가 재상이 되자, 폐하께서 예전보다 자못 수척해지셨습니다. 어찌 그를 축출하지 않으십니까?"라고 아뢰었다.

황제가 탄식하며 "내 모습은 비록 수척해졌으나, 천하는 반드시 살쪘을 것이다. 소숭은 일을 아뢸 적에 항상 나의 뜻에 순응하니, (그가) 물러가고 나면 내 잠자리는 편치 않았다. 한휴는 항상 힘써 간쟁하니, 물러가고 나면 내 잠자리는 그래서 편안했다. 내가 한휴를 등용함은 사직을 위해서일 뿐이요, 내 몸을 위한 것이 아니다"라고 말했다.

○ 6월에 조령을 내려 "지금부터 사람을 뽑을 때 재주 학업 지조 행실이 있으면, 이부에 맡겨 그때마다 발탁해 쓰도록 하고, 하급 관리[87]는 아뢰고 임명할 때 다시는 문하성을 거치지 말라"고 했다. 비록 이러한 명령이 있었으나, 관리들은 자격에 따라 하는 것이 자신들에게 편리하다 생각해 원래의 제도를 그대로 이어서 시행했다. 이때 관(官)은 삼사(三師) 이하가 1만7천6백86명이고, 리(吏)는 좌사(左史)

87) 流外 유외 : 유외관, 하급관직. 유내(流內) 수 당(隋 唐)의 관제(官制)에서 위(魏)의 9품을 이어받고 다시 아래 9급을 둠. 이를 유외(流外)라하고 9품을 유내(流內)라 함

이상이 5만7천4백16명이었다. 관원이 되는 길이 매우 많아서 이루 다 기록할 수 없었다.

○ 10월에 경조윤 배요경(裴耀卿)을 황문시랑으로 삼고, 장구령(張九齡)을 중서시랑으로 삼았다. (두 사람이) 함께 동평장사가 되었다.

○ 이 해에 천하를 나누어 경기 도기(都畿) 관내 하남 하동 하북 농우 산남동도 산남서도 검남(劍南) 회남 강남동도 강남서도 검중(黔中) 영남 등 모두 15개의 도를 만들었다. 각각 채방사(采訪使)[88]를 두어 여섯 조문으로 범법(犯法)을 단속하고 살피게 했다.

갑술(甲戌) 22년(734년)

이부시랑 이림보(李林甫)는 부드럽고 아첨하며 대단히 교활했다. 자주 환관 및 비빈의 집안과 깊이 결탁해 상의 동정을 살피니, 거기에 대해서 모르는 것이 없었다. 이 때문에 매번 아뢰고 대답할 때마다 항상 상의 뜻을 맞추니, 상이 기뻐했다. 발탁해 예부상서로 삼고, 배요경, 장구령과 함께 동중서문하삼품이 되었다.

을해(乙亥) 23년(735년)

상이 오봉루(五鳳樓)에 가서 연회를 열었다.[89] 3백 리 내

---

88) 采訪使 채방사 : 지방의 여러 가지 실정을 조사하는 일을 맡아보던 임시 벼슬

의 자사와 현령에게 명령해 각 지역마다 소속된 음악을 거느리고 누대 아래에 모여 승부를 겨루게 했다. 회주자사는 수레에 악공 수백 명을 실었는데, (악공들은) 모두 무늬 있는 비단을 입었으며, 옷과 상자를 실은 소는 모두 호랑이 표범 무소 코끼리의 형상을 했다.

노산령(魯山令) 원덕수(元德秀)는 오직 악공 몇 사람을 보내 나란히 행동하면서 함께 우위(于蔿)[90]를 노래하게 했다. 상이 "회주 사람들은 도탄에 빠졌을 것이다" 하고는 곧 회주자사를 산관(散官)으로 발령했다. 원덕수는 성품이 꼿꼿하고 깨끗하며 질박했다. 사대부들이 모두 그의 높은 행실에 탄복했다.

---

89) 酺宴 포연 : 국가의 경사를 축하하기 위해 신민이 모여 마시며 즐김

90) 于蔿 우위 : 노래 이름

원 문

卷之四十

唐紀

玄宗明皇帝 上 在位四十三年，壽七十八

壬子太極元年

壬辰，上傳位於太子。太子上表固辭。太平公主勸上，雖傳位，猶宜自總大政。

◯八月 庚子，太子玄宗卽位。尊睿宗為太上皇。三品以上除授及大刑政，決於上皇。

癸丑開元元年

太平公主依上皇之勢，檀權用事，與上有隙。宰相七人五，出其門。文武之臣，太半附之。與竇懷貞 岑義 蕭至忠 謀廢立。秋七月 魏知古告:「公主 欲以是月四日 作亂。」上乃定計，誅之。執至忠 義於朝堂，皆斬之，太平公主賜死于家。

◯以高力士為右監門將軍，知內侍省事。初 太宗定制，內侍省不置三品官，黃衣　廩食　守門　傳命而已。天后雖女主，宦官亦不用事，中宗時 嬖倖猥多，宦官七品以上 至千餘人，然衣緋者尚寡。上在藩邸，力士傾心奉之，及為太子，奏為內給事。至是以誅蕭　岑，功賞之，是後　宦官稍增，至三千餘人。除三品將軍者寖多，衣緋紫　至千餘人，宦官之盛 自此始。

◯上幸新豐，講武于驪山之下。

◯以同州刺史姚元之為兵部尚書　同中書門下三品。初上卽位，勵精為治。每事訪於元之，元之應答如響。同僚皆唯諾而已。故上專委任之。元之請:「抑權倖，愛爵賞，納諫諍，却貢獻，不與羣臣褻狎。」上皆納之。

本傳曰:　上講武新豐，崇為同州刺史。召詣行在，帝歎甚，咨天下事，　袞袞不知倦。帝曰:「卿宜遂相朕。」崇知　帝大度　銳於治，乃先設事，以堅帝意。因跪奏曰:「臣願以十事聞。陛下度不可行，臣敢辭。」帝曰:「試為朕言之。」崇曰:「垂拱以来 以峻法繩下，臣願政先仁恕，　可乎? 朝廷覆師青海，未有牽復之悔。臣願不倖邊功，可乎? 比来　壬佞　冒觸憲網，皆得以寵，自觧。臣願法行自近，可乎? 后氏臨朝，喉舌之任 出閹人之口。臣願宦豎不與政，可乎? 戚里貢獻 以自媚于上，公卿方鎮 寖亦為之。臣願租賦外　一絕之，可乎? 外戚貴主 更相用事，班序荒雜。臣願戚屬　不任臺省，可乎? 先朝褻狎大臣，虧君臣之嚴。臣願陛下 接之以禮，可乎? 燕欽

融 韋月將以忠 得罪。自是 諍臣沮折。臣願羣臣皆 得批逆鱗 犯忌諱，可乎？ 武后造福先寺，上皇造金仙 玉真二觀，費鉅百萬。臣願絕道佛營造，可乎？ 漢以祿莽閻 梁，亂天下國家為甚。臣願推此監戒為萬代法，可乎?」帝曰:「朕能行之。」崇乃頓首謝。姚元之嘗奏請，序進郎吏，上仰視殿屋。元之再三言之，終不應。元之懼趍出。罷朝， 高力士諫曰:「陛下新總萬機，宰相奏事，當面加可否，柰何一不省察?」上曰:「朕任元之以庶政，大事當奏聞 共議之，郎吏卑秩，乃一一以煩朕耶?」會力士宣事至省中，為元之道上語。元之乃喜。聞者皆服上識人君之體。左拾遺曲江張九齡，以元之有重望，為上所信任，奏記，勸其遠謟躁 進純厚，元之嘉納其言。

○十二月， 改尚書左右僕射，為左右丞相。中書省為紫微省，門下省為黃門省，侍中為監。

○壬寅，元之避開元尊號，復名崇。

甲寅二年

春 正月，制：選京官有才識者，除都督 刺史。都督 刺史有政迹者 除京官，使出入常均，永為恒式。

○舊制 雅俗之樂 皆隸太常。上精曉音律，以太常禮樂之司，不應典倡優雜伎，乃更置左右教坊，以教俗樂。又選樂工數百人，自教法曲於梨園，謂之皇帝梨園弟子。

○上素友愛，近世帝王莫能及。初卽位，為長枕大被，與兄弟同寢，殿中設五幄，與諸王更處其中。謂之五王帳。薛王業有疾，上親為煑藥，回飆吹火，誤爇上須。左右驚救之。上曰:「但使王飮此藥而愈，須何足惜?」

○上以風俗奢靡，秋七月 制 乘輿 服御 金銀器玩，宜令有司銷毁，以供軍國之用。其珠玉錦綉 焚於殿前，后妃以下皆 毋得服珠玉錦綉，天下更毋得采珠玉 織錦綉等物，罷兩京織錦坊。

> 温公曰:「明皇之始欲為治，能自刻勵節儉 如此。晩節，猶以奢敗，甚矣。奢靡之易以溺人也。詩云:『靡不有初，鮮克有終。』可不愼哉!」

宋王成器等請， 獻興慶坊宅，為離宮。制許之。始作興慶宮，仍各賜成器等宅，環於宮側。又於宮西南置樓，題其西曰，花萼相輝之樓。南曰，勤政務本之樓。上或登樓，聞王奏樂，則召升樓 同宴。或幸其所居，盡歡，賞賚優渥。

乙卯三年

春 正月，以盧懷愼檢校吏部尙書 兼黄門監。懷愼清謹儉素，不營貲產。雖貴為卿相，所得俸賜，隨散親舊，妻子不免飢寒，所居不蔽風雨。姚崇嘗有子喪，謁告十餘日，政事委積，懷愼不能決，惶恐，入謝於上。上曰:「朕以天下事委姚崇，以卿 坐鎭雅俗爾。」崇既出，須臾 裁決俱盡，頗有德色。顧謂紫微舍人齊澣曰:「余為相，可比何人?」澣未對，崇曰:「何如管 晏?」澣曰:「管 晏之法，雖不能施於後，猶能沒身。公所為法，隨復更之，似不及也。」崇曰:「然則，竟如何?」澣曰:「公可謂救時之相爾。」崇喜投筆曰:「救時之相，豈易得乎?」懷慎與崇同為相，自以才不及崇，每事推之。時人謂之伴食宰相。

○山東大蝗，人或於田旁焚香膜拜，設祭而不敢殺。姚崇奏，遣御史都督州縣，捕而瘞之。議者以為:「蝗衆多，除不可盡。」上亦疑之。崇曰:「今蝗滿山東，河南北之人 流亡殆盡。豈可坐視食苗，曾不救乎? 借使，除之不盡，猶勝養以成災。」上乃從之。盧懷慎以為:「蝗殺太多，恐傷和氣。」崇曰:「昔楚莊呑蛭 而愈疾，孫叔殺蛇 而致福，柰何不忍於蝗， 而忍人之飢死乎? 若使殺蝗有禍，崇請當之。」

○或上言:「按察使徒煩擾公私，請精簡刺史縣令，停按察使。」上命召尚書省官，議之。姚崇以為:「今止擇十使，猶患未盡得人，况天下三百餘州，縣多數倍，安得刺史縣令，皆稱其職乎?」乃止。

丙辰四年

二月，以尚書右丞倪若水 為汴州刺史 兼河南采訪使。上雖欲重都督 刺史，選京官才望者為之。然 當時士大夫猶輕外任。揚州采訪使班景倩 入為大理少卿。過大梁，若水餞之行，立望其行塵。久之 乃反，謂官屬曰:「班生此行，何異登仙!」

◯山東蝗復大起。姚崇又命捕之。倪若水謂:「蝗乃天災，非人力所能及。宜修德以禳之。劉聰時，常捕埋之，為害益甚。」拒御史，不從其命。崇牒若水曰:「劉聰偽主，德不勝妖。今日聖朝，妖不勝德。古之良守蝗不入境，若其修德可免，彼豈無德致然。」若水乃不敢違。由是 連歲蝗災，不至大飢。

◯或言於上曰:「今歲選敘大濫，縣令非才。」及入謝，上悉召縣令於宣政殿庭，試以理人策，惟鄄城令韋濟詞理第一，擢為醴泉令。餘二百餘人 不入第，且令之官。四十五人放歸學問。

◯六月 癸亥，上皇崩。

◯十二月，姚崇 源乾曜罷，以刑部尚書宋璟 蘇頲 同平章事。璟為相，務在擇人，隨材授任，使百官各稱其職，刑賞無私。敢犯顏正諫，上甚敬憚之，雖不合意，亦曲從之。突厥默啜自則天世為中國患，朝廷旰食，傾天下之力，不能克。郝靈荃得其首，自謂不世之功。璟以天子好武功，恐好事者，競生心徼倖，痛抑其賞。逾年，始授郎將，靈荃慟哭而死。

◯姚宋相繼為相。崇善應變成務，璟善守法持正。二人志操不同，然協心輔佐，使賦役寬平，刑罰清省，百姓富庶。唐世賢相 前稱房 杜，後稱姚 宋。他人莫得比焉。二人每進見，上輒為之起，去則臨軒送之。及李林甫為相，雖寵任過於姚 宋，然禮遇殊卑薄矣。

丁巳五年

春 正月 癸卯，太廟四室壞。上素服避正殿。時上將幸東都，以問宋璟 蘇頲。對曰：「災異為戒，願且停車駕。」又問姚崇，對曰：「太廟屋材 皆符堅時物，歲久朽腐而壞。適與行期 相會，何足異也。」上大喜 從之。

○貞觀之制，中書 門下及三品官 入奏事，必使諫官隨之，有失則匡正，美惡必記之。諸司皆以正衙奏事，御史彈百官，服豸冠，對仗讀彈文。故大臣不得專君，而小臣不得為讒慝。及許敬宗 李義府用事，政多私僻。奏事，多俟仗下於御座前 屏左右 密奏。監奏御史 及待制官 遠立，以俟其退，諫官 史官 皆隨仗出，仗下後事 不復預聞。武后以法制羣下，諫官 御史得以風聞言事，自御史大夫 至監察，得互相彈奏，率以險詖相傾覆。及宋璟為相，欲復貞觀之政。制，「自今 事非的須祕密者，皆令對仗奏聞 史官自依故事。」

辛酉九年

春，監察御史宇文融 上言：「天下戶口 逃移巧偽甚衆，請加檢括。」二月 敕，「有司議招集流移，按詰巧偽之法 以聞。」

○制：「州縣逃亡戶口， 聽百日自首。或於所在附籍，或牒歸故鄉，各從所欲。過期不首，卽加檢括，謫徙邊州。公私敢容庇者，抵罪!」。以宇文融充使，括逃移戶口 及籍外田，所獲巧偽 甚衆，遷兵部員外郎 兼侍御史。融奏，「置勸農判官十人 幷攝御史，分行天下，其新附客户，免六年賦調。」使者競為刻急，州縣承風勞擾，百姓苦之。州縣希旨，務於獲多，虛張其數，或以實户為客。凡得户八十餘萬，田亦稱是。

◯蒲州刺史陸象先政尚寬簡。吏民有罪，多曉諭遣之。嘗謂人曰:「天下本無事，但庸人擾之爾。苟清其源，何憂不治!」

◯著作郎吳兢 撰則天實錄。言宋璟激張說 使證魏元忠事。說修史，見之，陰祈兢改數字，兢終不許曰:「若徇公請 則此史不為直筆，何以取信於後!」

壬戌十年

初 諸衛府兵自成丁從軍 六十而免。其家又不免雜徭，寖以貧弱，逃亡略盡，百姓苦之。張說建議 請:「召募壯士，充宿衛，不問色役，優，為之制，逋逃者必爭出應募。」上從之。旬月，得兵十三萬，分隸諸衛，更番上下。兵農之分，自此始矣。

癸亥十一年

秋 八月，敕:「前令檢括逃人，慮成煩擾。天下大同，宜各從所樂。令所在州縣 安集 遂其生業。」

○命：尚書左丞蕭嵩 與京兆 蒲 同 岐 華州長官，選府兵及白丁一十二萬，謂之長從宿衛，一年兩番。州縣毋得雜役使。

○是歲 張說奏，改政事堂，曰：「中書門下 列五房於其後，分掌庶政。」

甲子十二年

六月，制：聽逃户自首闢所在閒田。隨宜收稅，毋得差科征役，租庸一皆蠲免。仍以宇文融，為勸農使，巡行州縣，與吏民議定賦役。融乘驛 周流天下，事無大小 諸州先牒上勸農使，後申中書省，司亦待融指撝然後處決。時上將大攘四夷，急於用度，州縣畏融，多張虛數。凡得客户八十餘萬，田亦稱是。歲終增緡錢數百萬，悉進八宮。由是有寵。議者多言煩擾 不利百姓。上令集百寮於尚書省 議之。公卿以下畏融威埶，皆不敢立異。惟户部侍郎楊瑒 獨建議，以為：「括客免稅 不利居人，徵籍外田稅 使百姓困弊。所得不補所失。」未幾瑒出為華州刺史。

乙丑十三年

二月，以御史中丞宇文融 兼户部侍郎。制：「以所得客户稅錢，均充所在常平倉本。又委使司與州縣 議作勸農社，使貧富相恤，耕耘以是。

○更命長從宿衛之士曰：彍騎。分隷十二衛，總十二萬人，為六番。

◯張說草封禪儀，獻之。

◯十一月 庚寅，上祀昊天 上帝於山上，群臣祀五帝百神於山下之壇。其餘 倣乾封故事。

◯初 隋末，國馬皆為盜賊及戎狄所掠，唐初 纔得牝牡三千匹於赤岸澤。徙之隴右，命太僕張萬歲，掌之。萬歲善於其職。自貞觀至麟德，馬蕃息及七十萬匹。分為八坊四十八監，各置使以領之。是時 天下以一縑易一馬。垂拱以後 馬潜耗太半。上初卽位，牧馬有二十四萬匹。以太僕卿王毛仲為內外閑廐使，少卿張景順副之。至是有馬四十三萬匹，牛羊稱是。上之東封，以牧馬數萬匹從，色別為群，望之如雲錦。上嘉毛仲之功，加毛仲開府儀同三司。

◯上還，至宋州。宴從官於樓上。刺史寇泚預焉。酒酣，上謂張說曰：「曏者 屢遣使臣，分廵諸道，察吏善惡。今因封禪，歷諸州，乃知使臣負我多矣。」

戊辰十六年
改彍騎 為左右羽林軍飛騎。

己巳十七年。
宇文融性精敏，應對辯給，以治財賦，得幸於上。始廣置諸使，競為聚斂。由是 百官寖失其職，而上心益侈。百姓皆怨苦之。為人踈躁多言，好自矜伐。在相位，謂人曰：「使吾居此數月,則海內無事矣。」凡為相，百日而罷。是後 言

財利以取貴仕者 皆祖於融。

庚午十八年

四月，以裵光庭 兼吏部尙書。先是 選司注官，惟視其人之能否,或不次超遷。或老於下位，有出身二十餘年　不得祿者。又州縣亦無等級。或自大入小，或初近後遠，皆無定制。光庭始奏:「用循資格。各以罷官，　若干選而集，官高者選少，卑者選多，無問能否，選滿，則注，限年躡級，毋得踰越，非負遣者，有升無降。」其庸愚沈滯者皆喜，謂之聖書。而才俊之士，無不怨歎。宋璟爭之，不能得。

◯是歲，天下奏死罪止二十四人。

◯是時　上頗寵任宦官，往往爲三品將軍，門施棨戟。奉使過諸州，官吏奉之，惟恐不及。所得遺賂，少者不減千緡。由是 京城第舍 郊畿田園參半 皆宦官矣。楊思勗 高力士，尤貴幸。思　勗屢將兵征討，力士常居中侍衛。四方表奏，皆先呈力士然後，奏御。事小者，力士卽決之，勢傾內外。然力士小心恭恪，故上終親任之。

辛未十九年

三月，　初令兩京諸州，各置太公廟。以張良配饗，選古名將，以備十哲，以二八月上戊 致祭如孔子禮。

　溫公曰:「經緯天地之謂文，戡定禍亂之謂武。自古不兼斯二者，而稱聖人，未之有也。故黃帝 堯 舜 禹 湯 文 武 伊尹 周公，莫不有征伐之功。孔子雖不試，猶能兵萊夷，却費人。曰：「吾戰則克。」豈孔子專文，而太公專武乎。孔子所以祀於學者，禮有先聖先師故也。自生民以來，未有如孔子者，豈太公得與之抗衡哉！古者 有發 則命大司徒，教士以車甲，裸贏股肱，決射御。受成獻馘，莫不在學。所以然者，欲其先禮義，而後勇力也。君子有勇而無義為亂，小人有勇而無義為盜。若專訓之以勇力，而不使之知禮義，奚所不為矣。自孫 吳以降，皆以勇力相勝，狙詐相高，豈足以數於聖賢之門，而謂之武哉！乃復誣引以偶十哲之目，為後世學者之師！使太公有神，必羞與之同食矣。

癸酉二十一年

三月 甲寅，以韓休為黃門侍郎 同平章事。休為人峭直 不干榮利。及為相，甚允時望。始嵩 以休恬和，謂其易制，故引之。及與共事，休守正不阿，嵩漸惡之。宋璟歎曰：「不意韓休乃能如是。」上或宮中宴樂，及後苑遊獵，小有過差，輒謂左右：「韓休知否?」言終，諫疏已至。上嘗臨鏡，黙然不樂，左右曰：「韓休為相，陛下殊瘦於舊，何不逐之?」上歎曰：「吾貌雖瘦，天下必肥。蕭嵩奏事，常順旨，既退，吾寢不安，韓休常力爭，既退，吾寢乃安。吾用韓休，為社稷耳，非為身也。」

○六月 制：「自今選人，有才業操行，委吏部，臨時擢用。

流外奏申，不復引過門下。」雖有此制，而有司以循資格，便於已，猶踵行之。是時 官自三師以下 一萬七千六百八十六員，吏自佐史以上五萬七千四百一十六員。而仕之途甚多，不可勝紀。

〇十月，以京兆尹裵耀卿為黃門侍郎，張九齡為中書侍郎，幷同平章事。

〇是歲 分天下為京畿 都畿 關內 河南 河東 河北 隴右 山南東道 山南西道 劍南 淮南 江南 東道 江南西道 黔中 嶺南 凡十五道。各置采訪使，以六條，檢察非法。

甲戌二十二年

吏部侍郎李林甫柔佞多狡，數深結宦官及妃嬪家，伺候上動靜，無不知之。由是每奏對，常稱旨，上悅之，擢為禮部尚書。與裵耀卿 張九齡同中書門下三品。

乙亥二十三年

上御五鳳樓 酺宴。命三百里內刺史 縣令，帥所部音樂，集於樓下，各較勝負。懷州刺史以車載樂工數百，皆衣文繡，服箱之牛，皆為虎豹犀象之狀。魯山令元德秀惟遣樂工數人，連袂歌于蔿。上曰：「懷州之人 其塗炭乎?」立以刺史為散官。德秀性介潔質樸，士大夫皆服其高。

통감절요 3

편 저 자 | 강지(江贄)
번 역 자 | 김 정 화
발 행 처 | 충북대학교 출판부
발 행 인 | 윤 여 표
주　　소 | 362-763 충북 청주시 서원구 충대로1
전　　화 | 043-261-2952, 3014　FAX | 043-274-1256
이 메 일 | presscbu@chungbuk.ac.kr
등록번호 | 제1983-2001-7호
초판1쇄 | 2015.02.02.
초판2쇄 | 2015.06.01.
인 쇄 처 | 다해 (02-2266-9247)

*이 번역서는 2012학년도 충북대학교 출판부 연구비 지원사업에 의하여 발행되었음.

판매가　24,000원

ⓒ 충북대학교 출판부 2015, printed in KOREA
ISBN 978-89-7295-224-4
ISBN 978-89-7295-222-0　94910 (세트)